칸트철학의 DEF

김 수 배

칸트철학의 DEF

지은이 김수배
발행일 2022년 2월 15일 **발행인** 이진숙
펴낸곳 충남대학교출판문화원 **주소** 대전광역시 유성구 대학로 99
전화 042-821-6045 **홈페이지** http://www.cnupress.co.kr **E-mail** cnupress@cnu.ac.kr

ISBN 979-11-6503-151-0 93160
정가 16,000원

일러두기

- 칸트의 저서는 학술원판에 따라 (권수는 로마 숫자, 쪽수는 아라비아 숫자) 표시하되 『순수이성비판』은 원서에 따라 초판과 재판을 각각 "A"와 "B"로 표시했다.
- 칸트 저서의 제목(약어 표기 포함)은 한국칸트학회의 번역 지침을 따라 표기했다.
- 우리말로 출판된 칸트 저서의 인용은 『임마누엘 칸트(칸트전집)』(한국칸트학회 기획), 한길사 2018ff.를 참고하되 저자가 필요에 따라 수정했다.
- 인용문이나 본문 [ ]의 내용은 이해를 돕기 위해 저자가 넣었으며 굵은 글씨체 역시 저자가 강조하기 위해 표시한 것이다.
- 인용문의 이탤릭체는 원저에서 이탤릭체나 자간 늘리기 등으로 강조된 부분이다.

책을 내며

이 책은, 제목의 "DEF"가 암시하듯 철학에 문외한인 독자들을 위한 "ABC" 수준의 안내서라기보다는 대학 학부 과정에서 철학을 전공하거나 적어도 부전공 또는 복수전공으로 공부하는 독자들, 나아가 인문학적 소양을 심화시키고자 하는 독자들이 직접 칸트의 작품을 읽고 이해하는 데 도움을 주려는 의도로 집필되었다. 칸트철학은 우리나라 일반 독자의 언어와 사고 세계가 그다지 친숙하지 않은 서양철학 가운데에서도 자못 어려운 철학으로 손꼽힌다. 심지어 칸트 자신도 자신의 학문적 연구의 결과물이 "무미건조하고 난해하다"라는 점을 인정했으니 더 말해 무엇 하겠는가! 칸트의 주요 저서들은 모든 독자층을 대상으로 한 대중적인 글이 아니다. 그는 이 같은 사정이 "문제 자체의 성질, 즉 순수한 사변이성의 본성"상 어쩔 수 없는 일이므로 "추상적인 개념"에 익숙하지 않은 독자는 "자신의 지적 재능을 다른 대상에 사용"할 것을 권했다.

지적·문화적 전통과 배경을 공유했던 동시대 지식인들을 겨냥한 이 같은 칸트 자신의 발언이 무색할 만큼 오늘날 '유튜브'를 위시한 다수의 국내외 인터넷 웹사이트에는 10분 아니 심지어 5분여만 투자하면 『순수이성비판』을 이해할 수 있다는 '마법'들이 즐비하다. 하지만 '사흘'을 '4일'로 이해할 정도로 빈약하다는 현대 독자의 문해력 또는 이해력 수준을 생각하면 선뜻 믿음이 안 간다. 그럼에도 오로지 소수만이 새로운 사상 세계의 "개요를 파악하는 데 필요한 정신의 명민함"을 갖추고 있고 또 그보다 더 적은 수의 사람들만이 그 같은 시도에 "**홍미**"를 느낀다는 칸트 자신의 주장을 떠올려보면, 유튜브류의 시도를 무조건 부정적으로 바라볼 일은 아니라 여겨지기도 한다. 흥미를 유발할 가능성만으로도 의미 있는 시도라고 생각하기 때문이다. 아무튼, 이 책은 왕초보를 위한 책은 아니다.

그렇다고 이 책이 가령 XYZ 수준의, 칸트철학을 전공한 극소수 독자들에게나 해독이 가능할 정도로 극강의 고난도 연구서는 아니다. 꼭 독일어로 된 칸트 원전이 아니더라도 비교적 충실한 우리말 번역서와 함께 번갈아 가며 읽을 정도의 성의를 지닌 독자라면 이해할 수 있을 만한 수준의 내용이라고 생각한다. 실제로 저자는 이 책 대부분 내용을 학부 강의와 세미나를 위해 준비하고 사용했던 수업자료를 토대로 정리했다. 학부는 물론이고 대학원 철학 수업에서도 제2외국어 교재가 사라진 지 오래여서 저자 역시 주로 영어 번역서를 기본 텍스트로 삼아 수업해 왔는데 그러다 보니 철학적 내용에 관한 논의는 접어두고라도 독일어, 영어, 한국어 사이의 어휘나 문장 구조상의 차이를 극복하는 데만도 상당한 에너지를 소모하기 일쑤였다. 이처럼 고난에 가까운 칸트철학 이해의 길을 걸어갈 의지가 있는 독자들에게 이 책이 살가운 안내자까지는 아닐지 몰라도 길벗의 역할을 해줄 수 있기를 바라본다.

이 책은 칸트의 저서 중에서도 가장 많이 알려진 주저이자 이른바 "제1비판서"인 『순수이성비판』, 그리고 그의 도덕철학의 대표 저작이자 서양 윤리학사의 가장 중요한 작품인 『도덕형이상학 정초』, 마지막으로 "제2비판서"인 『실천이성비판』 등 칸트철학의 세 주요 저서들에 대한 주석 작업을 수행한다. 기존의 많은 칸트철학 관련 2차 문헌과 소개서들이 쉬운 칸트철학 입문서를 자처하지만, 독자의 기대만큼 친절한 설명을 발견하기는 어려운 것이 현실이다. 그것들은 오히려 과감한 생략과 비약으로 칸트철학 전공자인 나 같은 독자마저 자주 어리둥절하게 만들곤 했다. 이 책은 이 같은 문제점을 최대한 해소하고자 주석의 범위를 칸트철학의 철학사적인 성립 배경, 첫 저서 『순수이성비판』의 문제의식의 형성 과정, 그리고 그 저서의 핵심 주제인 "범주의 선험적 연역" 부분에 한정하여 가급적 상세한 설명을 제시했다. 다음으로 저자가 고려한 사항은, 둘째 저서인 『도덕형이상학 정초』에 대한 설명서들이 거의 한결같이 이 저서의 1부와 2부의 설명에만 치중하고 있고 3부의 내용 분석과 해석은 생략하는 경우가 많다는 사실이다. 따라서 본 저자는 칸트철학 전공자들 사이에서도 해석 견해가 분분한 3부의 내용을 칸트 자신이 사용한 용어나 표현들을 살펴 가며 최대한 이해하기 쉽게 설명하고자 노력했다. 셋째 저서인 『실천이성비판』의 경우는 둘째 저서, 즉 『도덕형이상학 정초』와의 연속성과 불연속성에 초점을 맞추어, 어째서 칸트가 최초의 도덕철학 관련 저서인 『도덕형이상학 정초』에서 불필요한 것으로 여겼던 "실천이성에 대한 비판"을 수행하게 되었는가를 해명하는 데 상당 부분을 할애하였다. 마지막으로 저서별 칸트의 문제의식을 중심으로 서술하느라 세 저서 전체 내용을 다루지 못하는 한계를 보충하고자 세 저서에서 내용적으로 서로 연관되는 부분들을 그때그때 소환하여 그 연결 논리를 설명하였다. 예컨대 "**III. 『순수이성비판』의 이해**"에서 다루지 못한 『순수이성비판』의 "변증론"의 경우, 도덕철학과 관련되는 중요 내용에 대한 설명을 "**IV. 『도덕형이상학 정초』의 이해**"와 "**V. 『실천이성비판』의 이해**"의 해당 부분에서 보충했다. 적어도 이 책을 세 권의 칸트 저서들과 함께 공부하는 수고를 마다하지 않는 독자라면 칸트철학의 핵심에 다가갈 수 있으리라 믿는다.

칸트의 사유 과정을 따라가 보는 일이 어떤 의미를 지닐 수 있을까? 분명한 점은 그 같은 번거로움이 지금 내가 겪고 있는 실존적 문제—예를 들어 다음 학기 등록금을 어떻게 마련할 것인가와 같은—해결에는 거의 아무런 도움도 제공하지 않으리라는 사실이다. 그러나 위에서 말한 것처럼 심각하게 곤두박질친 우리 시대의 문해력이나 사고력을 이대로 내버려 뒀을 때 과연 서너 세대 뒤의 우리 증손들이나 고손들이 가령 웹툰용 단문 이외의 문장을 접할 기회나 가질 수 있을지 불안하다. 평생 칸트나 헤겔은 말할 것도 없고 비교적 이해하기 쉬운 루소나 니체의 짤막한 문장조차 그 뜻을 도통 간취하지 못한다면 자신의 삶을 자신이 살고 있다고 말할 수 있을까? 이미 우리 주변엔 남이 만들어 놓은 알고리듬에 아무 생각 없이 조종당하고 있는 플랫폼 이용자들이 얼마나 널려있는가 말이다. 칸트의 이른바 "선험철학"은 인간의 추상적 사고가 어느 수준까지 이를 수 있는가를 극명하게 보여주는 서양철학의 금자탑이다. 칸트 이후에는 "심지어 정육점 사환 아이라도 세상을 그 이전과는 다르게 보게 되었다"는 말이 있을 정도로 그의 지식이론이나 도덕철학, 또는 사회철학이나 법철학의 사고 방식은 18세기 이후 서양은 물론 다른 문화권에까지 막대한 영향력을 행사해 왔다. 조금만 관심을 가지고 보면 우리나라에서도 그의 글이 수능 고사는 말할 것도 없고 LEET나 PSAT 같은 각종 고급 인력 선발 시험의 단골 출제 지문으로 등장한다는 사실을 발견하게 된다.

칸트의 철학적 메시지에 찬동하든 그렇지 않든 그의 논리와 대결해 보는 수고를 지급하는 동안 독자는 자신의 사고 근육을 장히 키울 수 있을 것이다. 물론 안 쓰던 몸 근육을 갑자기 사용하면 오히려 건강에 독이 될 수도 있듯, 어느 날 느닷없이 『순수이성비판』에 도전하는 일반 독자는 나이나 학력에 상관없이 좌절하게 될 확률이 높다. 두통은 덤이리라. 그러니 먼저 빌헬름 바이셰델의 **『별이 총총한 하늘 아래 약동하는 자유. 칸트와 함께 인간을 읽는다』**, 노르베르트 힌스케의 **『현대에 도전하는 칸트』** 같은, "ABC"쯤의 칸트철학 입문서를 일독해 보기를 권한다. 그마저도 머리에 쥐가 날 뿐이라면? 굳이 이 책을 읽는 도로(徒勞)를 절약하는 게 낫다고 본다.

원래 이 저서는 2018년 연구년의 주제로 착수했으나 이런저런 저간의 사정으로 진행이 더디고 미진하던 터에 국내 연구문화의 무분별한(!) 압박 강도가 날로 드세어져 그 핑계로 서둘러 마무리하였다. 기회가 되면 후속 작업을 통해 완성도를 높이고 다른 칸트 저작들에 대한 주석도 시도해 보고 싶다.

저자가 서양철학과 칸트철학에 대한 애정을 잃지 않고 40년 이상 외길로 공부하고 강의할 수 있었던 것은 그동안 여러 은사님이 베풀어주신 지도와 격려 덕분이다. 성균관대학교 철학과에서 서양철학을 공부하는 올바른 길을 가르쳐 주셨던 여러 선생님, 특히 필자의 지도교수셨던 **이영호** 선생님 그리고 독일 트리어 대학의 **노르베르트 힌스케**(Norbert Hinske) 선생님께 가슴 깊이 감사한다. 필자의 글들을 비판하고 흔쾌히 학문적으로 소통해주신 한국칸트학회 여러 선생님께도 감사의 말씀을 드린다.

목차

책을 내며 / 5

I 칸트철학을 어떻게 이해할 것인가?

1. 예비적인 물음들 13
2. 철학 공부의 두 가지 스타일 16
3. 칸트철학의 성격 19
4. 칸트철학 성립의 철학사적 배경 22
5. 칸트철학 연구에서 문헌학적 지식이 가지는 중요성 36

II 칸트철학의 전개 과정과 『순수이성비판』의 성립

1. 시기 구분의 문제 47
2. 여섯 단계 구분 50

III 『순수이성비판』의 이해

1. 『순수이성비판』은 어떤 성격의 철학서인가? 84
2. 목차를 통한 접근 89

3. 초판 머리말 101
4. 재판의 서론 113
5. 선험적 감성론(공간론·시간론) 143
6. 선험적 분석론 177

IV 『도덕형이상학 정초』의 이해

1. 저서에 대하여 204
2. 머리말 212
3. 제1절: 도덕에 관한 평범한 이성 인식에서 철학적 이성 인식으로 이행 225
4. 제2절: 통속적 도덕철학에서 도덕형이상학으로 이행 246
5. 제3절: 도덕형이상학에서 순수실천이성비판으로 이행 276

V 『실천이성비판』의 이해

1. 저서에 대하여—『실천이성비판』의 성립 282
2. 머리말 286
3. 서론 309
4. 순수실천이성의 요소론(분석론) 312
5. "순수실천이성의 원칙들의 연역" 335

참고문헌 / 352
찾아보기 / 362

I 칸트철학을 어떻게 이해할 것인가?

1. 예비적인 물음들

보통 위대하다고 일컬어지는 철학자들의 사상을 진지하게 이해하려는 사람이 피해가기 어려운 몇 가지 난문들이 있다고 생각한다. 먼저 과연 한 철학자의 사상의 실체(實體) 혹은 정체(正體)라고 할까, 그런 것이 정말 존재하는가 하는 물음이다. 예컨대 수학자나 과학자로서 라이프니츠가 남긴 업적은 대부분의 사람들이 그다지 어렵지 않게 동의할 수 있지만, 라이프니츠 철학의 본령이 무엇인가에 관해서는 그렇지 못한 것처럼 보인다.

그럼에도 만일 그와 같은 것이 존재한다면 우리는 그것을 어떻게 알 수 있을까? 이 물음에 대한 손쉬운 해결은 '해당 철학자가 남긴 저작물에 담긴 생각이 곧 그것이다'라는 대답이 될 것이다. 물론 맞는 말이다. 하지만 조금 더 문제의식을 이어가 보자. 그러면 우리는 한 사상가의 저작물로 봐야 하는 것들의 범위는 어디까지인가라는 질문 역시 제기할 수 있다. 연구자는 당연히 그 철학자가 자신의 이름으로 직접 출판한 글들을 제일 먼저 고려하겠지만, 철학사에 등장하는 철학 작품들 가운데는 실제의 저자가 확실하지 않은 경우들도 드물지 않으며, 또 당사자가 사망한 뒤에 유고로 전해오는 것들도 많다. 칸트의 경우만 봐도 베를린 학술원의 전집은 그가 생전에 당대의 지인들과 주고받은 편지글들, 저서와 강의를 준비하면서 남긴 조각글, 서평문, 공식 연설문, 학생들의 강의 노트 등 다양한 형식의 기록물들을 포함하고 있다. 그것들 가운데는 칸트가 직접 출판한 작품의 철학적 관점이나 내용에 상응하는 것도 있지만 그렇지 않은 기록들도 적지 않다. 이뿐만이 아니다. 동시대인들이나 후대인들이 그것들에 대해 연구해 남긴 결과물들을 고려하면 문제는 더 복잡해진다. 칸트철학의 존재를 철학사나 그 밖의 연구물을 통해 기록하고 전한 학자들의 활동과 무관한 칸트철학의 실체가 과연 성립할 수 있겠는가?

더 나아가 한 철학자의 철학을 철학자의 저작 활동과 그 기록물에 한정시키려는 태도 자체도 문제가 될 수 있다. 일부 하이데거 철학 전공자는 불편해할 수도 있겠지만 그의 철학과 나치 정권하에서의 그의 행각이 무관하다고 할 수 있을지는 충분히 따져볼 만한 일이고 실제로도 그러한 주제의 연구가 존재한다. 공과를 차치하더라도 박종홍의 철학과 유신체제 전후의 그의 활동을 전혀 무관한 사안으로 볼 수 있겠는가? 어떤 측면에서든 한 철학자의 사상·이론과 그의 삶·실천은 서로 얽혀있기 마련일 것이다. 서양철학에서 이론(theoria)과 실천(praxis)의 관계는 그 자체로도 중요한 철학적 주제이지만, 철학이라는 학문의 특성을 고려할 때 양자를 별개의 사안으로 바라보려는 태도는 선뜻 수긍하기 어려워 보인다. 서양철학의 전통에서 이론과 실천의 통일은 늘 이상적인 추구 목표였다고 할 수 있기 때문인데, 그렇다면 한 사상가의 철학을 그의 저작물의 내용에 한정하는 일도 정당화하기 힘들 것이다. 직업 작가로서의 루소의 삶과 『에밀』 사이에는 별로 논란거리가 될 만한 일이 없을지도 모른다. 그러나 철학자로서의 루소와 『에밀』의 관계라면 사정이 사뭇 달라질 수 있지 않을까?

철학자의 저작물에 담겨 있는 내용이 곧 그 학자의 철학이라는 주장을 수용한다고 해보자. 그렇다 해도 그 내용은 당사자에게조차 언제나 고정된 실체처럼 분명한 어떤 것이 아니었을 수 있다. 어느 철학 작품에 담겨 있는 사상이 저자 자신을 포함해 제2, 제3의 독자, 심지어 다른 언어와 시대, 국가의 독자에게도 객관적으로 파악되거나 전달 가능한 성격의 것인가 여부는 쉽게 결론날 수 있는 문제가 아니다. 그렇다면 어떤 철학자의 철학을 이해하는 일은 결국 그 철학자의 삶 또는 활동의 어느 부분, 그것도 어떤 식으로든 제한되고 매개된 부분을 이해하는 것이라는 점을 인정할 수밖에 없을 듯하다. "철학사는 창조적 오해의 역사"라는 주장도 이런 맥락에서 이해할 수 있다. 플라톤철학을 오해한 아리스토텔레스, 칸트철학을 오해한 헤겔, 헤겔철학을 오해한 마르크스 등. 그렇다면 우리 모두 칸트철학을 오해할 수밖에 없기에 철학은 기껏해야 오류로 점철된 학문이고 철학사는 사이비 학문의 역사에 불과한 셈인가? 이러한 물음은 '철학이란 무엇인가'라는 광범위한 물음과도 관련된다고 할 수 있다.

분명한 점은, 한 철학자의 철학을 이해하려는 시도가 어느 정도의 오해를 수반하는 일이 불가피한 것처럼 보인다 해도, 그러한 사실이 올바른 이해 자체가 전적으로 불가능함을 의미하지는 않는다는 것이다. 또 우리가 평소 접할 수 있는 어떤 철학자의 철학사상이 대체로 사실과 전혀 다르다거나 본래의 모습과 동떨어진 것이라 단정할 수도 없다. 예컨대 칸트가 독일 계몽주의 시기의 철학자이며 비판철학을 창시했고, 그의 도덕철학의 핵심 개념 중 하나가 "정언명령"이며, 행위의 결과보다 행위의 동기에서 도덕성의 근거를 찾았다는 등의 사실을 인정하지 않을 철학 전공자가 있겠는가. 이 같은 내용은 절대 다수의 학자들이 동의하는 아니 동의할 수밖에 없는 부분이다. 그럼에도 위에서 검토한 예비적인 물음들은 어느 철학자의 철학을 이해하려는 시도가 얼핏 생각할 수 있는 것처럼 그리 단순하지 않은 과제임을 짐작케 한다.

2. 철학 공부의 두 가지 스타일

철학을 공부하거나 연구하는 데는 크게 두 가지 방향 또는 태도가 있을 수 있다고 생각한다. 그 하나는 자기 자신과 자신의 시대 문제 해결을 위해 어느 철학자의 철학을 해석하고 이해하려는 태도다. 특정한 철학자의 철학이 가진다고 여겨지는 잠재력을 밝혀 그 도움으로 현재의 문제 해결을 꾀하는 스타일이다. 이 같은 태도에서 두드러진 특징은 연구자가 자신의 문제 해결에 도움이 된다고 믿으면 연구 대상 철학에 대한 창조적 오해도 불사한다는 점이다. 칸트 철학에 관련된 연구에서 예를 들자면 하이데거의 『칸트와 형이상학의 문제』 같은 저서가 여기에 해당한다.

다른 방향은 가능한 한 연구자의 자의적 해석을 배제한 채 한 철학자의 철학을 성립 당시의 원래 모습 그대로 파악하려는 스타일이다. 이 같은 방향은 철학 작품에 대한 해석의 폭을 그다지 크게 허용하지 않는 입장으로서, 연구에서 일종의 '순수주의'(purism)를 표방한다고 보면 되겠다. 이때 연구자는 주로 문헌학(philology)이나 한 시대의 철학사적 배경에 관심을 두며, 연구 대상으로 삼는 철학의 한계와 이해의 지평을 인정하는 스타일이라 할 수 있다. 달리 말하자면, 어느 철학이든 그 시대 고유의 문제의식과 사유방식을 반영하며 거기에서 자유롭지 못하다고 믿기 때문에 오히려 역으로 현대의 지배적이고 습관화된 사고범주나 그 무의식적 메커니즘을 조명하기 위해 철학연구에 종사하는 경우다. 칸트가 남긴 방대한 분량의 조각글, 유고 등을 기록 연대와 주제별로 분류하고 정리하여 학술원 전집으로 펴내는 데 초인적인 노력을 쏟아부었던 아디케스(Erich Adickes)의 작업은 이 방향의 대표 사례라 할 수 있다.[1)]

그렇다면 어느 쪽이 더 바람직한 연구일까? 대답하기 어려운 문제다. 어느 방향을 취하든 옳고 그름의 문제는 아닌 듯하다. 또 칸트철학 같은 18세기 유럽 문화권의 철학을 연구하는 연구자 입장에서는 기초 자료에 대한 접근이 제한될 수밖에 없기 때문에 후자의 방향에서 연구를 수행하기란 쉽지 않다. 우리와 아주 다른 문화권, 다른 시대에 만들어진 철학 사상을 그 자체로 바라본다는 발상 자체가 설득력이 떨어질 뿐만 아니라 필요하지도 않다는 견해도 있을 수 있다. 그렇다고 문헌학을 중시하는 연구가 갖는 의미를 부정한다면 학문으로서의 철학 연구는 설 자리가 좁아진다. 순수주의를 지지하는 냉정한 연구자는 1차 문헌에 관한 기본 지식조차 부족한 연구자의 이른바 '막가파식' 해석을 진정한 의미의 철학 연구로 인정하려 들지 않을 것이다. 일찍이 힌스케는 칸트철학의 수용사를 "Kantianismus"(칸트주의)와 "Kantforschung/Kantphilologie"(칸트연구/칸트 문헌연구)의 대립 구도로 볼 것을 제안하면서, 후자는 전자가 없어도 존재

---

1) 아디케스 작업의 특징 및 그가 학술원판 전집 편찬의 실무자로서 딜타이와 벌인 논쟁에 대해서는 졸고 「칸트철학 연구에서 체계성과 역사성」, 『철학연구』(대한철학회) 86(2003), 7 이하 참고. 그의 연구 결과물은 단순히 문헌학의 범위 안에 머물지 않았으며, 칸트철학의 의도나 체계에 관한 왜곡을 지적할 수 있게 해주는 일종의 건전한 준거틀 같은 역할을 해왔다고 여겨진다.

할 수 있으나, 전자는 후자 없이는 성립할 수 없다고 주장했다.[2] 철학은 문학보다 과학에 가깝다는 말이 있다. 또 저자가 수업과 집필 과정에서 많은 도움을 받았던, 『순수이성비판』에 관한 두 권의 주석서에서 파이힝어는 "다른 모든 분야에서와 마찬가지로 철학에서도 생동감 넘치고 재기발랄한 것과 냉정하고 꾸밈없는 진실 사이를 혼동하는 일은 재앙을 부른다"고 했다.[3] 이 같은 주장들은 물론 너무 포괄적이라서 아무런 제한 없이는 동의하기 어렵다. 그러나 철학이 적어도 학문으로서 세계와 인간에 관한 이론을 제시한다고 할 때 그저 시대적 유행이나 정서에 기초하는 데 그칠 수 없으며, 어떤 식으로든 객관성과 엄밀성을 담보할 수 있어야 할 것이다. 그래야 비록 철학적 논의에서도 과학에서와 같은 진보가 가능하다고까지 말할 수는 없을지라도, 적어도 현재의 이론적 사고가 과거의 철학자가 성취한 수준 이하로 떨어지는 일은 피할 수 있을 것이다. 그래야 철학연구는 오늘을 사는 우리들의 일반 의식이나 사고력의 수준이 중세인들의 그것보다 더 편협해지거나 낙후되는 경향을 억제하는 방파제 구실을 할 수 있다. 그러나 철학서적을 접해 본 경험이 있는 독자라면 유감스럽게도 오히려 공허한 말장난, 사유 놀음의 유혹에 굴복한 철학적 글들의 사례를 어렵지 않게 떠올릴 수 있으리라고 본다. 그러므로 파이힝어나 힌스케의 주장은 인문학의 홀대 현상을 불평하기에 앞서 우리 인문학 종사자들이 돌아볼 필요가 있다고 생각한다.

---

2) Norbert Hinske, "Kantianismus, Kantforschung, Kantphilologie. Überlegungen zur Rezeptionsgeschichte des Kantischen Denkens", in: *Neukantianismus. Perspektiven und Probleme*, hg. v. E. W. Orth u. H. Holzhey(*Studien und Materialien zum Neukantianismus*, Bd. 1), Würzburg 1994, 33 참조.

3) Hans Vaihinger, *Kommentar zu Kants Kritik der reinen Vernunft*, 2. Bd. (^{2}1922 Neudr. 1970), V 이하.

3. 칸트철학의 성격

칸트철학은 그 수용사가 곧 18세기 이후 서양철학사라 이를 만큼 대략 1780년대 중반 이후 (1804년 사망) 서서히 영향력을 발휘하기 시작하여 현대까지 어느 누구의 철학보다도 서양사상사를 넓고 깊게 규정해 왔다. 문제의 설정이나 용어 사용에 있어서 칸트 이후 어느 철학도 어떤 형태로든 그의 철학의 영향을 받지 않은 경우가 거의 없기 때문이다. 그러나 그의 철학만큼 그 근본 의도나 내용에 있어서 어느 한 시점에서도 온전하게 수용되고 발전되지 못한 사상도 드물다. 여기서 생기는 의문은, 칸트철학 자신 속에 그 자신의 근본적인 확신과 무관하거나 또는 심지어 그것과 대립하는 방향의 철학적 흐름을 야기한 어떤 요소들이 들어 있지 않은가 하는 점이다. 예컨대 마르크스주의자들과 일부 실존주의철학자들은 칸트를 독일 관념론과 유물론의 선구자로 취급했으나 신칸트학파의 학자들은 그를 학문이론(Wissenschaftstheorie)의 선구자로 이해했다.[4] 그런가 하면 소위 '실증주의 논쟁'의 대립 당사자들인 비판이론가들과 비판적 합리주의자들은 저마다 자신들이야 말로 칸트철학의 진정한 계승자임을 자처했다.[5] 이 같은 사실은 칸트철학의 **다면성**, 즉 그것이 내

---

4) 예컨대 Manfred Buhr/Gerd Irrlitz, *Der Anspruch der Vernunft: Die klassisch bürgerliche deutsche Philosophie als theoretische Quelle des Marxismus. Teil I: Kant, Fichte, Schelling, Lessing, Herder, Goethe, Schiller*, Berlin 1968, 51-53; Hermann Cohen, *Das Prinzip der Infinitesimal-Methode und seine Geschichte*, Berlin 1883, 6 참고.

5) 비판이론에서 "비판"의 핵심 과제는 인간의 의식이나 지식을 규정하고 지배하고 있으나 근거 지워져 있지 않은 메커니즘이나 방향설정(Orientierung)을—예컨대 실증주의적인 학문 이해—제거하는 데 있다고 할 수 있다. 하버마스는『인식과 관심』(*Erkenntnis und Interesse*, 1968, 244 이하)에서 자신의 "비판"이나 "인식주도적 관심"(erkenntnisleitende Interessen) 같은 개념들의 뿌리가 칸트의 "이

포하고 있는 철학적 물음들이 지닌 다양성을 잘 대변해 준다. 이렇게 보면 "모든 사상가는 오로지 하나의 사상만을 생각한다"[6]라는 하이데거의 주장은 칸트의 경우 전혀 사실이 아니라 여겨진다. 오히려 위대한 철학자들은 다양한 사고의 방향들을 그 자신의 철학 속에 포함시킨다고 보는 게 적절할 듯하다. 마치 거대한 강줄기가 샛강의 지류들을 자신의 품속으로 끌어들이듯 말이다.

칸트철학의 또 다른 특징은 그것이 어느 정도 서로 독립적인 여러 철학적 주제들을 하나의 체계 또는 유기적 통일체로 설명하고자 했고 그래서 상이한 문제 설정과 그 규명들로 이뤄진 단일한 **체계**를 지향했다는 점이다. 『순수이성비판』의 경우만 보더라도 장기간에 걸친 숙고의 산물인 만큼 그것이 취급하는 문제들 역시 동종적이라기보다는 이종적이라 할 수 있다. 그럼에도 『실천이성비판』, 『판단력비판』으로 이어지는 "비판철학의 체계"는 매우 다양한, 그 자체로 놓고 볼 때 서로 모순적일 수도 있는 개별 철학적 주장들과 논의들을 하나의 체계적 조망 속으로 이끌어 들인다. 일찍이 켐프 스미스가 파이힝어의 연구에 기대어, 『순수이성비판』이 칸트가 상이한 시기에 도달했던 상이한 관점들을 단기간에 모아놓았다는 이른바 "조각보 이론"(patchwork-theory)을 내세운 것도 이와 같은 성격을 반영했다고 할 수 있다.[7]

성의 관심"(Vernunftinteresse) 개념임을 밝히고 있다. 포퍼는 『추측과 반박』(*Conjectures and Refutations*, 1963, 175 이하)에서, 칸트의 인식이론과 윤리이론이 주체의 능동성과 자율성을 강조하였다는 점에 주목함으로써, 마치 칸트가 포퍼 자신의 과학철학과 사회철학 이론을 선구한 것처럼 평가한다.

6) "Jeder Denker denkt nur einen einzigen Gedanken." Martin Heidegger, *Was heisst Denken?*, in Friedrich-Wilhelm von Herrmann(Hg.), *Martin Heidegger. Gesamtausgabe*, I.8, Frankfurt a. M. 2002, 53.

7) Norman Kemp Smith, *A Commentary to Kant's 'Critique of Pure Reason'*, London: Macmillan 1918, 71, 196, 452 참조.

칸트철학의 셋째 특징은 그것이 닫힌 체계, 완결된 체계가 아니라 지속적인 **발전 과정** 속에 있는 철학이라는 점이다. 칸트가 『순수이성비판』을 쓸 당시 아직 『실천이성비판』이나 『판단력비판』을 독립된 저서로 집필할 계획은 없었다. 본래 계획대로라면 『순수이성비판』 대신 "감성과 이성의 한계" 또는 "순수사변이성비판"을, 그리고 『실천이성비판』 대신 "순수실천이성비판"을 썼을 것이고, 『판단력비판』은 아예 불가능했을 것이다.[8] 광범위한 분야에 걸쳐있는 칸트철학의 개별 이론들을 하나의 체계로 조망하려는 시도가 꾸준히 이어져 왔지만 대부분 조야한 수준을 벗어나지 못했다고 할 수 있는데, 그 까닭은 칸트에게 체계란 철학의 목표요, 도달하고자 한 이념이었지, 완성된 결과물이 아니었기 때문이다. 칸트의 『유작』의 출판과 그 과정에서 피셔(Kuno Fischer), 크라우제(Albrecht Krause) 등이 벌인 논쟁이 그와 같은 사실을 웅변한다.[9] 역설적이게도 칸트는 체계적 사상가가 되고자 했기에 발전적 사상가가 되었던 것이다. 비판철학 전체는 말할 것도 없고 『순수이성비판』조차도 만일 하나의 완결된 철학의 결과물로 독해할 수 없다면 그것을 이해하려는 독자에게

---

8) 헤르츠(Marcus Herz)에게 보낸 1771년 6월 7일 편지(X 123); 『정초』 IV 391; 이엽, 「칸트철학 연구를 위한 방법론적 물음: 발전사적 연구 방법을 중심으로」, 『철학연구』(철학연구회), 47(1999), 270 이하 참조.

9) 피셔는 『유작』의 철학적 가치를 혹독하게 깎아내린 반면, 크라우제는 "가장 중요하고 심오한 작품"으로 평가했다. 김재호, 「칸트 『유작』(Opus postumum)에 대한 이해와 오해—칸트의 마지막 작품을 위한 예비 작업들의 편집 역사를 중심으로」, 『철학연구』(철학연구회) 75(2006), 320, 327 참조. 칸트철학 해석의 역사를 기록한 레만은 칸트철학의 체계를 "오로지 발생적인 관점에서 기술될 수 있는 문제 개념들"로 규정했다(Gerhard Lehmann, *Beiträge zur Geschichte und Interpretation der Philosophie Kants*, Berlin 1969, 188 이하). 그렇다면 칸트철학의 체계는 문제 의식의 변화와 더불어 생성되고 진화하는 것이고 그런 의미에서 "어디서도 구체적으로 주어져 있지 않되 다만 가능한"(『순수이성비판』, B 866), 칸트 연구에 있어서의 "이념"과도 같은 것이라 할 수 있다.

주어진 첫 대안은 아마도 그 생성 과정을 재구성해 보는 작업이 될 것이다. 하나의 완결된 체계를 염두에 두고 접근할 때 서로 대립하거나 모순관계에 있는 것처럼 보이는 부분 논점들이나 주장들이 발전사적 관점에서는 오히려 자연스러운 귀결로 받아들여질 수 있다.

이상에서와 같은 특성들을 고려하면 칸트철학을 전체적으로 조망하거나 전체 체계를 이해하려는 시도는 그리 희망적이지도 않을뿐더러 칸트의 의도와는 관련이 없는 괴물을 낳기 쉽고 좌절할 공산이 크리라 짐작할 수 있다. 그러한 시도는 사실상 연구자 개인의 관심이나 이해의 지평에 의해 좌우될 것이기 때문이다. 그렇다면 칸트철학을 구성하고 있는 개별 요소들 또는 양상들을 그 독자성 속에서 발전사적으로 검토하는 일이 선행되어야 할 것이다.

4. 칸트철학 성립의 철학사적 배경

철학사에서는 일반적으로 칸트철학을 근대철학의 두 흐름, 즉 경험론과 합리론의 대립과 그 생산적 종합으로 탄생한 철학으로 기술한다. 경험주의 철학은 영국의 베이컨(Francis Bacon), 홉스(Thomas Hobbes), 로크(John Locke), 버클리(Gorge Berkeley), 흄(David Hume) 등으로 대표되고, 합리론 계보에서는 데카르트(René Descartes), 스피노자(Baruch Spinoza), 라이프니츠(Gottfried Wilhelm Leibniz), 볼프(Christian Wolff), 바움가르텐(Alexander Gottlieb Baumgarten), 마이어(Georg Friedrich Meier) 등이 칸트철학의 주요 참조점이라 할 수 있다.

칸트는 합리론 전통에서 철학하기를 시작하여 인식의 궁극적인 근원과 확실성의 근거를 인간 의식 주관의 능력, 즉 이성에서 찾고자 했다. 잘 알려진 것처럼 데카르트는 인식의 확고한 기초를 "cogito ergo sum"(나는 생각한다. 고로 존재한다)이라는 명제에서 발견했다고 믿었다. 『성찰』에서 데카르트가 제시한 논의의 형식은 어거스틴(Augustine)의 그것을 답습한 것처럼 보이지만 의도만큼은 전혀 달랐다.[10] 데카르트의 명제는 구질서에 대한 친밀감과 경건함을 가장한 일종의 폭탄선언으로서, 철학이 모든 권위의 간섭과 통제로부터 벗어나 오로지 이성의 힘만으로 홀로 설 것을 천명한 것이다. 특히 코기토 선언과 더불어 서양철학은 결코 되돌아갈 수 없는 경계선을 넘었다고 할 수 있으니, 고전적 존재론의 문제를 '의식'에 관한 물음으로 환원시킴으로써 인식능력의 주관적 조건에 대한 진지한 이성적 검토가 근대철학의 핵심과제로 부상하게 된 것이다.

이성에 대한 열렬한 지지, 이성의 힘에 대한 무한 신뢰는 스피노자가 기하학과 논리학의 방법과 건축술을 형이상학에 적용했을 때 이미 극한에 이르렀다. 그는 이성의 힘으로 파악 가능하되 자명한 진리를 표현하는 소수의 공리와 정리 등을 전제로 삼고 다시 그 결론들을 조합하여 인간, 세계, 신에 관한 형이상학적 주장들의 연역체계를 만들고자 했다. 하지만 구질서의 신봉자들은 어떻게 해서든 철학적 인식을 확고한 이성의 지반 위에 세우려는 스피노자의 기획을 "스피노자주의"(Spinozismus)로, 그리고 그와 유사한 성향의 철학자들을 "스피노자주의자!"(Spinozist)라고 부르며 타락한 무신론자라고 비난했다.

라이프니츠는 『변신론』 등에서 신앙의 옹호자를 자처하며 기존

10) 예컨대 『성찰』 II. 25의 "cogito" 명제와 『신국』 XI 26의 "fallor"(내가 속다) 명제를 비교해 보라.

질서와의 충돌을 피하려 했지만 형이상학적 성격의 글에서는 신조차도 궁극적으로는 "단자"(monad)로 규정했다.[11] 그는 로크의 『인간 지성론』을 논박하기 위한 저서 『신(新) 인간 지성론』에서 인식의 상이한 원천들에 대해 논하면서 그것들이 어떻게 서로 의존할 수밖에 없는가를 설명했다. 그 과정에서 라이프니츠는 후일 칸트 인식론의 문제의식과 매우 유사한 문제의식을 보여주었는데, 모든 진리가 경험에서, 즉 귀납과 사례들에서 유래하는지, 아니면 그것과 다른

11) 모나드는 고대 그리스 수학, 특히 피타고라스학파에서 '수'의 형이상학적 근원뿐만 아니라 존재자의 존재 근거를 표시하는 형이상학적 개념으로 사용되었다. 이 같은 용례는 플라톤의 『필레보스』에서도 발견된다(15b1). 플로티노스(205-270)는 수학적 크기의 최소를 '모나드'로, 그리고 기하학적 크기의 최소를 '점'으로 이해했다. 이후 프로클로스(Proklos, 410-485)는 모나드를 수의 '원천', '뿌리', '발생지' 등이라고 표현했을뿐 아니라 그것이 원인이 되는 유출, 귀환의 '3원관계'(Triads)를 곧 신성함과 같은 것으로 간주했다. 모나드를 이렇게 나눌 수 없고 말할 수도 없는 것에서, 셀 수 있고 측정할 수 있는 것으로 나아가게 해주는 원리로 이해한 것이 유대-기독교의 신비주의 사상과 만나 삼위일체설의 기초로까지 여겨지게 된다. 위(僞) 디오니시오스 아레오파기테스(Pseudo-Dionysius Areopagita, 5세기경)는 모나드가 세 가지 신격의 기초에 놓여 있고 모든 천상의 것들과 지상의 것들에 침투해 있어서, 인간의 목표는 바로 이 "성스러운 통일체"와 하나가 되는 것이라고 가르쳤다. 근세 초기에 모나드는 주로 자연철학적 의미를 지니게 되는데, 브루노는 모나드가 3가지 차원에서 실체적인 최소를 의미한다고 주장했다. ①수에서의[수적 관계에 관한] 이성적 원리, ②존재에서의[존재자들의 자기 동일성을 결정하는] 본질적 원리, ③물체들의 원자로서 불가분성의 원리[물체의 최소 단위]가 그것이다. 그는 자연이 이 모나드들의 조화로운 상호관계와 자기 전개의 체계라고 주장했다. 파라셀수스 등의 자연철학에 영향을 받은 것으로 알려진 벨기에의 화학자[연금술사]였던 반 헬몬트 부자(Jan Baptist van Melmont, 1580-1644/Franciscus Mercurius van Helmont, 1614-1699)는 자연적 모나드를 생명력과 지각 능력을 지닌 것으로 보아, 원자나 수학적 의미의 모나드와 구별했다. 라이프니츠는 반 헬몬트2세에게서 모나드 개념을 접했거나 그가 제안하여 브루노의 저서를 읽음으로써 이 개념을 알게 되었을 것으로 추정된다. 이 개념의 연원에 대한 상세한 설명은 Hannes Böhringer, "Monade, Monas", in Joachim Ritter/Karlfried Gründer/Gottfried Gabriel (Hg.), *Historisches Wörterbuch der Philosophie*, Bd. 6, Basel/Stuttgart 1984, 114-125 참조.

기초를 가진 진리가 존재하는지를 문제삼았다. 그리고 그는 경험에 노출되기 이전의 인간 지성이 백지 상태와 다르지 않다는 로크의 주장은 경험적 지식의 경우에는 맞지만, 사고 자체를 가능하게 하는 개념들 예컨대 '존재', '지속', '통일성', '변화', '실체' 등 같은 개념들이나, 논리학의 원리들 같은 사고의 원리들에는 해당하지 않는다고 주장했다. 라이프니츠에 따르면 후자의 것들은 오히려 **경험의 조건**이며, 참된 인식을 가능케 하는 사고는 논리학의 근본원리인 동일률과 모순율에 따라야 한다는 점을 강조했다.[12] 그러므로 그 역시 이성의 지반 위에 기초하는 인식론과 형이상학적 세계관을 펼쳤던 것이다.

볼프는 스피노자의 저술 방식을 모델로 삼아 형이상학을 포함하는 방대한 지식의 연역 체계를 구축했다. 그 역시 모든 학문의 보편적 방법은 곧 "수학적 · 연역적 · 논증적" 방법이어야 한다고 믿었던 것이다. 이렇게 합리론자들은 이성을 인간 인식의 확고부동한 출발점으로 의심하지 않았고, 순수한, 즉 경험과 무관하게 이성 자체에 심어져 있는 본유관념, 즉 생래적 표상이나 논리적 원리들의 존재를 인정했을 뿐만 아니라 특히 전자를—마치 유클리드 기하학의 공리처럼—철학을 비롯한 모든 학문이론 체계의 출발점으로 삼았다. 본유관념 가운데 가장 중요한 것은 물론 '신'이었다.

한편 영국에서는 베이컨이 귀납적 실험과 관찰을 진정한 학문의 방법으로 강조함으로써 경험주의 철학의 출발을 이루었다. 그는 또 인간 지성이 전통적 선입견에서 자유로울 때 학문의 발전과 문명의

---

12) Gottfried Wilhelm Leibniz, *Nouveaux essais sur l'entendement humain, in Gottfried Wilhelm Leibniz, Philosophischen Schriften*, Bd. III.1, hg. u. übers. v. Wolf von Engelhardt u. Hans Heinz Holz, Darmstadt 1985, XVII, 17, 21 등 참조.

획기적인 진보가 가능하리라는 신념을 구현하고자 애썼는데, 그의 집념은 '영국 왕립학회'(The Royal Society)의 설립을 가능하게 했다. 칸트는 『순수이성비판』 재판의 첫머리에서 자신의 집필 의도를 표명하면서 베이컨을 인용했을 만큼 그의 자연과 이성과 학문에 대한 관점이 자신이 목표하는 '사고방식의 전환', 철학에서의 '코페르니쿠스적 전회'와 궤를 같이한다고 생각했다.[13)]

갈릴레이가 물리학에서 이룩한 업적에 감동한 홉스는 다양한 물리현상을 단순한 물리법칙으로 환원시켜 설명하는 자연과학의 기계주의적 방법론을 모든 현상에 적용하려 했을만큼 칸트와는 매우 다른 자연관, 인간관의 신봉자였다. 그러나 사회 및 정치 사상에 있어서는 모든 개인이 시민사회로 진입해야 할 당위성을 이성의 분별력에서 찾았다는 점에서 양자가 일치했다. 칸트 역시 시민사회의 구성원이 되는 일을 개인이 이성적 존재자로서 수행해야 할 의무로 여겼다. 물론 홉스의 이성이 다분히 방종한 방식으로 자기 이익을 추구하는 개인의 자연권을 통제하기 위해 도구적으로 작동하는 것이었다면, 칸트의 이성은 보편적 도덕법칙의 근원이며 그 법칙의 지시에 따르는 개인이 자율적 존재임을 보장하는 것이었다.

로크는 『인간 지성론』에서 본유관념의 존재뿐 아니라 이성 내지 지성의 능력 자체를 직접 검토하고 그 한계를 규정하는 작업을 전면에 내세웠다. 그는 철학자들이 그토록 신뢰해 온 인식 능력이 자기

13) 김시형은 칸트가 특히 베이컨의 "실험", "가설" 개념 등에서 "외적 자연과 인식 주관의 새로운 관계"를 설정하는 과제에 관한 통찰을 발견했을 가능성에 주목한다. 칸트는 그 같은 개념들이 인식 과정에서 경험 주관이 수행하는 능동적 역할 그리고 이성의 규[통]제적 사용 등을 선구한 것으로 이해했다는 것이다. 「칸트에게 베이컨 철학의 의미—『순수이성비판』을 중심으로—」, 『칸트연구』(한국칸트학회) 20(2007), 71, 77 참조.

자신을 온당하게 비판하는 일이 얼마나 어려운 일인가를 어느 선배 철학자보다도 잘 의식하고 있었는데, 바로 이 같은 자각이 그를 본격적인 인식론의 창시자로 간주하게 만든다.[14)]

로크가 인식론의 과제를 무엇으로 간주했고 또 어떤 결론에 도달했는가는 이 에세이의 서론에 잘 표현되어 있다.

> "나의 목적은 … 인간 지식의 기원, 확실성 그리고 범위를 탐구하는 것이다. 신념, 의견[주장], [그리고 그것들에 대한] 동의의 근거와 정도도 함께 말이다. 나는 여기서 마음에 대한 물질적 관점의 고찰은 건드리지 않을 것이다. 또 마음의 본질이 어디에 있는가와 같은 문제도 다루지 않을 것이다. 즉 정신의 어떤 운동이나 신체의 어떤 변화를 통해 우리의 감각기관이 감각을 얻으며, 우리 지성이 관념을 얻게 되는가 하는 물음, 그리고 그 관념들이 형성될 때 그 중 어떤 것들이 또는 그것들 모두가 물질에 의존하는지 또는 그렇지 않은지 등과 같은 물음 등은 다루지 않을 것이다. 이런 물음들은 공론(speculations)에 불과한 것으로서, 아무리 호기심을 자극하고 즐거움을 제공하는 것들일지라도 … 나는 사양할 것이다." (『인간 지성론』, "서론" 2)

짧은 인용문만 봐도 로크가 인간 지식의 기원, 확실성, 범위 등에

---

14) "인간을 인간 이외의 다른 감각을 지닌 존재자들보다 우위에 있게 하며, 그들에 비해 인간에게 유리한 지위와 지배력을 지니게 해주는 것이 지성이므로 지성에 관한 탐구는 그 고상함을 고려해볼 때에도 수행해볼 가치가 있다. 지성은 마치 인간의 눈처럼 우리들로 하여금 다른 모든 사물들을 보며 지각하게 하면서도 정작 자기 자신은 돌아보지 않는다. 따라서 지성이 지성에 거리를 두고 그것을 자기 자신의 대상으로 삼는 것은 수련과 숙고를 필요로 한다"(*An Essay Concerning Human Understanding*, London: Thomas Basset 1689-90 [이하 『인간 지성론』], "서론" 1).

관한 이전 철학자들의 생각, 특히 홉스의 유물론적 입장에 회의적이었음을 짐작할 수 있다. 나아가 로크는 전통철학자들 특히 합리론자들이 지성에 대해 갖고 있던 소박한 신뢰 역시 비판했다.

> "나는 … 다음과 같이 의심했다. 즉, 우리가 잘못된 끝에서 시작한 것일지도 모르며, 그래서 실제로는 거대한 존재의 대양 한가운데에서 방향을 잃고 헤매면서도 우리에게 가장 중요한 진리를 안전하고 확실하게 갖고 있다는 허황된 자만에 사로잡혀 있는 것 같다는 것이다. 마치 아무 한계도 없이 모든 것이 우리의 지성이 지니는 자연적이고 의심의 여지없는 소유물인 것처럼, 그 지성의 판단과 이해를 벗어난 것은 아무 것도 없다고 여겼던 것은 아닐까 하고 말이다. 사람들은 그들의 능력을 넘어서는 탐구를 시도하면서도 안전하게 발 디딜 곳도 없는 깊은 물에서 그들의 사유를 헤매게 놔둔다. 그러므로 그들은 자신들이 결코 어떠한 명석한 해결에도 이르지 못할 질문들을 제기하고 논쟁을 확대하기만 하며, 자신들의 의심을 키우고 지속시키는 데 몰두한다. 그 결과 자신들을 완전한 회의주의 속에서 발견하고 마는 것이다. 반면에 우리는 지성의 능력들을 잘 고려하여, 우선 우리에게 가능한 지식의 범위를 발견하고, 사물의 밝은 부분과 어두운 부분, 또 우리 자신이 이해할 수 있는 것과 그렇지 못한 것 사이의 구역을 설정하는 지평을 발견해야 한다. 그러면 아마도 어떤 문제에 대해서는 우리 자신이 무지하다는 점을 주저 없이 인정하게 될 것이며, [동시에] 다른 문제들에 대해서는 사유와 담론을 통해 더 많은 이점과 만족을 얻게 될 것이다."
> (『인간 지성론』, "서론" 7)

위의 인용문을 보면 로크는 지성에 대한 인식론적 반성 과정을 거치지 않은 상태에서 선배 철학자들이 벌인 형이상학적 논쟁들이 결국 회의주의로 귀결된다는 진단을 내리고 있는데, 이는 칸트가 『순수이성비판』 머리말에서 한때 "만학의 여왕"으로 불리던 형이상학의 몰락한 신세를 묘사하는 부분을 연상시킨다.[15] 지성 능력의 한계를 검토하고 인간에게 주어질 수 있는 지식의 범위를 규정한다는 목표는 칸트 제1비판서와 그 근본 의도가 일치한다고 할 수 있다. 하지만 경험론 전통의 로크는 인간의 지성이 경험의 도움 없이 수행할 수 있는 일을 인정하는 데 소극적이었다. 그가 내린 결론은 관찰과 경험이 주어지기 이전의 지성 내지 마음의 상태는 "백지"와 같으며 본유관념 같은 것은 없다는 것이다.[16] 그에 따르면 감각 경험이 기억을 낳고 관념을 만드는데 감각 안에 없는 것은, 감각 자료로서 주어지는 단순관념을 반성하고 사고하는 지성 속에도 없다. 나아가 그는 감각을 작동시키는 것을 물질적 사물로 간주함으로써 적어도 관념 형성의 첫 단계와 관련해서는 자신이 비판했던 홉스처럼 유물론을 지지하는 것처럼 보이기도 한다. 하지만 로크는 지식이 관념들의 연결로 이뤄진다고 함으로써 관념론적 해석의 여지 또한 남겨 두었다.

로크의 사회이론 역시 칸트에게 중요한 자원을 제공했다. 특히 자연 상태의 인간이 자유롭기는 하지만 수단과 방법을 가리지 않고 자기 보존과 이익만을 노리는 방종의 상태에 있는 것은 아니라는 로크의 주장은 홉스와 달리, 개인이 사회계약으로 시민사회의 구성원이 되려는 이유가 자연권을 억압하기 위한 것이 아니라 그 자연권을 천부의 권리로 인정하고 합리적으로 보장하기 위한 것이라는 입장으로 이어진다. 칸트가 로크의 『통치론』을 직접 검토했는지 여부는

---

15) 『순수이성비판』 A VIII-XI.

16) 『인간 지성론』 II.1.2 참고.

확실하지 않지만 이념사적으로 그에게 크게 영향을 받았다는 점은 부인할 수 없다.[17] 칸트는 권리 개념의 철학적 근거를 이성에서 찾지만, 그 권리의 내용은 로크와 크게 다르지 않기 때문이다.

버클리는 로크의 입장을 비판하면서도 더 과감하게 밀고 나아가 전혀 다른 결론에 도달했다.[18] 사물에 관한 인식이 감각에서 연유하는 관념들로 이뤄진다면, 결국 사물이란 그러한 감각들을 정돈하고 해석한 것("perception")에 불과하다고 본 것이다. 예컨대 우리가 아침에 먹은 밥은 시각, 후각, 촉각, 미각, 체내의 만족감과 온기 등 우리가 감각기관을 통해 지각한 내용의 집합체일 뿐 그 지각 너머의 어떤 것이 아니라는 것이다. 그러니까 어떤 사물에게 인정되는 그 사물의 실재성이란 물질적인 성질 자체에 있는 것이 아니라, 우리의 오감을 통한 지각에 있고 그것이 우리 마음에 형성하는 관념들에 있다. 따라서 버클리는 모든 물질이 어떤 마음, 정신의 상태이고, 우리가 직접 확실하게 알 수 있는 것은 우리의 정신뿐이라고 주장했다. 사물의 실재를 말하기 위해서는 인간의 마음이든 신의 의식이든, 정신이 전제되어야 한다는 주장은 버클리를 관념론자로 평가하게 만

17) 김수배, 「로크와 칸트의 소유 이론—자연의 법으로부터 자유의 법으로」, 『칸트연구』(한국칸트학회) 32(2013), 79 참고.

18) 버클리는 근대 과학의 배후에 유물론적인 세계관이 작용하고 있다고 보고 이를 반박하고자 했는데, 이때 로크의 인식론이 인정하는 물질적 실체를 부정하고자 애썼다. "옛날이나 지금이나 무신론자들에게 물질적 실체가 얼마나 위대한 친구였는가 하는 것은 말할 필요도 없다. 그들의 모든 괴물 같은 체계들은 명백하고도 필연적으로 그것에 의존하므로 일단 이 초석이 제거된다면 그 건물 전체가 무너질 수밖에 없다."(『인간지식 원리론』(*A Treatise Concerning the Principles of Human Knowledge, wherein the Chief Causes of Error and Difficulty in the Sciences, with Grounds of Scepticism, Atheism and Irreligion, Are Inquired into*), Dublin 1710, 92)

든다.[19)]

흄은 버클리의 결론을 문제 삼되, 물질적 대상을 아는 것과 정신을 아는 것은 근본적으로 다르지 않으며, 지각을 통해 안다는 데 동의했다. 그러나 주교였던 버클리와 달리 흄은 자신의 지각 개념을 세속적이고 극단적인 방식으로 해석하였다. 지각 작용은 어떤 실체로서의 정신을 전제할 필요가 없으며, 우리가 정신으로 여기는 것도 실제로는 오로지 낱낱의 관념, 감정상태, 기억 등에 대한 지각일 뿐이라고 주장하기에 이르렀다. 정신은 하나의 실체가 아니며, 여러 관념들을 소유하는 하나의 확고부동한 무엇이 아니라 그저 여러 가지 지각, 기억, 감정에 대한 추상적 명칭일 뿐이라는 것이다. 이른바 "관념들의 연합"(association of ideas) 또는 "지각의 다발"(bundle of perceptions)이 존재할 뿐 실체로서의 정신은 불필요하다는 흄의 결론은 당연히 종교 신앙에 대한 위협으로 간주될 수밖에 없었다.[20)] 흄의 인식론이 남긴 충격은 이뿐만이 아니다. 그는 경험을 통해서는 원인 개념에 상응하는 인상을 얻을 수 없기 때문에 자연과학적 지식의 기초인 인과법칙마저도 습관의 산물에 불과하다고 주장했던 것이다.

> "원인은 결과를 산출하는 힘을 지닌다. 형이상학에서 그런 *힘*이나 … *필연적 관계*에 대한 관념들보다 더 모호하고 불확실한 관념들은 존재하지 않는다. … 그러므로 힘이나 필연적 관계에 관한 관념을 충분히 이해하기 위해 그것의 인상을 검토하기

---

19) 같은 책, 3, 6, 7

20) *A Treatise of Human Nature*, Oxford/New York: Oxford Univ. Press, 2007, (London [1]1739-40)[이하 『인간 본성론』], 12, 14 이하, 77, 421 이하 참조.

로 하고 … 그 관념이 도출되어 나올만한 온갖 근원을 탐구해 보자. 우리가 외부 물체를 바라 볼 때, 그리고 원인들의 작동방식을 고려해 볼 때, 우리는 어떠한 하나의 사례를 통해서도 어떤 힘이나 필연적 연결을 발견할 수 없다. 즉, 그 결과를 원인과 결합시키고, 어떤 하나를 다른 하나의 불가피한 결과로 만드는 어떠한 성질 말이다. 우리는 그 하나가 실제로 다른 하나를 따른다는 사실만을 발견할 뿐이다. 한 당구공의 충격은 둘째 공의 움직임을 수반한다. 이것이 *외부* 감각에 나타나는 전부다. 마음은 이 객체들의 연속에서 어떠한 정서, *내면적* 인상도 느끼지 않는다. 따라서 원인과 결과에 관한 어떤 단 하나의 특정한 사례에서도, 힘이나 필연적 관계의 관념을 암시할 수 있는 어떤 것도 존재하지 않는다. 우리가 한 사례나 실험에서 특정 사건이 다른 사건을 따르는 것을 관찰 후라도 우리에게는 일반 규칙을 만들 자격이 없으며, 유사한 경우에 어떤 일이 일어날 지 예측할 수도 없다. … 그러나 한 특정 부류의 사건이 항상 모든 경우에 다른 종류의 사건과 결합되어 있을 때 … 우리는 그 한 객체를 *원인*, 다른 하나를 *결과*라고 부른다. 우리는 그들 사이에 어떤 연결이 있다고 가정한다. 즉, 한 사건 속의 어떤 힘이 다른 힘을 반드시 산출하며, 가장 확실하고 강력한 필연성으로 작용한다고 말이다. 따라서 사건들 사이의 필연적 결합에 관한 이 관념은, 이러한 사건들의 지속적 결합이 일어나는 수많은 유사한 경우들에서 나타나는 것이다. 하지만 수많은 경우들 안에는 모든 단일 사례들과 구별되면서, 서로 정확히 일치한다고 여겨질 수 있는 것은 아무 것도 없다. 마음이 비슷한 경우들을 반복 경험한 후에, 어느 사건의 현상에 기초하여 **습관으로**, 그것이 보통 나타나리라 기대하고, 그것이 존재하게 되리라 믿는 일을 제외한다면 말이다. 따라서 우리가 마음속에서 *느끼는* 이러한 연결, 즉 상상이 하나의 객체에서 관습적으로 그것의 통상적인 출현으로 나아가는 전환은 정서나 인상인데, 우리는 이것에서 힘

이나 필연적 결합의 관념을 형성한다.[21]

이처럼 흄은 인과관계나 그 법칙 자체는 지각될 수 없고, 단지 사건의 연속만이 지각될 뿐이라서 법칙성, 즉 어떤 현상들 사이의 필연적 결합이란 우리가 유사한 사건의 연속을 반복 관찰함으로써 습관이 되어버린 정서에 불과하고 보았다. 그는 더 나아가 아예 감각 지각들(인상들)로부터 외부 대상의 존재를 추론할 수는 없으며, 그것들은 상상력이 인상들의 "불변성"(constancy)과 "정합성"(coherence)에서 만들어내는 신념의 산물에 불과하다고 주장했다. 그렇다면 수학적 지식에 대해서는 어떻게 생각했을까?

> "인간 이성이나 이성적 탐구의 모든 대상은 본성상 둘로 구분될 수 있다. *관념들의 관계*와 *사실의 문제*가 그것이다. 첫째 종류로는 기하학, 대수, 산술 등이 있는데 … **사유 작용만으로** 발견할 수 있다. … 인간 이성의 둘째 대상인 사실의 문제는 그와 동일한 방식으로는 확보될 수 없다. 또 그것의 진리에 대한 우리의 증거가 아무리 크더라도 전자의 것과 유사한 본성을 가질 수는 없다."[22]

수학은 경험의 도움 없이 사유의 힘만으로 파악할 수 있는 관념들 사이의 논리적이고 필연적인 관계로 이루어진 지식이기는 하지만 사실에 관한 지식은 그렇지 않다는 것이다. 이렇게 본다면 예컨대 '2 + 2 = 4'에서 '2 + 2'와 '4'는 표현은 다르지만 동일한 내용을 지시하는 것으로서 모순을 범하지 않고는 부정할 수 없다. 그러므로

---

21) *An Enquiry Concerning Human Understanding*, Oxford: Oxford Univ. Press 2007(London [1]1748), 46, 54 이하.

22) 같은 책, 18.

사실상 수학의 명제는 실질적인 지식의 확장과 무관한 동어반복(tautology)인 셈이 된다. 흄은 기하학의 경우 수학에서와 동일한 "정밀성"(precision)과 "정확성"(exactness)이 보장되지 않는 것으로 생각했다.[23] 후일 칸트는 이 같은 흄의 극단적 견해가 자신을 "독단의 미몽"에서 깨웠다고 회상한다.[24] 자신이 성장해 나온 합리론 전통 내에서도 매우 다른 성격의 형이상학들이 존재한다는 사실에 고민하던 칸트에게, 신앙은 물론 눈부신 성공을 거두고 있는 자연과학에 대해서까지 그 확실성을 의문시하는 흄의 태도는 큰 충격을 주었을 것이다.

흄은 인과관계의 필연성을 인정하지 않았으므로 그 부정이라 할 수 있는 의지의 자유 역시 반드시 가능하다거나 또는 불가능하다고 주장하지 않았다. 그에 따르면 필연의 부정은 우연과 근본적으로 다르지 않으며, 자유로운 행위 역시 우연적 행위와 다르지 않다. 그리고 이 후자는 결국 엄밀한 의미의 원인이 없는 행위라는 것인데, 흄은 적어도 경험적으로는 외적인 강제 없이 자발적으로 일어나는 행위들, 즉 일종의 자기 원인적 행위가 있을 수 있다고 보았다. 그러나 "이성은 정념의 노예이며 … 정념들에 봉사하고 복종하는 것 이외에 결코 다른 임무를 주장할 수 없다"고 하여 도덕적 행위에서 이성보다 감정이나 정서의 역할을 강조하였다. 도덕적 감정이란 이성에 의한 판단의 결과물이 아니라 느껴지는 것이며, "행동, 정서, 성격이 유덕하거나 악하다고 하는 이유는 그것을 바라봄으로써 특별한 종

---

23) 『인간 본성론』 51 참조. 아트킨슨은 특히 기하학에 대한 흄의 설명에 근거하여 그가 생각한 명제들의 필연적 관계는 라이프니츠와 칸트가 생각했던 "분석적" 관계와는 다른 틀로 보아야 한다고 주장했다. Ronald F. Atkinson, "Hume on Mathematics", *The Philosophical Quarterly*, vol. 10, no. 39, 1960, 127 참조.

24) 『형이상학 서설』 IV 260.

류의 쾌나 불쾌감이 유발되기 때문"이라고 한다.[25] 이렇게 흄은 도덕이론에서도 합리주의와 철저히 대립하여 반주지주의, 정서주의를 대변했으며, 철학적 회의를 통해 종교, 과학, 도덕 등의 기반이 얼마나 부실한가를 여지없이 폭로하고자 하였다.

칸트 역시 자신의 지적 성장에 영향을 미친 여느 학자들처럼 새로운 수학적 발견과 자연과학의 비약적 발전에 깊은 인상을 받았다. 학자로서 활동을 막 시작한 시기 그의 관심이 주로 자연과학의 문제들로 점철되었다는 것은 잘 알려진 사실이다. 그 시기 칸트는 불, 지진, 화산, 활력, 천체 생성 등 다양한 자연현상들을 설명하는 기존 이론들 사이의 대립 상황을 새로운 관점에서 해소하거나 그 이론들이 양립할 수 있는 가능성을 연구했다. 철학에서는 독단의 미몽에 사로잡혀 있는 형이상학들이 난맥상을 형성하고 있었다. 전통적으로 형이상학은 학문들의 으뜸으로 여겨져 왔으니 물리학 같은 자연과학이나 윤리학, 정치학 같은 실천 학문들, 나아가 신학의 근본 원리까지 탐구하는 원리적 학문 또는 기초학문이기도 했다. 하지만 합리론자들은 서로 다른 생래적 관념이나 원리에 호소하여 상호 소통이 불가능할 정도로 이질적인 형이상학들을 만들어 냈으며, 또 이성능력에 대해 의구심을 가졌던 경험론 철학자들은 그들대로 형이상학의 가능성을 부정하는 데 만족하지 않고 보편타당한 자연과학적 지식의 가능성까지도 회의하기에 이르렀던 것이다. 수학이나 기하학의 지식은 대체적으로 그 확실성이 부정되지는 않았으나, 라이프니츠, 흄 등에서 두드러지듯 그것은 실재에 대한 설명력을 갖지 못하는, 즉 사실세계와는 무관한 성격의 학으로 간주되었다. 따라서

---

25) 『인간 본성론』, 266, 303.

철학자로서의 칸트는 수학, 자연과학의 인식론적 기초, 형이상학의 가능성, 윤리학 같은 실천 학문의 근본 원리 등을 철학적으로 검토하는 과제를 부여받았다고 할 수 있다. 물론 이외에도 자연과학적 탐구와 목적론적 관점의 양립 가능성, 아름다움의 문제, 역사의 의미 문제, 신앙적 진리의 성격에 대한 이해 등도 그의 철학적 관심사였다.

5. 칸트철학 연구에서 문헌학적 지식이 가지는 중요성

이미 우리는 앞에서 철학 공부의 두 가지 스타일과 관련해서 문헌학의 중요성을 생각해 보았다. 한 철학자의 사상적 정체성이 해당 철학자가 자신의 이름으로 남긴 공식 출판물에 국한해 거론될 수 없다는 점, 그리고 특히 칸트철학 해석의 역사에서 확인할 수 있는 바와 같이 칸트철학이 지니는 다면성을 고려할 때, 칸트철학 관련 자료들에 대한 문헌학적 기본 지식은 칸트철학 연구의 불가결한 토대에 해당한다고 할 수 있다.

우선 칸트 전집의 역사는 칸트철학 전체에 대한 특정한 해석과 조망을 고스란히 반영하고 있다고 해도 지나친 표현이 아니다. 현재까지 출간된 칸트 전집들은 칸트 생존 시기에 출판된 작품들의 라틴어 번역집인 보른의 전집[26]을 제외한다면 9종에 이르는데, 이것들은 모두 그것이 성립되어 나온 각각의 시기에 칸트 연구가 도달한 수준의 정도를 적나라하게 반영하고 있다. 다시 말해 칸트 전집의

26) *Immanuelis Kantii opera ad philosophiam criticam*, latine vertit Fredericus Gottlob Born, 4 Bde., Leipzig 1796-1798 (Neudr. Frankfurt a. M. 1965).

다양한 종류들은 저마다 나름대로의 학문적 특징과 한계를 내포하고 있으며, 이는 다시 그 전집에 의존할 수밖에 없는 칸트 연구의 수준과 직결된다는 것이다. 이러한 사실에 대한 이해를 돕기 위해서는 1830년대 말에 나온 최초의 칸트 전집들이라 할 수 있는 로젠크란츠-슈베르트판과 하르텐슈타인판의 특징 그리고 학술원판 전집의 성립 역사를 살펴보는 것만으로도 충분할 것이다.

로젠크란츠-슈베르트 판본과 하르텐슈타인 판본은, 칸트철학을 논리학, 형이상학, 자연 과학, 정신 철학 등 몇몇 주요 영역으로 구분하여 발간했다.[27] 따라서 이 전집의 편찬자들은 **체계적인 편찬의 원칙**을 따랐다고 할 수 있다. 그러나 기실 이 전집들은 정작 칸트철학 전체의 체계에 관한 물음을 비판적으로 검토하지 않은 상태에서 만들어졌기 때문에 그만큼 불완전할 수밖에 없는 것들이었다. 예를 들어 로젠크란츠-슈베르트판은 『논리학』과 『형이상학 서설』을 같은 범주로 분류하여 수록하고 있는 반면, 하르텐슈타인은 『논리학』과 『학부들간의 논쟁』, 『계몽이란 무엇인가?』 등의 작품들을 한데 묶어 놓고 있어서 오히려 칸트철학에 대한 체계적 해석과 관련해서 큰 혼란을 가져온 주요 원인들 가운데 하나가 되었다. 결국 하르텐슈타인 판의 경우 약 한 세대 이후에 나온 판본에서는 다시 **연대순에 따른 편찬의 원칙**을 채택하게 된다.[28] 이러한 변화는 그 자신이 문헌학자이기도 했던 하르텐슈타인이, 그 당시 파울젠(Friedrich

27) *Immanuel Kant's sämmtliche Werke*, hg. v. Karl Rosenkranz u. Friedrich Wilhelm Schubert, 12 Tle., Leipzig 1838-1842; *Immanuel Kant's Werke*, sorgfältig revidirte Gesammtausgabe in zehn Bänden, hg. v. Gustav Hartenstein, Leipzig 1838-1839.

28) *Immanuel Kant's sämmtliche Werke, In chronologischer Reihenfolge* hg. v. Gustav Hartenstein, Leipzig 1867-1868. 6 및 146 이하 참조.

Paulsen)이나 피셔(Kuno Fischer) 같은 학자들이 새롭게 시작한 연구 방법, 즉 칸트철학을 발전사적인 접근방법으로 탐구하고자 한 시도를 반영한 것이라 할 수 있다.[29)]

하르텐슈타인이 수용한 새로운 접근법은 19세기 학계 전반에 강력한 영향력을 행사했던 역사주의와도 밀접한데, 무엇보다도 빌헬름 딜타이가 주도하여 착수한 학술원판 전집의 발간 과정을 거치면서 확고한 입지를 획득하게 된다. "위대한 사상가들의 발전사가 그들의 체계들을 밝혀준다"는 철학적 소신을 가졌던 딜타이는 칸트의 생전 저서들뿐만 아니라 그의 삶을 기록하고 있는 모든 자료들, 예를 들면 서간물, 유고, 강의 필기들까지 학술판에 포함시켰다. 1900년 딜타이의 주도하에 시작된 학술원판 작업은 두 차례의 세계 대전과 편찬 방침에 대한 실무자들 사이의 의견 대립, 딜타이 자신을 비롯한 실무책임자들의 사망과 교체 등 우여곡절을 겪으며 120년 이상을 이어오고 있다.

학술원판 전집이 담고 있는 자료들의 다양한 성격과 그 방대한 범위에도 불구하고 그동안 이 전집이 칸트 연구의 기본서 즉, 이른바 "표준본"(Standardwerk)의 역할을 수행하기에는 너무나 많은 결함을 지닌다는 사실이 자주 그리고 꾸준히 지적되어 왔다. 서간문, 조각글, 유고, 강의 필기 등과 같은 자료들이 가질 수 있는 철학적 가치에 관한 논란은 차치하더라도, 칸트 스스로 생전에 출판했거나 그의 위탁에 의해 출판된 책이나 논문들로 이루어진 학술원판 제 1부(1. Abteilung)조차도 그 문제점들이 이미 1950년대부터 멘처, 하

29) Kuno Fischer, *Immanuel Kant und seine Lehre*, Teil I: *Entstehung und Grundlegung der kritischen Philosophie (Geschichte der neuern Philosophie* Bd. IV), Heidelberg ^{6}1928(^{1}1860), 6 및 146 이하 참조.

임조에트, 레만, 힌스케 등에 의해 줄기차게 지적되었다.[30)]

학술원판 제1부가 지닌 문제점들에 대한 대체적인 내용을 요약해 보면 다음과 같다.

첫째, 수록된 작품들의 수록 기준에 관한 것이다. 이 1부는 칸트가 위탁한 강의록들을 포함시키다 보니 『논리학』, 『교육학』, 『자연지리학』 등은 IX권에 수록되었으나, 1804년 링크(Friedrich Theodor Rink)에 의해 독자적으로 출판된 미완성 현상논문인 『라이프니츠와 볼프 이래 형이상학이 독일에서 이룩한 진정한 진보는 무엇인가?』는 이 1부에서 누락되어 유고들을 모아 놓은 3부에 귀속되었다. 이 논문은 분트 같은 학자에 따르면 "선험철학의 전 체계에 대한 조망"을 주고 있다고 평가되는 글로서 칸트 연구자들이 반드시 고려해야 하는 작품이다.[31)] 뿐만 아니라 칸트 미학 연구에서 핵심적인 텍스트인 『판단력비판 제일 서론』 같은 글도 역시 1부에서 누락되었다는 사실을 인지하고 있는 학자라면 학술원판의 기준이 얼마나 자의적인가를 짐작하고도 남는다.

둘째, 원문의 신뢰도에 관한 문제이다. 여러 학자들에 따르면 이미 1부에 수록된 몇몇 글들은 칸트 자신에게서 유래한 글들이 아니

---

30) Paul Menzer, "Die Kant-Ausgabe der Berliner Akademie der Wissenschaften", in *Kant-Studien* 49(1957-58), 337-350; Heinz Heimsoeth, "Zur Akademieausgabe von Kants gesammelten Schriften. Abschluss und Aufgaben", in *Kant-Studien* 49(1957-58), 351-363; Gerhard Lehmann, "Zur Geschichte der Kantausgabe 1896-1955", in *Deutsche Akademie der Wissenschaften zu Berlin* 1946-1956, Berlin 1956, 422-434; Norbert Hinske, "Probleme der Kantedition. Erwiderung auf Gerhard Lehmann und Burkhard Tuschling", in *Zeitschrift für philosophische Forschung*, Bd. 22(1968), 408-423 및 "Die Kantausgabe der Preußischen Akademie der Wissenschaften und ihre Probleme", in *Il cannocchiale* Bd. 3(1990), 229-254 등.

31) Max Wundt, *Kant als Metaphysiker. Ein Beitrag zur Geschichte der deutschen Philosophie im 18. Jahrhundert*, Stuttgart 1924, 379쪽 참조.

다.[32] 따라서 특히 칸트 '출판 작품들'(Druckschriften)에 초점을 두어 수행되는 칸트 연구의 경우 이 전집의 1부에 실린 저작물들을 그 기준 텍스트로 삼는다면 칸트의 공식 철학, 즉 칸트 자신이 공식적으로 인정한 저작물들과 그 외 저작물들, 즉 부차적인 참고 자료로서만 사용되어야 하는 자료들 사이에서 연구 중심을 유지하기 곤란한 상황에 빠지기 쉽다.

원문의 신뢰성과 관련된 또 하나의 심각한 문제는 구두법과 철자법에 관한 것이다. 18세기의 철자법과 구두법은 현대 독일어와 크게 달랐고, 더욱이 칸트는 이것들에 관한 한 매우 불규칙한 용례를 보여준다. 그렇기 때문에 학술원판 편찬자는 혼란을 피하고 통일을 기하기 위해 1권부터 10권까지 현대식 [20세기 초] 기준을 적용하여 수정하고자 했다. 그러나 이 작업이 단순히 "식자공 관행"(Setzerschlendrian)을 구실로 암암리에 그리고 일관되지 못한 방식으로 이루어진 까닭에 칸트 본래의 의도가 왜곡된 부분이 적지 않다. 예컨대 "카테고리"를 "Kategorie"와 "Categorie" 또 "부(部)"를 "Teil"과 "Theil" 등으로 적는 등, 상당수 용어들은 현대의 정서법에 준하여 고쳐지지 않은 채 그대로 인쇄되었다. 그러나 심각한 경우는 Ewald Frey와 같은 칸트철학의 비전문가들이 내용의 의미 전달을 무시한 채 수정한 부분들에서 나타난다. 예컨대 학술원판의 『순수이성비판』 A 11 이하에서 칸트는 "선험적"(transzendental)을 이렇게 정의하고 있다. "Ich nenne alle Erkenntnis *transsccendental*, die sich nicht sowohl mit Gegenständen, sondern mit unsern Begriffen a priori von Gegenständen überhaupt beschäftigt". 우리말로 옮기면, "나는 대상에 관여하는 것이 아니라

32) 예컨대 "자연지리학 강의 계획표"(Entwurf und Ankündigung eines Collegii der physischen Geographie)의 일부 내용 등이 그러하다.

대상 일반에 관한 우리의 아프리오리한 개념들에 관여하는 모든 인식을 선험적이라고 부른다"이다. 그러나 초판과 대조하여 보면 "nicht sowohl"은 "nicht so wohl"을 임의대로 교정한 것임을 확인할 수 있는데, 칸트의 원고를 잘못 수정하여 독자를 혼란에 빠뜨리게 한 대표적인 사례들 가운데 하나다. 칸트가 사용한 고어풍의 표현 "nicht so wohl … sondern"은 라틴어의 "non tam … quam potius"—고전 라틴어로는 "non tam … quam"—에 상응하는 독일어로서 그는 이를 "nicht so wohl … als vielmehr"나 "nicht so wohl … als", "nicht so wohl … sondern vielmehr", "nicht so wohl … sondern" 등으로 조금씩 다르게 표현했다. 이 표현들은 "so wohl" 뒤의 내용을 부정하는 것이라기보다는 "als"나 "als vielmehr", "sondern vielmehr" 뒤의 내용을 강조하는 의도를 담고 있다. 이러한 상황을 고려하면, 위의 정의에서 칸트의 의도가 "nicht sowohl" 뒤에 나오는 "대상"(Gegenständen)을 "선험적"의 의미 영역으로부터 제외시키려는 데 있던 것이 아니라 "아프리오리한 개념들"(Begriffen a priori)을 좀 더 강조하려는 데에 있었음을 알 수 있다.[33] 그러므로 초판본 표현에 충실하게 우리말로 옮기면, "나는 **대상에 관여할 뿐만 아니라, 특히** 대상 일반에 관한 우리의 **아프리오리한 개념들에 관여하는** 모든 인식을 선험적이라고 부른다"가 된다. 학술원판의 위와 같은 수정 개악 사례들은 이후 다른 판본 전집들로 이어지게 된다. 포어랜더(Karl Vorländer) 판도 이점에서 예외가 아니다.

셋째, 학술원판 말미에 수록된 '사항설명'(sachliche Erläuterungen)

---

33) Norbert Hinske, *Kants Weg zur Transzendentalphilosophie. Der dreißigjährige Kant,* Stuttgart/Berlin/Köln/Mainz 1970, 28-30 참조.

과 '상이본 및 교정'(Lesarten), '작품소개'(Einleitung) 등의 학술적 가치에 관한 것이다. 이 부분들은 칸트 연구의 기존 성과와 업적에 대한 충분한 사전 지식을 바탕으로 신중하게 접근한다면 번역 및 원전 이해 등에 도움을 줄 수 있을 것이다. 하지만 예컨대 칸트의 인용물들에 대한 출처를 소개하고 있는 제1부의 사항설명의 경우, 매우 빈약한 내용을 담고 있을 뿐 아니라 그동안 칸트 연구가 진행되면서 잘못으로 드러난 내용들까지 포함하고 있다. 이뿐만 아니라 1910년부터 시작된 신판(Neuauflage) 작업과 1968년 이후의 재인쇄 작업(이른바 "Paperback-Akademie-Ausgabe") 등을 거치면서 보충, 교정된 내용들이 오히려 더 많은 오식을 포함하고 있을 뿐 아니라, 특히 이 재인쇄 작업은 일부 자료(예컨대 "Silberschlag-Rezension")를 누락시키기까지 했다.[34)]

1998년 6월 1일부터 4일까지 마르부르크에서는 독일연구협회(DFG)의 주최로 "칸트 학술원판의 현상태와 미래"(Zustand und Zukunft der Akademie-Ausgabe von Immanuel Kants Gesammelten Schriften)라는 주제로 학술회의가 개최된 바 있다. 여기서 대다수의 발표자들과 토론자들은 이 전집이 보여준 탁월한 성과에도 불구하고 여러 곳에서 그 결함이 심각하다는 것, 그리고 그 원인이 단순히 그동안 칸트 연구의 진보가 가져온 새로운 연구 성과물들에만 기인하지는 않는다는 것, 따라서 그 개선이 불가피하다는 데에 의견의 일치를 보았다. 그 방안으로서 기존 전집본의 성과와 결함을 기록한 별쇄권을 만드는 방법과, 아예 새로운 전집의 간행을 준비할 위원회를 구성할

---

34) Paperback-Akademie-Ausgabe의 편집상의 구체적인 오류들에 대해서는 Norbert Hinske, "Die Kantausgabe der Preußischen …", 같은 곳, 238 이하와 253 이하 참조.

것 등이 제안되었다.[35)]

학술원판의 오용 사례들은 헤아리기 힘들 정도로 많으나 가장 흔하게 발견되는 문제는, 한편으로는 칸트 전문가들 사이에서도 적지 않게 퍼져있는 학술원판 칸트 전집에 대한 맹신, 그리고 다른 한편으로는 그것에 대한 무지에서 비롯되는 것들이다. 국내외를 막론하고 칸트 작품의 번역에 사용되거나 칸트철학에 관한 학술 논문에서 인용되고 있는 원전은 대부분의 경우 이 학술원판이다. 물론 그나마 이것은 사용 원전의 종류를 밝히고 있는 경우에 국한했을 때의 이야기고, 아예 출처조차 밝히지 않고 원전의 쪽수만을("A" 또는 "B" 등으로) 적는 경우도 적지 않다. 그런가 하면 학술원판이 표기하지 않고 있는 원본의 쪽수를 표기하면서도 번역 대본으로 학술원판을 사용한 것처럼 밝히는 사례도 있다.

학술원판의 편찬 역사나 한계에 대한 무지가 가장 단적으로 들어나는 또 다른 사례로서는, 국내외를 막론하고 칸트 전문가들의 전문 연구서나 논문들조차 학술원판의 최초 출판 연도를 1902년으로 표기하는 경우가 어렵지 않게 발견된다는 사실을 들 수 있다.[36)] 주지하다시피 최초로 출판된 학술원판의 작품은 1902년에 출판된 제1권

35) 이에 대해서는 Thomas Sturm의 회의 참가 보고서 "Immanuel Kants Gesammelten Schriften. Thomas Sturm über Zustand und Zukunft der Akademie-Ausgabe", in *Information Philosophie*, März 1999, 48-53 참조. 이후 베를린-브란덴부르크 학술원은 "칸트 작품 신판 및 개정판" 프로젝트를 통해 마르부르크대학의 Werner Stark교수 책임 하에 2009년과 2020년에 걸쳐 『자연지리학 강의』(*Vorlesungen über die Physische Geographie*)를 학술원판의 Bde. 26.1, 26.2로 출간했으며, 『유고』(Opus postumum)와 『헤르더 강의록』(*Vorlesungsnachschriften von Johann Gottfried Herder*)을 준비 중이다. 웹사이트 https://kant.bbaw.de/de 참고.

36) 독자들은 이 같은 오류를 도서관에 있는 칸트 번역서나 칸트철학 관련 문헌에서 직접 확인해 보기 바란다.

이 아니라 1900년에 나온 서간집인 제10권이다.

이뿐만이 아니다. 유고나 강의 기록물 등에 대한 이해의 부족은 학술원판에 수록된 유고나 강의 필기물 등에 기초하여 칸트의 1차 작품들의 내용을 바로잡으려는 어처구니없는 시도로 나타나기도 한다. 이러한 오류들과 관행은 칸트철학의 역사, 특히 칸트 전집 편찬의 역사가 그 각 시기들에서 지니는 한계를 제대로 이해하지 못한 결과에서 비롯한다고 할 수 있다. 여기서 그 사례들을 일일이 열거할 수는 없으나, 이 같은 오류는 칸트 연구의 수준을 대번에 확인시켜 주기 때문에 자칫 연구자 집단 전체, 나아가 국제적 망신으로 이어질 수 있다.

이처럼 칸트전집들의 수준은 곧 바로 칸트철학에 대한 이해의 정도, 연구의 질과 연결되며, 또한 학술원판에 무비판적으로 의지함으로써 번역이나 논문의 권위를 포장하려는 시도가 무모한 일이 되기 쉽다는 점을 간과하지 말아야 한다. 따라서 칸트작품을 인용하거나 번역하고자 한다면, 원본의 문장부호를 충실히 반영하면서 학술원판이나 카시러판 등의 교정 내용(emendatio, conjectio)까지도 소개하고 있는 **바이셰델판에 수록된 원본**(대표적인 라틴어 논문들의 원본뿐 아니라 독일어 번역까지 제공하고 있다)을 기본 대본으로 삼는 것이 현실적으로 가장 바람직하다고 할 수밖에 없다. 특히 '다름슈타트 학술도서회'(Wissenschaftliche Buchgesellschaft Darmstadt)에서 발행하는 '바이셰델판본'은 '주어캄프'(Suhrkamp) 판본과 달리 최근판에서 바로잡아야 할 원본 처리 과정의 오식들을 계속 수정해오고 있다.[37] 물론 요즘은 칸트 원전이 팩시밀리판 등의 생산으로

37) *Immanuel Kant. Werke in sechs Bänden*, hg. v. Wilhelm Weischedel, Darmstadt [8]2016([1]1956-1964); *Immanuel Kant. Werkausgabe*, hg. v.

접근성이 용이해지고, 또 인터넷을 통해서도 칸트 저서들을 포함해 18세기의 대다수 원전들을 접할 수 있으므로 의심스러운 부분들의 경우 원전을 직접 대조해 볼 수도 있다. 물론 학술원판 자체는 위에서 지적한 여러 문제점들을 지녔음에도 불구하고 칸트철학 연구를 위한 귀중한 자료들을 포함하고 있는 것이 사실이다. 그러므로 칸트철학을 제대로 공부하려는 사람은 거기에 수록된 "사항설명"과 "상이본 및 교정", "작품소개" 등의 내용을 신중히 선별하여 수용할 필요가 있다.[38)]

그렇다면 칸트철학을 처음 접하는 독자에게 추천할만한 칸트 자신의 작품에는 어떤 것들이 있을까? 별다른 배경 지식이 없이도 비교적 수월하게 이해할 수 있는 텍스트로는 영국의 경험주의와 도덕심리학 그리고 루소 사상에 대한 연구를 바탕으로 도덕철학적 관점에서 미학-인간학적 관찰 내용을 재치있게 기록한 『아름다움과 숭고의 감정에 관한 고찰』(*Beobachtungen über das Gefühl des Schönen und Erhabenen*, 1764)이나 역시 다양한 인간학적 특성에 관한 관찰을 담고 있는 『실용적 관점에서 본 인간학』(*Anthropologie in pragmatischer Hinsicht*, 1798)을 꼽을 수 있다. 도덕철학에 관한

Wilhelm Weischedel. 12 Bände, Berlin 1977.

38) 학술원판의 가장 탁월한 부분으로 평가된 2부의 서간집, 그리고 윤리학 강의, 형이상학 관련 중요 단편들 역시 부분적으로나마 국내외에서 번역되거나 연구되고 있는데, 이때 전문 연구자라면 말터(Rudolf Malter) 등의 작업 결과물인 '마이너'(Meiner) 출판사의 *Briefwechsel. Immanuel Kant. Auswahl und Anmerkungen von Otto Schöndörffer*, Hamburg 1986이나 멘처(Paul Menzer)가 1924년 펴낸 칸트 윤리학 강의의 최근판인 *Immanuel Kant. Eine Vorlesung über Ethik*, (hg. v. Gerd Gerhardt, Frankfurt a. M. 1991)과 슈타르크(Werner Stark), *Immanuel Kant. Vorlesungen zur Moralphilosophie*, hg. v. Werner Stark, Berlin 2004 등을 학술원판에 대한 훌륭한 보충 자료로서 참고하는 것이 바람직하다.

기초 지식을 가진 독자라면 윤리학의 고전이라 할 수 있는 『도덕형이상학 정초』(*Grundlegung zur Metaphysik der Sitten*, 1785)에 도전해 볼 수도 있겠다.

칸트철학을 제대로 이해하기 위해서는 주석서 또는 해설서의 도움이 불가피한 측면이 있다. 『순수이성비판』의 경우에만 국한해도 전문가마다 의견이 다를 수 있겠지만 연구자를 위한 주석서로서는 앞에서 이미 거론했던 파이힝어와 켐프 스미스 등의 저서가 고전이라고 생각한다. 특히 파이힝어의 주석서는 불과 "선험적 감성론"(B 73)에서 멈춘 작업임에도, 『순수이성비판』을 칸트 학도가 올라야 할 산에 비유하자면 반드시 통과해야 할 관문이면서 또 동행자와도 같은 저서라 할 수 있다. 이 주석서는 원전에 관한 "자유로운 철학적 재구성"에 선행해야 하는 "엄밀한 문헌학적 재생"을 지향하는 칸트철학 연구의 본보기를 보여준다.[39]

---

39) Hans Vaihinger, *Kommentar zu Kants* … , 2Bde., Stuttgart/Berlin/Leipzig 1881-1892. 여기서는 Bd. 1[Neudr. der 2. Aufl. 1922], VI, XI 참조; Norman Kemp Smith, *A Commentary to Kant's* …. 물론 이 두 주석서가 출판된 지가 이미 1세기 이상 경과했으므로 수정이 불가피한 내용이 적지 않다. 기타 칸트철학 연구를 위한 보조자료, 예컨대 용어 사전이나 색인집에 대한 평가는 졸고 「칸트철학 연구에 나타난 칸트철학에 대한 이해와 오해」, 『철학연구』(철학연구회), 70(2005), 8-12 참조.

II 칸트철학의 전개 과정과 『순수이성비판』의 성립

1. 시기 구분의 문제

앞에서 우리는 자신의 철학을 체계적으로 완성하려는 칸트의 노력이 오히려 그를 발전 과정에 있는 철학자로 만들었다는 평가가 가능하다고 했다. 철학사에서는 그 단계를 통상 3단계나 4단계로 구분하는 방식이 많이 알려져 있다. 3시기로 구분한 연구자로서는 쿠노 피셔(Kuno Fischer)가 있다. 그는 자신의 저서 『이마누엘 칸트와 그의 학설』(*Immanuel Kant und seine Lehre*, 1860)에서 칸트가 1760 대까지는 합리론의 영향으로 "독단론자"(Dogmatiker)에 머물렀고, 그 이후 첫 주저인 『순수이성비판』이 출판된 1781년경까지는 "회의론자"(Skeptiker), 그리고 이후 사망할 때까지는 줄곧 "비판론자"(Kritiker)의 관점을 유지한 것으로 간주했다.

그런가 하면 칸트의 조각글들, 이른바 『단편』에 일찍 주목하고 그것을 편찬했던 에르트만(Benno Erdmann)은 자신의 저서 『칸트의 비판철학에 관한 단편들』(*Reflexionen Kants zur kritischen Philosophie*, 1882/84)에서 칸트철학을 네 단계로 구분했다. 그도 피셔와 유사하게 칸트가 1760년대 초까지 합리론의 영향에서 벗어나지 못한 "독단주의"(Dogmatismus)에 머물렀던 것으로 파악했다.

그러나 1760년대 초부터 1769년에 이르는 시기는 칸트가 영국 경험론을 접하고 신의 존재증명이나 도덕의 원리 등과 관련해 볼프학파의 형이상학이 취한 방법에 대해 회의하게 되어 그 대안을 모색하던 기간으로서, 볼프학파의 인식론과 결별하는 대신 이른바 "비판적 경험주의"(kritischer Empirismus)의 입장을 채택했다고 보았다. 다시 말해 경험을 통해 사물의 현존재가 보증되며 인식 가능하다고 생각했고, 또한 인식 방법이나 수단에 대한 비판적 고찰을 통해 형이상학의 새로운 방법을 모색했다는 점에서는 "비판적"이었다는 것이다. 에르트만은 이후 『순수이성비판』의 출판 직전까지를 "비판적 합리주의"(kritischer Rationalismus)의 시기로 명명했는데, 칸트가 『교수취임논문』을 집필하고 『순수이성비판』을 준비하는 과정을 거치면서 인식의 두 원천, 즉 감각과 지성을 구분하고 그 각각이 타당성을 주장할 수 있는 고유 영역이 있다는 사실을 통찰하게 된 시기라고 한다. 그에 따르면, 칸트는 이 시기에 이르러서야 종래의 형이상학자들이 서로 조화하기 어려운 다양한 주장들을 펼친 것이—나중에 『순수이성비판』의 "이율배반"에서 지적하듯—인식의 두 원천의 타당성을 오해한 데 기인한다는 결론에 이르렀다. 감각의 대상은 현상계에 국한되어야 마땅하고, 지성적 인식의 대상은 예지계(물자체)에 속하는 것인데, 전통 형이상학은 이 두 영역을 뒤섞는 잘못을 범했다는 것이다. 에르트만도 피셔와 마찬가지로 칸트가 『순수이성비판』을 출판한 이후부터 사망할 때까지는 철학적으로 계속 동일한 관점, 즉 비판주의(Kritizismus)를 유지한 것으로 생각했다.

그러나 이러한 시기 구분들은 적지 않은 약점을 노출시킨다. 먼저 칸트철학의 발전을 특징짓는 구분이라기보다는, 칸트가 활동했던 시대에 두드러진 견해들이었기에 그가 피해갈 수 없었던 근본적인 철학적 입장들이나 태도들을 구별한 것에 불과하다는 인상을 준다. 위의 구분법이 주목하는 각 시기적 특징이, 더 정확히 말하자면 각 시기에 고유한 것으로 여겨지는 입장이나 태도가 어느 한 시기 안에서 뒤섞여 나타나기도 하기 때문이다. 예컨대 『교수취임논문』에는 독단주의, 회의주의 그리고 비판주의의 입장 등이 모두 발견된다.

칸트의 사상적 발전이 제1비판이 출판된 1781년에 이미 멈춰버렸다는 판단도 동의하기 곤란한 부분이다. 나머지 두 비판서의 집필 동기와 그 과정을 추적해 본 학자라면 칸트가 제1비판서 이후에도 자신의 관점을 계속해서 새로운 통찰로 보완하기 위해 노력했다는 사실을 부정하기 어렵다. 도덕철학의 경우만 보더라도 칸트는 『도덕형이상학 정초』에서는 실천이성에 대한 비판은 불필요하다고 주장했으나 결국 『실천이성비판』을 집필했으며, 자신의 윤리학이 내용을 결여한 형식적인 도덕 원리만을 제공한다는 비판에 대응하여 『도덕형이상학—덕론의 형이상학적 기초』를 펴내기도 했다. 그가 이런 과정 속에서 '의무', '덕', '자의' 등과 같은 도덕철학의 핵심 개념들의 의미 역시 계속 수정했음은 물론이다.

만일 우리가 제1비판서 이전에 집필된 칸트의 작품들을 단순히 '독단적' 또는 '비판기 이전적'(vorkritisch)이라 특징지어 버린다면, 그 작품들이 포함하고 있는 '비판적' 요소들은 놓치게 되고 말 것이다. 반면에 사려 깊은 독자는 20대의 칸트가 남긴 자연과학적 문제에 관한 글에서도 이미 '비판적' 성향의 칸트를 만날 수 있다.[40]

---

40) 아디케스는 칸트가 자연과학적 주제의 글들에서도 "인식론적 또는 방법론적 규명"을 위해 애썼고, 이런 의미에서 "자연과학적이라기보다는 … 철학적이고 방법론적인 정신"에 의해 움직였다고 주장했다(Erich Adickes, *Kant als Naturforscher*, Bd. 1, Berlin 1924, 64).

2. 여섯 단계 구분

문헌 분석에 기초한 연구를 강조한 힌스케는 칸트철학의 발전 단계에 관한 기존의 구분을 보완하여 다음과 같은 여섯 시기 구분법을 제안했다.[41] ①학문준비기 ②철학의 출발 시기 ③분석의 시기 ④『순수이성비판』의 준비기 ⑤비판철학의 수행 시기 ⑥말년의 작품 시기

힌스케에 따르면, '비판철학의 수행시기' 이후 칸트철학이 더 이상 아무런 변화나 수정을 겪지 않은 것은 아니다. 앞으로 다루게 되겠지만 실천철학만 해도 칸트는 노년에 이를 때까지 결코 지엽적이지 않은 부분에서도 암암리에 궤도를 수정했다. 그러나 『순수이성비판』에서 확립된 '비판철학' 또는 '선험철학'으로 일컬어지는 관점이, 이성을 비롯한 인간 마음의 능력들의 역할이나 한계에 대한 치밀하고 정교한 분석, 규정 작업을 이끌며 이후 노작의 근간을 이룬 것은 사실이다. 따라서 여기서 우리는 『순수이성비판』을 이해하기 위해 일단 이 여섯 시기 구분법에 따라 각 단계별로 칸트가 어떤 문제에 종사했으며, 또 그 철학적 특징은 무엇인지를 대별해 보고자 한다.

1) 학문준비기(1724-46)

이 시기는 출생부터 대학 졸업에 이르는 기간으로 칸트가 부모와 김나지움을 통해 종교적 삶, 특히 루터파의 일종인 경건주의 기독교의 특징을 체험하고 그 영향을 받았으리라 추측할 수 있는 시기다. 17세기의 쾨니히스베르크는 "교회 전사들의 싸움터"(ein Tummelpaltz

---

41) Norbert Hinske, "Kant, Immanuel, Philosoph", in *Neue Deutsche Biographie*, Bd.11, hg. v. der historischen Kommission bei der Bayerischen Akademie der Wissenschaften, Berlin 1977, 112-123.

kirchlichen[s] Haders)로 묘사될만큼, 가톨릭, 캘빈주의, 루터파 등의 신앙적 충돌이 심했던 도시였으며, 칸트가 공부했던 김나지움 "콜레기움 프레데리키아눔"(Collegium Fridericianum)은 특히 경건주의 신앙을 철저하게 반영한 교육을 실시했던 것으로 보인다.[42] 그는 아마도 제도로서의 종교에 대한 체험과—5시 기상과 함께 기도와 찬송으로 하루를 시작했을만큼 엄격했던 기숙학교 생활 체험에 기인하는—개인적 차원의 신앙생활에 대한 경험—주로 부모의 경건한 생활 모습의 관찰에 기반하는—사이에서 적지 않은 갈등을 겪었던 것 같다. 종교철학적 저서 『이성의 오롯한 한계 안에서의 종교』는 그러한 체험이 바탕이 되었을 것이다.[43]

2) 철학의 출발 시기(-1756)

이 시기는 최초의 학술 논문인 『활력』을 비롯해 세 개의 라틴어 학위 논문을 완성한 시기로서, 칸트가 자연과학이나 형이상학 이론들의 대립 문제를 철학적으로 검토하여 그것들을 화해하고 조정하려 시도했다는 점에서 이른바 "조정" 또는 "화해"(conciliatio)의 시기로도 부를 수 있다. 서로 대립하는 두 주장, 그것도 아주 뛰어난 지적 능력과 업적을 보여준 사람들의 주장들을 과연 어떻게 평가해야 마땅한가가 칸트의 문제의식이었던 바, 그는 인식 능력에 대한 회의

---

42) Georg Hollmann, *Prolegomena zur Genesis der Religionsphilosophie Kants*, Halle 1899, 11 참조.

43) 김나지움의 다음 학칙 내용 참조: "젊음의 시간을 잘 활용하고 학교에서 행복한 인생의 기반을 다지고자 하는 자는, 모든 행동에 있어, 모든 곳에 현존하시며 정직한 마음을 무엇보다도 중시하시는 하나님에 대한 기억을 일깨우고 유지해야만 한다."(Hollmann, 같은 책, 18). 그곳에서 받았던 교육에 대한 칸트 자신의 평가는 Friedrich Theodor Rink, *Ansichten aus Immanuel Kant's Leben*, Königsberg 1805, 13-17 참조.

에 빠져들기보다는, 각각의 주장이 내포하고 있는 진리의 계기에 주목하여 그 타당성의 범위와 한계를 규정했다. 예컨대 그는 『활력』에서 데카르트와 라이프니츠의 물리적 힘의 측정에 관한 상이한 입장들을 검토하였는데, 전자는 비자발적인 운동 가운데 있는 물체의 힘을, 후자는 자유 운동 중인 물체의 힘을 측정하는 데 각각 타당하다는 사실을 지적했다. 칸트의 착안점은 두 학자가 이성적인 주장을 하고 있는 한 그들 모두가 전적으로 오류를 범하고 있다고 생각하기는 어렵다는 것이었다. 이때 칸트가 전하고자 한 중요한 메시지는, 일단 성급하게 어느 한 편에 서지 않고 각 주장에 포함되어 있는 진리 요소들을 발견하려 애써야 한다는 점이다. 다시 말해 데카르트는 기하학적 관점으로 자연현상을 설명하고자 했고, 라이프니츠는 자발적 힘의 표출로 그것을 이해하고자 했기에 서로 다른 힘 개념에 도달했던 것인데, 그 각자의 관점을 절대화하거나 아예 무시할 때 문제가 발생한다는 것이다. 그러므로 이 시기에 이미 칸트는 그런 잘못의 배후에 지식을 무제약적으로 확대하려는 성향을 가진 이성이 있음을 간파한 것이다. 칸트는 점차 이성의 월권적 성향, 즉 이성 자체가 가지는 모순적인 속성 속에서 모든 인식의 대립, 특히 형이상학적 인식의 대립 근원을 찾게 된다. 이 같은 사고방식은 『순수이성비판』에서 "이율배반"과 그 해소에 관한 논의로 발전된다. 인간 이성이 만들어 낸 산물들 사이의 불일치와 대립 양상에 직면하여 이성 자체를 불신하거나 다른 인식 수단이나 기준, 다른 삶의 좌표를 모색하는 대신 이성 능력 자체를 탐구하여 한계를 설정함으로써 그것의 올바른 사용법을 일깨우고자한 데서 계몽주의자 칸트의 면모를 읽을 수 있다. "나는 인간 이성의 명예를 수호하고자 한다." 이것이 스물두살 청년 칸트의 선언이었다.

『일반 자연사와 천체이론』에서 칸트가 극복하고자 한 시도는 자연주의적-기계론적 우주관과 신학적-목적론적 우주관 사이의 대립이었다. 우주의 탄생과 진화가 자연 자신에 내재하는 보편법칙, 즉 자연법칙에 따라 일어난다면 신은 불필요하다는 것이 전자의 관점이었던 반면, 후자는 세계 구조가 보여주는 질서와 아름다움이 최고의 이성적 존재자, 즉 신의 존재를 증명해 준다고 주장했다. 칸트는 자연이 자신에 내재하며 완벽하게 작용하는 보편법칙에 따라 독자적인 방식으로 움직인다고 해서 신을 상정하는 일이 불필요하게 되는 것은 아니며, 오히려 완벽한 질서나 법칙의 존재가 완전한 이성적 창조자의 의지를 읽을 수 있게 해준다고 보았다. 칸트에 따르면, 그렇다고 이것이 곧 종교 옹호론자들의 주장처럼 증명 효력을 갖춘 근거로 간주될 수는 없는바, 만약 신학자들이 그렇게 주장한다면 반대론자(기계론자)에게 자신들의 약점을 불필요하게 노출시키는 것밖에 안 된다. 두 진영 모두 인간 인식의 한계에 부딪힐 수밖에 없기 때문이라는 것이다.[44]

이렇게 칸트는 주로 자연 과학 내지 자연 철학에 관한 문제들을 다루면서 서로 대립하는 두 고찰 방식들의 부분적 타당성을 밝힘으로써 이중의 진리관이 가능하다는 사실에 주목하여 양자 사이의 화해를 모색했다. 그는 대립하는 주장들이 대립할 수밖에 없는 결정적 원인이, 부분적 관점의 진리를 유일한 진리 혹은 전체적 관점의 진리로 간주하고자 한 데서 비롯한다고 보았다. 이때 칸트가 사용한 중요한 전략은, 어떤 논증의 정당성 여부를 일종의 '전제 분석'을 통해 밝히는 것이었다. 예컨대 데카르트나 라이프니츠의 "힘" 개념은 그 자체가 형이상학적 개념으로서, 그것을 수학에 의해 온전히 설명

44)『일반 자연사와 천체이론』 I 332 이하 참조.

할 수 있다는 숨은 전제가 애당초 잘못된 것이었다. 또 『일반 자연사와 천체이론』에서는 신 또는 완전한 이성적 존재자의 존재 여부가 인간의 경험과 이성에 의해 증명될 수 있다는 전제가 잘못되었다는 사실을 지적한 것이다.

3) 분석의 시기(-1769)

칸트는 대략 1760년대 초에 이르러 형이상학이 그때까지 성취한 것에 대해 점점 더 회의하게 되고 부정적인 태도를 갖게 된다. 그때까지만 해도 그는 수학적 진리가 철학적 진리와 대립하는 것이 아니라 화해할 수 있다고 생각했다. 수학적 진리—예컨대 데카르트와 라이프니츠의 힘의 공식이 표현하는—를 마치 철학적 진리의 일부처럼 여겼던 것이다. 그런데 이제 양자 사이의 조화가 더 이상 가능하지 않다고 생각할 정도로 그들 사이의 불일치를 매우 근본적인 것으로 파악했다. 따라서 철학을 자연과학적 문제들의 대립을 푸는 해결사가 아니라 그 자체 심각한 문제아로 여기게 된다. 그리하여 철학(형이상학)적 인식 자체를 근본적으로, 특히 방법론의 관점에서 다시 검토하게 된다. 베를린 학술원의 현상논문으로 제출한 『자연신학의 원칙과 도덕 원칙의 명확성에 관한 연구』(이하 “『원칙의 명확성』”)에서 칸트는 이렇게 적었다.

> “철학적 인식은 대부분 억견이라는 운명을 지닌다. 마치 자신의 불빛이 지속되리라는 약속을 하지 못하는 유성의 운명과 같다. 그러므로 철학적 인식은 소멸하고 만다. 그러나 수학은 남는다. 형이상학이 모든 인간적 통찰 중에서 가장 얻기 힘든 통찰이라는 데는 의심의 여지가 없다. 물론 지금까지 어떤 하나의 진정한 형이상학도 결코 집필된 적 없지만 말이다.”[45]

1766년 펴낸 『형이상학의 꿈으로 해명한 영을 보는 사람의 꿈』(이하 『영을 보는 사람의 꿈』)에서도 그는 형이상학을 매우 부정적으로 묘사하면서 형이상학의 개념들이나 대상들이 인간의 적극적인 사고의 대상이 될 수 없다는 식의 비관적인 논조로 일관했다. 이 글에서 칸트는 당시 유럽의 큰 화젯거리였던 스베덴보리의 초능력을 화두로 삼았는데, 그 같은 현상을 영적 세계와의 교류로 간주하기보다는 의학이 치료해야 할 대상으로 볼 것을 제안했다.[46] 그런데 영혼 등에 관한 형이상학의 논의는 스베덴보리의 초능력 놀이보다 더욱 심각한 망상의 산물이니, 전자는 경험을 초월하는 대상을 다루면서도 합리적 논증을 표방함으로써 무지를 드러내기 때문이라는 것이다. 그렇다면 칸트는 이 무렵 형이상학과 같은 철학적 인식이 정말 불가능하다고 본 것일까?

『원칙의 명확성』에서 칸트는 수학적 인식과 철학적 인식이 어떤 방식으로 확실성을 획득하게 되는지를 검토하여 그것이 두 가지 상이한 방법에 따라 이뤄진다는 점을 지적하기에 이른다. 수학—정확하게 말해 기하학—이 설명하고자 하는 사태나 대상은 정의를 통해 비로소 주어진다. 예컨대 하나의 평면을 에워싸는 3개의 직선으로 이루어진 도형을 “삼각형”, 직각을 낀 한 변을 축으로 회전하는 삼각형으로 만들어진 입체를 “원뿔”로 정의하듯, 그것이 설명하려는 대상은 정의에 앞서서 미리 주어져 있는 것이 아니라 바로 그 정의에 의해 주어진다는 것이다. 칸트는 이러한 진행 방식을 “종합”으로 간

45) 『원칙의 명확성』 II 283.

46) 스베덴보리(Emanuel Swedenborg, 1688-1772)와 이 저술의 관계에 대한 소개는 임승필의 해제, 「형이상학의 꿈으로 해명한 영을 보는 사람의 꿈」, 『임마누엘 칸트. 비판기 이전 저작 III(1763~1777)』(한국칸트학회 기획), 한길사 2021, 425-434 참고.

주했다. 종합의 과정은 단순한 개념들이 서로 관계를 맺음으로써, 즉 종합 내지 결합함으로써 인식을 만들어 가는 과정이다. 이에 반해 철학은 정의에서 출발할 수 없다. 오히려 이미 주어져 있는 어떤 사태와 그 사태에 대한 개념에서 시작한다. 이 개념들은 그 자체로 애매하거나 모호한 것들로서 분석을 통해 단순한 요소들로 분해되어 명석 판명한 상태로 만들어져야 한다. 예를 들어 우리가 "시간" 개념에 관한 철학적 이해에 도달하려면 일단 모든 관계 속에서 이 개념의 징표들을 분석해 내어야 한다. 그 낱낱의 징표들을 비교하여 서로 중첩되거나 불분명한 부분들을 계속해서 분명하게 만들어야 한다. 이 작업이 성공적으로 마무리되면 비로소 시간에 대한 정의가 가능하게 된다. 칸트는 이 같은 철학의 인식 방식을 "분석"이라고 생각했다.[47]

수학이나 기하학, 철학의 방법론에 관한 칸트의 이러한 주장은 당시 유럽 전역에서 영향력을 행사하고 있던 볼프학파의 방법론과의 결별을 의미한다.[48] 볼프학파는 모든 학문의 방법이 수학의 방법에 따라야 한다고 보았다. 그래서 그 자체로 의심이 불가능한, 즉 자명한 전제로부터—이것은 기하학의 공리처럼 그 자체로 자명한

---

47) 『원칙의 명확성』 II 276 이하 참조.

48) 『원칙의 명확성』의 내용은 볼프학파의 방법론이 가진 유효성 여부를 시험대에 올리려는 베를린 학술원의 현상논문 주제 출제자들의 의도에 부합하는 것이었다고 할 수 있지만, 심사자들은 오히려 칸트와 달리 방법론적 일원론을 고수한 멘델스존(Moses Mendelssohn)의 손을 들어주었다. 김수배, 「볼프와 칸트의 철학적 방법론—볼프의 처녀작에서 칸트의 교수취임논문까지—」, 『철학연구』 53(2001), 171 참조. 볼프의 형이상학과 그 방법을 둘러싼 당시 베를린 학술원의 친(親)볼프파와 반(反)볼프파의 대립에 관해서는 Giorgio Tonelli, "Der Streit über die mathematische Methode in der Philosophie in der ersten Hälfte des 18. Jahrhunderts und die Entstehung von Kants Schrift über die 'Deutlichkeit'", in *Archiv für Philosophie* 9 (1959), 58-61 참조.

명제들일 수도 있고, 정의에 의해 획득할 수도 있으며, 심지어 의심이 불가능한 경험에서 직접 얻을 수도 있다—복합 삼단논법에 의해 지식의 체계가 구축되어야 한다고 주장했고 또 실제로 그렇게 자신들의 저서를 집필했다. 수학적 방법은 곧 종합적 방법이고, 논증적 방법이자 연역적 방법이었으며, 모든 학문이 따라야 할 방법이었던 것이다.[49] 그러나 칸트는 작심한 듯 이렇게 적었다.

"내가 여기서 지적하고자 하는 핵심은 이렇다. 형이상학의 용무는 실제로 혼란스런 인식을 해체하는 것이기 때문에 전적으로 분석적으로 작업해야만 한다는 것이다. 우리가 이것을 현재 모든 학파에서 유행하고 있는, 철학자들의 작업과 비교해 보면 이들의 작업이 얼마나 잘못된 것인지를 발견하게 된다. 이들 철학자들의 머리에는 실로 그들이 철저히 모방하고자 하는 수학자의 생각이 들어 있기 때문에 지성이 맨 마지막으로 지향하는 것이 자연스러운, 궁극적으로 도출된[= 되어야 할] 개념들을 [오히려] 출발점으로 삼고 있는 것이다. 그렇지만 형이상학과 모든 여타 학문들 사이에는 특이한 차이점이 존재한다. 기하학 그리고 수학의 여타 인식 분야는 수월한 작업에서 시작해서 서서히 더 어려운 작업으로 나아간다. [그러나] 형이상학은 가장 어려운 것에서 출발한다. 예컨대 가능성, 현존재, 또 필연성, 우연성 등과 같은 개념들은 순수한 개념들로서 상당한 추상능력과 주의력을 요구한다. 주로 그 기호[개념]들이 사용될 때 부지불식간에 여러 변이를 겪기 마련이고 따라서 그 같은 차이점들을 간과해서는 안 되기 때문이다. 철학자들은 형이상학이 종합적으로 진행한다고 말한다. 처음부터 바로 설명을 제시하고 그것에서 확신을 갖고 추론해 나아간다. 이 같은 취향을 지닌 철학자들은

49) 스피노자의 주저 『윤리학』을 읽는 독자는 그 역시 이 저서를 동일한 방법론으로 집필하고자 했음을 알아차릴 것이다.

자신들이 철저히 사고하는 법의 비밀을 수학자에게서 배웠다는 사실을 서로 축하한다. 그러면서 그들은 수학자는 결합을 통해 개념을 얻지만 철학자는 분해를 통해서만 개념을 얻는다는 사실을 전혀 인지하지 못한다. 이러한 차이가 생각하는 방법을 완전히 바꾸게 하는데도 말이다."[50]

그러므로 칸트에 따르면, 형이상학이 혼란스런 상태로 주어진 추상적 개념들에서 출발했기 때문에 철학은 수학과 같이 확실한 인식 수준에 도달한 학문이 되지 못했고, 철학자마다 각인각색의 억견들만 늘어놓는 데 그쳤다는 것이다. 그러므로 분석 작업에 의해 추상적인 개념들을 명석하고 판명하게 만들고 난 이후에야 비로소 진정한 종합이, 다시 말해 종합 작업을 통한 확실한 지식 체계의 구축이 가능하리라 본 것이다.[51] 이러한 언급에서 우리는 이 시기에도 칸트가 분석을 철학의 최종 목표가 아니라 오히려 기초 작업, 즉 수학에서처럼 참다운 종합 작업을 시작하기 위한 예비 작업으로 여겼다는 사실을 알 수 있다. 그는 철학적 인식과 수학적 인식 사이의 간격이 너무 넓어서 그것들 사이의 개별 모순점들을 조정하거나 화해시키려는 시도를 통해 문제가 해결되리라는 생각을 포기한 것처럼 보인다. 수학을 여전히 확실하고 엄밀한 학문으로 간주했으나 철학을 어떻게 그와 같은 지위의 학문에 올려놓을 것인가와 관련해서는 완전한 해결책을 제시하기보다 양자의 방법을 근본적으로 구분했고, 후자, 즉 철학은 먼저 분석의 과정을 거쳐야 한다고 주장했던 것이다.

곧 검토하게 되겠지만 칸트는 10년 이상이 걸린 『순수이성비판』

---

50) 『원칙의 명확성』 II 289.
51) 『원칙의 명확성』 II 290 참조.

의 준비 기간 동안 철학 고유의 방법이 분석이라는 입장 역시 철회하게 된다. 그럼에도 최소한 칸트철학의 한 영역에서는 분석의 방법이 지속적으로 중요한 역할을 담당하는데, 그가 수십 년 동안 줄곧 애정을 갖고 강의했던 인간학과 자연지리학 분야가 그것이다. 분석은 1760년대까지 철학의 기초 작업으로 간주되었을 뿐만 아니라 동시에 소위 "관찰의 학"(Beobachtungslehre)의 도구이기도 했다. 『아름다움과 숭고의 감정에 관한 고찰』이나 『실용적 관점에서 본 인간학』 등을 읽는 독자는, 칸트가 어떠한 사태를 관찰하고 경험하여 그 내용을 분석함으로써 그것에 대해 좀 더 명료하고 다양한 지식을 얻을 수 있다는 사실에 매료되어 있다는 인상을 받는다. 인간학 강의나 자연지리학 강의는 세계와 인간에 관한 관찰을 분석해 얻은, 세상사 내지 인간사에 관한 경험적 앎—엄밀한 체계적 지식은 아니지만—을 내용으로 한다. 칸트는 특히 그러한 경험지가 갖는 교육학적 의미를 강조했다. 그가 형이상학 강의를 당시의 일반적이던 강의 방식을 좇아 존재론에서 시작하지 않고 경험심리학에서 시작했던 것도 그 같은 판단에서 연유한다. 위에서 언급한 것처럼 형이상학은 수학과 달라서 종합이 아니라 분석에서 출발해야 한다고 보았기 때문에 강의 역시 가장 추상적인 개념들을 다루는 존재론이 아니라 아주 쉽고 누구나 관심을 갖는 경험지식, 관찰지식으로 이뤄진 경험심리학에서 시작했던 것이다. 그와 같은 순서 변경은 아직 추상적인 개념들과 사고에 익숙하지 못한 나이 어린 대학생들의 이해력을 고려한 것이었다.[52] 관찰과 분석의 학인 경험심리학에 대한 각별한 관심은 칸트로 하여금 1770년대부터 형이상학 강의에서 인간학 강의를 독립시키게 했는데, 이 강좌는 학생들이 학교에서 이론 형태로

52) 『1765~1766 겨울학기 강의 개설 공고』 II 308-310 참고.

배운 지식을 세상에 나가 삶 속에서 활용할 수 있는 능력을 키워주기 위한 과목이었다.

4) 『순수이성비판』의 준비기(-1781)

1760년대 후반부터 칸트는 점차 철학에서 분석의 방법이 갖는 한계를 의식하게 된 것처럼 보인다. 분석 작업이 철학에 적용될 수 없는 부분이 있다는, 다시 말해 철학의 모든 문제들이 분석 작업을 통해 해결되지는 않는다는 점을 깨닫게 된다. 이미 1763년, 그러니까 아직 칸트가 분석의 방법을 철학의 방법으로 신뢰하고 있던 시기에 발표한 『부정량 개념을 철학에 도입하는 시도』(1763)에서도 그러한 분석 방법의 한계에 대한 의식의 단초가 발견된다. 그는 그 논문에서 수학과 물리학의 개념인 "부정량"을 철학에서 도입하고 응용함으로써 "많은 오해" 또는 "다른 사람들의 소견들에 관한 잘못된 해석"이 제거될 수 있다고 보았다.[53] 부정량이란 임의의 기수 n에 대하여 x가 x+n=0의 관계에 있을 때 x를 말한다. 이때 x는 단순히 n의 부재를, 즉 결여를 뜻하는 것이 아니라, n만큼의 부정적 크기를, 즉 '-n'을 의미한다. 칸트는 이 개념을 철학에 활용하면 예컨대 "실재성"(Realität) 개념을 이해하는 데 유용한 도움을 얻을 수 있다고 주장한다. 그래서 수학이나 기하학의 명제들조차 단순히 논리학의 원리인 "동일률과 모순율에 따라서만 정초될 수는 없고", 나름대로 실재세계에 대한 원리를 필요로 한다는 사실이 밝혀질 수 있다는 것이다.[54] 위에서 x는 말하자면 논리적인 차원에서의 n의 부정, 즉 비

---

53) 『부정량개 념을 철학에 도입하는 시도』(이하 『부정량』) II 169.

54) F. 카울바하(백종현 옮김), 『칸트 비판철학의 형성과정과 체계』, 서광사 1992, 96쪽.

(非)-n(non-n)이 아니라, 실재적인 차원에서의 n의 부정, 즉 n만한 크기의 반대량을 뜻하기 때문이다.

칸트는 자신의 의도를 "논리적인 대립"(logische Repugnanz)과 "실재적인 대립"(reale R.)이라는 두 종류의 대립 관계를 통해 효과적으로 전달하려 한다.[55] 전자는 우리가 한 대상에 관하여 어떤 것을 긍정하고 동시에 부정하는 경우를 뜻하며, 이때 한 상태는 동일률과 모순율에 의해 다른 상태를 무(無)로 만든다, 즉 부정해 버린다. 예를 들어 "이 교실이 어둡다"와 "이 교실이 어둡지 않다"라는 진술의 관계에서처럼 그 결과는 자기 모순적인 것이 되어 표상이 불가능하다. 칸트는 이를 "부정적 무"(nihil negativum, irrepraesentabile)로 표현한다. 반면 후자의 대립은 한 대상에 관해 두 술어가 모순율에 의해서가 아니라 그 각각의 술어가 지시하고 있는 각각의 긍정적인 상태로 인해 대립할 때를 뜻한다. 이 경우에도 한 상태가 다른 상태를 무로 만들지만, 그 결과는 부정적 무가 아니라 "표상 가능한 탈취적 무"(nihil privativum, repraesentabile)이다. 예를 들어 한강 위의 배가 상류로 시속 2마일로 움직일 때 강물의 흐름도 같은 속도라면 그 배는 정지한 것처럼 보이는 것과 같은 경우다. 칸트는 이러한 실재적 대립 관계를 심리학이나 도덕의 영역에 적용하여 다음과 같은 결과를 얻는다. 불쾌는 소극적 감각, 즉 쾌의 결여 상태로 볼 것이 아니라, 그 자체로 적극적인 감각, 즉 부정적 쾌로 보아야 한다. 이렇게 보면 "균형을 이루고 있는 긴장상태"(aequilibrium)는 "무념상태"(indifferentia)와 전혀 다른 심리상태를 의미하는 셈이 된다. 또 "부덕함"(Untugend)은 덕의 단순한 부정 내지 부재가 아니라, 부정적인 의미에서의 적극적인 덕, 즉 악덕을 의미하게 된다.

---

55) 이하 두 대립 관계에 관한 설명은 『부정량』 II 171 이하, 179-184의 요약임.

그렇다면 철학에 부정량 개념을 도입하려는 칸트의 의도는 무엇이었을까? 분석의 방법에서 분석은 개념의 분석인데 그것은 그 개념의 정의를 구성하는 부분 표상들, 즉 징표들 사이의 논리적 연결 관계를 명확하게 인식하게 해준다. 다시 말해 논리적 대립이나 연결 관계는 개념의 분석을 통해 드러날 수 있다. 예컨대 "결과" 개념을 분석하면 "원인" 개념을 얻을 수 있고, "결합" 개념을 분석하면 그것이 "가분성"의 근거가 되며, "무한성"이 "전지성"(全知性)의 근거가 된다는 등의 관계를 밝힐 수 있다.[56] 그러나 실재적 근거나 대립관계는 드러나지 않는다. 예컨대 지금 내가 지각하고 있는 이 불쾌감의 실재적인 근거가 무엇인지는 "이 불쾌감"이라는 개념을 분석해서는 밝혀지지 않는다.

칸트는 적어도 그 글을 쓰고 있을 당시, 분석이 되었든 종합이 되었든 그것들이 형이상학을 진정한 학문으로 만들어 줄 수 있는 적절한 방법이 될 수 있을지에 대하여 회의를 품고 있었던 것으로 보인다. 앞에서 언급했듯, 『영을 보는 사람의 꿈』에서 그는 당시의 형이상학이 처한 상황을 비관적으로 묘사했다. 이러한 태도는 그가 자신의 철학적 배경이던 볼프철학에 대해 좀 더 먼 거리를 취하면서, 분석-종합이라는 방법론적 도식을 벗어나 방황하고 있었다는 사실을 짐작하게 한다.[57]

에어랑엔 대학과 예나 대학의 교수 초빙 제안을 거절한 칸트는 1770년 마침내 자신의 모교 쾨니히스베르크 대학에서 논리학과 형이상학 담당 교수로 취임한다. 이를 계기로 그의 취임 논문인 『감성계와 지성계의 형식과 원리』(1770)를 집필한다. 후일 칸트는 이 논

---

56) 『부정량』 II 202.
57) 「볼프와 칸트의 철학적 방법론 …」, 같은 곳, 175-177 참고.

문이 『순수이성비판』의 준비 작업이었다는 사실을 자주 지적한다. 또 “1769년은 내게 위대한 빛을 주었다”고 한 그의 유명한 『단편』 5037(XVIII 69)에서 확인할 수 있듯, 이 시기는 그의 사상이 급진적 변화를 겪는 과도기에 해당한다. 칸트는 이 논문의 몇몇 관점에서 그 이전의 입장과 아주 뚜렷하게 다른 관점을 시험하고 있기는 하지만 아직 『순수이성비판』의 그것과 완전하게 일치하는 단계에 이르지는 못한다. 이 논문은 불과 수개월의 짧은 기간에 저술된 것으로 여겨진다. 그만큼 정교하고 치밀한 세부 논의를 보여주지 못한 글이다. 이 논문을 쓸 무렵 칸트는 철학에 필요한 작업이 개념 분석이라는 생각에서 벗어나 좀 더 근본적인 물음에 종사하게 되었으니 형이상학의 학문적 가능성 자체를 문제 삼기 시작했다고 할 수 있다. 그는 형이상학의 이론들이 보이고 있는 대립 양상과 또 그것이 학적 지식의 체계로서 처해 있는 불확실성의 원인을, 인간의 인식 능력 또는 표상 능력을 문제 삼음으로써, 달리 말하면 인식의 뿌리를 검토함으로써 천명할 수 있으리라고 생각하기 시작했던 것이다.

형이상학자들은 과연 자신들의 믿음처럼 이성이나 지성의 능력만으로 수학자나 기하학자들 같이 그 자체로 의심 불가능한 명제들에서 출발하여 지식의 체계를 건설했다고 할 수 있는가? 칸트의 대답은 ‘아니다’였다. 그에 따르면, 인간의 인식은 이성 혹은 지성 인식과 감성 인식으로 구분하는 것이 일반적인데, 기존의 형이상학은 실제로는 이 두 종류의 인식을 원칙적 구분 없이 뒤섞어 사용하고 있으면서도 마치 전자의 인식만으로 이루어져 있는 것처럼 간주되어 왔다. 이른바 ‘생래적 관념’ 같은 것은 경험을 통해 인식 주체에게 주어지는 것이 아닌 까닭에 그 자체로 명석판명한 인식의 출발점으로 여겨져 왔다. 물론 로크나 흄 등 경험론자들은 그 같은 관념들의 존재에 회의적이었다. 칸트는 적어도 경험론자들이 보여준 형이상학에 대한 그와 같은 회의가 전혀 근거 없지는 않다고 보았다. 위에서 간단히 언급했듯, 실제로 합리론 전통의 철학자들이 인식의 확고부동한 출발점으로 삼았던 것들이 모두 경험과 무관한, 순수하게 이성적이거나 지성적인 개념들 또는 명제들은 아니었다. 이는 볼프를 비롯한 합리론 철학자들 스스로도 인정했던 사실이다.

예컨대 볼프학파가 모든 학문들이 보편적으로 따라야 하는 방법을 수학적 · 종합적 · 논증적 · 연역적 방법 등으로 이해하며 그 출발점을 의심 불가능한 전제들이라고 했을 때, 그것들은 크게 세 부류였다. 수학이나 기하학에서와 같이 "정의"(definitiones)에 의해 만들어지는 것, "이미 증명된 공리나 명제들"(axiomata & propositiones iam ante demonstratae), 그리고 "의심 불가능한 경험"(experientiae indubitatae)에서 주어지는 명제들이 그것이다. 볼프가 자주 강조했던 이른바 "이성과 경험의 결합"(connubium rationis et experientiae)은 합리론 전통이 경험의 역할을 어떻게 생각했는지를 단적으로 드러내는 표현이다.[58] 경험적 명제의 진리치는 이성의 관점에서도 확증되는 것으로서 양자, 즉 경험과 이성은 서로 보충 역할을 한다는 것이 합리론의 기본 입장이었다. 경험은 이성적으로 파악한 진리 내용을 실제로 감각기관을 통해 확인할 수 있게 해 주고, 반대로 이성은 경험한 사실을 논거를 통해 이해할 수 있도록 하며 더 나아가 새

---

58) Christian Wolff, *Philosophia rationalis sive Logica*, Pars. II in *Christian Wolff. Gesammelte Werke*, hg. v. Jean École u. a.(이하 "*WW*"로 표기. 볼프의 저서는 이 전집에 의거 인용하되, 저서명은 일반적인 축약형태로 표기할 것임), Abt. II. Bd. 1.2, §498, 379, §562, 428, Pars. III(*WW* II.1.3), §985 not., 708; *Psychologia empirica*(*WW* II.5), §17, 13과 *Deutsche Logik* (*WW* I.1), §21, 172 등 참고.

로운 경험이나 발견을 가능하게 해 준다고 보았다. 따라서 적어도 볼프 학파에게 경험이나 이성은 원칙적으로 동일한 진리에 대한 서로 다른 접근 방식이었다고 할 수 있다. 다시 말해 그들에게 a priori와 a posteriori의 구분은 원리적인 것이 아니었다. 어떠한 인식이 기본적으로 a priori한가 a posteriori한가, 즉 선험적으로 이성 속에 주어진 것인가 아니면 경험을 통해 획득된 것인가가 중요한 것이 아니라, 단지 얼마나 명석하고 판명한가가 결정적 의미를 가졌던 것이다.

그런데 이제 칸트는 위와 같은 합리론의 관점이 형이상학 내에서 이질적인 인식 요소들을 구분하지 않고 원칙 없이 뒤섞음으로써 난맥상을 야기했다고 본 것이다. 그에 의하면 형이상학은 순수한 학문으로서 어떠한 경험 요소나 원리도 포함하지 않고 오로지 이성 인식이나 지성 인식으로만 이루어져 있어야 한다. 그러므로 형이상학을 구축하기에 앞서 먼저 검토해야 할 문제는 이 같은 의미의 형이상학이 정말 가능한가 하는 점이며, 이것이 그가 인간 인식의 두 뿌리인 지성과 감성, 더 정확히 말해 지성적 인식과 감성적 인식의 원리와 조건을 검토하는 작업에 착수한 까닭이다. 그리고 칸트는 이 작업을 형이상학을 위한 "예비 작업"(Propädeutik)으로 간주했다.

> "… 감성적인 인식을 *더 혼란스럽게* 인식된 것, 그리고 지성적 인식을 *판명하게* 인식된 것으로 설명하는 것은 잘못된 정의다. 그와 같은 구분은 그저 논리적 구분이며 모든 논리적 비교의 배후에 *주어져 있는* 것들에는 관여하지 못하기 때문이다. 감성적 인식도 대단히 판명할 수 있으며, 이에 반해 지성적 개념들이 극단적으로 혼란된 것일 수도 있다. 우리는 전자를 감성적 인식의 원형인 *기하학*에서, 후자를 지성에 속하는 모든 것들의

탐구 도구(Organon)인 *형이상학*에서 발견한다. 형이상학이 상식을 어둡게 만드는 혼란의 장막을 몰아내기 위해 얼마나 큰 노력을 기울였는지는 명백하다. 비록 기하학처럼 늘 행복하게 성공을 성취하지는 못했지만 말이다. 그럼에도 이 모든 인식들은 그것들의 기원이 갖고 있는 흔적을 유지하고 있다. 그래서 전자[기하학]에 속하는 인식은 아무리 명석해도 그 기원상 감성적이며, 후자[형이상학]에 속하는 인식은 아무리 혼란스러워도 지성적이다. 예컨대 도덕 개념들은 경험적으로 인식되는 것이 아니라 순수한 지성을 통해 인식된다. 필자는 저 유명한 볼프가 감성적 인식과 지성에 속하는 인식 사이의 구분을 그 자신에게는 그저 논리적일 뿐인 방식으로 행함으로써, 현상적인 것과 지성적인 것의 성격에 관한 논의였던, 고대인의 저 고상한 시도를 철저히 파괴해 버렸고 인간의 마음을 그와 같은 논의로부터 자주 사소한 논리적 문제들로 향하게 하여 철학에 큰 해악을 입힌 것이 아닐까하고 생각한다. … 순수한 지성이 사용하는 원리들을 포함하는 제일철학은 형이상학이다. 하지만 그것에 대한 예비학은 감성적 인식과 지성에 속하는 인식 사이의 구분을 보여주는데, 내가 이 논문에서 그 한 부류를 제시하고 있다. 형이상학에는 경험적 원리들이 들어 있지 않다. 그러므로 거기서 발견하는 개념들을 감각에서 찾아서는 안 되고 순수한 지성의 바로 그 본성에서 찾아야 한다. 하지만 *생래적* 관념으로서가 아니라, 우리가 **경험의 기회에 마음이 행하는 작용**에 주목함으로써 **우리 마음에 자리하고 있는 법칙들로부터** 추출한 것으로서, 즉 **획득한 것**으로서 발견해야 한다. 이런 것[개념]들로는 **가능성, 존재, 필연성, 실체, 원인** 등이 있다. 그리고 이것들과 대립하거나 상관된 것들도 있는데 그것들은 감각 표상 안에는 결코 그 일부로 포함되지 않으며 따라서 결코 그것에서 추상될 수 없다."[59]

---

59) 『감성계와 지성계의 형식과 원리』 II 394 이하.

위 인용문에서 특히 우리는 지성 능력과 관련하여 형이상학의 주요 개념들인 "가능성", "필연성", "존재", "실체", "원인" 등—이것들은 결국 범주 개념들과 직결된다—은 감각 경험 자체에서 주어지는 것이 아니며 경험이 일어날 때 지성의 작용에 의해 발생한다는 칸트의 주장에 주목하게 된다. 그는 일단 로크 등의 주장에 동의해 지성 개념들은 엄밀한 의미에서 생래적 개념이 아니라고 판단한 것이다. 그러나 그렇다고 해서 모든 개념들이 경험에서—추상이나 결합 작용에 의해—만들어진다는 경험론자들의 주장마저 수용하지는 않았다. 만약 그와 같은 주장을 인정한다면 지성 개념의 아프리오리한 성격이 보장될 수 없기 때문이다. 취임 논문에서 놀라운 점은 칸트도 로크처럼 지성 개념들이 일단 획득된 것으로 본다는 사실이다. 물론 로크의 주장처럼 경험 자체에서 획득되는 것은 아니다. 오히려 그것은 순수한 지성의 본성 자신 속에 그 연원을 가진다. 그렇다고 해서 순수 지성에게 경험에 앞서 본디부터 주어져 있는 것은 아니고 "경험의 기회에", 즉 경험이 일어날 때 인식능력의 "법칙들로부터" 획득된 것이다. 칸트는 나중에 1790년의 논문 『순수이성의 이전 비판이 모든 새로운 비판을 불필요하게 만든다는 발견』에서 이것을 "원천적 획득"(aquisitio originaria)이라고 불렀다.[60] "원천적"이란 인식 행위(작용) 이전에는 없던 것이 인식 행위에 의해 비로소 발생한다는 의미다. 지성의 작용에 의해 그 이전에는 존재하지 않던, 즉 본래 주어져 있지 않았던—그렇다고 허구적으로 날조되거나 감각 기관을 통

---

60) 이 논문은 라이프니츠와 볼프의 철학을 신봉했던 에버하르트(Johann August Eberhard)교수의 주장에 대한 반박 성격의 글이다. 그의 글의 칸트철학 비판의 요지는 오은택의 해제 「순수이성의 이전 비판이 모든 새로운 비판을 불필요하게 만든다는 발견」, 『임마누엘 칸트. 비판기 저작 I(1784~1794)』(한국칸트학회 기획), 390 참고.

한 표상에서 추상해 낸 것도 아닌—것이 얻어진다는 의미다. 생래적이 아니라 경험의 기회에 주목함으로써 "획득"한다는 주장은 경험론의 편을 들어준 셈이고, 인식 능력 속에 심어져 있는 법칙들로부터 그 작용을 통해 "원천적"으로 획득된다는 주장은 합리론의 편을 들어준 셈이다. 그러므로 "originaria"(원천적) 개념은 "empirica"(경험적)나 "abstracta"(추상된)뿐 아니라 "connata"(생래적)에도 대립한다고 할 수 있다.

이제 인간 인식의 두 근원인 경험과 이성 그 각각에 대응하는 인식 능력인 감성과 지성을 칸트가 어떻게 구분하여 설명하는지를 보자.

> "*감성*은 주관의 수용성인데, 이 수용성으로 말미암아 어떤 대상의 현존이 어떤 식으로든 주관의 표상 상태를 촉발할 수 있다. [이에 반해] *지성*(이성능력)은 감각 안으로 들어올 수 없는 성질의 것을 주관이 스스로 표상할 수 있는 *능력*이다. 감성의 대상은 감각적이며, 지성에 의해 알려지는 것만을 포함하는 것은 지성적이다. 고대의 학파에서는 전자를 *현상*, 후자는 *본체*라 불렀다. 지식이 감각적인 것의 법칙에 종속하는 만큼 그것은 *감성적*이며, 지성의 법칙에 종속하는 만큼 그것은 *지성적*이거나 이성적이다."[61)]

칸트는 이 논문에서 감성이란 감각 기관이 대상에 의해 촉발되어 그 감각 내용이 주어질 수 있게 하는 수용적인 능력이고, 지성—칸트는 이것을 아직 이성과 분명하게 구분하지 않고 있다!—은 감각 기관을 통해 주어질 수 없는 것을 표상하는 능력으로 이해한다. 그는 두 능력 가운데 전자의 수용성 그리고 아직 명시적으로는 아니지

61) 『감성계와 지성계의 형식과 원리』 II 392.

만 후자의 자발성을 지적하고 있다. 또한 그 각각의 능력에 대응하는 영역 또는 세계를 각각 감성계(현상계)와 지성계(본체계)라 명명했던 고대 철학의 전통을 이어받고 있다.

그런데 칸트는 아직 몇 가지 관점에서 후일 자신이 『순수이성비판』에서 성취한 인식이론의 수준에 못 미치는 태도를 보이고 있다. 예컨대 감각 기관(감관)을 통해 받아들이는 것은 그 감각 주관의 특수하고 다양한 본성에 좌우되기 때문에 "주관에 따라 상이할 수 있으나" 그것이 감성적 인식이 되려면 주관적 조건에서 벗어나 객관(대상)에만 관여해야 한다면서 "**감성적으로 사유되는 것**은 현상하는 대로의 사물"이라고 주장한다. 감성을 사물이 인식 주관에 나타나는 모습, 즉 현상에 관여하며 사유까지 하는 능력으로 파악하고 있는 것이다. 한편 지성은 "있는 그대로의 사물" 대한 표상에 관여하는 능력으로 이해하고 있다.[62] 주지하다시피 『순수이성비판』에서 칸트는 감성이 대상에 의해 촉발되어 감각의 잡다함—이것은 아직 현상이 아니다—이 주어지며, 감성을 통해 주어진 것을 사유하는 것은 지성이되 그 결과물 역시 사물 자체가 아니라 현상에 불과한 것으로 간주한다.

그러나 1770년의 이 교수 취임 논문에서 칸트는 감성적 표상 안에 감각, 즉 "질료"뿐 아니라 그 질료를 "감각 가능한 사물들의 현상"으로 만들어 주는 "형식"도 존재한다고 주장하는데, 그 형식을 감관에 의한 인식의 산물로 여기면서도 동시에 "마음 안에 내재하는 법칙"으로서 마치 감관과 무관하게 존립 가능한 것처럼 말한다.[63] 이 같은 생각은 나중에 이른바 "감성적 직관의 형식" 또는 "순수 직관"

62) 같은 책, II 392.
63) 같은 책, II 393.

인 "시간"과 "공간"으로 발전한 것으로 여겨진다. 그러므로 그는 이 시기에 감각기관에 의한 감각이 인식의 질료를 제공하며 그 질료가 정돈되어 하나의 인식적 표상이 되기 위해 질료들의 관계를 보여주는 형식이 필요하다는 통찰에 이른 것이다. 그는 이 형식을 인식 능력의 내적 근거와 관련지어 "마음의 본성적 법칙"(nuturali animi lege), "생래적 법칙"(innatas leges) 등과 같이 표현하기도 한다. 이 밖에도 칸트의 입장이 아직 매끄럽게 정리되지 못하고 서둘러 작업한 흔적이 이 논문의 도처에서 발견된다.

그는 지성과 관련해서는 "논리적 사용"과 "실재적 사용"을 거론한다. 전자는 논리학의 기본 원리에 따라 개념들 사이의 종속 관계나 대립 관계 등과 같은 논리적 관계를 파악하는 것이고, 후자는 "사물이든 [사물들의] 관계이든 그것들 자체에 대한 개념"(conceptus ipsi, vel rerum vel respectuum)을 얻는 것이다.[64] 지성은 이 후자의 사용을 통해 결국 실재 세계 자체에 대한—따라서 현상계에 국한되지 않는—인식을 획득하는 것처럼 서술하고 있는 것이다. 이는 그가 『부정량』 논문에서 실재 세계의 질서를 분석의 방법으로는 파악할 수 없다고 주장한 것과 대조를 이룬다. 이처럼 지성은 실제 대상 세계에 대한 인식과 순수 형이상학적 인식을 가능하게 하는 능력인데, 볼프 같은 기존의 형이상학자들은 감성적인 인식과 지성적인 인식의 원리적인 차이를 혼동하고 이 양자의 차이를 그저 명석성과 판명성의 정도 차이로만 간주함으로써 혼란을 자초하였고, 그 결과 형이상학이 감성적 인식에 의해 혼탁해졌다는 것이다. 따라서 형이상학에 종사하기 전에 먼저 인간의 인식 가운데 어디까지가 감성적인 부분이고 어디부터가 지성적인 부분인가, 나아가 그들 사이의 원칙상의

64) 같은 책, II 393.

차이가 무엇인가를 밝히는 "예비적 학문"(scientia propaedeutica)이 필요하다는 것이다.[65)]

칸트는 교수취임논문 §§24, 25, 27, 28 등에서 형이상학이 감성적 인식으로 어떻게 오염되는가, 다시 말해 감성적 인식이 관여하는 현상계와 지성적 인식이 관여하는 지성계를 원칙적 구분 없이 동일한 차원에서 접근할 경우 어떻게 "지성화된 현상"(phaenomenon intellectuatum)이 발생하는지를 비교적 상세하게 설명한다. 주장의 핵심은, 현상은 감성적 인식의 상관물인데 그 감성적 인식의 조건을 지성적 인식의 대상에 적용하여 문제가 발생했다는 것이다. 칸트의 이른바 형이상학에서의 "도용된 공리"(axioma subrepticim)들이 그 사례들이다.

예컨대 "존재하는 것은 모두 어느 장소 그리고 어느 시간에서 존재한다"[66)]라는 명제를 보자. 칸트에 따르면, 이 명제에서는 감성적 인식이 주어지기 위한 조건, 즉 시간과 공간이 모든 종류의 대상—지성적 인식의 대상까지 포함해서—자체가 가능하기 위한 조건으로 간주되고 있다. 즉 감성적 인식의 조건으로서만 타당한 명제 후반부[공간과 시간]가 지성적 인식의 대상을 지칭하는 전반부의 서술어로 사용될 수 없는 것인데 잘못 사용되고 있다. 이 같은 명제가 형이상학의 공리로 사용될 경우, 잘못된 형이상학적 문제가 발생한다. 예컨대 "모든 존재자들은 비록 그것들이 가상적 존재자일지라도(가령 '신'이나 '천사') 시간과 공간이라는 조건 하에서만 존재할 수 있다"는 일견 그럴듯해 보이는 주장이 만들어 질 수 있다. 철학사를 공부해 본 사람이라면 영혼이 육신의 어느 부분에 존재하는지, 또 시간적으

65) 같은 책, II 394 이하.

66) "Quicquid est, est alicubi et aliquando." 이하 논의는 같은 책, II 413 이하의 내용을 요약한 것이다.

로 영원히 존재하는지 등에 관한 논쟁을 떠올릴 수 있을 것이다. '송과선'에 관한 데카르트의 주장, 기회원인론, 온갖 버전의 영혼 불멸성 증명 등 같은 것들 말이다.

그가 제시한 다른 사례는 "모든 현실적인 양(집합Menge)은 수에 의해 진술될 수 있으며, 따라서 모든 크기는 유한하다"[67]이다. 칸트에 따르면, 이 공리의 전반부는 감성적 인식의 조건 내지 법칙을 말하고 있다. **모든 현실적 크기나 계열은 나열함을 통해 분명하게 인식될 수 있다**는 주장은 옳다. 우리는 하나부터 열까지 열거함으로써 10이라는 크기 내지 계열을 인식할 수 있다. 즉, 우리의 감성은 그러한 방식으로 숫자 10의 크기나 열 개의 어떠한 계열을 인식한다. 한편, 지성은 **모든 크기나 계열이 그것의 부분 크기나 부분 계열로 이뤄져 있다**는 것을 알려준다. 이것은 지성의 논리적 사용에 의해 파악된다. 따라서 어떤 복합체가 있다면 그것의 단순 요소들 내지 부분들 역시 필연적으로 존재한다는 것을 알 수 있다. 그런데 위 공리의 후반부에는 전반부에서 언급된 감성적 인식의 조건, 즉 현실적 크기 인식의 조건이 몰래 스며들어가서 모든 복합체(모든 크기)가 무한한 부분들이 아니라 **유한한**, 즉 나열할 수 있는 수의 부분들로 이뤄져 있다고 믿게 만들고 있다는 것이다. 인간의 지성은 자신의 한계로 인해 무한한 크기나 계열을 분명하게 인식할 수 없는데, 이때 도용의 오류가 개입하여 마치 그러한 무한대나 무한소의 크기나 계열 자체가 아예 불가능한 것처럼 생각하게 만든다는 것이다. 이렇게 보면, 우주의 크기가 무한한가 유한한가, 세계가 유한한 수의 실체로 되어 있는가 무한한 수의 실체로 되어있는가 등과 같은 형이상

67) "Omnis multitudo actualis est dabilis numero ideoque omne quantum finitum"(II 415).

학의 논쟁거리는 감성적 인식의 조건을 지성적 인식의 대상에 적용함으로 해서 발생한 것들이다.

자신의 논문을 조금 "보완하려던" 칸트의 본래 의도는 예상과 달리 10년 이상의 사유 과정을 겪게 되었고 마침내 『순수이성비판』으로 결실을 맺는다.[68]

어째서 그렇게 긴 시간이 필요했는가? 무엇이 그렇게 오랫동안 칸트를 괴롭혔나? 이 질문에 대한 해답의 실마리는 제자이자 동료였던 헤르츠(Mrcus Herz)에게 보낸 1772년 2월 21일자 편지에서 찾을 수 있다. 이 편지는 칸트의 본래 의도가 무엇이었고 어떤 문제로 고민에 고민을 거듭했는가를 엿보게 해주는, 칸트철학 연구에 대단히 중요한 자료이므로 여기에 그 일부를 옮겨본다.

> "나는 도덕에서 감성적인 것과 지성적인 것을 구분하고 또 거기서 나오는 원칙들을 구분하는 데 상당한 진전을 이루었네. 나는 또한 이미 오래 전에 상당히 만족스러울 정도로 감정, 취미, 판정 능력 등의 원리를 그 작용 결과물, 즉 쾌감 등도 함께 약술하였으며, 이제 대략 *감성과 이성의 한계*라는 제목으로 집필할 계획이라네. 나는 이 저서를 두 부분, 즉 **이론적 부분과 실천적 부분**으로 구성할 생각이네. 첫 부분은 다시 두 개의 장, 즉 1. 현상학 일반 그리고 2. 형이상학인데, 후자[형이상학]는 그것의 본성과 방법에 국한할 것이네. 둘째 부분[실천적 부분] 역시 두 개의 장이 될 것인데 1. **감정, 취미 그리고 감성적 욕구 등의 보편 원리들**과 2. 도덕성의 제1근거들로 이루어질 걸세. 이론적 부분을 그 전범위에서 그리고 모든 부분들의 상호관계 속에서

68) 람베르트(Johann Heinrich Lambert)에게 보낸 1770년 9월 2일자 편지(X 97) 참조. 이 편지에 따르면 칸트는 그해 겨울까지는—취임논문 심사는 8월 24일 개최되었다—자신의 보완 작업을 끝낼 수 있을 것으로 예상했다.

곰곰이 생각하면서 나는 내가 아직 어떤 본질적인 것을 놓치고 있다는 사실을 깨달았네. 그것은 내가 다른 사람들처럼 나의 오랜 형이상학 연구에서 주목하지 못했던 것으로서 실제로 비밀 전체에 대한 그리고 그때까지 자신을 숨겨왔던 형이상학에 대한 열쇠라네. 나는 나 자신에게 이렇게 물었다네. 우리가 우리 내부의 표상이라고 일컫는 것이 어떤 근거에서 대상과 관계를 맺는가? [그런데] 표상이란 것이 단지 주관이 대상을 통해 촉발되는 방식만을 포함하는 것이라면, 어떻게 해서 그 표상이 그 표상의 원인인 대상에 적합한지, 그리고 우리 마음의 이 같은 규정이 어떻게 무언가를 표상할 수 있는지, 즉 하나의 대상을 가질 수 있는지는 쉽게 알 수 있을 것일세. 수동적인 또는 감성적인 표상들의 대상에 대한 관계는 이해가 가능하게 되고, 우리 영혼의 본성에서 빌려오는 원칙들이, 모든 사물에 대해 그것이 감관의 대상인 한, 타당한 이유도 이해가 가능하겠지. 마찬가지로 우리 내부의 표상이라 일컬어지는 것이 객관과 맺는 관계에서 능동적이라면, 즉 그 표상을 통해 대상까지도 산출한다면, 그 경우도 표상과 객관과의 일치는 이해가 가능하다고 보네. 마치 우리가 신적인 인식을 사태의 원형으로 표상하듯 [생각하면 되니까] 말이지. 이처럼 원형적 지성(intellectus archetypus)과 모방적 지성(intellectus ectypus)의 가능성은 최소한 이해가 가능하다네. 전자는 사태 자체가 그것의 직관에 기초하며, 후자는 그것의 논리적 작업의 데이터를 사태에 대한 감성적 직관에서 취하기 때문이네. 하지만 우리의 지성은 그 표상이 대상의 원인이 아니며 (선한 목적에 관한 도덕에서는 예외지만), 대상 역시 지성표상의 (실재 감각에 있어서의) 원인이 아니란 말일세. 따라서 순수한 지성개념들은 감관의 감각에서 추상된 것이 아니며, 또 감관을 통한 표상의 수용성을 표현하는 것도 아닌 셈이지. 그것들은 오히려 영혼의 본성 안에 그 원천을 가져야만 하지만, 그러한 한에서 객관에서 결과하지도 또 객관 자신을 산출하지도 않는 것임이 틀림없다는 거야. 나는 나의 취임논문[§3]에서 지성적 표상의 본성을 그저 부정적인 방식으로 표현하는 데 만족했다네. 즉, 그것들이 이를테면 대상을 통해 만들어진 영혼의 변양들(modificationen)이 아니라고 말일세. 그러나 난 어떤 한 대상에 관여하는 하나의 표상이 그 대상에 의해 어떤 식으로든 촉발되지 않으면서도 어떻게 가능한지에 대해서는 침묵했었지. 나는 감성적 표상들은 사물들을 현상하는 대로 표상하며, 지성적 표상들은 그것들을 있는 그대로 표상한다고 말했었네.[§4] 그러나 그 사물들이 우리를 촉발하는 방식을 통해서가 아니라면 대체 무엇에 의해 이 사물들 자체가 우리에게 주어진단 말인가. 또 만일 그러한 지성적 표상들이 우리의 내적 활동에 기인하는 것이라면 그것들과 대상의 일치는 어디에서 비롯된단 말인가. 대상들이 그러한 표상들을 통해 산출되는 것이 아닌데 말일세. 그리고 이러한 대상들에 관한 순수이성의 공리들은 어떻게 그 대상들과 일치하는 것일까. 그 일치가 경험의 도움을 받지 않는다면 말일세. 그런데 **수학에서는 그것이 가능하지**. 우리가 하나라는 단위를 두서너 번 취해보면 크기에 관한 표상을 만들 수 있는데, 객관들은 이렇게 해서만 우리에게 크기이고 또 크기로서 표상되기 때문이네. 따라서 크기 개념들은 자발적일 수 있으며, 그 아프리오리한 원칙들이 확정될 수 있지. 그러나 성질의 관계에서는 나의 지성이 어떻게 스스로 전적으로 아프리오리하게 사물들에 대한—그 사태와 필연적으로 일치해야 하는—개념들을 형성할 수 있는지, 또 **지성이 그러한 사태에 관한 실제적 원칙들을, 즉 경험이 그 원칙들과 정확하게 일치해야 하는 그러나 그 경험에서 자유로운 원칙들을 어떻게 구상해 낼 것인가**라는 물음들은 언제나 우리 지성능력과 관련해 어둠을 남겨 놓고 있다네. **사물들 자체와의 이러한 일치가 어디로부터[어떻게] 지성에게 나타나는가** 말일세. …

나는 그러한 방식으로 지성적 인식의 원천을 찾으면서—이 원천[에 대한 탐구] 없이는 형이상학의 본성과 한계는 규정할 수 없지—형이상학을 서로 본질적으로 구별되는 단락들로 나누었고, 선험철학을, 즉 완전히 순수한 이성의 모든 개념들을 특정한 수의 범주들로 정리하려 했다네. 하지만 자신이 발견한대로 10개의 범주들을 그저 대충 병렬하는 데 그쳤던 아리스토텔레스와 달리 그것들이 지성의 몇몇 원칙들에 따라 저절로 분류되는 대로 정리했다네. 최종 목적지까지 계속된 내 연구의 전 과정을 여기서 장황하게 설명하지는 않겠네. 하지만 이렇게 말할 수 있네. 난 내 의도의 본질적인 부분에 관한 것을 성취했고, 이제 **순수 이성에 대한 비판**을 내어놓을 수 있게 되었다고 말이야. 이 비판은 이론적 인식과 실천적 인식의 본성을 그것이 지성적인 한에서 포함하게 될 걸세. 먼저 형이상학의 원천들 그리고 그 방법과 한계 등을 포함하는 첫 부분을 완성할 것이고, 그 다음에는 도덕성의 순수한 원리들[에 관한 부분]을 완결 지을 것인데, 전자는 대략 3개월 이내에 편찬될 것이네."[69]

위의 편지에서 칸트는 "감성과 이성의 한계"—"순수 이성에 대한 비판"—라는 제목으로 이론철학과 실천철학 두 영역을 함께 다루겠다는 계획을 언급한다. 그리고 이 중 후자, 즉 실천철학에는 나중에 그가 제3비판서에서 다룬 미학["감정, 취미"]의 원리 문제를 포함시키고자 했다. 그러나 이 계획은 결국 포기되었고 일단 이론 철학 부분만 다룬 것이 『순수이성비판』이라 할 수 있다.

칸트를 끈질기게 괴롭힌 문제는 한마디로 지성의 아프리오리한 개념들(나중에 '범주들')의 산출보다는 그 개념들의 타당성에 관한 문제였다. 대상에 의해 (대상의 존재에 의해) 주관의 감관이 촉발되어 주어지는 것이 아닌 지성적 표상이 어떻게 사물들(대상들)에 대

69) X 129-131. [ ]의 보충 및 굵은 글씨체 나.

하여 완전하게 타당한 개념을 스스로(아프리오리하게) 형성해 내며 또 이 개념들이 어떻게 대상(객관적 사태)과 필연적으로 일치할 수 있는가? 달리 표현하면, 주관의 지성적 인식 능력이 스스로 자신에게서 만들어내는 개념이 어떻게 대상 자체에 타당하게 적용될 수 있을까 하는 물음이었다. 그런데 이런 문제는 수학이나 기하학의 경우 불필요한 물음이었다. 수학에서 사용되는 개념들은 그것에 대응하는 경험적 의미가 이를테면 단 한 번의 실제 사례에 의해 또는 순수한 직관(시간과 공간)에 의해 즉각적으로 파악될 수 있기 때문이다.

삼각형을 예로 들어 보자. 우리는 종이 위에 그 모양을 그려볼 수도 있고 아니면 그냥 머릿속에서 상상해보는 것만으로도 이 개념의 의미를 직접 파악할 수 있다. 매번 삼각형을 그려볼 필요가 없는 까닭은 그 개념에 상응하는 대상을 '공간'이라는 직관의 형식[순수직관] 속에서 우리가 만들어 [구성해] 볼 수 있기 때문이다.[70] 어쨌든 칸트에 따르면 기하학이나 수학의 개념들은 그 대상을 우리가 시간과 공간이라는 순수직관에 의거해 구성해 볼 수 있기 때문에 그 개념 밑에 포섭될 수 있는 경험적 직관들이 아무리 다양하다 해도 그것들 모두에 보편적으로 타당함을 알 수 있다. 정삼각형이든 이등변삼각형이든 직각 삼각형이든 관계없이 '아, 이것들은 모두 삼각형이구나!'하고 알 수 있다는 것이다.

위의 편지에 따르면 수학의 '수' 개념도 그 개념의 대상을 순수직관, 즉 시간 속에서 구성해 볼 수 있다. 예컨대 '3'이라는 개념의 의

---

70) 직관(Anschauung)은 대상이 우리의 감관을 촉발하여 주어지는 표상이며, 직관의 형식(Form der Anschauung / reine Anschauung)은 직관이 따르는 형식, 즉 대상에 대한 경험적 자료가 감관에 주어질 때의 질서 또는 그 일차적인 정돈 방식으로서 그 경험적 자료의 내용과는 무관하며, 시간과 공간 두 가지가 있다.

미를 우리는 실제의 물건이든 상상 속의 물건이든 한번 세어보거나 상상해 봄으로써 직접 파악할 수 있다. 이러한 작업을 그는 『순수이성비판』에서 "순수직관에서의 개념들의 구성"(Konstruktion der Begriffe an der reinen Anschauung)이라고 표현했다. 편지에서 칸트가 "수학에서는 그것이 가능하지"라고 적었을 때, 이러한 개념의 구성 방식을 염두에 둔 것이라 여겨진다. 물론 수학, 기하학의 개념들의 구성에는 경험적 직관이 아니라 직관의 형식(순수직관)의 도움을 필요로 하는 것인데, 아직 칸트는 그것을 그저 경험—정확히 말하면 보편성을 띤 개별자에 대한 경험—의 도움으로 이해하려 했던 것 같다.

칸트는 나름대로 이미 이 편지에서 자신이 지성 개념들을 발견했으며, 나아가 그것들을 원칙에 의거해 분류하는 작업에까지 이른 것처럼 말하고 있다. 심지어 곧 펴낼 계획인 "순수이성에 대한 비판"을 이론적 부분과 실천적 부분—전자는 다시 형이상학의 원천과 방법과 한계, 후자는 도덕성의 원리, 즉 도덕형이상학에 관한 부분 등을 포함—으로 구상했음을 보여준다. 그러나 그는 당초 수개월 정도면 충분할 것이라던 취임 논문의 보완 예상 기간이 훨씬 지나도록 지성 개념의 타당성에 관한 만족할만한 설명에 도달하지 못했다. 이 무렵의 참담한 심정은 헤르츠에게 보낸 1773년 말경 그리고 약 3년 뒤인 1776년 11월 24일자 편지에, 그리고 『순수이성비판』 준비기를 회고하며 가르베에게 보낸 1783년 8월 7일자 편지 등에 잘 나타나 있다.

> "이제 나는 앞으로 나의 계획을 고집스럽게 추진할 것이고, 이 어렵고 험난한 나의 문제 영역을 평탄하게 만들어 보편적인 논의가 가능하게끔 해놓기 이전에는 결코 어떤 손쉽고 즉흥적인

분야에서 명성을 구하려는 여하한 작가적 욕망에 의해서도 흔들리는 일이 없을 것이네."(X 144)

"나는 사방팔방으로부터 아무것도 하고 있지 않는다는 비난을 받고 있네. 오랫동안 그리했던 것처럼 보이나 실제로 나는 자네와 알고 지낸 이래 지금보다 더 체계적이고 더 지속적으로 일해본 적이 없다네. … 이 같은 계획을 미쳐버리지 않고 추구하기 위해서는 집요함이 요구된다고 말해야 할 걸세. 게다가 나는 자주 좀 더 편한 다른 주제를 다루고 싶은 유혹에 시달린다네. 그때마다 나는 그런 불성실함을 어떤 때는 약간의 난제들을 해결해버림으로써 또 어떤 때는 과제 자체의 중요성을 상기함으로써 극복하곤 한다네."(X 198f.)

"저도 제 책이 처음부터 즉각 우호적으로 받아들여지리라고는 기대하지 않았다는 점을 흔쾌히 인정합니다. 그럴 목적에 부합하기에는 제가 12년 이상 줄곧 신중하게 숙고했던 소재를 일반인도 이해할 수 있을 만큼 충분히 매끄럽게 서술하지 못했기 때문입니다. 그러기 위해서는 아마도 몇 년을 더 필요로 했을 것입니다. 하지만 저는 그것을 4, 5개월 만에 펴냈습니다. 그렇게 광범위한 과제가 더 시일을 끌 경우 종국에는 제게 큰 부담이 될 것이고, 제 나이를 생각할 때(저는 이미 60이 넘었습니다), [당시] 제가 아직 머릿속에 기억하고 있던 전 체계를 그렇게 서술하기가 불가능할 것 같다는 두려움 때문이었습니다. 저는 제 결정과 제 작품의 현재 모습에 만족합니다. 누가 어떤 대가를 지불한다 할지라도 그것을 아직 쓰지 않았다고 생각하거나 거기에 쏟아 부은 긴 시간의 고통을 결코 다시는 더 반복하고 싶지 않을 정도니까 말입니다."(X 338)

위의 내용은 칸트가 마지막 난제를 해결하고자 얼마나 오랫동안 끔찍한 싸움을 벌였는지, 그리고 그가 씨름했던 자료들을 정리하여 『순수이성비판』을 내어놓는 작업을 얼마나 서둘렀는지를 짐작하게 해 준다. 그의 집요한 노력은 삶의 스타일까지 바꾸어 놓았다. 강의 시간을 엄격히 제안했으며 거의 모든 저술 활동을 포기했고, 자주 자신의 불편한 심기를 노출했다. 사교계의 기린아였던 젊은 시절의 생활 방식과 완전히 결별하여 사교 모임에서 모습을 감추는 대신 규칙적이고 기계적인 생활 습관을 취했다.[71] 1778년에는 프로이센 최고 대학이던 할레 대학에서 볼프가 갖고 있던 교수직 제의를 받았으나 거절하기도 했다.

그를 끈질기게 괴롭혔던 문제에 대한 해답은 결국 『순수이성비판』의 "순수 지성 개념의 연역" (§§13-27)에서 제시된다. 그런데 그러한 해결에 도달하는 과정에서 교수 취임 논문의 기본 입장이 근본적으로 수정되는 부분이 있다. 결론적으로 말하면 지성은 더 이상 사물 자체를 인식하는 능력이 아니며, 지성 개념들, 즉 범주는 그 타당성을 단지 감성계에 국한하여, 즉 경험의 대상 세계를 구성하기 위해 필요한 것으로서만 인정받는다. 다시 말해 범주들은 우리가 감성적인 직관의 내용들(질료 내지 질료의 다양)을 하나의 정돈된 경험의 대상으로 만들기 위해, 즉 그 다양한 감각 자료들을 통일하여 경험적 인식으로 만들기 위해 필요한 것들이다. 이러한 이유에서 범주 개념들은 오로지 경험 세계(감성계)에만 타당하며, **지성 개념의 타당성은 곧 경험 세계의 구성 가능성**과 다르지 않다는 것이다. 이에 반해 가상계(지성계), 즉 감각의 배후에 놓여 있다고 여겨지는 실

71) 칸트 삶의 이 같은 "변화 과정"과 "『순수이성비판』의 문제들"과의 관계에 관해서는 힌스케(Norbert Hinske), 『현대에 도전하는 칸트』(이엽, 김수배 옮김), 이학사, 2004, 38 이하 참고.

재의 세계는 인간에게는, 좀 더 정확히 말해 인간의 이론인식에게는 영원히 닫혀 있다는 것이다. 실제로 취임 논문이 만들어진 60년대 말이나 70년대에 기록된 것으로 보이는 메모에는 칸트가 이 같은 입장 변화를 모색하는 과정이 반영되어 있다.

> "순수한 이성의 원칙들은 두 부류다: 1. 순수한 이성을 통해 주어진, 그러나 혼란된 개념들을 분석하여 [얻어지는 것], 예컨대 실체, 전체, 필연 등 2. 이성을 통해 주어진 개념들에서 종합에 의해 [얻어지는 것]. 비록 경험의 기회에 이성의 법칙들에서 추상된 개념들이지만 이성을 통해 모든 경험에 앞서 주어진 개념들은, 예컨대 근거의 개념 같은 것들은 **경험을 사용하기 위해 정돈하는** 지성에게 각인된 형식들이다."[72]

이 단편에서 우리는 이미 지성 개념이 사물의 실재를 파악하기 위한 도구라기보다는 단지 경험을 가능케 하는 형식에 불과한 것으로 파악되고 있으나, 지성(개념)과 이성(개념)의 구분은 여전히 이뤄지지 않고 있다는 점을 읽을 수 있다.[73]

한편 아디케스가 1769년과 1775년의 기록으로 추정한 『단편』 3927에서는 "현존재, 가능성, 통일성, 실체, 우유성, 관계 … 필연, 우연, 전체, 부분, 단순함, 복합, 근거, 결과, 힘, 원인" 등과 같은 지

---

72) 『단편』 4172, XVII 443. 아디케스는 이 단편이 1769년 말에서 1770년 가을 사이에 기록되었을 것으로 판단했다.

73) 지성 개념과 이성 개념의 구분은 1771년 이후 논리학 강의 등에서 서서히 이루어진 것으로 보인다. 예컨대 『논리학 강의(필리피)』(1772) XXIV 451에서는 "보편적 지성 개념"(conceptus allgemeine Verstandesbegriffe)과 "이성의 보편적 개념인 이념"(ideae allgemeine Begriffe der Vernunft)의 구분이 등장한다. 이와 관련해서는 이엽, 「마이어와 칸트」, 『칸트와 그의 시대. 칸트 연구 5』, 철학과 현실사 1999, 140 이하 참조.

성 개념의 산출과 관련해서 그것들이 지성의 기능인 "판단함을 통해서 성립하는 종합의 근본개념들"이라고 적었다. 그리고 1780년 이후 기록되었을 것으로 여겨지는 논리학 강의에서는 지성 개념의 대상은 "경험에서 주어질 수 있는" 반면, 이성 개념의 그것은 그럴 수 없다는 표현이 등장한다.[74] 그러므로 교수 취임 논문에서 언급한 "인식능력 속에 심어져 있는 법칙들"(§8)은 판단의 형식이 따라야 하는 규칙들, 즉 논리 법칙들 이외의 것이 아닌 셈이 된다. 실제로 『순수이성비판』의 "판단에서 지성이 행하는 논리적 기능"(B 95) 항에서 칸트는 12개의 판단 형식들로부터 12개의 범주를 이끌어낸다. 또 "이성의 논리적 사용"(B 359f.)과 "선험적 이념"(B 377ff.)에서는 3개의 추론 형식들인 정언, 가언, 선언 삼단논법에서 3개의 이념들인 영혼, 자유, 신 개념을 이끌어 낸다.

5) 비판철학의 수행 시기(-1796) / 6) 말년의 작품 시기(-1804)

『순수이성비판』은 출판 직후 제대로 평가받기보다는 제한된 관심의 대상에 머물렀으나, 1780년대 중반 이후 서서히 철학계의 주목을 받기 시작한다.[75] 앞에서 보았듯이 『순수이성비판』은 그가 "순수 이성에 대한 비판"이라 명명했던 원래의 방대한 계획의 일부만을 실현하는 데 그쳤다. 그럼에도 칸트가 거기서 도달한 선험철학적 결론들은 도덕철학과 미학을 다룬 제2, 제3비판서뿐 아니라 역사철학, 인

---

74) 『논리학 강의(빈)』 XXIV 906.

75) 칸트가 자신의 첫 주저를 이해해 줄 것으로 기대했던 몇 안 되는 인물들 가운데 람베르트는 안타깝게도 이미 1777년 사망했으며, 멘델스존은 "모든 것을 분쇄하는 칸트"(des alles zermalmenden *Kants*)라는 냉혹한 평가로 그를 실망시켰다. Moses Mendelssohn, *Morgenstunden oder Vorlesungen über das Daseyn Gottes*, in ders., *Gesammelte Schriften. Jubiläumsausgabe*, Bd. 3.2, Berlin 1785(Neudruck Stuttgart/Bad Cannstatt 1974), 3 참조.

간학, 법철학, 교육학 등에 관련된 저작들의 논의에까지 그 근간을 제공한다. 특히 1780년대 중반부터 그는 다작을 통해 다양한 주제들에 대해 고도의 철학적 수준을 지닌 담론을 제시한다.

칸트는 그의 말년을 곁에서 지켜보았던 봐지안스키에 따르면 생애 마지막 시간까지 자신의 철학을 수정하려던 학문적 열망을 갖고 있었던 것으로 보인다. 칸트는 말년에 자신의 비판철학 체계에서 "중요한 문제점을 발견"했고 그 "남아 있는 빈틈"을 채우고자 애썼는데 이로 인하여 자신의 남은 기력을 더 빨리 소진키고 말았다. 결국 칸트의 마지막 저서는 미완인 『유작』(Opus postumum)으로 남게 되었다.[76]

76) Ehregott Andreas Christoph Wasianski, *Immanuel Kant in seinen letzten Lebensjahren, Königberg 1804*, in *Immanuel Kant. Sein Leben in Darstellungen von Zeitgenossen. Die Biographien von L. E. Borowski, R. B. Jachmann und E. A. Ch. Wasianski*, hg. v. Felix Gross, Darmstadt 1993, 260; 김재호, 「칸트 『유작』(Opus postumum) …, 319 이하 참조.

III 『순수이성비판』의 이해

1. 『순수이성비판』은 어떤 성격의 철학서인가?

『순수이성비판』을 어떤 종류의 철학서로 보아야 하고, 그것이 어떤 주제를 다루는 책인가 하는 물음, 즉 그것의 철학적 성격에 관한 물음은 그 자체가 하나의 철학적 논쟁의 대상이다. 칸트는 자신의 작업을 "순수이성의 체계에 대한 예비학" 또 "자연학의 예비학" 등으로 표현했는데, 이 같은 연구는 철학의 어느 분야에 해당한다고 할 수 있을까?[77] 수많은 주석서들이 존재함에도 불구하고 아직 이에 대한 명쾌한 답은 주어지지 않은 것처럼 보인다. 그 몇 가지 방향들을 정리해 보면, 먼저 ①『순수이성비판』을 지식(학문)이론(Wissenschaftstheorie) 내지 인식론의 일종으로 바라보는 관점이 있는데, 신칸트학파(Marburg의 H. Cohen, P. Natrop)와 현대 영미권 철학의 해석이 상당수 여기 해당한다고 할 수 있다. 그 다음으로는 ②형이상학의 전통에 있는 작품으로 간주한 입장으로서 하르트만(Nicolai Hartmann), 분트(Max Wundt), 하임조에트(Heinz Heimsoeth), 라이제강(Hans Leisegang) 같은 학자들이 여기 해당한다고 할 수 있다. 끝으로 ③논리학 전통의 작품으로 바라본 학자들로는 토넬리(Giorgio Tonelli), 리세(Wilhelm Risse)

77) 『순수이성비판』 B 25; 『형이상학 서설』 IV 295 등 참고.

등을 들 수 있다. 그렇다면 이 같은 주장들의 근거는 무엇인가?

①은 추측컨대 가장 널리 퍼져 있는 관점이라고 할 수 있으나 약간의 난점이 존재한다. 먼저 인식론은 로크에 이르러 철학의 한 영역으로 성장했다고 할 수 있지만 그가 '인식론'이라는 표현을 쓴 것은 아니며 19세기에 와서야 비로소 '인식론'이라는 표현이 철학 용어로 자리 잡았다. '학문(지식)이론'도 마찬가지다. 특히 이것은 현대 경험과학의 발달과 밀접한 관계 속에서 성장한 철학의 한 분과다. 따라서 『순수이성비판』을 인식론이나 학문이론의 저서로 규정하는 데에는 무리가 따른다. 오히려 『순수이성비판』의 상당 부분이 인식론적 논의와 학문이론을 선구하는 논의로 이뤄져 있다는 주장이 더 적절해 보인다.

②에 따르면 '형이상학'에 대한 종래의 일반적 정의는 "인간인식의 제1원리(prima principia cognitionis humanae)에 관한 학문"이었고, 이러한 정의는 볼프학파에게도 유효한바, 18세기까지는 인식론적인 내용도 형이상학(주로 '이성심리학'이나 '경험심리학'에서) 안에서 다루어졌으니 『순수이성비판』은 결국 형이상학이라는 것이다. 이러한 입장을 주장하는 학자들이 주목하는 부분은 『순수이성비판』에 등장하는 '분석론'과 '변증론'의 구분이다. 이들은 전자가 형이상학의 존재론(일반 형이상학), 후자는 특수 형이상학과 본질적으로 다르지 않다고 본다. 실제로 칸트는 B 303에서 "지성의 원칙은 현상을 해명하기 위한 원리일 뿐이며, 사물 일반에 관하여 … 아프리오리하고 종합적인 인식을 제공한다고 참칭하는 존재론이라는 거만한 명칭은 순수한 지성의 분석론이라는 겸손한 명칭으로 대체되어야 한다"고 적고 있다. 한편 변증론이 심리학, 우주론, 신학의 대상이었던 영혼, 우주, 신을 다루고 있는 것 또한 부정할 수 없는 사실이다.

③에 따르면 『순수이성비판』은 논리학 전통에서 바라볼 때 그 성격이 더욱 일목요연하게 드러난다. 칸트 자신이 여러 곳에서 비판철학이나 선험철학을 "선험 논리학" 또는 "순수 이성적 인식의 요소들"에 관한 "논리학"과 동일시하거나 거의 동일하게 취급했기 때문이다.[78] 이때 주의할 점은 당시의 논리학은 오늘날의 논리학과 달리 다양한 소재들을 다루었는데 그 중 큰 주제는 인식론적 또는 학문이론적 성격의 것이었다는 사실이다. 그래서 논리학은 예컨대 관찰, 귀납, 실험 등에 대한 이론이나 개념 및 관념의 기원에 관한 이론을 포함했다. 또한 논리학은 종개념과 유개념의 분류라든가, 분석-종합의 방법을 통해 진리를 발견하는 요령, 증명에 관한 방법, 오류 수정법, 교수법, 논쟁법, 심지어 서평 쓰는 법 등도 다루었는데, 이들 대부분 '실천 논리학'이나 '방법', '방법론'이라는 제목으로 다루어졌다. 데카르트의 『방법서설』, 라이프니츠의 『인식 · 진리 · 관념에 관한 성찰』(*Meditationes de cognitione, veritate et ideis*), 로크의 『인간지성론』(*Essay Concerning Human Understanding*) 등도 이 같은 맥락에서 논리학 계보의 작업으로 분류할 수 있는 것들이다.[79]

이뿐만 아니라 토넬리에 따르면 『순수이성비판』의 가장 큰 구분인 '원리론'(Elementarlehre)과 '방법론'(Methodenlehre)의 구분은 그 내용이 당시 논리학의 일반적인 구분인, '일반 논리학'과 '특수 논리학'의 구분, 또는 '이론 논리학'과 '실천 논리학'의 구분과 일치한

78) 『단편』 5644, XVIII 285 이하; 『형이상학 강의(폴크만)』 XXVIII 363 등을 참고.

79) 이하의 내용은 Giorgio Tonelli, "Kant's Critique of Pure Reason within the Tradition of Modern Logic", in *Akten des 4. Internationalen Kant-Kongresses*, Teil III, hg. v. Gerhard Funke, Berlin/New York 1974, 186-191 참조. 이 논문은 1994년 토넬리의 유고와 함께 Olms 출판사에서 동일 제목의 책으로 출판되었다.

다. 특히 『순수이성비판』의 '방법론'의 내용은 '특수(실천) 논리학'의 그것과 많이 유사하다. 그리고 선험 논리학의 두 부분인 '분석론'(Analytik)과 '변증론'(Dialektik)도 16-8세기에 유행하던 독일 아리스토텔리즘 전통의 논리학 구분과 일치한다. 전자는 "진리의 논리", 즉 확실한 진리를 발견하는 규칙의 학으로서 개념이나 정의의 원천을 밝히고 추론을 다루었으며, 후자는 "개연성의 논리"로서 개연적인 개념, 정의, 가정 등을 통해 개연적인 진리를 발견하는 방법—이것은 경험적인 인식 일반의 가능성이라고 표현할 수도 있을 것이다—을 다루었다는 것이다.[80)]

하지만 칸트가 경험적 인식 일반의 가능성이라는 점에서 개연성의 논리에 속한다고 볼 수도 있을 내용을 변증론이 아니라 분석론에 포함시키는 대신, 변증론을 "가상(Schein)에 관한 학"이라 부른 점은 보충 설명이 필요해 보인다. 토넬리는 명확하게 설명하지 않았으나, 칸트는 개연적 진리(경험적 인식)도 진리이고 우리를 잘못된 인식에 빠뜨리는 것이 아닌 반면, 가상은 경험을 초월하려는 이성의 본성적 욕망으로 인해 불가피하게 야기되는 자기 기만적 표상이기 때문에 변증론에서 다루는 것이라고 그 이유를 밝힌다.[81)] 토넬리에 따르면, 『순수이성비판』은 "선험적 감성론"으로 시작하고 있는데, 원래 이 감성론은 하위의 인식능력에 관한 이론이라는 것이 라이프니츠나 볼프, 바움가르텐 등이 공유했던 견해였을뿐더러 "논리학의 자매학"이기도 했다. 칸트는 이것을 이성과 감성의 경계 구분을 확립하기 위해 자신의 방법론적 작업에 끌어들였다는 것이다.

---

80) Toneli, 같은 글, 189 이하.

81) "개연적인 것도 진리이나, 불충분한 근거를 통해 인식된 것이기에 결함이 없지는 않으며, 하지만 그렇다고 허위는 아니므로 논리학의 분석적 부분에서 분리시키지 말아야 하기 때문이다."(『순수이성비판』 B 349).

토넬리는 더 나아가 『순수이성비판』의 "개념의 분석론"(Analytik der Begriffe), "원칙의 분석론"(Analytik der Grundsäzten), "변증론"(Dialektik) 등과 같은 구분 역시 이론 논리학(전통 논리학, 형식 논리학, 일반 논리학)에서 개념, 판단, 추론을 구분하는 것과 같다고 주장한다. 또한 범주표를 판단 형식에서 취해온 것은 일반 논리학이 판단의 형식을 다루는 것과 마찬가지며, 가상 개념의 근원을 추론의 형식에서 발견한 것도 일반 논리학의 작업과 그 맥락을 같이 한다고 한다. 그 밖에 "다의성"(Amphibolie), "유추"(Analogie), "분석"(Analysis), "건축술"(Architektonik), "종합"(Synthesis), "예료"(Antizipation), "규준"(Kanon), "오류추리"(Palalogismus), "아프리오리", "공리"(Axiom), "요청"(Postulate) 등과 같은 많은 용어들도 17-18세기 논리학의 용어들이었다는 사실에 주의를 환기시킨다.

『순수이성비판』을 논리학 전통에서 바라보고 그 양자 사이의 긴밀한 관계를 강조하는 토넬리 같은 학자들은, 이 저서가 존재론이나 형이상학의 원리들을 존재의 속성 자체를 드러내는 것이라기보다는 인간의 사고 법칙들을 표현하는 것으로 이해함으로써 17세기 "독일 아리스토텔리즘" 전통 안의 명목론적 방향과 실재론적 방향 가운데 전자를 취한 것이라고 주장한다. 이 입장은 존재론을 논리학에 종속시키려는 성향을 지님으로써 헤겔에게까지 매우 중요한 영향을 주게 된다는 것이다.[82]

---

82) 이러한 입장은 실재에 대한 주관의 우위 또는 본질의 우위를 주장하는 사상이라 할 수 있을 것이다. 'existentia'와 'essentia'의 대립은 중세 이래 줄곧 철학적 논의의 대상이었다고 할 수 있는데, 위의 관점에 따르면 '실재 존재'(actualitas, Dasein)는 '본질 존재'(quidditas, Was-sein)에 비교할 때 사물에 대한 필수적 규정이 아닌 셈이 된다. 즉, 우연적 속성에 불과한 셈이 된다. 이러한 관점은 실재(실존)의 우연성과 불확실성을 강조하는데, 주지하다시피 근대에서는 본질의 불변성을 법칙화하려는 성향과 더불어 실재를 주관화, 사유화하고 나아가

2. 목차를 통한 접근

이제『순수이성비판』의 목차를 들여다보자. 목차의 가장 큰 구분은 "원리론"과 "방법론"의 구분이다. 이 구분은 칸트 주요 저서에 지속적으로 등장한다.『실천이성비판』,『도덕형이상학—덕론의 형이상학적 기초원리』,『논리학』 등에서도 동일한 구분이 이뤄지고 있고, 인간학 강의 같은 경우는 "교수론"(Didaktik)과 "성격론"(Charakteristik)의 구분으로 나타나기도 한다. 이 구분과 그 내용이 17-8세기 논리학의 전통에 상응한다는, 즉 일반 논리학과 특수 논리학의 구분, 또는 이론 논리학과 실천 논리학의 구분에 대응한다는 점은 위에서 이미 언급했다. 칸트는『논리학』에서 원리론이 "인식의 완전성"에 이르기 위해 필수적인 "요소들(Elemente)과 조건들(Bedingungen)"을 다룬다고 주장한다. 또 방법론은 "인식의 잡다한 내용을 학문으로 결합시키는 방식 또는 학문 일반의 형식"을 다룬다고 한다.[83]『순수이성비판』에서는 순수한 이성 인식의 전체 범위를 건물에 비유하면서, 원리론은 "건축 재료를 개산(概算)하고 어떠한 건물을 얼마나 높이 또 얼마나 견고하게 지을 것인가를 결정"하며, 방법론은 "주어진, 그리고 필요에 적합한 재료를 사용하여 어떤 건물을 어떻게 지을 것인가를 설계"하는 작업으로 이해한다.『유작』에서도 원리론은 "학문으로서의 인식의 요소들을 발견"하는 데, 그리고 방법론은 "그 요소들을 결합하는 방식"에 각각 관여한다는 구분 기준을 제시한다.[84]

합리화, 법칙화 하려는 시도가 두드러지게 된다. 셸링, 키르케고어 등은 이와는 대조적으로 사유 작용 이전에 이미 존재하는 근원적인 실재 세계를 강조하여 실존주의의 연원을 이룬다고 할 수 있다.

83)『논리학』IX 18, 139.

84)『순수이성비판』B 735 이하;『유작』XXI 386.

이러한 설명을 고려하면, 원리론과 방법론의 구분은 데카르트 이래 서양 학문의 기본이 되는 방법인 '분석'과 '종합'에 상응한다고 말할 수 있다. 분석은 다루고자 하는 복잡한 문제 또는 그 내용을 남김없이 또 중첩되는 부분 없이 열거하는 것이었고, 이에 비해 종합은 그렇게 열거한 것들을 서로 관련시키고 결합시켜 하나의 통일된 체계적 지식을 산출하는 과정으로 이해되었기 때문이다.[85]

이제 목차의 각 부문과 해당 내용을 좀 더 상세히 정리해보자.

- 선험적 원리론: 인식의 선험적 요소들(또는 그 형식들이나 조건들)을 다룬다.

  - 선험적 감성론: 『순수이성비판』 본론 중 "선험적 원리론"의 첫 부분인 "선험적 감성론"은 감성적인 인식의 요소들, 형식 그리고 조건들을 선험적 인식의 가능성의 관점에서 다룬다.

---

85) 데카르트는 『기상학』에서 "무지개"라는 복잡한 현상을 자신이 어떻게 분석과 종합의 방법으로 설명할 수 있었는지를 이렇게 소개한다: "우리는 분수대 등에서의 경험을 통해 무지개가 하늘뿐 아니라 햇빛에 의해 비춰지는 많은 물방울을 포함하는 우리 주변의 공기에서도 발생한다는 사실을 알 수 있다. 그러므로 우리의 관찰이 시작되어야 할 **단순한 대상**은 무지개 색깔들 중 하나를 지닌 것처럼 보이는 개체로서의 물방울이다. 물방울과 닮은 모양의 플라스크에 물을 집어넣고 이리저리 움직이고 조작해 봄으로써 조건이 변함에 따라 어떻게 색이 나타났다 사라지고 또 변하는가를 관찰할 수 있다. 빨간 색 반점은 시선과 태양광의 각도가 42도일 때 나타나며, 각도를 증가시키면 사라진다. 각도를 약간 줄이면 색이 사라지는 대신 두 개의 덜 밝은 색들로 나뉜다. 이렇게 해서 우리는 단순한 모델로부터 **복잡한 현상**을 재구성할 수 있게 된다. 즉, 우리가 하늘의 단순한 대상들의 집합체를 특정한 색을 산출하기에 적합한 각도에서 관찰할 때, 그 색으로 이어진 호가 형성되리라는 것, 그리고 다른 각도들에서는 다른 색깔들의 동심원들 또한 산출될 것이라는 것을 알게 된다"(*Les Météores*, in *Œuvres de Descartes*, publiées par Charles Adam et Paul Tannery, tome 6, Paris: Léopold Cerf 1902, 325 이하).

'공간'과 '시간'에 관한 논의가 그 핵심 내용인데, 공간과 시간 개념을 선험적인 방식으로, 즉 아프리오리한 인식의 가능성과 관련하여 해명하면서 수학과 기하학의 가능성에 대한 물음에 대답한다. 공간과 시간은 감성적 직관이 일어나기 위한, 즉 감각적 지각의 잡다한 "소재"가 주어지기 위한 아프리오리한 "형식" 또는 "조건"—칸트는 이것을 "순수 직관" 또는 "직관의 순수 형식"이라고도 부른다—이다. 공간은 외적 직관의 형식이고, 시간은 내적 직관의 형식이다. 칸트에 따르면, 외적 사물에 관한 직관으로 주어지는 표상 역시 인간의 마음을 규정하므로 그 자체로 내적 상태에 속하기 때문에 시간은 공간과 달리 "모든 직관의 기초에 놓여 있는 필연적 표상"이며, "현상 일반의 아프리오리한 조건"이기도 하다.[86] 칸트는 공간과 시간이 외적 혹은 내적 경험에서 추상된 개념이 아니라 모든 직관의 기저에 놓여 있는 아프리오리하고 필연적인 표상이며, 이것에 관한 아프리오리하고 종합적인 판단이 가능할 뿐만 아니라 그것들로 이루어진 학문이 기하학과 수학이라고 주장한다.

- 선험적 논리학: 지성적 인식과 이성적 인식의 요소들, 형식들, 조건들을 다룬다. 전자(지성적 인식)는 "선험적 분석론", 후자(이성적 인식)는 "선험적 변증론"에서 다룬다.
  "선험적 분석론"은 다시 두 부분으로 나뉘는데, 그 첫 부분인 "개념의 분석론"은 순수 지성의 기능인 판단(사고)의 형식을 통해 12개의 지성 개념, 즉 범주를 이끌어 내고 이것들이 어

86) 『순수이성비판』 B 46, 50 참고.

떻게 객관적 타당성을 가질 수 있는가를 설명하는, 이른바 "순수 지성 개념의 선험적 연역"에 종사한다. 칸트가 사용한 "연역"이란 어휘는 혼란을 주기 쉬운 용어인데, 보통 생각할 수 있듯이 어떤 것을, 그러니까 여기서는 범주를 논리적으로 발견해 낸다는 의미라기보다 그 적용의 정당성을 증명한다는 의미다. 그러나 지성 개념들이 실제로 기존의 학문에서 경험적으로 유용하게 사용되고 있다는 사실을 보여줌으로써 증명하는 것이 아니라, 그것들이 모든 경험적 인식이 성립하기 위한 아프리오리한 조건이라는 점을 보여줌으로써 증명하는 것이다. 범주는 지성의 산물인데 감각 기관을 통해 주어지는 직관의 다양(감각 자료)을 정돈(종합)하는 인식 과정의 필수 요소로서 객관적 타당성을 지닌다는 점을 밝힌다. 감각 기관을 통해서 주어지는 것은 직관의 다양, 즉 감각 내용의 잡다한 파편들로서, 그것들이 결합되어 무엇에 관한 감각 내용인지가 알려지려면 다른 능력, 즉 지성의 자발적인 개입이 요구된다. 그러므로 우리가 인식하려는 객관적 대상 그리고 그 대상 세계의 질서는 결국 지성 개념들이 아니면 사고의 대상이 될 수 없고 따라서 인식될 수 없다는 것이 "개념의 분석론"의 핵심이다. 이로써, 칸트는 우리의 인식(주관)이 대상의 질서에 따르는 것이 아니라, 반대로 대상과 그 대상의 질서가 인식(주관)을 통해 결정된다는, 사고방식의 이른바 "코페르니쿠스적 전회"에 이른다.[87)]

87) "코페르니쿠스적 전회"라는 표현은 일반적으로 철학사에서 이 같은 의미로 이해되고 있다. 즉, 칸트가 경험론자들의 생각을 반박하여 인식 주관은 감각 지각에 의해 주어지는 것에 수동적으로 의존하지 않는다는 점을 강조하고자 사용한 표현이라는 것이다. 그러나 칸트는 "코페르니쿠스적 전회"나 "코페르니쿠

그런데 칸트는 직관의 다양의 종합이 완성되기 위해서는 범주뿐 아니라 또 하나의 요소 또는 통일 과정이 필요하다고 주장한다. 그것은 경험 또는 지각하는 주체의 자기의식의 통일이다. 즉 지각하는 순간 이 지각이 '나'의 지각이고, 이 생각이 '나'의 생각이라는 의식이 모든 지각 표상에 수반되어야 한다는 것이다. "내가 생각한다"는 의식이 모든 표상을 수반하지 않으면, 그 표상은 내게 아무 표상도 아닌 것과 마찬가지고 직관의 다양에 대해 말하는 것조차 무의미하다. 칸트는 이것을 어떤 정신의 상태를 경험적으로 나의 것으로 의식하는 "경험적 통각"과 구별하여 "순수 통각"이라 부르고 그 통일을 "통각의 통일"로 부른다. 순수 통각은 자신의 동일성에 대한 의식, 자아 동일성에 대한 의식이 직관의 다양에 대한 종합 작용에 앞서 그 전제 조건으로서 주어져 있어야 한다기보다는, 경험 지각의 내용이 주어질 때 그것에 대해 나의 의식이 작용함으로써 내가 그것을 나의 것으

스적 혁명"이라는 표현을 사용하지 않았다. 『순수이성비판』 재판의 "머리말"에서 그가 "사고방식의 혁명"(Revolution der Denkart)이라는 표현을 사용했지만 이때에도 코페르니쿠스와 관련짓기보다 탈레스, 베이컨, 갈릴레이, 토리첼리, 슈탈 등이 수학과 자연과학에서 보여준 새로운 방법적 시도와 관련해 언급했다. 물론 그는 코페르니쿠스가 "사고방식의 변화"(Umänderung der Denkart)를 통해 천체 운동에 대한 새로운 "가설"을 세웠다는 사실을 강조했다. 칸트에 따르면 코페르니쿠스의 가설은 "관찰된 운동을 천상의 대상들에서 찾지 않고 그 관찰자에게서 찾는, [감관에는] 모순되지만 참된 방식의 모험을 감행함으로써, 그렇지 않았더라면 영원히 발견하지 못했을 수도 있는, 우주를 결합하는 보이지 않는 힘(*뉴턴의* 만유인력)"을 증명할 수 있는 계기를 마련해 주었다. 그러므로 칸트가 자신의 비판 작업을 코페르니쿠스가 성취한 것에 비유할 때는 지동설의 관점과 주관 중심의 인식론적 관점 사이에 성립하는 것처럼 보이는 유비 관계에 초점이 두어져 있기보다는, 양자 모두 사태를 변화된 관점에서 바라보는 가설 또는 "모델"을 통해 종래의 이론이 설명하지 못한 모순적 사태를 일소하고 나아가 새로운 발견을 가능하게 한다는 의미가 더 강하다. 『순수이성비판』 B XI~XIII, B XVI~XXII; Eckart Förster, "Die Vorreden", in: *Immanuel Kant, Kritik der reinen Vernunft*, hg. v. Georg Mohr u. Marcus Willaschek, Berlin 1998, 49 이하 참조.

로 의식하게 된다는 것을 뜻할 뿐이다. 통각에 관한 칸트의 설명 역시 자아조차도 지각 경험을 통해 주어지고 사라지는 "관념들의 다발"로 환원시켜버리고자 한 흄의 시도에 대한 반박이라 할 수 있다.

"선험적 분석론"의 둘째 부분인 "원칙의 분석론"은 지성 개념(범주)을 직관의 다양에 적용할 때 그 지성이 따르는 아프리오리한 규칙인 원칙을 규명함으로써 자연법칙의 가능성을 설명하고자 한다. 그 원칙으로서 칸트는 분량의 범주에 "직관의 공리", 성질의 범주에 "지각의 예료", 관계의 범주에 "경험의 유추", 양태의 범주에 "경험적 사고 일반의 요청"이라는 원칙을 각각 대응시킨다. 이 원칙들은 직관의 다양이 범주에 의해 정돈되거나 포섭될 때 반드시 따르게 되는 아프리오리한 원칙들로서 자연 법칙의 근거가 된다. "자연 법칙은 지성의 원칙을 현상의 특수한 경우들에 적용한 것에 불과"하기 때문이다. 따라서 "원칙의 분석론"은 자연과학적 인식이 어떻게 정당화될 수 있는가에 대한 대답이라 할 수 있다. 예컨대 뉴턴 물리학이 전제하는 원칙, '자연계의 모든 변화는 필연적 인과 관계에 따라 발생한다'는 원칙은 아포스테리오리하게는 결코 정당화될 수 없지만, 경험 대상들이 경험 대상이 되기 위해서 반드시 따라야 하는 원칙이라는 관점에서는 모든 경험 가능한 대상들에게 필연적으로 타당한 객관적 법칙이게 된다.

칸트는 지성의 산물인 범주를 감관을 통해 주어진 직관에 적용하는 일이 어떻게 가능한가를 설명하기 위해 고심한 것으로 보이는데, 양자는 그 근원이 달라 이질적인 것들이므로 서로가 만나서 하나가 다른 하나를 포섭하는 일이 일어난다고 말하기 어려웠기 때문이다. 이때 칸트는 "상상력"(Einbildungskraft)에 호소하여 문제를 해결한다. 그는 상상력을 지성과 감성을 매개하는 능력으로 파악한 것이다. 상상력은 직관의 다양을 특정한 관계 속에서, 즉 하나의 형상(Bild)을 가진 직관으로서 받아들이는데, 이는 그 직관의 다양이 시간과 공간이라는 형식을 통해서 주어지기 때문이다. 칸트는 이때의 형상을 "경험적 능력인 생산적 상상력의 산물"이라고 말한다. 그러나 상상력은 형상을 마구잡이로 산출하는 것이 아니라 지성 개념, 즉 범주의 "통일 규칙에 따라" 산출하며, 이와 같은 "상상력의 일반적인 절차에 관한 표상"을 "도식"(Schema)이라 부른다. 그리고 이때 상상력은 더 이상 경험적인 능력이 아니라 "아프리오리하고 순수한" 능력이며 지성에 가까운 능력으로 간주된다. 형상도 어쨌든 하나의 감성적 지각으로서 "개별적인 것이므로 직관의 다양과 동종적"이고, 도식은 "일반적인 것이기에 개념과 동종적인 관계"를 지닌다. 그러므로 상상력은 도식 활동을 통해 범주에 형상을 부여함으로써 그것에 한계를 설정하며 직관으로 주어진 것(현상)에 적용될 수 있도록 한다. 예컨대 원인과 결과의 도식은 "어떤 실재적인 것이 일어날 때 언제나 다른 어떤 것이 뒤이어 일어나는, 그런 어떤 실재적인 것"에 관한 표상을 말한다. 그러므로 원인과 결과 범주의 도식화로써 칸트가 의미한 것은, "만약 상상력이 시간 안에서의 규칙적인 계기를 표상함으로써 범주를 도식화시키지 않는다면, 그 범주는 현상에 적용될 수 없다"는 것이다.[88]

이상에서 개관한 것처럼, "선험적 감성론"과 "선험적 분석론"은 감성적 인식과 지성적 인식의 요소들, 형식들, 조건들을 아프리오리

---

88) 『순수이성비판』 B 179-181; Frederick Copleston, *A History of Philosophy*, vol. 6, London: Search Press 1960, 256-259 참조.

한 방식으로 검토하여 대상 세계에 관한 필연적이면서도 종합적인 인식이 가능하다는 결론에 이르렀다. 그 같은 인식은 감각 자료가 감성적 직관의 아프리오리한 조건, 즉 공간과 시간이라는 직관의 순수 형식을 통해 정돈되고, 그것이 다시 선험적 통각이라는 통일적 의식 안에서 범주들과 상상력의 도식으로 포섭되어 사고됨으로써 성립한다는 것이다. 경험적 인식을 가능하게 하는 이 같은 아프리오리한 조건들은 동시에 "경험 대상이 가능"하기 위한 필수 조건들이므로 경험 대상에 대한 우리의 판단에 객관적으로 타당한 것들이다. 우리의 경험과 경험적 인식은 흄이 생각했던 것처럼 그저 아포스테리오리한 습관의 산물이 아니라, 아프리오리하고 순수한 지각 조건과 인식 능력이 구성한 결과물이기에, 참된 인식의 두 조건, 즉 필연성과 보편타당성의 요구를 충족시킬 수 있는 것이다. 물론 이것은 어떤 경험 과학적 인식이, 예컨대 뉴턴 물리학이 그 자체로 정당화된다는 것을 뜻하지는 않는다. 어떤 "과학적 체계가 필요로 하는 유일한 정당성은 그 체계의 [아포스테리오리한] 결실이기 때문이다." 그럼에도 칸트가 보여 주고자 한 것은, 과학 체계가—흄이 지적했듯—"아포스테리오리하게는 정당화될 수 없는" 전제들을 포함하기는 하지만, 그것들이 『순수이성비판』이 제시한 것과 같은 사고방식의 변환을 취할 경우 아프리오리한 방식으로 정당화될 수 있다는 것이다.[89]

"선험적 논리학"의 둘째 부분인 "선험적 변증론"은 형이상학의 가능성 문제를 다룬다. 전통 형이상학의 대상들(이성 개념들, 즉 이념들)의 영역에서는 수학이나 기하학에서와 같이 순수 직관이 주어지

89) 코플스톤, 같은 책, 266. 보충 나.

는 것도 아니고 자연과학에서처럼 감성적 직관이 주어지는 것도 아니므로 아프리오리한 종합판단이 불가능하다. 칸트에 따르면, 초험적 대상에 관한 종래의 형이상학의 논의는 경험의 대상 세계에서만 타당성을 지니는 지성 개념들과 원리들, 즉 경험적 인식 자체의 가능성을 위한 개념들과 원리들을 경험을 초월한 대상세계에 적용함으로써 잘못을 범한 것이다.[90] 그러나 그렇다고 이것이 형이상학 자체가 불가능하다는 것을 뜻하지는 않는다. 이론 인식의 체계라는 차원에서 보면 형이상학은—감성계에서만 타당성을 보장받는 인식 원리들을 그것을 넘어서 사용하려 하기에—좌절하기 마련이나, 형이상학을 이성이 가지는 실천적 관심을 만족시키는 학문으로 간주한다면, 이론 이성이 적극적으로 규명할 수 없는 신, 자유의지, 영혼불멸 등과 같은 이념들은 논리적으로 무모순적일 뿐 아니라 오히려 요청되는 것으로 간주할 수밖에 없게 된다. 즉, 그것들에 관한 이론적 인식은 불가능하지만 그것들의 실천적 의미를 밝히는 형이상학은 얼마든지 가능하다는 것이다.

칸트는 이성의 본래 능력인 추론의 세 가지 형식에 주목하여 종래의 형이상학적 물음들(이성 이념들)이 추론의 잘못된 사용에 기인하는 것임을 밝혀 그것들을 해체시키는 방법을 사용한다. 예컨대 이성이 **정언삼단논법**의 무한한 계열을 통해 도달하고자 하는 것은 판단의 궁극적 주어, 즉 그 자신은 술어일 수 없는 개념인 **궁극적 실체**인데, 이성의 이러한 본성이 나의 모든 판단을 수반하는 나의 의식을 그 판단의 절대적 주어(체)이자 다른 사물의 규정으로는 사용될 수 없는 실체로서의 **'나'(영혼)**라는 개념으로 오해한다는 것이다. 이

90) 칸트는 이 같은 잘못을 "순수이성의 자연스럽고 불가피한 변증성[법]" 때문으로 규정한다. B 87 이하, 349-355 참조.

는 그다지 설득력이 없는 주장처럼 들린다. 정언삼단논법의 상승 계열이 도달하는 궁극적 주어로는 '존재'가 더 적절할 것처럼 보이기 때문이다. 코플스톤은 칸트가 여기서 "표상들이 가질 수 있는 가장 일반적인 관계들"이라는 생각을 일종의 "보조적인 사고 노선"으로 도입했다고 해석한다.[91] 그 첫 관계가 주관에 대한 관계인데, 모든 표상들을 수반하는 '내가 생각한다'는 순수 통각이 말하자면 그 표상들로 이루어진 판단들에서 결코 술어의 위치에 올 수 없는 궁극적인 주어의 역할을 하는 실체인 '나'(영혼)로 간주되었다는 것이다. 다음으로 **가언삼단논법**의 경우, 인과적 관계에 관한 지성의 모든 판단들은 다른 인과적 관계들을 전제하는 데 비해, 이성은 다른 어떤 것도 전제하지 않는 궁극적 전제를 추구한다고 한다. 이는 이성이 현상의 제약 계열의 절대적 통일(완성)을 지향함으로써, 한편으로는 무제약적이고 필연적인 것, 예컨대 최초의 원인 그리고 그것과 더불어 **인과 계열의 전체**, 즉 우주 또는 **세계의 무한성**을 증명하려는 시도로 볼 수 있다는 것이다. 그러나 이성은 다른 한편으로는 제약 자체의 피제약성, 즉 최초의 원인에 대한 원인 개념이 불가피함도 지적함으로써 그 무제약성 자체를 완전히 해소시켜버리는, 서로 모순된 결론에 이르게 된다고 주장한다. 마지막으로 **선언삼단논법**은 모든 선언적 술어들을 총괄하고자 하는데, 이는 사고 일반의 모든 대상에 대한 제약의 절대적 통일, 또는 대상 일반의 가능성에 관한 객관적 조건의 무제약적 통일—이것은 전통 형이상학의 '신' 개념에, 특히 이른바 '인격신'보다는 자연 종교의 신 또는 범신론적인 신 개념에 더 가깝다고 여겨진다—을 추구함으로써 순수 이성의 이상적 존재, 즉 **신의 존재**를 증명하는 시도로 나타난다고 한다.[92] 칸트는 이 세 이념들을 각

91) 코플스톤, 같은 책, 282.

각 순수 이성의 "오류추리"(Paralogismen), "이율배반"(Antinomie) 그리고 "이상"(Ideal)이라는 제목 하에 다루었다.

- 선험적 방법론: 원리론에서 도달한 결과들, 즉 인식 능력의 목록 내지 요소들을 가지고 순수이성의 완벽한 체계를 건설하는 방법을 다룬다. 그러나 실제 내용을 보면 순수이성을 올바로 사용하여 건전한 학문적 체계를 만들기 위해 필요한 조건들을 고려하고 있다고 여겨진다.

  - 순수이성의 훈련: 이성은 경험 세계를 초월하여 자신의 능력을 사용하려는 부단한 성향을 갖고 있고 그래서 형이상학적 문제에서도 수학에서와 같은 성공을 거둘 수 있으리라는 착각에 빠진다. 따라서 이성의 순수한 사용과 관련해서는 그와 같은 초월적 사용을 제한하는 강제와 검열 작업이 필요하다고 주장한다.[93] 하지만 칸트는 이성에 대한 불신을 수학이나 자연과학에게까지 확장하려는 회의론에도—이것도 결국 이성 남용의 결과로 발생한다!—대립하여 이성 인식의 한계를 확정짓는 비판적 태도를 강조한다. 이성이 한계를 무시하고 제멋대로 날뛰지 못하도록 하는 일종의 '고삐 틀어쥐기'로 볼 수 있겠다.

  - 순수 이성의 규준(Kanon): 칸트는 규준을 "어떤 인식능력을 일반적으로 정당하게 사용하기 위한 아프리오리한 원칙의 총

92) 『순수이성비판』 B 391, 433, 488 등 참조.
93) 『순수이성비판』 B 740 이하 참조.

괄"이라 정의한다.[94] 따라서 순수 **지성**의 규준은 "선험적 분석론"에서 다루었다고 할 수 있는데, 순수 **이성**의 정당한 사용은 사변적 내지 이론적 사용이 아니라 실천적 사용이라고 한다. 그러므로 순수 이성의 규준은 곧 이성의 실천적 사용에 대한 아프리오리한 원칙(규칙)이라고 주장한다. 그러나 실제로 이것은 『순수이성비판』이 아니라 『정초』나 『실천이성비판』 같은 도덕철학에서 제시된다. 여기서는 이성의 본래 관심사가 이론 인식이 아니라 실천적 행위에 있다는 사실을 지적하면서 영혼 불멸이나 신, 자유 등의 이념을 인식 대상으로 고찰하고 규명할 것이 아니라 그것들을 도덕 행위에 대한 의무를 위해 요청되는 신앙의 대상들로서 파악할 것을 주문한다. 이는 "선험적 변증론"을 통해 손상된 이성의 자존심을 회복시켜주는 부분으로서 이성 이념들의 올바른 쓰임새를 위한 원칙을 제시하는 것으로 볼 수 있겠다.

- 건축술: 이성 인식의 전체계인 형이상학에 대한 전통적 구분법을 소개하고, 그 본래 성격에 의거해 문제점과 잘못을 따지면서 학적 인식의 체계 전체를 대별해 본다. 이것은 '특수(실천) 논리학'에서 전형적으로 다루던 내용과도 유사하다고 여겨진다.

- 역사: 아리스토텔레스적 경험론 전통과 플라톤적 합리론 전통 등 과거 철학자들의 형이상학에 대한 이해 방식을 소개하며 자신의 비판적 입장을 강조한다.

---

94) 『순수이성비판』 B 824.

"방법론"의 주제와 내용으로 미루어 보건대 특히 "순수 이성의 규준"은 칸트의 이론철학과 실천철학을 매개하는 역할을 한다고 볼 수 있다.

3. 초판 머리말

『순수이성비판』의 첫 문장(A VII)은 이렇게 시작한다.

> "인간 이성의 기구한 운명은, 그것이 자신의 한 종류의 인식과 관련해서 피할 수 없는 문제로 고통 받는다는 데에 있다."

여기서 말하는 문제가 형이상학적 물음이라는 사실은 분명하다. 그렇다면 칸트는 어째서 그 물음을 피할 수 없다고 한 걸까? 이성 자신이 자신의 본성에 의해 스스로에게 부과하는 문제이기에 그렇다는 것이다. 다시 말해 형이상학적 물음은 이성을 지닌 존재라면 피해갈 수 없는 문제라고 본 것이다. 그런데 어째서 그 물음이 고통스럽다는 것일까? 적어도 그때까지 형이상학이 제기해 온 문제들은 이성 자신의 능력을 넘어서는 문제였기 때문일 것이다. 그러면 대체 형이상학적 물음은 어떤 물음이기에 이성적 존재자가 회피할 수도 없고 그렇다고 해결할 수도 없다는 것일까? 그것은 한마디로 '근거지움의 계열'(독일어로 Begründungszusammenhang)에 대해 완결된 인식을 얻기 위한 물음이라고 할 수 있다. 예컨대 이성은 소크라테스 죽음의 근거를 인간의 죽음에서 찾고, 다시 그 근거는 동물의 죽음, 다시 생물의 죽음에서 찾을 수 있다. 또 이렇게 계속해서 궁리하다보면 생명체의 죽음과 관련해서 그 근본 원인을 모든 복합적인 존재자는 언젠가는 분해되어 단순한 존재자가 될 수밖에 없다는 사실에서 찾을 수도 있다. 물론 이성은 여기서 멈추지 않고 다시 그 단순한 존재자 또는 더 이상 분해되지 않는 이른바 '실체'의 근거를 물을 수 있다. 이는 결국 삼단논법 계열의 무한한—경험적으로는 결코 완결될 수 없는—소급 과정으로 이해할 수 있을 텐데, 이때 이성은 어쨌든 경험을 초월하여 더 이상의 소급을 허용치 않는 원칙을 상정(발견)하고자 한다. 그러나 그러한 원칙들은 이성 자신을 혼란에 빠뜨린다. 지성은 이를테면 '한 사태가 있으면 그 원인도 있다'는 원칙에 따라 경험적 판단을 내리므로 이 원칙은 지성이 가능한 경험을 위해 사용하는 원칙, 즉 경험이 가능하기 위한 형식적 조건으로서의 원칙이다.[95] 이에 반해, 이성은 이 원칙을 근거로 삼단논법 계열의 무한한 소급을 추구하므로 이성에게서 이 원칙은 경험을 넘어서는, 즉 초험적인 원칙으로 사용되는 셈이다. 이것이 이성의 **변증적 속성**인데, "선험적 변증론"에 따르면, 전통적으로 형이상학적 물음에 종사했던 이성은 경험적 판단(인식)이 가능하기 위해 사용하는 원칙을 가지고 그 경험을 넘어서는 인식에 도달하려 했던 셈이다.

이어지는 단락(A VIII~A XI)에서 칸트는 한때 "만학(萬學)의 여왕"으로까지 여겨졌던 형이상학이 처한 비참한 상황을 수학과 자연과학의 성공에 견주어 더욱 두드러지게 표현한다. 형이상학이 제아무리 중요한 대상을 다루고자 하는 야심찬 의도를 지닌 학문일지라도, "의지가 곧 행위"를 뜻하는 것은 아니기에, 여왕이라는 영광스러운 칭호를 내려놓아야 했다는 것이다. 그러면서 몰락의 직접적 배경으로 "독단론"과 "회의론"을 지목한다.

앞에서도 간단히 살펴보았지만, 독단론은 인간 이성이 궁극적 실

95) 이성과 지성을 구분할 경우 지성은 판단, 이성은 추론의 능력이다.

재에 대한 인식에 도달할 수 있다는 가정에서 출발했다고 할 수 있다. 데카르트, 라이프니츠, 볼프 같은 철학자들은 그러한 종류의 인식이 실제로 가능한가를 진지하게 묻지 않고 곧 바로 형이상학을 구축하려 했다는 것이다. 켐프 스미스(Norman Kemp Smith)는 독단론의 세 요소를 ①"합리주의"(rationalism), ②"실재론"(realism), ③"초월성"(transcendence)으로 보았다.[96]

그에 의하면 ①의 핵심은 순수한 이성의 아프리오리한 원리들만으로 영혼, 물질적 실체나 신의 본성을 파악할 수 있다는 것이고, ②는 객관적 대상세계의 실재성과 그 본성을 사유에 의해 파악할 수 있다는 입장이다. 그리고 ③은 순수한 사유의 힘만으로 경험 세계를 초월하여 초감성적 대상이나 세계로 나아갈 수 있다는 것이다. 이에 비해 회의론은 이성의 본성을 오해하여, 그것이 인간 지식의 확장에 실질적으로 기여하는 바가 없다는 입장으로 보면 된다. 칸트는 회의론을 독단론의 필연적인 귀착점으로 간주한다.[97] 이성과 이성의 대립이 과격해지면, 이성 자신에 대한 회의가 발생할 수밖에 없다는 것이다. 의지나 의욕만 앞세울 경우 우리는 얼마나 자주 일을 그르치는가! 칸트는 회의론자를 "일정한 곳에 정착해 개척하기를 싫어하는 일종의 유목민"에 비유한다.[98] 그가 염두에 둔 것은 어떤 사태에 대해 성급하게 결론을 이끌어내는 대신 여러 가능성을 신중하게 검토하려는 건전한 철학적 태도로서의 회의론과 대비되는 극단적인 회의론일 것이다. 그것은 어느 하나의 입장에도 만족하지 못하고 그때그때 필요에 따라, 즉 임의의 상대를 공격하기 위해 필요한 근거

96) Norman Kemp Smith, 같은 책, 13.
97) 『형이상학 서설』 IV 271 이하.
98) 『순수이성비판』 A IX.

를 사용하고 곧 그 근거마저 내팽개치는 진지하지 못한 태도라서 결코 하나의 입장이나 이론이 될 수 없으며 기껏해야 일종의 게릴라식 전략에 불과하다. 여기서 내가 '게릴라식'이라고 표현하는 까닭은, 건전하지 못한 회의론은 결코 자신의 모습, 즉 이론적 정체성을 드러내지 못하기 때문이다.

한편 켐프 스미스는 회의론을 이루는 요소들로는 ①"경험주의"(empiricism), ②"주관주의"(subjectivism), ③"내재성"(immanence)을 꼽았다.[99] ①은 모든 인식을 감각 경험으로 환원하여 설명하며, ②는 감각 경험의 본성상 인간 지식이 객관적 실재 세계에 이르지 못하고 늘 주관적 조건에 의존한다는 입장이다. 그리고 ③은 인간 지식이 감각 경험의 한계 내에 머물 수밖에 없다는 관점이다.

켐프 스미스는 마지막으로 칸트 자신이 독단론과 회의론의 한계를 극복하기 위해 새롭게 내세운 "비판주의"(criticism) 역시 세 구성요소로 이해할 것을 제안하는데, ①"합리주의"(rationalism), ②"주관주의"(subjectivism), ③"내재성"(immanence)이 그것이다. 그러나 켐프 스미스는 동일한 용어일지라도 여기서는 그 강조점을 다르게 이해한다. 그래서 ①은 진정한(보편타당한) 지식이 아프리오리한 원리들에 의해서만 도달할 수 있으며, ②는 그 보편타당한 지식의 근원이 주관 속에 있다는 입장이고, 마지막으로 ③은 아프리오리한 원리들이 감각 경험 세계에만 적용될 수 있다는 입장이다.

이상을 다시 요약해보면, 독단론은 인식이 경험에서 독립하여 성립할 수 있을 뿐 아니라 경험 너머로 나아갈 수 있다고 본 반면, 회의론은 인식이 감각 경험에서 비롯되며 그 한계 내에서조차 제한적으로만 타당하다는 입장이라 할 수 있겠다. 그리고 비판주의에

---

99) Norman Kemp Smith, 같은 책, 14.

따르면, 인식에는 경험에서 독립적인, 즉 아프리오리한 부분이 있을 수 있으나 그 부분조차 경험을 위한 타당성만을 가진다고 할 수 있겠다.

칸트가 "여왕"과 "천민"이라는 출신 성분을 대비시키는 맥락(A VIII 이하)도 살펴볼 필요가 있다. 전자는 형이상학으로서 이성적 사유의 산물을, 후자는 사유를 결여한 상태에서 맹목적인 양을 통해서만 자신을 표현하는 경험을 지칭한다. 이 같은 출신 성분의 비유는 실천철학에서 "의무"와 "경향성"을 대립시킬 때도 등장한다.

> "의무여, 너 숭고하고도 위대한 이름이여! … 너의 존엄한 근원은 무엇이고, 경향성과의 모든 친족 관계를 도도하게 거부하는 너의 그 고귀한 혈통의 뿌리는 어디에 있단 말인가? 또 인간만이 자신에게 줄 수 있는 그러한 가치의 불가결한 조건은 어떤 근원으로부터 유래하는 것인가?"[100)]

위에서 언급한 것처럼 형이상학의 분쟁은 극단적인 무관심과 냉소를 야기했다. 칸트가 두려워한 것은 인간이 불가피하게 직면할 수밖에 없는 형이상학적 물음에 대한—어떤 의미에서는 부자연스럽고 억지스러운—무관심이나 냉소보다도 "이성 자체에 대한 불신"(Misologie)이었다.[101)] 그러나 인간 본성이 무관심할 수 없는 대상의 탐구에 대해 어려운 "학술 용어" 대신 "통속적인 어조"(populärer Ton)로 아무리 형이상학적 물음에 대해 무관심을 가장한다 해도 소용없는 일이고, 오히려 그렇게 표현하는 그 순간 이미 형이상학적 주장이 그 속에 내포되기 마련이라는 것이 칸트의 한결같은 입장이었다.[102)]

---

100) 『실천이성비판』 V 86.
101) 『순수이성비판』 B 883.

"인간 정신이 언젠가는 형이상학적 탐구를 단념하리라는 것은, 계속해서 불결한 공기를 마시지 않으려고 언젠가는 아예 호흡을 멈추려는 것처럼 전혀 기대할 수 없는 일이다. 그러니 형이상학은 언제나 이 세상에 존재할 것이고, 누구에게나, 특히 사색적인 사람에게는 늘 존재할 것이다. 그리고 공적인 기준이 없을 경우 각자 자신들의 방식으로 형이상학을 구축할 것이다."[103]

흥미롭게도 칸트는 형이상학에 대한 회의와 무관심 분위기의 한복판에서 오히려 새로운 변화의 싹을 발견한다. 그의 눈앞에서 벌어지고 있는 무관심 현상은 경솔한 생각의 결과라기보다 더 이상 사이비 주장들(지식)에 의해서 기만당하지 않을 만큼 철저하고 "성숙한 판단력"과 "철저한 사고방식"의 존재를 증명한다는 점을 간파했기 때문이다.[104] 그러므로 회의나 무관심은 이성 스스로 자기 비판을 위한 재판정을 마련해야 한다는 요구를 내세우고 있는 것이며, 더 나아가 형이상학의 변혁과 계몽의 서막을 알리는 신호이자 반드시 거쳐 가야 할 통과 의례로 봐야 한다는 것이다.

"그러므로 회의론자는 독단적 사변가를 지성과 이성 자신에 대한 건전한 비판으로 안내하는 엄격한 교사다. … 따라서 회의적 절차는 비록 그 자체로 이성의 문제에 대해 *만족스럽지는* 않지만, 이성에게 신중해야 한다는 점을 일깨우고 또 그 이성에게 자신의 합법적 소유물을 확보해줄 수 있는 철저한 수단을 지시

102) 『순수이성비판』 A X.

103) 『형이상학 서설』 IV 367.

104) "사고방식"(Denkungsart)이란 단어는 현대 독일어서는 사라져버렸지만 칸트에게서는 중요한 철학적 의미를 부여받은 용어다. 그는 특히 인간 사회의 모든 변화나 혁신은 이것의 변화나 개선이 전제되지 않을 경우 허사라고 보았다. 『계몽이란 무엇인가에 관한 답변』 VIII 36; 『학부논쟁』 VII 85 등 참조.

하기 위해 *예습*해 둘만한 것이다."[105]

1785년 출판된 멘델스존의 글에서도 비슷한 관점이 등장한다.

> "사물의 본성상 진리는 안정을 가져오고, 안정은 타성을 야기하며, 타성은 미신을 낳는다. 그러면 신은 섭리에 의해 **의심의 정신**을 자극하여 모든 원칙들을 배척하고 다시 진리로 돌아가게 한다."[106]

"통속적인 어조"라는 표현으로 칸트는 아마도 멘델스존, 가르베(Christian Garve), 압트(Thomas Abbt) 등과 같은 당시의 이른바 "통속철학자들"을 염두에 두었을 것으로 여겨진다. 칸트가 『순수이성비판』이 통속성을 결여했다는 비판을 가했던 가르베의 지적을 진지하게 고민했다는 사실은 『형이상학 서설』의 "부록"이나 『순수이성비판』 재판의 "머리말" 등에서 확인된다. 그러나 초판에서 이미 이 같은 표현을 사용한 사실로 볼 때 칸트는 진즉부터 통속철학의 학문적 태도나 방법과 거리를 두고 있었음을 알 수 있다. 철학적 작업은 모름지기 보편적인 명제들을 제시하는 데 그치지 않고 원칙적으로 모든 인간에게 가능한 경험을 충분히 숙고하여 원칙과 경험 사이의 연결고리를 보여줌으로써 통속성을 갖추어야 한다는 가르베의 주장에 맞서서 칸트는, "인식에 내재하는 감성적인 것을 초감성적인 … 대상과 구별하는" 것과 같은 이성 능력 자체에 대한 비판 작업은 결코 통속적인 방법으로는 수행될 수 없다는 반박 논리를 폈다.[107] 칸

105) 『순수이성비판』 B 797.
106) Moses Mendelssohn, 같은 책, 72. 강조 나.
107) 『순수이성비판』 B XXXIV이하; 『도덕의 형이상학—법론』 VI 206.

트는 "그릇된 통속성"(vorgebliche Popularität), "꾸며댄 통속성"(affektierte P.), "통속성으로 잘못 불리는"(fälschlich P. genannt wird), "치장한 천박스러움"(geputzte Seichtigkeit) 등의 표현을 사용하여, 모든 학문에서 통속성을 강조하는 태도가 원칙을 무시하고 사고의 빈약함이나 경박스러움을 은폐하는 수단으로 전락할 수 있음을 경고했다.[108] 칸트에 따르면 "진정한 통속성"(wahre P.)은 인식의 내용을 일반인이 이해할 수 있도록 그들의 눈높이에 맞추어 표현하는 데에서 성립하는데, 그보다 먼저 "순수이성의 원리"를 꼼꼼하게 캐물어 근본적인 통찰에 이르려는 이른바 "스콜라적 완전성"을 추구하는 작업이 선행되어야 한다. 심지어 칸트는 원리에 대한 "철저한 통찰" 단계를 생략한 채 "독자"의 "구미"부터 챙기는 태도, 즉 잘못된 통속성을 "정부"(情婦)에 빗대기까지 했다.[109] 또 그는 사이비 통속성을 기술하며 "주워 모은 관찰들[경험]과 설익은 궤변을 늘어놓는 원리들[이성]의 구역질나는 잡동사니"로 묘사하기도 했는데, 볼프학파의 "독단주의"와 경험론의 "회의주의"의 어정쩡한 [무원칙적인] 결합을 꾀하는 "타협주의"(Moderatism)라고 힐난하면서 "전혀 철학이 아니다"라고 단언하기도 했다.[110] 칸트의 통속성 개념에 관

108) 『정초』 IV 409; 『논리학』 IX 47 이하; 『인간학』 VII 139.

109) 『논리학』 IX 47 이하; 『정초』 V 409 이하; 『순수이성비판』 B XLIV. 적어도 "진정한 통속성", "독자"(Publikum) 등의 어휘 의미에 주목한다면 이 개념을 "대중성"보다는 "통속성"으로 옮기는 것이 나아 보인다. 칸트에게서 "독자" 또는 "관객"(Zuschauer)이라는 단어는 그저 다수의 인간 무리나 냉담한 관찰자 또는 주목하는 사태의 진행과 무관한 제3자가 아니라 그 사태에 간접적으로 동참하고 기여하고자 하는, 또는 열정적인 참여를 바라마지 않고 또 실제로 기회가 주어질 경우 기꺼이 동참하려는 사람들을 뜻한다. 김수배, 「칸트의 진보사관—'인간의 사명'에 관한 논쟁을 중심으로」, 『철학』 50집(1997), 11 이하 주39 참조.

110) 『정초』 같은 곳; 『형이상학 서설』 IV 360; 『철학에서 임박한 영구평화조약 체결 고지』 VIII 415. 보충 나.

한 논의를 따라가다 보면 엄밀한 논리가 지배해야 할 학문세계에서조차 일반적으로 의미 전달이 쉽고 주로 감성에만 호소하는 주제나 이야깃거리만을 쫓는 세태에 그가 얼마나 불편해 했는가를 알 수 있다.[111]

칸트는 A XI의 주에서 수학과 자연과학은 근본적으로 확실한 인식의 체계이며, 다른 학문들도 "원리를 교정"하고자 하는 의욕만 있다면 그와 같은 같은 수준에 이르지 못할 이유가 없다고 주장한다. 이때 교정은 비판을 통해서만 가능한데, 이는 기존의 어떤 이론이나 체계에 대한 비판이 아니라 원칙의 문제에 대한 비판이라고 한다. 형이상학의 경우, 모든 경험에서 독립하여 순수 이성의 힘만으로 도달할 수 있는 인식이 어디까지인가를 묻는 일이 비판에 해당한다. 이 작업은 형이상학 일반이 가능한지 아닌지를 결정하는 작업을 의미하며, 형이상학의 원천 및 범위와 한계를 결정하려는 시도이기도 하다.

칸트는 같은 주에서 자신의 시대를 "모든 것을 비판에 종속시켜야 하는 계몽의 시대"로 규정한다. 이제 신성함이나 권위를 내세워 비판을 피해갈 수 있던 시대는 끝났고, 그러한 시도는 의혹만을 자초하기에 이르렀다고 주장한다. 이성은 자기 주장의 정당성에 대한 자기 검토 요구를 필수로 여기게 되었으며 공정한 검토를 견딜 수 있어야만 "진정한 존중"을 얻을 수 있다는 것이다. 자신의 시대에 이르러서야 이성의 자기 비판이 확실한 인식 여부를 가리는 최종 기준

111) 칸트는 『출판업론』에서도 저작물의 "내용과 가치"를 중시하는 대신 "시장", "시대의 취미", "사리"(私利)를 쫓는 당시의 천박한 출판문화를 꾸짖기도 했다. VIII 431~438 참조.

이 되었다는 주장에는 그만큼 "이성의 자기 인식"이 매우 어렵다는 판단이 전제되어 있다. 사실 이성에게서 자기 자신의 한계를 문제 삼고 인식하려는 능력을 발견한 것은 서양철학의 가장 오래된 그리고 중요한 특징 가운데 하나라 할 수 있다. 무엇인가를 안다고 주장하기 전에 자신에게 정말 그와 같은 능력이 있는지를 반성할 뿐만 아니라, 어떤 의미에서 안다고 할 수 있는 지까지 대상화시키고 심지어 자신의 가능성 자체까지 문제시하는 유일한 학문이 철학이기 때문이다. 사실 개인이든 문화든 그 정신이 도달한 수준을 판별할 수 있다면 아마도 그 기준은 그 개인이나 문화의 특징이 보여주는 자기 인식 수준이라고 할 수 있을 것이다. 칸트에서 정점에 이르는 계몽주의의 철학은 이러한 의미에서 서양철학에서 로고스적 전통을 갱신, 강화, 확대하는 의미를 갖는다. 그러나 앞에서 언급한 것처럼 자기 인식 또는 자기 비판은 성숙한 정신과 철저한 사고력만이 감당할 수 있는 "이성의 모든 과제 중에서 가장 어려운 과제"이기에 칸트는 "성숙한 장년기의 판단력에만 속하는" 작업, "헤라클레스의 노역"(herkulische Arbeit)에 비유하기도 했다.[112]

칸트는 다시 자신이 보여주려는 이성의 자기 비판 과정을 소송을 진행하는 "재판정"에 비유한다.[113] 이성의 자기 비판은 말하자면 성숙하지 못한 주장들의 대립이나 전쟁에 대해 공정한 판결을 내리고자 소집된 재판정에서 진행되는 재판 심리와 같다는 것이다. 이때 소송 당사자는 독단론자와 회의론자가 되겠고, 소송의 주요 대상은 '이성이 과연 초월적 대상 인식에 적합한 능력인가'라는 물음이라 할 수 있다. 소송 당사자들의 주장 근거가 갖는 정당성 여부를 판정하

---

112) 『철학에서 요즈음 생겨난 고상한 논조』 VIII 390.
113) A XI, B 281, 697, 768, 779.

는 기준이 될 법전은 인식의 규칙들을 망라한 "선험적 감성론"과 선험적 논리학 중 "분석론"에 기술된 내용이 될 것이고, 증거에 대한 평가나 증인 심문은 "선험적 변증론"에서 이루어진다고 할 수 있다.[114)]

칸트가 "순수 이성**의** 비판"(Kritik **der** reinen Vernunft)이라고 표현할 때 "의"는 독일어 정관사 여성형 2격인 "der"의 번역어인데, 이를 목적을 표시하는 2격으로 볼 것인지, 주어를 나타내는 2격으로 볼 것인지도 해석상의 많은 논란을 불러일으킨 문제다.[115)] 즉 비판이 순수이성을 **대상으로 삼는다**는 것인지, 아니면 순수이성 자신이 비판을 **수행한다**는 것인지에 대해 주석가들의 다양한 견해가 존재한다. 전자로 볼 경우 주체가 불명확하며, 후자의 경우에는 객체가 확정되지 않은 셈이 된다. 목적 표시의 2격으로, 다시 말해 순수 **이성**에 대한 비판으로 이해할 경우 대두되는 또 다른 문제는, 마치 감성이나 지성에 대한 비판은 불필요한 것처럼 비춰질 수도 있다는 점이다. 일단 여기(A XII)서는 "서적이나 체계가 아니라, 이성 능력 일반에 대한 비판"이라고 표현하므로 목적의 2격으로 보아야 무리가 없을 듯하다. 그러나 칸트는 재판 "서론"의 VI절(B 19)에서 "순수이성의 과제"라는 제목 하에 "순수이성의 본래 과제는 … 어떻게 아프리오리한 종합판단이 가능한가"라는 문제를 검토하고 그 해결을 찾는 것이라고 주장한다. 즉, 거기서는 순수이성이 주체다. 그런가 하면 재판 "머리말"(B XXIII)에서는 "순수 사변적 이성은 그것이 자신의 능력을 측정해야 한다는 특이함(das Eigentümliche)을 지닌다"고 적었다. 이는 두 가지 방식의 해석이 모두 가능한 표현이다.

---

114) Hans Vaihinger, 같은 책, 107-112 참조.
115) Vaihinger, 같은 책, 116-120 참조.

그런데 칸트 자신이 특이하다고 한 작업, 즉 이성이 비판의 대상인 동시에 비판의 주체가 되는 일은 어떻게 가능할까? 이에 대해 파이힝어는 칸트가 처음에는 "순수이성의 비판"이라는 제목에서 정관사 2격의 일반적인 용례에 따라 목적의 2격을 염두에 두었고 따라서 비판의 주체가 불분명했으나, 점차 비판을 자기 반성적 의미로 이해하여 주어 표시의 2격이 전면으로 부상하게 되었다고 주장한다. 그는 『순수이성비판』이 문자 그대로 순수이성이라는 인식능력에 대한 비판으로서 그 비판 대상에 관한 하나의 이론 내지 학적 인식의 체계를 제시하려 했던 것이 아니라 그저 순수이성이라는 능력에 의한 자기 검토나 자기 탐구의 방법, 즉 선험적 "방법에 관한 연구"를 제시한 것으로 이해할 것을 제안했다. 즉 이성이 자기 자신의 원리에 의해 어떤 대상(인식 대상)을 탐구하기 위한 방법을 스스로 제시하고 있다는 것이다.

"서적이나 체계의 비판이 아니다"(B 789)라는 표현도 이성이 획득한 어떤 "사실(facta)이 아니라" 그저 이성 자신의 전 능력을 아프리오리한 인식과 관련해서 문제 삼겠다는 의도로 읽을 수 있다. "사실"은 우연적인 자료일 뿐이고, 독단적 이성이 그때그때 산출해 놓은 결과물들, 즉 개별 형이상학자들의 주장에 해당한다. 따라서 그것들을 비판해서 물리치는 것으로 문제가 해소되지는 않는다. 회의주의에 대해서도 마찬가지 평가가 가능하다. 그들은 우연적 (경험적) 사실들에 근거하여 회의적인 태도를 취했던 것이다. 그러므로 순수이성의 비판은 "주어진 것에서 성립하는 경험적 인식"(historische cognitio ex datis)이 아니라 "원리에 근거한 합리적 인식"(rationale cognitio ex principiis)을 문제 삼는다는 것이다.[116] 이런 점에서 칸

116) B 864.

트의 작업은 "심리학적" 성격의 것이 아니라 논리적 성격에 가깝다. 칸트가 순수 지성 개념의 연역 작업을 "사실의 문제"(quid facti)가 아니라 "권리의 문제"(quid juris)라고 한 것도 같은 맥락이다.117)

4. 재판의 서론

초판과 재판의 "서론"의 가장 중요한 내용은 "아프리오리"(a priori)와 "아포스테리오리"(a posteriori)의 구분일 것이다. 칸트는 일단 "순수한"(rein)을 전자와, 그리고 "경험적"(empirisch)을 후자와 각각 거의 동의어처럼—실제로 그는 자주 이렇게—사용한다. "apriorisch"나 "aposteriorisch"라는 독일어 표현은 아직 등장하지 않는데, 이 용어는 칸트철학의 1세대 수용자로서 그 보급에 크게 기여한 슈미트(Carl Christian Erhard Schmid)의 칸트철학 사전에서 유래한 것으로 보인다.118)

그러나 칸트의 설명을 주의 깊게 따라가다 보면 때때로 그는 "rein"을 "a priori"의 하위 개념처럼 간주하기도 한다. 즉, 아프리오리는 "원천"(Quellen)이나 "근원"(Ursprung)의 관점에서 마치 ①상대적 내지 부분적인 아프리오리, 그리고 내용의 관점에서 ②"절대적 내지 단적인"(schlechterdings)인 아프리오리로 구분되고, 후자가 다시 ③"혼합된"(beigemischt) 것과 ④"순수한"(rein) 것으로 구분되는 것처럼 서술한다. 특히 A 2, B 2 이하 그리고 B 5 등에서 그러하다.

117) B 116, 829; Vaihinger, 같은 책, 125 참조.

118) Norbert Hinske, "Einleitung", in *Carl Christian Erhard Schmid. Wörterbuch zum leichtern Gebrauch der Kantischen Schriften*, neu hg., eingl. v. Norbert Hinske, Darmstadt 1976(Neudr. der Ausgabe v. Jena ^{4}1798 [^{1}1786]), XXXI, 참조.

칸트가 제시한 ①의 예는 "밑바닥을 파내려간 가옥은 무너진다"인데, 이는 라이프니츠나 볼프 같은 합리론자들의 아프리오리 개념에 상응하는 것처럼 보인다. 그들에게 아프리오리한 인식이란 이성추론을 통해 획득되는 인식을 의미했다. 다시 말해 그러한 추론의 전제들이 애당초 경험에서 주어진 것이라 해도 그 경험이 의심 불가능하게 확실한 경험이고 그것으로부터 이성적 추론의 논증 과정을 거쳐 획득한 것이라면 아프리오리한 인식으로 간주했던 것이다. 합리론자들에 따르면, 그러한 인식은 '근거'에 의거한 인식이라는 의미에서 '철학적 인식'(cognitio philosophica)이며, 반면 직접적이든 간접적이든 경험에 의해서만 주어진 인식은 '경험적 인식'(cognitio historica)이었다. "밑바닥을 파내려간 가옥이 무너진다"는 사실을 알기 위해 가옥이 실제로 무너지는 경험을 "직접" 겪어야만 하는 것은 아니다. 그러나 그 같은 사실을 물체가 무게를 지니고 있고 따라서 그 지지물을 제거하면 낙하한다는 일반 규칙에서 도출할 수 있으려면 경험을 통해 알고 있어야 한다. 그러므로 아프리오리의 첫째 의미는 '경험에서 직접 도출하지 않은' 정도가 되겠다. 물론 **시간적으로** 경험에 앞서 주어져 있다는 의미로 해석될 수 있는, 합리론자들이 사용했던 "생래적"(angeboren) 개념은 칸트의 비판 대상이었다.

칸트가 ③의 예로 제시한 것은 "모든 변화는 원인을 가진다"이다. 이 명제는 그에 따르면 아프리오리하기는 하지만 순수하지는 않다. "변화"는 오로지 경험에서만 끌어낼 수 있는 개념이기 때문이라고 한다. 그러나 조금 뒤이어(B 5) 칸트는 이 주장을 번복하는 것처럼 보이는데, "모든 변화는 원인을 가져야만 한다"는 명제를 아프리오리하면서 "순수한" 판단의 예로 적시하기 때문이다. 이번에는 "원인 개념 자체가 분명히 결과와의 결합이라는 필연성 개념 그리고 규칙의 엄밀한 보편성 개념을 포함"한다고 그 이유를 적고 있다. 그런데 칸트는 『철학에서 목적론적 원리의 사용』(1788)에서 자신이 여기서 아프리오리한 인식과 관련해 "명백한 모순"을 범했다는 하르트크노흐(Johann Friedrich Hartknoch)의 지적에 이렇게 반응했다.

> "나는 첫 장소[B 3]에서는 아프리오리한 인식 가운데 아무런 경험적인 것도 *섞이지* 않은(gar nichts Empirisches beigemischt) 인식을 순수하다고 일컫고, 그것에 대립하는 예로 '*모든 변화는 원인을 가진다*'를 들었다. 이에 반해 5쪽에서는 이 명제를 아프리오리한 순수 인식의 예로, 즉 경험적인 어떤 것에도 *의존하지* 않는(von nichts Empirischem *abhängig*) 인식의 예로 들었다. 그러나 나는 내 저서 전체 속에서 '순수한'이라는 단어의 두 가지 의미 중 오로지 후자만을 문제 삼았다. 물론 내가 다음과 같은 문장을 사용했다면 처음 사용한 예의 문장을 통해 야기된 오해를 피할 수도 있었을 것이다. '모든 *우연적인 것*은 원인을 가진다.' 여기 이 문장에는 경험적인 아무것도 *섞여 있지* 않기 때문이다."[119]

칸트의 서술을 긍정적으로 해석한다면, 그가 "순수한"을 B 3에서는 "내용"(Inhalt, Materie)의 측면에서 경험과 섞이지 않았다는 의미로 사용한 것이고, B 5에서는 다시 "형식"(Form)이나 "적용 범위"(scope)의 측면에서 경험과 무관하다는 의미로 사용한 것으로 이해할 수 있겠다.[120]

---

119) VIII 183 이하. 보충 나.

120) B 252의 다음 표현도 참조: "대체 어떻게 **무언가**가 변할 수 있는가? 다시 말해 어떻게 어느 한 시점의 어떤 상태에서 다른 시점의 대립 상태가 이어서 나타날 수 있는가? 이에 대해 우리는 전혀 아무것도 아프리오리하게 ['순수한'의 첫째 의미에서] 알지 못한다. … 그러나 모든 변화의 **형식**, 즉 그것 하에서

칸트는 ④의 예를 수학과 기하학의 명제들, 그리고 앞에서 지적했던 것처럼 "모든 변화는 원인을 가져야만 한다"라는 명제를 언급하면서 그것들은 어떠한 경험과도 절대적으로 무관한 것이라고 주장한다. 그는 계속해서(B 5) 아프리오리를 "개념"이나 "판단"의 구성 요소들 가운데 경험 독립적인 근원을 갖는다는—가령 '물체' 개념에서 색, 딱딱함이나 부드러움, 무게, 불가침투성 같은 경험 요소들을 제거해도 남는 '공간'이나 '실체' 등처럼—의미로 사용하는 것에서 한 단계 더 나아가 그의 인식론상의 핵심 메시지를 함축하는 표현, 즉 "경험 자체가 가능하기 위해 불가결함"이라는 의미로 사용하기도 한다.

칸트는 마치 '아프리오리'를 원래 ④의 의미로만 사용해야 할 것처럼 말하기도 하지만, 실제로는 ①과 ③의 의미로도 사용한 것으로 보아야 한다. 그 자신의 인식론적 입장에 따르면 경험적 인식도 아프리오리한 요소를 포함하므로, 그가 "[나는] 아프리오리한 인식으로 … 모든 경험과 절대적으로 무관하게 성립하는 인식을 이해할 것이다"라고 한 표현은 정확하지 못하다. 달리 말해 경험적 인식은 경험과 절대적으로 무관하다는 의미의 아프리오리한 인식과 대립하지 않을 수도 있다.[121] 실제로 칸트는 아프리오리를 "경험에 의존하지 않는"과 같이 부정적인 방식으로 정의할 뿐만 아니라 긍정적인 방식으로도 언급한다. 아프리오리는 경험에 의존하지 않는 인식 능력에

만 변화가 다른 상태의 발생으로 나타날 수 있는 조건은 … 인과성의 법칙과 시간의 조건에 따라 아프리오리하게 ['순수한'의 둘째 의미에서] 숙고해 볼 수 있다."(보충 나); 슈미트, 같은 책, 554도 참조. "순수한"에 대한 다양한 해석 시도와 관련해서는 파이힝어, 같은 책, 195 이하, 211-213 참조. 켐프 스미스는 적용 범위 측면에서 "순수한 지식"이 감각과 무관한 것뿐만 아니라 "비-감각적인" 것까지, 다시 말해 "초험적 지식"까지 지칭하는 것으로 이해한다. 켐프 스미스, 같은 책, 55.

121) B 2 이하, 보충 나. 켐프 스미스, 같은 책, 54 참조.

서 나온다고도 하기 때문이다. 그래서 그는 B 4에서 "특별한 인식 원천", "아프리오리한 인식 능력" 등을 언급한다. 이러한 정의 방식을 따른다면, 아프리오리한 인식이 보편타당한 인식인 까닭은, 그것이 경험에 전혀 의존하지 않기 때문이라기보다는 보편타당성에 대한 의식을 수반하는 인식 능력의 산물이기에 그렇다고 이해할 수 있다. 실제로 보편타당한 인식을 가능케 하는 지성 개념들은 경험과 무관한 것이 아니라 그것을 가능케 하는 것이다.

이제 서론의 내용을 조금 더 상세히 들여다보자.

> "우리의 모든 인식이 경험과 더불어 시작한다는 사실에는 의심의 여지가 없다. 인식능력이 대상(Gegenstände)을 통해서가 아니라면 무엇을 통해서 활동하도록 일깨워지겠는가. 대상이 우리 감관을 촉발하여 한편으로 표상을 야기하고 다른 한편으로 우리 지성 능력을 움직여서 표상들을 비교, 결합 또는 분리하고, 그리하여 감성적 인상이라는 원소재(roher Stoff)가 경험이라 불리는 대상 인식으로 가공되는 것이다. 그러므로 우리의 어떠한 인식도 *시간적으로* 경험에 선행하는 것이 아니라 경험과 동시에 모든 인식이 시작한다. 그러나 비록 우리의 모든 인식이 경험과 *함께* 시작한다 할지라도, 모든 인식이 경험*에서* 발생하는 것은 아니다."[122)]

여기서의 "경험"은 감각적 재료(인상)를 뜻하는 것으로 이해할 수 있지만, 때로는 감각과 지성 작용의 합작품을 의미하기도 하는 등 그때그때 상이한 의미로 쓰인다.[123)] 칸트 자신의 관점에 충실하게

122) B 1.

123) "경험은 의심할 여지없이 우리의 지성이 감성적 감각이라는 소재를 가공하여 산출한 최초의 산물이다."(A 1).

첫 문장을 다시 표현하자면, "우리의 모든 인식이 경험과 동시에 시작하고 경험과 더불어 끝난다는 사실에는"이라고 보충할 수 있다.[124]

"대상"은 칸트 인식 이론에서 어려운 개념들 중 하나다. 경험적 인식은 "물자체"(Ding an sich)와 무관하다는 것이 칸트 인식론의 근본 입장이므로 이 대상이 물자체는 분명 아닐 것이다. 그렇다고 감각에 의해 주관에 주어진 표상으로 간주하기도 곤란한데, 이 경우 "촉발하다"(rühren, affizieren, reizen)는 말의 의미가 모호해지기 때문이다. 대상은 감관을 촉발시켜 그러한 표상을 야기하는 것이지 그 표상 자체는 아니라고 보는 것이 상식에 더 가깝다. 단순히 물리적 대상이라고 해도 그것과 우리 주관의 표상이 어떻게 다른지는 여전히 불분명하다. 여기서는 칸트가 "대상이 감관을 촉발하여"라고 적었으나, 일반적으로 그는 "[감관이] 촉발된다"로, 즉 수동태로 적는다.[125] 그러나 그는 감관을 통한 감각도 그 자체가 인식 능력의 고유한 활동에 의한 것으로 간주한다.

"원소재"의 "원"(roh)은 "가공되지 않은 날 것"을 뜻하므로 아직 사유되지 않은 (서로 결합, 연결, 정돈되지 않은) 상태의 재료를 뜻할 텐데, 이러한 것이 정말 가능한지는 그 자체로 문제가 될 수 있을 것이다. 그러한 것도 엄밀한 관점에서 보면 사고의 추상 작용의 산물이라 할 수 있을 것이고, 감각적 인상이 인식 주관에 주어지는 그 순간 이미 우리 인식 주관의 표상 능력이 개입한다고 주장할 수도 있기 때문이다.[126] 어떤 의미에서는 "원소재" 그 자체는 역설적이게

124) 파이힝어, 같은 책, 171.
125) B 33 이하, B 61, B 129 등 참조.
126) 파이힝어, 같은 책, 176 참조.

도 사유를 통해서만, 즉 사유 작용에 의해 가공되어야만 구분 가능하다고 할 수 있을 것이다.

“경험이라 불리는 대상 인식”이라고 할 때의 “경험”은 단순한 감각 재료가 아니라 지성적으로 사유된 감각 소재를 의미한다고 할 수 있다. 하지만 바로 이어서 “모든 인식이 경험에서 발생하는 것은 아니다”라고 할 때의 “경험”은 다시 감관에 주어지는 감각 재료를 의미하는 것으로 보아야 할 것이다. 그러나 B 2의 “가옥이 실제로 무너지는 경험을 기다릴 필요가 없다”와 같은 문장에서의 경험은 또 다른 의미를 가진 것처럼 보인다. 가령 반복되고 축적된 지각으로서의 경험 말이다.

“어떠한 인식도 *시간적으로* 경험에 선행하는 것이 아니라”에서 (그리고 “분석론”에서도) 칸트는 아프리오리라는 것이 시간적인 의미에서 경험에 앞선다는 뜻이 아니라 논리적인 의미에서 앞섬을 뜻한다고 주장한다. 하지만 “감성론”에서는 다시 시간적인 선행을 의미하는 것처럼 표현하기도 한다.

> “현상의 형식은 감각에 대하여 모두 마음에 아프리오리하게 **준비되어 있어야만** 하고, 따라서 모든 감각에서 분리되어 고찰될 수 있다.”[127]

“모든 인식이 경험과 더불어 시작한다”는 주장은 ‘quid facti’, 즉 사실에 관한 문제, 다시 말해 실제로 누구든 인정하는 사실을 진술하고 있는 것이다. 반면에 “모든 인식이 경험이라는 인식 원천에서만 유래할 수 있는가?”라고 묻는다면 이는 ‘quid juris’ 즉 권리의 문

127) B 34.

제를 제기하는 것이다. 만일 이 문제에 긍정으로 반응한다면 경험론의, 그리고 부정으로 대답하면 합리론의 인식론 편에 서는 셈이 된다.[128)]

칸트는 B 2에서 "경험, 그리고 모든 감각 인상으로부터도 독립된 인식이 있는가"라는 문제는 금방 해결될 문제가 아니라 더 상세한 연구를 필요로 한다고 주장하면서 "인식"을 "**das** Erkenntnis", 그러니까 여성 명사가 아니라 중성 명사로 적었다. 그가 여성형과 중성형을 각기 다른 의미로 사용했을 가능성은 충분하지만 그에 관한 일관된 기준을 발견하기는 어려워 보인다. 멜린은 칸트가 인식 자체를 "*객관적으로*", 즉 "인식될 수 있는 하나의 대상으로" 고찰할 경우 중성 표현을 사용하며, 반면 인식을 "주관적 의미"로, 즉 "*주관* 속의 어떤 것으로서 고찰할" 때 여성형을 사용했다고 주장했으나 그다지 설득력이 있어 보이지는 않는다. 파이힝어는 의미 차이를 확인할 수 없다고 결론 내렸다.[129)]

칸트는 B 3 이하에서 "아프리오리한 인식"의 두 가지 특징을 "필연성"과 "보편타당성"에서 찾고 있다. 그는 필연성을 "nicht anders sein könne", 즉 "그렇지 않을 수 없음", 또는 "반드시 그러해야 함"으로 이해하면서 이것이 둘째 특징인 보편타당성과 불가분적이라고 간주한다. 필연성을 갖지 못한, 즉 우연적인 명제나 판단은—예컨대

---

128) 파이힝어, 같은 책, 179 참조.

129) Georg Samuel Albert Mellin, *Encyclopädisches Wörterbuch der kritischen Philosophie, oder Versuch einer fasslichen und vollständigen Erklärung der in Kants kritischen und dogmatischen Schriften enthaltenen Begriffe und Sätze*, 6 Bde., Züllichau/Leipzig 1797-1804 (Neudr. Brüssel 1970), Bd. 2, 377; 파이힝어, 같은 책, 189 참조. 국내의 한 학위 논문에 따르면 『순수이성비판』에서 여성형은 총 451회, 중성형은 총 111회 사용되었다. 채정현, 「칸트의 『순수이성비판』에서 'die Erkenntnis'와 'das Erkenntnis'」, 부산대 대학원 석사학위논문, 2013, 77 이하 참조.

"일 년은 365일 또는 366일이다", "물은 0도에서 언다", "해는 동쪽에서 떠서 서쪽으로 진다" 등과 같은—아포스테리오리한 판단들로서 "그렇지 않을 수 있음"(anders sein könne)이라는 특징을 표현하는 것이라 할 수 있다. 위에서 거론했던 상대적으로 아프리오리한 명제, "밑바닥을 파내려 간 가옥은 무너진다"도 중력법칙의 필연성을 전제로 하는 한에서 필연적인 명제일 것이다. 즉, 상대적 필연성을 지닌 명제로 볼 수 있을 것이다. 이에 반해 절대적으로 아프리오리한 명제의 예였던 기하학의 명제나 "모든 변화는 원인을 가져야만 한다" 등 같은 명제는 절대적 필연성을 가진다. 이 같이 절대적으로 필연적인 명제들이 존재한다는 사실은—그것들은 경험으로부터는 주어지지 않으므로—'경험 이외의 다른 것'이 우리의 인식에 관여함을 뜻한다.

필연성이 명제의 내용 차원에서 '그렇지 않을 수 없음'을 의미한다면, 아프리오리한 인식의 둘째 특징인 보편타당성은 명제의 양적인 적용 범위를 무제한으로 보는 것이다. 이는 양적 차원에서 '그렇지 않을 수 없음', 즉 '예외 없음'을 의미한다. 그러므로 "공간은 3차원을 가진다"라는 아프리오리한 명제는 공간과 3차원의 관계가 필연적임을 드러내는바 공간을 3차원과 다르게 표상할 수 없음을 의미한다. 뿐만 아니라 이 명제는 3차원이 아닌 공간의 예를 찾거나 표상할 수 없음도 뜻한다. 그리고 이 보편성 역시 경험을 통해서는 획득될 수 없다는 것이다. 여기서 칸트의 보편성에 대한 설명은 '객관적'(objektiv)인 의미에서 이뤄지고 있다. 즉, 보편성을 '모든 객관적 사례들에 있어서 예외 없이 타당함'으로 간주한 것이라 할 수 있는데, 이것은 일반적인 의미의 '논리적 보편타당성'이라고 할 수 있다. 그러나 『실천이성비판』이나 『판단력비판』에서는 '주관적' 차원에서의 보편성도 언급한다. 거기서 칸트는 모든 인간, 다시 말해 인식 능력, 특히 이성, 의지, 판단력을 가진 주체들에 있어서 예외 없이 타당한 것이라는 의미에서의 보편타당성을 언급하기 때문이다.

"[실천의 주관적 원칙들인] 준칙들은 그 조건이 객관적인 것으로, 다시 말해 **모든 이성적 존재자의 의지에 타당한 것으로 인식되면, 객관적**이다. 즉, 실천 법칙들이다."130)

"[이성이 산물인] 실천 규칙은 오로지 이성만이 전적으로 의지를 규정하는 근거가 아닌 존재자에게는 명령이다. 다시 말해 그것은 행위 대한 객관적인 강제를 뜻하는 당위에 의해 표시되는 규칙이며, 만약 **이성이 의지를 전적으로 규정한다면 행위는 반드시 그러한 규칙에 따라서 일어날 것**이라는 점을 뜻한다. 그러므로 명령들은 **객관적으로 타당**하며, 주관적 원칙인 준칙과는 전혀 다르다."131)

『실천이성비판』의 논의에 따르면, 객관적 타당성은 이성적 존재자인 인간이 자신의 주관적 의지를 이성으로 규정할 수 있고 또 규정해야만 한다는 점에 근거를 둔다. 다시 말해 실천 규칙의 보편타당성, 즉 모든 인간 행위자에 대한 구속력은 그 규칙이 지시하는 객관을, 예컨대 "약속을 지켜야 한다"는 규칙에서 지켜지지 않은 약속을 표상할 수 없음을 뜻하는 것이 아니라, 그 규칙을 수용하는 **주관의 태도**에서 예외를 허용할 수 없음, 즉 그 일치를 뜻한다고 할 수 있다. 칸트는 논리적 보편타당성과 이 같은 주관적 차원의 실천적 보편타당성의 구분에 특별히 관심을 두지는 않은 것처럼 보인다. 칸

130) 『실천이성비판』 A 35.
131) 『실천이성비판』 A 36 이하.

트가 『형이상학 서설』에서 "판단을 객관적으로 타당하게 규정하는 조건"을, **누구든 예외 없이 따를 수밖에 없는** "판단함의 기능"에서 찾았다고 할 때 역시 객관 차원의 보편타당성과는 다른 종류의 보편타당성을 언급한 것으로 볼 수 있다.[132] 『판단력비판』에서도 칸트는 일반적이지 않은 종류의 보편타당성을 소개한다.

> "*객관적으로 보편타당한* 판단은 늘 주관적으로도 타당하다. 다시 말해 판단이 주어진 개념에 포함된 모든 것에 대해 타당하다면, 그 판단은 어떤 대상을 그 개념을 통해 표상하는 모든 사람들에 대해서도 타당하다. 하지만 *주관적 보편타당성*에서, 즉 개념에 기초하지 않은 미적 보편타당성에서는 논리적 보편타당성이 도출될 수 없다. 그러한 종류의 판단은 전혀 *객관*에 관여하지 않기 때문이다. 하지만 바로 이러한 까닭에 어떤 판단에 주어진 미적 보편성은 특별한 종류의 것임이 분명하다. **미적 보편성은 아름다움이라는 술어를** 논리적 범위 전체에서 그 *객관* 개념과 결합시키지는 않지만, 바로 그 술어를 ***판단자들의 전체* 범위로 확장**시키기 때문이다."[133]

현재의 논의에서 좀 벗어나기는 하지만, 미적 판단에서 발견하는 보편성, 즉 주관적 보편타당성에 관한 칸트의 서술을 따라가 보면, 그는 어떤 경험이든 경험이 하나의 명제를 결코 보편적이고 필연적인 것으로 만들 수는 없으나, 미적 경험과 같은 특정한 경험은 경험하는 주체로 하여금 보편적이고 필연적인 판단의 존재를 깨닫게 해줄 수 있다고 주장하는 것처럼 보인다. 즉, 인간의 특정한 경험은 그 특정한 종류의 사유 방식이 주관적인 보편성과 필연성을 지닌다

---

132) 『형이상학 서설』 A 120. 이에 대해서는 파이힝어, 같은 책, 204 이하 참조.
133) 『판단력비판』 B 23 이하.

는 것을 가르쳐준다는 것이다. 물론 칸트는 미적 경험의 경우 그것을 지성, 상상력, 판단력 등과 같은 인식 능력들의 메커니즘으로 설명한다. 그러나 그가 『순수이성비판』에서 지성 개념들, 즉 범주를 사용하기 위해 말하자면 그 사용에 앞서는 규칙으로 제시한 이른바 "순수 지성의 종합적 원칙"[직관의 공리, 지각의 예료, 경험의 유추, 경험적 사고 일반의 요청]은, 아직 인식에 도달한 경험이 아니더라도 그것을 통해 이미 다양한 감각 내용의 보편적이고 필연적인, 특정한 결합 방식이 알려질 수 있다는 사실을 보여준다고 할 수 있다.[134)]

칸트는 B 5에서 자신이 말하는 아프리오리한 필연적 판단이 "현실적으로 존재한다"고 주장하면서, 원인과 결과의 필연적인 결합을 표시하는 인과성 개념조차 그저 "주관적 필연성"인 "표상 연결의 습관"에 불과하다고 주장한 경험론 철학자 데이비드 흄을 거론한다. 이미 언급한 것처럼, 칸트는 『형이상학 서설』의 머리말에서 흄이 "나를 독단의 잠"에서 깨웠다고 했을 정도로 그의 인과성 개념 설명에서 큰 충격을 받았다.

『순수이성비판』에 대한 당대 서평자들의 오해를 불식시키고자 한 집필한 『형이상학 서설』이 그 의도를 얼마나 충족시켰는가에 대해서는 논란의 여지가 존재하지만, 아래의 인용문은 비단 흄의 전통철학에 대한 반박과 칸트의 재반박뿐 아니라, 칸트를 끈질기게 괴롭혔던 문제가 **순수지성 개념들의 객관적 타당성 문제**에 대한 해결, 즉 그 개념들의 **연역**이었다는 점을 공식적으로 확인시켜준다.

"흄은 유일한 그러나 중요한 형이상학적 개념, 즉 *원인과 결*

134) 『순수이성비판』 B 200-294 참조.

*과의 결합*이라는 개념(그것에서 파생된 힘, 작용 등의 개념까지 포함해서)에서 출발했다. 그는 자기 자신이 이 개념을 산출했다고 꾸며대는 이성에게 이렇게 요구했다. 그것이 어떤 권리에서, 만약 어떤 것이 전제된다면 다른 어떤 것도 반드시 전제되어야만 하는 일이 있을 수 있다고 생각하는지 대답하라고 말이다. 왜냐하면 원인 개념이 뜻하는 것이 바로 그런 것이기 때문이다. 그는 이성이 아프리오리하게, 그리고 개념을 통해 그와 같은 결합을 생각하기란 불가능하다는 점을 반박의 여지없이 증명해 보였다. 그러한 결합은 필연성을 포함하기 때문인데, 어째서 어떤 것이 존재한다고 해서 다른 것이 필연적인 방식으로 존재해야 하는지, 그래서 그와 같은 연결이 아프리오리하게 도입되어야 하는지를 알 수 없다는 것이다. 그래서 그는 이 개념과 관련하여 이성이 철저히 기만당한 것이고, 그 개념이 상상력의 사생아임에도 자신의 자식으로 오인했다고 추론했다. 그러니까 상상력이 경험에 의해 잉태되어 어떤 표상들을 연상의 법칙 밑으로 가져왔고 거기서 생겨난 주관적 필연성, 즉 습관을, 통찰에서 나온 객관적 필연성과 슬쩍 바꿔치기했다는 것이다. 따라서 그는 이성이 그러한 결합을 그저 일반적으로조차도 생각할 힘이 없다고 추론했다. 그러한 개념은 순전히 허구일 것이고, 짐짓 아프리오리한 체 하는 이성 인식은 모두 거짓 날인된 일상 경험에 불과할 것이기 때문이다. 이는 결국 형이상학은 어디에도 존재하지 않으며 존재할 수도 없다는 것을 뜻한다. … 흄의 결론이 아무리 성급하고 잘못된 것일지라도, 그것은 적어도 탐구에 기초한 것이었고, 그 탐구는 동 시대의 훌륭한 두뇌들이 협력하여 그가 문제로 제기한 의미를 따르되 가급적 더 나은 방식으로 해결할 만한 가치를 충분히 지닌 것이었다. 그렇게 되었을 경우, 이 학문[형이상학]은 분명 곧 완전한 개혁에 이르렀을 것이다. … **데이비드 흄의 경고가 여러 해 전 처음으로 나를 독단의 잠에서 깨웠고, 사변 철학 분야에 대한 나의 연구에 아주 새로운 방향**

을 제공했다는 사실을 나는 흔쾌히 인정한다. 나는 그가 도달한 결론과 관련해서는 그에게 전혀 귀를 기울이지 않았다. 그가 문제 전체를 생각하지 않고 그 일부분에만 몰두했기 때문이다. 전체를 고찰하지 않을 경우 그 부분은 아무런 정보도 주지 못한다. 우리가 타인이 남겨놓은, 완성되지는 않았지만 근거를 지닌 사상에서 시작하여 숙고를 계속한다면, 우리가 최초의 불씨를 빚진 그 명민한 자[흄]보다 더 멀리 그 사상을 발전시킬 수 있을 것이다.

그러므로 나는 먼저 흄의 이의가 일반화될 수는 없는가를 검토하여 곧 다음과 같은 사실을 발견했다. **원인과 결과의 연결이라는 개념은 지성이 아프리오리하게 사물들의 연결을 생각할 때 사용하는 유일한 개념이 아니라는 것**, 그리고 오히려 **형이상학이 전적으로 그러한 [아프리오리한] 연결 개념들로 이루어진다**는 것이다. **나는 그 개념들의 수를 확인하려고 노력했고, 내가 원하던 대로 이것을 하나의 원칙에서 성취하게 되자 이 개념들의 연역으로 나아갔다.** 나는 이제 **이 개념들은 흄이 걱정했던 것처럼 경험에서 도출된 것이 아니라, 순수한 지성에서 발원한 것**이라고 확신한다. 나의 명민한 선구자는 그러한 연역을 불가능하다고 여겼고, 그 이외의 사람들은 아예 생각조차 하지 않았다. 비록 아무도 그 **개념들이 지닌 객관적 타당성의 근거**를 묻지도 않고 사용하기를 주저하지 않았지만 말이다. 그러나 이 연역은 지금껏 형이상학을 위해 수행된 것 중 **가장 어려운 과제**였다고 나는 생각한다. 하지만 최악이었던 상황은, 어느 곳에나 존재하던 그 많은 형이상학들이 내게 최소한의 도움도 주지 못했다는 사실이다. 왜냐하면 그 연역이 먼저 형이상학의 가능성을 결정해 주어야 했기 때문이다. 그러나 내가 흄의 문제를 특수한 경우에 국한하지 않고 순수 이성의 전 능력에 걸쳐 해결했을 때, 비록 언제나 느리기는 했지만 안전하게 진전을 이루어 마침내 순수 이성의 전체 범위를 그 내용과 한계에서 완전하게 또 보편 원리에 따라 규정할 수 있었다. 이것은 형이상학이 확실한 계획에 따라 체계를 구축하기 위해 필요로 하는 일이었다.

그러나 나는 흄의 문제를 가급적 가장 넓은 범위로 다루는 작업(즉, 순수 이성의 비판)이, 그 문제가 [흄에 의해] 처음 소개되었을 때 마주쳤던 일과 같은 일에 마주치지 않을까 걱정한다. 사람들이 그것을 이해하지 못할 것이고 그래서 그릇된 판정을 내리게 될 것이라고 말이다. 그들은 나의 책을 대충 훑어볼 뿐 철저하게 생각하며 읽으려 하지 않을 것이기 때문이다. 내 책은 건조하고 난해하며, 친숙한 모든 개념에 어긋날 뿐 아니라 광범위하기까지 하기 때문에 그들은 그와 같은 수고스러움을 지불하려들지 않을 것이다. 그러나 고백하건대 나는, 그 책이 소중한, 인류에게 불가결한 인식의 존립 자체를 문제 삼고 있고, 그 존립 문제가 학문적 정확성을 지닌 가장 엄격한 규칙에 의해서만 확정될 수 있는데도, 어떤 철학자에게서 통속성, 재미, 편안함 등이 결여된 책이라는 불만을 듣게 되리라고는 예상하지 못했다. **통속성이라는 것은 비록 나중에 서서히 등장할 수 있는 것이기는 하지만 처음부터 개입할 수 있는 것은 아니다.** 그러나 내 저서의 계획이 광범위하다는 사실에서 일정 부분 비롯되는 어떤 모호함에 대해 제기된 불만은 정당하다. 그것이 연구의 주요 요점을 쉽게 개관할 수 없게 만들기 때문이다. 그래서 나는 현재의 이 서설로 그것을 없앨 생각이다."[135]

위의 인용문을 읽어 보면 칸트가 아프리오리한 인식의 근거에 대한 탐구를 생략한 채 그러한 인식으로만 이뤄진 학문, 즉 형이상학을 구축해 온 전통이 잘못되었다는 흄의 지적에 자극받아 『순수이성비판』에 본격적으로 착수했다는 사실을 확인할 수 있다. 또 칸트가 인과성의 개념처럼 사물의 존재 방식을 사고할 때 지성이 사용하는

135) 『형이상학 서설』 A 8-16. 보충 및 강조 나.

개념들에 어떤 것들이 있는가를 물어 그 수를 확정하고 객관적 타당성을 증명하고자 했음도 알 수 있다. 특히 그는 객관적 타당성의 근거 문제, 즉 지성 개념들이 순수 지성의 산물임에도 어떻게 객관적 사물의 질서에 적용될 수 있는가[타당한가]를 설명하는 과제가 가장 어려웠던 것으로 술회하고 있다. 그리고 인용 마지막 부분에서 칸트는 앞에서 언급했던 통속성 시비에 대해, 아프리오리한 인식의 가능성을 다루는 선험철학적 작업을 그러한 기준으로 평가하려는 시도가 본말이 전도된 것임을 지적하고 있다.

원인과 결과의 필연적 결합을 뜻하는 인과 개념(인과성에 대한 인식)이 경험을 통해 주어질 수 없다고 판단한 흄에 대립하여, 칸트는 그와 같이 필연적인 명제나 판단들이 존재한다는 사실, 즉 "실제 사례"에 호소하여 그러한 인식의 가능성을 증명하려는 시도를 거부한다. 그것은 단순히 귀납적이고 아포스테리오리한 방식에 불과하여 흄 자신이 그랬듯 결코 주관적인 필연성을 넘어서는 판단에 이를 수 없다고 보기 때문이다. 앞에서 본 바와 같이 칸트의 관심은 사실의 문제가 아니고 권리의 문제인 만큼, 그러한 판단이나 명제들이 반드시 있어야만 한다는 것을 '연역적으로' 보여주어야 한다. 이때 칸트의 착안점은 앞에서도 언급한 것처럼 "아프리오리하고 순수한 판단의 원칙 가능성은 경험 자체의 가능성이다"로 표현된다.[136] 즉 어떤 대상에 대한 경험적 인식이 가능하기 위해서는 그러한 아프리오리하고 순수한 원칙들의 존재가 필수적이라는 것이다. 이는 단순히 모든 인식 안에 아프리오리한 어떤 것이 포함되어야만 한다는 것을 뜻하는 것이라기보다는, 경험적 인식이 확고함이나 확실성을 보

136) 이 책 80쪽 이하.

장받기 위해서는 경험 규칙들 이외에 아프리오리한 원칙들이 존재해야만 한다는 것을 의미한다. 칸트는 나아가 아프리오리한 원칙 또는 인식이 존재한다는 사실을 "아프리오리하게 밝힌다"(a priori dartun)라고 적고 있다. 이는 그가 그러한 인식 가능성을 경험적으로 보여주는 것이 아니라, 아프리오리한 방식으로, 즉 필연적이고 절대적인 방식으로 연역해 내고자 한다는 것을 뜻한다. 이것은 다시 **아프리오리한 인식에 대한 이론 그 자체**도 아프리오리해야 한다는 것을 의미한다.[137)]

칸트는 계속해서(B 5) "판단에서뿐만 아니라 약간의 개념들[자체]에서도 아프리오리한 기원이 드러난다"고 주장한다. 우리는 앞에서 칸트가 아프리오리한 '판단'이 나타내는 필연성을 "그렇지 않을 수 없음" 또는 "반드시 그러해야 함"으로 이해하고 있음을 알았다(B 3). 따라서 아프리오리한 판단이란 "Nicht-anders-denken/urteilen-können", 즉 "그렇게 생각(판단)하지 않을 수 없음" 또는 "반드시 그렇게 생각(판단)해야 함"으로 이해했다고 할 수 있다. 그렇다면 아프리오리한 '개념'의 경우는 어떻게 이해할 수 있을까? 파이힝어는 아프리오리한 개념의 필연성을 "Nicht-hinweg-denken-können" 또는 "Nicht-nicht-denken-können", 즉 "그것 없이는 생각할 수 없음"의 의미로 이해한다.[138)] 그러니까 아프리오리한 개념들은 우리의 생각과 불가분의 관계에 있어서, 그것들 없이는 생각 자체가 불가능하다는 의미일 것이다. 그러한 개념들의 예로 칸트가 여기서 언급한 것은 "공간"과 "실체" 둘뿐이지만 "시간", "속성", "원인과 결과", "현존재와 비존재"

---

137) 파이힝어, 같은 책, 221 참조.
138) 파이힝어, 같은 책, 222.

등 순수한 지성 개념들인 범주 개념들도 여기에 해당한다고 보아야 할 것이다. 이 같은 아프리오리한 개념들의 존재 그리고 그것들로만 이루어진 인식이 가능하다면 그것이 곧 형이상학을 의미할 것이다.

B 6 이하에서 칸트는 "신", "자유" 그리고 "불멸의 영혼"을 언급하며 그것들은 순수 이성의 불가피한 관심의 대상들로서 전통적으로 형이상학이 탐구해 왔던 대상들이라는 점을 환기시킨다. 그리고 여기서 그는 자신의 전략을 암시하듯 지성과 이성을 구별하기 시작한다.

> "감성계를 넘어서 있기에 경험이 아무런 실마리나 수정도 제공할 수 없는 바로 이 같은 인식[형이상학]이야말로 우리 **이성**이 추구하는 것이다. 우리는 이것을 **지성**이 현상의 영역에서 배울 수 있는 모든 것보다 훨씬 더 중요하다고 여기며, 그 궁극 의도를 더욱 고매하게 여긴다. 그와 같은 추구에서 오류를 범할 위험이 있더라도, 우리는 어떤 의혹을 구실로 삼아 또는 경멸과 무관심으로 말미암아 그렇게 중요한 탐구를 포기하기보다는 차라리 모든 것을 걸고자 한다. 순수 이성 자신의 이 불가피한 과제가 *신, 자유, 불멸의 영혼*이다. 그런데 형이상학이라 일컬어지는 학문은 본래 이러한 과제의 해결만을 자신의 궁극적 의도로 삼고 또 그 해결을 위해 자신의 모든 장비들을 동원한다. 형이상학의 처리 방식은 처음에는 **독단적**이다. 다시 말해 이성이 그렇게 거대한 기획에 걸맞은 능력인지 아닌지를 사전에 검토하지 않고서 자신 있게 작업에 나선다."[139]

지성은 자신의 개념들, 즉 범주로 감성계, 즉 현상의 영역에 관한 판단을 내리지만, 이성은 자신의 개념들, 즉 이념들(신, 자유, 불멸

139) B 6 이하. 강조 나.

하는 영혼)로 우리의 판단 범위를 감성계를 넘어서까지 확대하려는 능력이다. 더욱이 이성은 이념에 의한 또는 이념에 관한 인식을 불가피한 과제로 추구한다는 것인데, 그러한 이성의 학문이 바로 형이상학이다. 물론 이때의 형이상학은 순수한 이성 능력의 한계에 대한 검토를 거치지 않았다는 의미에서 독단적인, 전통 철학의 이른바 "초험적"(transzendente) 형이상학을 지칭한다.

그러나 여기서 주의할 점은, 칸트가 "독단적 처리 방식"이라는 표현을 언제나 부정적 의미로만 사용하지는 않는다는 사실이다. 예컨대 그는 자신이 수행하는 "비판"은 "학문으로서의 순수한 인식에서 이성이 행하는 독단적 처리 방식에 대립하는 것이 아니라"고 밝히고 있다. 칸트에 따르면, "학문적 인식은 언제나 **독단적인, 즉 아프리오리하고 확실한 원리로 엄밀하게 증명된** 것이어야 하기 때문"이다. 비판은 오히려 "독단론"(Dogmatismus), 즉 이성이 "어떠한 방식과 권리로 얻은 것인지를 심문"하지 않고서 그저 "개념들로 이뤄진 순수한 인식이 … 오랫동안 사용해 온 원리에 따라서 전진할 수 있다고 주장하는 월권"에 대립하는 것이다. 칸트는 독단론을 "이성이 자신의 능력을 미리 비판하지 않고 수행하는 독단적 처리 방식"이라고도 정의한다.[140] 이렇게 비판이 원래 후자[독단적]가 아니라 전자[독단론]에만 대립하는 것이라면, "형이상학의 처리방식은 처음에는 독단적이다"보다 " … 독단론적이었다"라고 하거나, 아예 "논증적"으로 옮기는 것이 더 정확한 표현이라고 할 수 있다.

계속 이어지는 단락(B 7-10)에서 칸트는 전통 형이상학의 작업을 "지반에 대한 신중한 조사 없이 곧바로 건물"을 세우려는 무모한 시

140) B XXXV 참조.

도에 비유한다. 그는 자주 형이상학을 “건물”이나 하늘에 이르려는 “탑”에 비유하는데, 이는 그가 학문을 이성적 인식의 ‘체계’로 이해한 데서 유래한다. “건축술”이라는 표현도 마찬가지다. 여기서 지반에 대한 신중한 조사는 지성이 “어떠한 범위와 타당성과 가치”를 지닌 아프리오리한 인식을 “어떻게 확보하게 되었는가”를 묻는 일이다. 그는 그러한 질문을 제기하는 것이 “더 없이 자연스러운” 일일 것이라고 주장한다. 그만큼 이성적으로 마땅하고 합당한 순서라는 것이다. 하지만 그는 “자연적”이라는 말이 “통상적으로 일어나는 것”을 뜻한다면, 역설적으로, 그러한 “탐구가 [실제로] 오랫동안 방치되었던 것”만큼 자연스러운 일도 없다고 말한다.

자연스러운 문제의 제기가 실제로 이뤄지지 않은 까닭으로 그가 제시한 것은 대략 다섯 가지다.[141] ①수학의 확실성에 대한 믿음이 너무 강력했다. 수학 역시 아프리오리한 인식으로서 그 확실성이 고래로 사람들의 신뢰를 받아왔기 때문에, 형이상학의 경우 전혀 다른 본성을 지닌 학문임에도 수학과 마찬가지라고 여겼다는 것이다. ②형이상학적 주장은 경험에 의한 반박이 불가능하다. 형이상학적 인식이 초험적이게 되면, 그것에 대한 반박(검증이나 확증) 역시 불가능하므로, 의구심 자체가 들어설 가능성이 희박했다는 것이다. ③이성의 인식 확장에 대한 욕구는 너무도 강력하고 무모해서 웬만한 조치로는 멈추게 할 수 없다. 그래서 유일한 걸림돌인 명백하고 직접적인 논리적 모순을 피하기만 하면 되었다. ④순수 직관과 순수 개념을 혼동했다. 수학은 감성적 자료가 주어지기 위한 아프리오리한 직관 형식인 공간과 시간에 나타나는 대상만을 취급함으로서 경험

---

141) 이하는 파이힝어가 같은 책 237 이하에서 다수의 주석자들의 주장을 근거로 정리한 내용에 대한 해석이다.

독립적인 인식의 전형을 보여주는 학문인 반면, 형이상학은 순수 개념만으로 이뤄진 학문으로 간주되고 있었다. 그런데 사람들은 아프리오리한 방식으로 주어질 수 있는 직관과 개념을 서로 구별하지 못했다. ⑤분석 작업을 통한 인식을 새로운 지식과 혼동했다. 이성의 과제 중 큰 부분을 차지하는 것이 우리가 대상에 대해 이미 갖고 있는 개념들을 분석하는 일인데, 이것은 새로운 종류의 인식을 산출하는 것이 아니라 "(비록 혼란스런 종류이기는 하지만) 우리 개념들 안에서 이미 사유된 것을 해명하거나 설명하는 것에 불과"하다. 즉, 그것은 "소재를, 즉 내용상 우리가 가진 개념을 확장하는 것"이 아니다. 하지만 "형식상으로는 새로운 통찰과 동등한 것으로 평가"되며 "확실하고 유용하게 지속"되는 아프리오리한 절차이기 때문에, 분석 과정 중에 "이성이 자신도 모르게 현혹되어 주어진 개념에 전혀 다른 종류의 주장을 덧붙이면서"도 그러한 사실을 전혀 깨닫지 못하게 된다. 앞서 보았듯이 『교수취임논문』에 의하면 이 마지막 근거가 형이상학의 난맥상을 초래한 가장 중요한 요인이라고 할 수 있다.

칸트의 의도는 아프리오리한 인식, 즉 감각 기관을 통한 경험에 독립해서 성립하는 인식이 "현실적으로 존재한다"는 사실을 확인하는 데 그치는 것이 아니었다. 그는 그것이 어떻게 가능한가를 문제 삼고자 했던 것이다. 다시 말해 아프리오리한 인식의 가능성, 원리, 범위를 명백히 규정해야만, 전통 형이상학자들의 형이상학이 얼마나 확고한 지식의 체계인가를 판정할 수 있다고 본 것이다. 이러한 작업은 형이상학의 기초에 대한 비판적 검토 작업이라 할 수 있으며, 본래 자연스러운 과제, 즉 우리 인식능력이 자연스럽게 먼저 밟아야 할 과정이었으나 실제로는 위와 같은 사정 때문에 그렇지 못했다는 것이다.

이제 그는 형이상학의 기초에 대한 그러한 검토 작업의 중요한 방법으로서 분석판단과 종합판단의 구분에 주목한다.[142] 두 종류의 판단에 대한 기존 철학자들의 정확하지 못한 이해를 바로 잡는 것이 결국 형이상학에 대한 새로운 접근을 가능하게 하리라 본 것이다.

먼저 흄 같은 철학자들은 수학의 명제를 일종의 동어반복으로 간주, 지식의 확장에 기여하는 바가 없다고 주장했다. 반면에 수학적 명제를 제외한 모든 명제들은 종합판단으로서 경험의 도움으로 사실세계에 대한 정보를 제공함으로써 인식의 확장에 기여하지만, 필연성과 보편성이라는 두 징표(기준)는 경험에 의해서는 주어질 수 없는 것이므로, 모든 종합판단은 개연적으로만 타당한 진술에 불과하다고 보았다. 이 같은 관점에 따른다면 형이상학은 말할 것도 없고 자연과학조차 확실한 지식의 체계가 될 수 없게 된다.

칸트는 분석판단과 종합판단의 구별을 설명하면서 모든 판단에는 "주어와 술어의 관계가 사고되어 있다"고 말한다. 그의 기준에 의하면, 술어 B가 주어 A 개념 속에 포함되어 있는 판단일 경우면 분석판단, 그렇지 않고 주어 개념의 밖에 있는 술어 개념이 그 주어 개념과 함께 연결되어 있는 판단이라면 종합판단이다.[143]

---

142) B 10-18.

143) 칸트는 이 구분을 긍정판단에 의거해 설명하면서 그 설명 결과를 "*나중에* 부정판단에 적용하기 용이하다"는 이유를 슬쩍 삽입시켰다. 파이힝어는 이 삽입 문장에 주목하면서 통상적으로 "부정판단이 대부분 종합판단"이라는 트렌델렌부르크의 설명을 소개한다. 트렌델렌부르크에 따르면, 부정판단에서는 본래 서로 무관한 개념들이 부정함을 통해 서로의 어떤 관계를 규정받을 수밖에 없기 때문에 종합판단이 되기가 쉽다. 예컨대 "두 개의 직선은 공간을 만들 수 없다"는 판단의 경우, "두 직선" 개념과 "공간" 개념은 서로 무관한데 부정을 통해 서로 결합하여 새로운 사실을 알려준다는 것이다. Friedrich Adolf Trendelenburg, *Logische Untersuchungen*, Bd. 2, Leipzig [2]1862([1]1840),

분석판단은 "동일성"(동일률)에만 의거해도 가능한 판단이다. '금은 금이다', '신은 전능하다', '동물은 생명체다', '삼각형은 세 변을 가진다' 등이 여기 해당한다. 이 같은 종류의 판단은 이미 "우리의 개념 속에서 사고되어 있는 것을 해명(Aufklärung)하거나 설명'(Erläuterung; explicative)"하는 것이거나, 그저 이해를 돕는 역할을 할 뿐이다.[144] 주어에 보태지는 것은 아무것도 없고, 단지 그것을 부분 개념들로 분석하는 것에 불과하다. 또한 경험의 도움을 필요로 하지 않으므로 필연성과 보편타당성이 보장되는 판단이다.

종합판단에서 술어 B는 주어 A 개념 밖에 있어서 주어-술어 관계에서 주어 개념에 주어 속에 포함되어 있지 않은 내용이 술어 개념으로 보태어지는 것이므로, 이 판단은 지식의 확장에 기여하는 판단이다. 종합판단이 가능하려면 판단자는 주어 개념 밖으로 나와 그것이 표상하는 것과 전혀 다른 어떤 것을 경험해야 한다. '금의 비중은 19.5이다', '금은 우즈베크에서 생산된다', '신은 존재한다', '동물은 죽는다', '삼각형의 세 각의 합은 2 직각이다' 등은 모두 종합판단이다. 칸트에 의하면, "경험판단 그 자체는 모두 종합적이다". 그렇다면 모든 종합판단은 경험적일까? 아니다. 그는 수학이나 기하학의 명제를 보라고 한다. 또 그렇다면 모든 분석 판단은 아프리오리하지만, 모든 아프리오리한 판단이 분석적인가? 아니다. 역시 수학이나 기하학의 명제를 보라는 것이 칸트의 대답이다.

이미 앞에서도 언급했듯이, 칸트에 의하면 종합적이면서, 즉 사실세계에 관한 정보를 담고 있으면서 아프리오리하기도 한, 즉 필연적이고 보편적인 판단은 존재하며, 수학이나 자연과학이 바로 그러한

241 이하; 파이힝어, 같은 책, 254 참조.
144) A 9, B 9도 참조.

종합판단으로 구성된 학문의 단적인 사례다. 그러므로 그에 따르면, "아프리오리한 종합판단이 **있는가**"는 그다지 중요한 사안이 아니다. 그것보다는 "그 아프리오리한 종합판단이 **어떻게 가능한가**"가 형이상학의 성립 가능성에 관한 핵심 물음이다. 이 물음에 대한 충분한 해답은 수학과 자연과학의 가능성의 근거에 대한 해답을 내포할 뿐만 아니라, 궁극적으로는 학문으로서 형이상학의 가능성과도 관계한다. 즉, 이 물음이 필연적이고 보편타당하면서, 우리의 앎을 확장시켜주는 인식이 형이상학에서도 가능한가라는 문제 해결의 첫 관문이라고 본 것이다.[145]

칸트는 "분석판단"의 예로 "모든 물체는 연장성을 지닌다"를 제시한다. 우리가 "연장성"과 물체의 결합 관계를 발견하기 위해 물체 개념을 넘어서 나아갈 필요가 없기 때문이라는 것이다. 그런가 하면 종합판단의 예로는 "모든 물체는 무게를 가진다"를 제시하는데, "물체" 개념 속에는 "무게" 개념이 포함되어 있지 않다고 주장한다.[146] 무게는 말하자면 물체와 지구와의 관계를 전제하는데, 물체는 그 관계 없이도 생각 가능하다고 본 것이다. 물론 이 같은 설명에 반박의 여지가 없지는 않을 것이다. 그의 주장대로 "연장성"이나 "불가침입성", "형태" 같은 징표만이 물체 개념에 포함되어 있고, 다른 징표, 예컨대 "색깔"은 그렇지 않다고 볼 수 있을지도 의문이다. 어떤 물체의 색을 도외시하면서 그 형태를 분별할 수 있을 것 같지 않은데, 만일 그렇다면 특정한 징표들이 한 개념에 분석적으로 속해 있는 반면, 다른 징표들은 그렇지 않다고 아프리오리하게 주장하기는 어려울 것이다.

---

145) B 19 이하 참조.
146) B 11.

칸트는 분석판단이 가능하려면, 주어 개념 중에 들어 있는 "술어를 모순율에 따라서 이끌어 내기만 하면" 된다고 한다. 주지하다시피 모순율은 부정적으로 표현된 동일률과 다르지 않다. 즉, 그것과 동격이다. 그러므로 "A는 A 아닌 것이 아니다"라는 모순율은 어떠한 개념에도 그 개념에 모순되는 것이 술어로 올 수 없다는 것을 함축한다.[147]

칸트는 계속해서 "발생하는 모든 것은 원인을 가지고 있다"는 판단이 어떻게 종합판단이면서도 경험이 제공할 수 있는 이상의 보편성과 필연성을 표현하는 판단인가를 설명한다. 우리는 "발생하는 것"이라는 개념에서 "원인" 개념을 도출할 수는 없으나, 그럼에도 그 개념과 원인 개념이 경험의 도움 없이 필연적으로 결합됨을 안다고 한다. 그 판단은 오히려 "어떻게 우리가 발생한 것에 관해 특정한 경험 개념을 얻을 수 있는지를 제시하는 원칙"이라는 것이다. 칸트는 "원인 개념의 매개"를 통해서만 비로소 우리는 "어떤 주어진 것이라는 경험 개념('어떤 것이 일어나고 있다')의 밖으로" 나갈 수 있다고 한다. 나중에 칸트는, 같은 맥락에서 "원인 개념을 구체적으로 현시하는 직관"을 얻는 것이 아니라, "경험 안에서 그 원인 개념에 적합하다고 여겨질 수 있을 시간 조건 일반"만을 파악하는 것이라고 설명한다.[148] 그러니까 예컨대 '지금 벌어지고 있는 사태 A에 대한 원인이 바로 B다'라는 걸 알게 해준다는 의미가 아니라, A가 일어나면 그것은 제멋대로 일어난 것이 아니라, 반드시 그것과 시간적 계기 속에서 발생한 다른 어떤 사건과 연결되어 일어난 것이라는 사실을 알게 해준다는 뜻이다.

---

147) B 12.

148) B 357, B 750 원주.

칸트는 재판 서론의 다섯째 항의 제목을 "이성의 모든 이론적 학문에는 아프리오리한 종합판단이 원리로서 포함되어 있다"로 달았다. 여기서 "이성의 학문"은 이성에 의거하여 성립하는 모든 이론 학문들을 의미한다. 수학, 과학, 형이상학 등이 모두 여기 해당하며, 그것들은 아프리오리한 종합명제들을 포함한다는 말이다.

그는 첫 문장에서 "수학의 모든 판단은 종합적이다"라고 주장한다. 그리고 조금 나중에(B 16) 이번에는 다시 "순수 기하학의 어떠한 원칙도 분석적이지 않다"고 단언한다. 그러나 바로 다음 단락에서는 다시 "기하학자가 전제하는 약간의 원칙들은 실제로는 분석적이며 모순율에 기초한다"고 하여 자기 모순을 범하는 것처럼 보인다. 그런데 그가 예시하고 있는 이 약간의 원칙들은 "a=a", 즉 "전체는 제 자신과 같다" 또는 "(a+b) ＞ a", 즉 "전체는 부분보다 크다"처럼 개념만으로도 타당한 논리적 원리이면서 동시에 직관 속에서 현시될 수 있는 것들로, 그 자체로 원리로서가 아니라 단지 방법들의 연결고리서만 사용되는 것들이라고 한다. 그러한 명제들의 경우, 주어 "개념 안에 술어가 필연적으로 속해 있지만", 실제로 우리는 주어 개념 자체 안에서 술어를 분명하게 사고하고 있는 것이 아니라, 주어 "개념에 부가되어야만 하는 직관을 매개로" 해야 비로소 그 귀속관계를 알 수 있다고 한다. 하지만 기하학 내에서 위의 명제들이 행하는 역할을 도외시하고 또 분석-종합'의 구별 기준 그리고 직관에 대한 의존 관계 등만을 고려한다면, 과연 그것들이 **기하학의 다른 명제들과 근본적으로 다른 성격의 것들**이라 할 수 있을지는 의심스럽다.

그렇다면 "종합적 명제도 … 모순율에 따라 이해 가능하다"(B 14)는 주장은 또 무슨 의미일까?

모순율에 따라 이해 가능한 명제가 분석판단만은 아니라는 것인데, 마치 종합판단 역시 모순율에 의거해 주어 개념에서 직접 도출 가능한 판단이라는 오해를 불러일으킬 수 있다. 그러나 다행이도 그 이하의 설명을 보면, 종합명제라도 다른 종합명제를 전제로 삼아서 모순율에 의거해 (연역 추리의 논증으로) 도출 가능하다는 의미임을 알 수 있다.

"**순수** 수학"과 "**순수** 기하학"의 명제들이 분석적이지 않고 종합적이라는 주장에 대한 설명(B 15 이하)을 좀 더 자세히 살펴보자. 우선 칸트가 그냥 수학이나 기하학이라 하지 않고 "순수"라는 수식어를 단 이유는 무엇일까? 여기서 "순수" 개념은 '경험적'에 반대어로 쓰인 것이라기보다는 '응용된'의 반대어로 쓰인 것처럼 보인다. 이처럼 칸트는 간혹 하나의 용어를 아무런 설명도 보태지 않고 일관된 의미로 사용하지 않는 경우가 있다. 어쨌든 칸트는 "7+5=12"라는 명제를 예로 들어 수학적 명제가 분석적이 않고 종합적이라고 주장한다. "7과 5의 합"을 주어 개념으로 보아도 이것에서 '12'라는 개념이 분석적으로 도출되어 나오지 않는다는 것이다. '7+5'(주어)는 단지 7과 5라는 두 수가 하나의 수로 결합될 것만을 지시한다는 것이지—'7', '5' 그리고 '합'이라는 세 부분 개념들로 구성되는—, 그렇게 해서 두 수가 결합하여 무엇이 된다는 것을 지시하지는 않는다고 한다. 따라서 "7과 5의 합"이라는 개념 속에 포함된 것을 넘어서 그 이상의 것, 즉 어떤 수가 바로 그 하나의 수인가를 알고자 한다면, '7과 5의 합' 개념을 (단순히 사유의 차원에서) 분석하는 데 그쳐서는 안되며, 직관의 도움을 받아야 한다. 즉, 그 개념에 상응하는 직관의 내용을 필요로 한다는 것이다. 이 직관을 통해서 개념은 직관적인 표상을 얻게 되는데, 이때의 직관은 경험적인 [감관에 의한] 직관이 아니라 순수한 직관이다. 순수한 직관은 개념에 상응하는 대상을 경험적 개별 직관의 도움으로 표시하면서도, 경험을 통해서는 주어질 수 없는 보편적 타당성을 온전하게 확보해주는 직관이다. 예컨대 수의 단위를 점이나 손가락으로 표현하거나 지면 위에 삼각형을 그려 봄으로써 삼각형 개념을 구체적으로 이해하는 경우를 말한다. 칸트는 이러한 입장을, 수학적 인식이란 "순수 직관 속에서의 개념 구성"을 통한 인식이라고 표현한다.

그는 자신의 견해를 여전히 의심하는 독자들을 배려하기라도 하는 듯 B 16에서 "비교적 큰 수"를 생각해 보라고 주문한다. 그렇다면 5나 7, 12 등은 비교적 작은 수에 해당한다고 하겠다. 그 정도 크기의 수들은 그 개념에 상응하는 구체적인 직관적 표상, 즉 형상(Bild)을 얻을 수 있으나, 예컨대 1000 이상의 수 개념들의 경우에는 문제가 그렇게 간단하지 않다. 무수히 많고 큰 수 개념들에 대해 그것들에 상응하는 직관 표상을 모두 대번에 얻을 수는 없기 때문이다. 이때 필요한 것은 그 같은 개념들을 감성적으로 직관화하는 진행과정, 즉 그것의 규칙성에 대한 이해다. 그런데 앞에서 본 것처럼 개념을 대상에 적용하기 위해 감성적 직관을 지성의 통일 규칙에 따라 형식적으로 규정하는 작업, 또는 개념에 형상을 부여하는 상상력의 일반적 "절차"(Verfahren)에 대한 표상이 도식이다. 예컨대 '사람', '개', '삼각형' 등의 개념을 그 개념들에 상응하는 대상에 적용하려면 상상력이 여러 개의 직관(소재)들의 연속과 연결 내지 그 규칙성을 떠올려야 한다는 것이다. 지성 개념들(범주)은 그 자체로는 사유의 형식만을 의미할 뿐 아무런 내용 규정도 지니지 못한 것이고 그래서 그것과 전혀 다른 뿌리에서 주어진 감성적 직관의 다양에 그대로 적용될 수 없다는 것이다. 지성 개념이 직관의 다양한 소재에 적용되기 위해서는 감성적 직관[의 형식]이 지성 개념에 맞아 들어가게끔 **재단**될 필요가 있다. 이것을 설명한 것이 "순수지성의 선험적 도식"이다.[149] 상상력은 지성적 요소와 감성적 요소를 동시에 갖추고 있기 때문에 그러한 감성 형식의 재단화 작업에 적합한 능력이다. 상상력은 모든 직관의 근저에 놓여 있는 시간 규정을 통해서 감성 형식의 지성화를 수행한다. 이 과정은 감성적 소재의 편에서 보면 "지성화"라고 할 수 있지만, 지성 개념의 편에서 보면 "감성화"라고 할 수 있다.

그러므로 다섯 개의 점들 " ····· "은 숫자 5라는 개념의 형상이지만, 1000이라는 수 개념은 그러한 형상 자체를 통해 직관적으로 표상되는 것이 아니기 때문에, 시간 속에서 어떤 식으로 형상에 대한 표상이 진행되어야 하는가 하는, 상상력의 일반적인 절차에 대한 표상(도식)의 도움이 필요하다.[150] 칸트는 이와 유사하게 기하학의 도형도 도식으로 설명한다. 평면 위에 그린 삼각형 모양의 도형 자체는 삼각형 개념의 보편성을 결여한 것이지만, 그 도식은 상상력의 종합 작용이 따르는 규칙에 의해 사고 속에서 그러한 보편적 삼각형 일반의 개념을 이해하게 해준다는 것이다. 그러므로 기하학의 공리들 역시 직접적인 확실성을 지닌 아프리오리한 종합 명제들이라는 것이다. 그리고 도식은 개념의 감성화, 감성의 지성화 작업을 통해 서로 이질적인 두 인식 요소들을 결합시키는 절차이며 수 개념이나 기하학의 개념 자체가 종합적이라는 주장의 주요 근거가 된다.

칸트의 수 개념은 로크의 그것에 크게 영향 받은 것처럼 보인다. 로크에 의하면 수 개념은 "하나"(one) 혹은 "단일성"(unity)이라는

---

149) B 176 이하.
150) B 179 이하 참조.

단순 개념에서 시작하여 그것을 무한히 더해감으로써 성립하는 그 개념의 "양태"(mode)에 관한 개념들로서 그것의 "실재적 본질"(real essence)은 우리 자신이 직관과 논증에 의해 파악할 수 있다.[151]

칸트는 계속해서 자연과학의 명제들을 검토하며, 자연과학도 수학과 마찬가지로 "아프리오리한 종합적 판단들을 원리로서 포함한다"고 주장한다.[152] 그러한 판단의 예로 들고 있는 것은 "물질계의 모든 변화에도 불구하고 물질의 양은 불변한다"와 "운동의 모든 전달에서 작용과 반작용은 언제나 서로 같아야만 한다"이다. 전자의 경우, "물질" 개념과 불변, 즉 "지속성" 개념을 연결하여 생각하려면 물질 개념의 밖으로 나가야 하는데, 그럼에도 그 관계가 필연적이므로 아프리오리한 근원에서 비롯한 것일 뿐만 아니라 종합적이라는 것이다.

그러면 형이상학의 명제들은 어떠한가? 일단 여기서 칸트가 형이상학으로 지시하는 것은 초험적 형이상학, 즉 경험을 넘어서는 명제들로 이뤄진 지식의 체계로 보인다. 형이상학은 적어도 그 목적상으로는 "분석적 설명이 아니라 우리의 아프리오리한 지식을 확장하려 한다"는 것이 칸트의 판단이다. 그는 전통철학의 형이상학(데카르트, 스피노자, 볼프)의 많은 명제들이 개념의 분석을 통해 얻어진 명제들로 이뤄진 것으로 간주했는데, 그러면서도 그들 자신은 그것들이 실제 내용상으로는 종합적 명제들만이 제공할 수 있는 사실적 대상들에 대한 정보를 담고 있는 것으로 착각했다고 평가했다. 그래서

---

151) John Locke, 『인간 지성론』, II. 16.1-4; Darius Koriako, *Kants Philosophie der Mathematik*, Hamburg 1999, 170; Emily Carson, "Locke and Kant on Mathematical Knowledge", in Emily Carson and Renate Huber(eds.) *Intuition and the Axiomatic Method*, Dordrecht: Springer 2006, 4 등 참조.

152) B 17.

예컨대 신의 존재론적 증명은 '신' 개념의 분석을 통해 그것의 실재적 현존을 증명한다고 주장했는데, 이는 말하자면 논리적 차원과 존재론적 차원을 뒤섞어 생겨난 착각에 불과하다는 것이다.

그런가 하면 "세계는 시작을 가진다"와 같은 명제는 대표적인 초험적 형이상학의 명제라 할만한데, 이 명제가 아프리오리한 방식으로 인식의 확장에 기여하려면, 우리는 "경험 자신이 우리를 따라올 수 없을 때까지 아프리오리한 종합판단을 통해 주어진 개념을 넘어서 나가야만 한다"고 한다. 그런데 "감성론"에 따르면 시간은 직관의 소재가 주어지기 위한 감성의 형식일 뿐 그 자체 인식의 대상이 될 수 없는 것이다. 그러나 위와 같은 명제는 경험에서 결코 주어질 수 없는 시간상의 극한 지점에 대한 직관이 마치 가능하기나 한 것처럼 술어로 사용하고 있다는 것이다. "변증론"의 논의에 따르면 이 같은 종류의 명제들로서는 "세계는 공간적으로 한계가 있다", "자유(의 원인성)가 존재한다", "그 자체로 필연적인 존재가 있다", "영혼은 불멸한다" 등이 있다.

5. 선험적 감성론(공간론 · 시간론)

앞에서 이미 정리해본 바에 따르면, 칸트는 공간과 시간을 대상에 대한 감각의 내용이 인식 주관에 주어질 때 그 감각을 정돈하는 형식으로 간주했다. 감각의 소재는 감각기관(감관)을 통해 아포스테리오리하게 주어지지만 그것을 정돈하는 공간과 시간은 그 자체로 감각과 같을 수 없고 "마음에 아프리오리하게 갖춰진 것"이다. 감각과 무관하다는 의미에서 그것을 가리켜 "순수 직관" 또는 "직관의 순

수 형식"이라고 불렀다. 공간은 외적 직관의 형식이고, 시간은 내적 직관의 형식이다.[153)]

칸트는 감각을 둘로 구분하지만 "감성론"에서조차 명확히 정의하지 않고 사용한다. 대체로 "외감"(der äußerer Sinn)은 우리의 신체가 역시 신체적(물체적)인 사물을 통해 촉발되는 것을 뜻하며, 오감과 동일시하기도 한다. "내감"(der innerer Sinn)은 우리의 의식 [마음] 활동으로서 나에 대한 표상까지 포함하여, 어떤 대상을 의식의 대상으로서 파악하는 것을 뜻한다.

외적 직관의 형식은 결국 외감의 형식을 뜻하고, 그것을 공간이라고 하므로, 모든 감각, 즉 오감의 내용은 어떤 식으로든 공간적으로 정돈되어야 한다고 할 수 있다. 하지만 시각과 촉각을 제외한 나머지 감각들(청각, 미각, 후각 등)이 어떻게 공간적 관점으로 정돈되는가를 이해하기는 쉽지 않다.

내감은 우리의 의식 능력이 자신의 사유 작용에 의해 촉발될 경우, 그 촉발된 내용을 아는 것을 의미하며, 시간 형식에 따라서 이루어진다. 칸트에 의하면 내감에 의해서는 나 자신, 즉 나의 영혼은 파악될 수 없다. 내감에 의해 지각이 가능한 것은 나의 경험적인 부분, 다시 말해 내 의식 속의 경험적 내용일 뿐이다. 이것과 달리 모든 지각 표상에 수반되어야만 하는 의식의 통일, 즉 "순수 통각" 역

153) B 34-37. 칸트는 B 160의 원주에서, 여러 주석자들을 불편하게 만들었던 "순수 직관"이라는 용어 대신 "형식적 직관"이라는 용어를 사용하기도 했는데, 이것은 "그저 [감각의] 잡다함만을 제공하는 … 직관의 형식"과 달리 그 "잡다함을 직관적 표상 속에 총괄"하는 것이며, "(기하학에서 실제로 필요로 하는) 대상으로서 표상된 공간"과 같은 것이라고 설명한다. 그러나 여전히 "직관의 조건"으로서의 형식과 "직관의 대상" 사이의 구분을 모호하게 만들었다는 비판은 유효한 것처럼 보인다. 이에 대한 좀 더 상세한 논의는 파이힝어, 같은 책, Bd. 2, 105 이하 참조.

시 아무런 경험적 내용을 갖지 않는다. 칸트는 영원한 실체로서의 영혼을 논한다고 믿었던 전통 형이상학의 한 부분인 "이성심리학"(psychologia rationalis)이 실패한 원인을 바로 이러한 혼동에서 발견했다.

> "공간이 우리 안에(in uns) 있는 어떤 것으로서 직관될 수 없는 것처럼, 시간도 외적으로 직관될 수 없다."[154]

"선험적 감성론"의 이 문장을 기억하는 독자는 나중에 "선험적 변증론"에 나오는 아래 문장을 읽고 적잖이 당황하게 된다.

> "경험적 대상이 공간에서 표상될 경우 그것을 외적 대상이라 부르며, 시간 관계 속에서 표상 될 경우 내적 대상이라 부른다. 그러나 공간이나 시간이나 둘 다 오로지 우리 안에(in uns)만 있다."[155]

파이힝어는 전자의 "in uns"은 경험적인 내부를 의미하고, 후자의 "in uns"은 선험적인 내부를 의미한다고 해석한다. 공간은 그 자체로 보면 감각의 잡다함이 주어지는 형식일 뿐이므로 우리 의식 속의 현상으로서 간주될 수 없지만, 우리 마음의 고유한 형식으로 보면 내면적인 것으로서, 주관적인 것으로 간주될 수 있다는 것이다. 칸트 자신의 기준에 따르면, 공간에 대한 철학자들의 이해는 아래와 같이 정리할 수 있다.

---

154) B 37.
155) A 373.

①공간은 실재적(real)이며, 그것에 대한 표상은 기원상 아포스테리오리하다: 로크
②공간은 관념적(ideal)이며, 그 표상은 기원상 아포스테리오리하다: 버클리
③공간은 실재적(real)이며, 그것에 대한 표상은 기원상 아프리오리하다: 합리론자
④공간은 관념적(ideal)이며, 그 표상은 기원상 아프리오리하다: 칸트

칸트는 B 37 이하에서 "공간 개념의 형이상학적 해명"(metaphysische Erörterung)과 "공간 개념의 선험적 해명"(transz. Erörterung)을 수행한다. 선험적 감성론을 '공간론'과 '시간론'으로 나눈 것은 이해에 큰 어려움이 없지만, 그 각각을 다시 "형이상학적 해명"과 "선험적 해명"으로 구별한 것은 이해가 쉽지 않다. 칸트는 뒤에서(B 159) [범주 개념과 관련하여] 형이상학적 연역은 범주 일반의 "아프리오리한 기원"을, 즉 그 뿌리가 경험적이지 않음을 설명하며, 선험적 연역은 아프리오리한 인식으로서—아프리오리한 인식의 가능성이 범주와 불가분적임을 보여줌으로써—범주의 가능성을 설명하는 것이라 정의한다. 이 같은 기준이 실제로 칸트 자신의 서술에 얼마나 일치하는지는 의문의 여지가 있다.

칸트의 주석가 중 코헨 같은 학자는 형이상학적 해명과 선험적 해명의 구분을 매우 중요하게 평가했다. 그에 의하면, 형이상학적 해명은 "선험적 해명의 필연적인 선결조건(eine nothwendige Vorbedingung)"이며, 칸트 본래의 의도는 선험적 연역에서 완성된다. 또 형이상학적 해명은 우리 "의식의 아프리오리한 것으로 인정될만한 요소들"을

파악하는 것으로서 라이프니츠 같은 전통 형이상학자들의 영향을 받은 것이라 한다. 즉, 그러한 요소들을 의식 안에 이미 주어져 있는 어떤 것으로서 이를테면 '생래적'인 것과 유비적으로 설명하는 것으로 이해한다. 이는 공간이나 시간을 경험에 앞서 주어져 있기 때문에 "심리학적 분석"에 의해서는 도달할 수 없는 요소들로 간주하는 것이라 할 수 있다. 한편 이와 같은 설명의 단계를 거쳐야 비로소 도달할 수 있는 선험적 해명은, "아프리오리"를 의식의 구성 요소로서가 아니라, "**인식하는** 의식의 요소들" 내지 그 "근본 특징들"(Grundzüge)로서 파악하는 것이라고 한다. 그러므로 선험적 해명은 그 아프리오리한 요소들을 경험[적 인식]의 가능성의 논리적 조건 내지 논리적 전제로서 탐구해 나아가는 작업을 뜻하며, 이러한 의미에서 "형이상학적 아프리오리는 선험적 아프리오리가 되어야 한다"고 주장한다.[156]

칸트는 먼저 공간 표상의 기원이 경험이 아니라는 주장을 펼친다. "공간은 외적 경험에서 도출된 경험적 개념이 아니다"[157] 공간 표상은 외적 세계에 대한 감각적 경험에 논리적으로 앞서서 이미 주어져 있어야 하기 때문이다.[158] 말하자면 공간 표상이 감각 경험(표상)에 대해 가지는 우선성을 주장하는 것이다. "공간 개념의 형이상

156) Hermann Cohen, *Kants Theorie der Erfahrung*, Berlin ²1885(¹1871), 74, 77 이하.

157) B 38.

158) "논리적으로 앞선다"는 해석이 칸트의 의도를 정확하게 드러내지 못하다고 주장하는 주석가도 있다. 예컨대 캠프 스미스, 같은 책, 102 이하. 그는 최소한 여기서 칸트의 진술은 공간이 그저 감각 지각의 주관적인 가능성으로서 우리의 마음속에 놓여 있어야 함을 언급한 것이며, 반드시 논리적으로 앞선다기보다 심리학적으로 앞선다는 의미로도 읽힐 수 있다고 주장한다.

학적 해명"이라는 소제목에서도 그렇고 여기서도 "개념"은 엄밀한 논리적 의미로 사용된 것이 아니라 느슨한 의미로 사용된 것이고, "표상" 정도에 해당한다.[159]

"어떤 감각(Empfindungen)이 나의 바깥에 있는 어떤 것(즉, 내가 있는 장소와는 다른 장소에 있는 어떤 것)과 관계 맺기 위해" 공간 표상이 먼저 주어져 있어야 한다는 말은, 감각이 단순히 나의 감관에 주어지는 감각의 내용일 뿐 아니라, 그 내용과 무엇, 즉 어떤 객관적 대상과의 관계를 포함한다는 것을 뜻하는 것처럼 보인다. 칸트는 여기서 아직 그 관계가 어떠한 것인지에 대해서는 언급하지 않고 있으나 나중에 "선험적 분석론"에서 지성 개념[범주]의 역할과 더불어 상세히 설명한다. 쇼펜하우어는 이 부분에 주목하여, 감각 내용을 외부 대상과 관련시키는 작업, 즉 감관을 통해 주어진 내용을 객관화시키는 작업이 이미 "인과성"의 범주를 전제한 것이라 주장했다. 즉, 외부의 어떤 대상[원인]으로부터 어떤 색깔, 소리, 따뜻한 기운 등등이 주관의 의식 속으로 들어 온 것[결과]이라는, 사실 관계의 파악이 전제되어야만 한다는 것이다. 그러나 칸트는 아직 그 단계[범주 작용]까지 언급하지 않아도 공간 표상의 아프리오리한 성격을 이해할 수 있다고 생각한 것 같다.[160]

"공간 표상이 이미 기초에 놓여있어야만 한다(schon zum Grunde liegen)"는 표현은 "앞서서 주어져 있어야 한다"(vorhergehen, vorausgehen)로 이해할 수 있으며, 실제로 칸트 자신도 그렇게 쓰기도 한다. 물론 이것은—칸트 자신이 때때로 그렇게 오해의 여지가

159) 켐프 스미스, 같은 책, 99; 파이힝어, 같은 책, Bd. 2, 157. 최재희는 번역서에서 "공간 개념"을 "오[지]성의 순수한 개념과 구별하고자 … 공간 관념"으로 옮겼다는 설명을 보탰다. 『순수이성비판』(최재희 역), 1979, 75 역주 49.

160) 이에 관한 좀 더 상세한 논의는 파이힝어, 같은 책, Bd. 2, 162쪽 이하 참고.

있게 표현하기도 하지만—시간적인 앞섬을 의미하는 것은 아니다. 또 심리학적인 혹은 발생학적인 해석과도 무관한 것으로 보는 것이 일반적이다. 공간은 경험의 산물이 아니라, 오히려 그 경험 가능성의 논리적 조건으로 보아야 한다는 것이 칸트의 핵심 주장일 것이기 때문이다.

그런데 칸트가 "선험적 감성론"에서 "경험 가능성의 조건"이라는 표현을 공간, 시간과 관련해서 사용할 경우[B 44, 47 등에서]의 "경험" 개념과 "선험적 분석론"에서 동일한 표현을 사용할 때 "경험" 개념의 의미는 서로 다르다. 분석론에서의 경험은 그야말로 지성 개념에 의한 합법칙적인 '인식으로서의 경험'을 의미하지만, 감성론에서의 경험은 직관의 형식인 시·공간에 의해 정돈된 감각 자료로서 아직 '지각'(Wahrnehmung) 차원에 불과하기 때문이다. 따라서 감성론의 공간은 그것을 통해서만 **어떤 무엇이 우리 외부의 어떤 대상이 될 수 있는 조건**일 뿐, 그 대상이 어떠한 대상임을 알려주는 **인식으로서의 경험의 조건**인 것은 아니다. 이렇게 볼 때 공간 표상은 경험의 객관적인 조건이 아니라 주관적인 조건이되, 그렇다고 심리학적인 조건은 아니며, 오히려 필연적-논리적인 조건이라 할 수 있다. 그러나 캠프 스미스와 파이힝어는 여기서의 칸트의 설명이 심리학적 설명에 가깝다고 주장한다. 칸트는 공간 표상의 아프리오리한 성격을 우리가 그 공간을 "다른 방식으로는 생각할 수 없음"을 통해 설명한 것이 아니라, 단지 우리가 "**이 특정한** [공간 표상적] **요소**를 존재하지 않는 것으로 표상할 수 없음"을 통해 설명했다는 것이 그 이유다. 두 학자들 모두 만약 칸트가 전자의 설명을 제시하는 데 성공했다면 논리적 당위성을 증명한 것이었겠지만 후자에 그쳤기 때문에 심리학적 사실, 즉 공간 표상적 요소의 존재를 지적하는 데 머물렀다고 판단한 것이다.[161] 칸트 텍스트에 대한 분석에 기초한 두 칸트 전문가들과 달리, 심리학 계열의 칸트 주석가들은 공간 표상이 경험적으로—특히 시각 감각과 촉각 감각을 통해—습득되는 것임을 강조한다. 하지만 칸트의 관심은 분명 그러한 발생론적 설명에 있지 않았다. 즉, 어떻게 우리가 공간 감각 지각을 학습을 통해 습득하게 되는가가 아니라, 왜 우리가 공간 표상을 벗어나서는 외부 사물을 외부 사물로서 지각할 수 없는가를 설명하고자 했던 것이다. '학습을 통해 습득한 [일반적] 공간 개념이 개인에 따라 다른가?'라는 질문을 던져본다면, 칸트의 시도를 이해하는 데 도움이 될 것이다.

"공간 개념의 형이상학적 해명"의 둘째 명제의 원문은 "Der Raum ist eine notwendige Vorstellung, a priori … "로 시작한다. 에르트만(Benno Erdmann)의 학술원판(III 52)이나 포어랜더(Karl Vorländer)의 마이너판(66) 등에서 확인할 수 있듯, '표상'과 '아프리오리' 사이의 콤마를 빼어버린 경우가 많은데, 파이힝어는 칸트가 원래 그것을 사용한 의도를 살려 이해해야 한다고 주장한다. 콤마가 있어야 칸트의 의도를, "공간은 필연적인 개념이고 **그러니까 따라서** 아프리오리한 것이다"로 읽을 수 있게 해준다는 것이다. 그렇게 읽지 않으면 공간의 아프리오리가 여기서 증명되어야 할 바로 그것이 아니라 오히려 그 자체로 하나의 증명의 전제처럼 해석된다는 것이다.[162] 그러므로 먼저 칸트가 공간 표상을 "모든 외적 직관의" 기초에 놓여 있다고 본 것, 즉 촉각이나 시각뿐 아니라 청각, 후각, 미각 등까지

---

161) 켐프 스미스, 같은 책, 103; 파이힝어, 같은 책, 174-176 참조.

162) 파이힝어는 실제로 코헨(Hermann Cohen, *Kants Theorie der Erfahrung*, Berlin [1]1871, 51 이하)이 이 같은 오류를 범했다고 비판한다. 파이힝어, 같은 책, Bd. 2, 185 이하.

도 고려한 것에 주의해야 하며 그래야 "필연적"의 의미가 분명해지고, 칸트가 그 필연성에 의거해 공간 표상의 아프리오리를 설명하고자 한다는 사실을 이해할 수 있게 된다는 것이다.

어쨌든 이 명제에 대한 핵심 논증을 재구성해보면 이렇다.

공간은 대상들과 무관하게, 즉 대상에서 독립하여 존재한다. 대상 없는 공간을 사유할 수 있기 때문이다. 하지만 공간의 비존재를 표상할 수는 없다, 즉 우리는 결코 공간 표상으로부터 벗어날 수 없다.[163] 그러니까 칸트는 공간 표상과 주관적 의식의 불가분성을 말하고 있다고 여겨진다. 위에서 언급한 것처럼 켐프 스미스 그리고 파이힝어도 역시 이것이 논리적 아프리오리가 아니라 심리학적 아프리오리의 근거를 제시하고 있는 것이라 주장했다. 즉, 공간 표상을 도외시할 수 없다는 의미에서의 필연성은 판단을 통한 **사유의 논리적 규칙**에 관계하는 것이 아니라, 단지 상상력의 표상 불가능성에만 관여하기 때문이라는 것이다. 그러므로 칸트가 아직 논리적 사유에 있어서도 공간을 도외시할 수 없다는 점을 증명한 것은 아니라는 해석인데, 어찌 되었든 "**직관함**"(Anschauen)의 과정에서 실제로 공간의 부재를 표상하는 일이 불가능하다는 것은 분명 칸트의 견해라 여겨진다.

그러나 "대상 없는 공간을 사유할 수 있다", 즉 '공간은 대상들과 독립하여 존재할 수 있다'와 "공간의 비존재를 표상할 수 없다"는 주장에서 공간 표상이 "외적 현상을 가능케 하는" 필연적 조건이라는 결론—이것이 결국 둘째 명제의 내용인데—을 이끌어낸 것은 무리처럼 보인다. 이 두 주장들은 기껏해야 공간 표상 자체의 아프리오리한 성격만을 말해줄 수 있을 것 같기 때문이다. 물론 조금 뒤["공

163) B 38 이하.

간 개념의 선험적 해명"]에서 칸트는 "공간 성질을 종합적이고 아프리오리하게 규정하는 학문"인 기하학의 가능성을 거론하면서 공간 표상을 외감 현상의 형식이자 주관적인 조건으로 볼 것을 제안하고, 이 조건 아래에서만 외적 직관이 가능하다고 주장한다.[164]

셋째 명제에 이르러 칸트는 더 이상 공간을 그저 막연히 아프리오리한 "표상"이라 부르지 않는다. 그 대신 공간은 "추상된(discursiver) … 일반 개념이 아니라 순수한 직관(eine reine Anschauung)"이라고 새롭게 규정한다. 개념은 반성 작용에 의해 만들어진 표상으로서 직접적으로 주어지는 것이라기보다 간접적으로 형성되는 것이다. 우리가 '노란색 바나나'와 '노랑 일반'을 떠올려 보면 이해할 수 있듯, 개념은 개별적인 표상들로부터 공동의 징표들을 추상한 것이다. 이에 비해 직관은 지금 바라보고 있는 이 바나나의 노란색처럼 직접적으로 주어진, 개별적인 표상이다. 그러므로 위의 구절에 따르면 공간은 개별적인 공간 표상들로부터 (추상 작용을 통해) 반성되어 만들어진 표상이 아니다. 오히려 역으로 유일한 공간에 대한 표상이 주어져야만 비로소 개별 공간 표상들이 그 **유일한 공간 표상에 대한 한정**으로서 가능하게 된다. 그런데 공간은 "아프리오리한 표상"이라고 했으니 결국 아프리오리한 직관이다.[165]

칸트는 계속해서, 공간 표상은 개별 표상이면서도 모든 부분 공간을 포함하는 보편적인 표상(직관)이라고 주장한다. 하지만 보편 개념이 부분 개념(표상)들을 "자신 아래에"(unter sich), 즉 "종속되

---

164) B 41 이하.

165) B 107에서 아리스토텔레스 범주를 비판하는 논조에 의거해 볼 때, 칸트는 자신이 아프리오리한 개념들과 구분되는 아프리오리한 "직관"을 발견한 것에 대해 큰 자부심을 느꼈던 듯하다.

는"(untergeordnet) 관계 속에서 개별 사례들(Exemplare)로서 포함하는 것과 달리, 공간 표상의 경우는 부분 표상들이 서로 "병립하는"(beigeordnet) 관계에 있다.[166] 그 차이를 도식화 시켜 보면 아래와 같다.

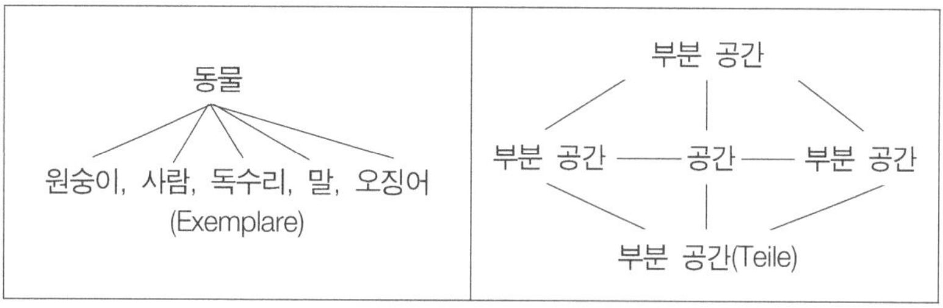

그러므로 공간 표상은 부분 공간 표상과 비교하여 그 내용상 아무런 차이가 없다. 이에 비해 일반 개념의 경우는 그 종개념보다 내용이 빈약하며, 내포와 외연이 서로 반비례한다.

칸트는 "하나의 유일한"(einen einigen) 공간이라고 적고 다시 "본질적으로 하나인"(wesentlich einig) 공간이라고 표현하는데, 파이헝어는 전자의 "einig"를 "einzig", 즉 "유일한"의 의미로, 그리고 후자의 "einig"는 "einheitlich", 즉 "통일적(또는 균등한)"의 의미로 새겨야 한다고 주장한다. 이 후자는 **동종적**(homogen)이라는 의미로 새기는 것도 괜찮아 보인다. 파이헝어는 보편적인 공간 표상이 개별적인 공간 표상들의 결합으로 만들어지는 것이 아니라 오히려 그 역이라는 것을 다시 강조한 것이라 여겨진다. 즉, 부분 공간들은 그 자체로 독자적으로 성립할 수 있는 구성 요소들이 아니라, 하나의 통일적인 전체로서의 공간이 한정됨으로 해서만 가능하다는 의

166) B 40, 439.

미다. 부분 공간 표상은 말하자면 전체 공간 표상 자체의 구성 요소가 아니라 그저 나누어진 것이며, 그렇다고 현실적으로 그렇게 부분으로서 존재하고 있다기보다는 잠재적으로 ("비독립적으로" 또는 "부차적으로") 포함되어 있는 것으로 봐야 한다는 것이다.[167)]

이상을 다시 정리하면, 공간 표상이 개념이 아닌 까닭은 첫째, 공간은 개념처럼 개별자를 종속 관계 속에 포함시키지 않고 수평적으로 포함하기 때문이며 둘째, 개념에서처럼 그 부분들이 선행하는 것이 아니라, 오히려 부분들이 전체에 의해 (그 한정에 의해) 비로소 가능하게 되기 때문이다.[168)]

"공간 개념의 형이상학적 해명"은 공간 표상을 **아프리오리하게 주어진 표상**으로서 설명하는 것인데 비해, "선험적 해명"은 공간 표상으로부터 어떻게 또 다른 아프리오리한 것이, 다시 말해 아프리오리한 종합적 인식이 가능한가를 해명하는 작업이다. 즉, 공간 표상을 **아프리오리한 인식의 가능성의 관점**으로 설명하는 것이다. 그러

167) B 39; 파이힝어, 같은 책, Bd. 2, 216 이하 참조. 파이힝어는 『단편』 3789(XVII 293)에서 칸트가 물체 그리고 시·공간과 관련해서 "totum syntheticum"(종합적 전체)와 "totum analyticum"(분석적 전체)를 구분한 것에 주의를 환기시킨다: "종합적 전체는 그 결합 가능성이 부분들에 기초하는 것으로서, 이 부분들은 모든 결합체 없이도 사유가 가능한 것들이다. 분석적 전체는 그 부분들의 가능성이 이미 전체로서의 결합체를 전제한다. 공간과 시간은 분석적 전체들이다. 물체는 종합적 전체다. 실체들로 이뤄진 결합체는 종합적 전체다. 분석적 전체는 실체들이나 우연적 속성들로 이뤄진 결합체가 아니고, 가능한 관계들의 전체다." 그러므로 종합적 전체는 그 전체의 가능성이 부분들에 기초하는 것으로서, 일반 개념이나 물체에 해당하며. 반대로 분석적 전체는 그 부분들의 가능성이 전체에 기초하여 성립하며 시간이나 공간에 해당한다.

168) 칸트는 공간 표상이 통일적 내지 동종적이라는 사실에 대한 파악이 이미 지성의 종합 작용을 전제하는 것이 아닌가라는 비판을 예견한 듯, B 160의 주에서 공간 표상의 통일이 "지성 개념에 속하지 않으며" 오히려 그것에 "선행하여" 직관을 통해서 우리에게 주어지는 것이라고 설명한다.

므로 "선험적 해명"은 ①공간에서 유래한 아프리오리한 종합적 인식이 있고 ②그 가능성을 공간 개념(표상)을 통해 설명하고자 한다.

①에 대해서는 이미 재판 서론(B 14 이하)에서 언급했고 이제 ②에 대해서 칸트는 "객관"(Objekt) 개념을 끌어들인다. 지금까지는 기하학의 명제들이 경험의 도움 없이 그 경험에 앞서 [순수한] 공간 표상[직관]으로부터 도출된다는 사실만이 지적되었다. 이제부터는 그러한 아프리오리한 종합 명제들의 가능성을 구체적으로 **객관과의 관계 속**에서 설명하려 한다. 즉, 경험과 무관하고 오히려 그것에 앞서서 주어져 있는 공간 표상이 어떻게 아포스테리오리하게, 즉 경험에 의해 비로소 주어지는 객관에 대해서까지 타당할 수 있는가를 문제 삼는다. 그 결과 공간 표상은 객관의 외적 직관의 형식, 즉 **외감의 형식**이라는 사실에서 그 해답이 주어진다고 본다.

외부 객관들은 그것들이 우리 내부에 주어져 있는 공간 형식 속으로 들어오는 한, 즉 외적 대상의 감각 소여[내용]가 공간 형식에 의해 정돈되는 한, 그것들은 공간 직관에 의해 산출되는 공간 법칙의 지배를 받는다는 것이다. 다시 말해 **공간의 아프리오리한 표상의 질서가 객관에 적용된다**는 것이다.

B 42 이하("위의 개념에서 나오는 결론")에서 칸트는 공간 개념에 관한 새로운 관점들을 기존의 논의에서 자연스럽게 도출된 것인 마냥 제시한다. 첫 단락 "a"는 공간이 사물의 현존에서 독립된 아프리오리한 직관이라는 사실로부터 그것이 "물자체"(Ding an sich)에 귀속하는 것이 아니라는 결론을 이끌어 낸다. 물자체와 유사한 개념들은 이미 『교수취임논문』에서도 사용된 바 있으나 『순수이성비판』에서는 여기서 처음 등장한 것이다.[169] 칸트가 제시한 설명을 보충해

재구성해 보자면 이렇다. 만일 공간이 물자체의 성질이거나 그것들의 상호 관계라면, 즉 공간이 물자체의 절대적 규정이거나 상대적인 규정이라면, 그것은 어떤 식으로든 대상 자체에 결부되어 있는 것이 되며, 결국 직관하는 (또는 표상하는) 주관이 없더라도 계속 존립하는 무엇일 것이다. 그런데 공간은 아프리오리하게 직관되는 것이므로 오히려 아프리오리하게 우리의 인식 **주관에 속하는 것**으로서 보아야하지, 어떤 객관의 객관적 성질—독자적인 것이든 상대적인 것이든—로 간주할 수는 없다. 이 같은 설명이 과연 설득력을 지닐 수 있을까? 이른바 "트렌델렌부르크와 피셔의 논쟁"은 바로 이 같은 의문에 대한 서로 대립된 대답을 보여준다.

> "우리가 이제 공간과 시간이 주관적 조건들로서 우리 안에서 지각과 경험에 앞서 주어진 것임을 보여주는 논증을 수용한다 하더라도, 그 공간과 시간이 동시에 [객관에 관계된] **객관적인 형식들일 수 없다**는 사실이 증명된 것은 전혀 아니다."170)

트렌델렌부르크는 칸트가 공간과 시간의 "주관성/관념성"을 증명하기는 했으나 그것들이 동시에 "객관적/실재적"일 수도 있다는 점을 간과했다고, 즉 그 같은 대안을 고려하지 못했다고 보았다. 트렌델렌부르크에 따르면, 칸트는 "주관적"과 "객관적"을 배타적 관계로 오해하여 "주관적"이면서도 "**배타적으로** 주관적"이지 않고 "객관적"일 수 있는 가능성을 간과했다.

---

169) 『교수취임논문』, II 392의 "noumenon"(본체), "[res] sicuti sunt"([사물을] 있는 그대로) 같은 표현 참조.

170) Friedrich Adolf Trendelenburg, *Logische Untersuchungen*, Bd. 1, Leipzig ²1862, 163.

그러나 이 같은 트렌델렌부르크의 지적에 대해 피셔는, 칸트가 "주관적/객관적"을 설명할 때 두 가지 기준, 즉 "물자체"와 "현상"이라는 상이한 개념들로 접근한다는 점을 제대로 이해할 경우, 이 개념들이 [칸트에게서도] 배타적이지 않다고 반박했다.

> "물자체에 견주어보면, 공간과 시간은 철저하게 주관적이고 관념적이다. 가능한 경험의 객관들, 즉 현상이나 직관의 대상들에 견주어보면, 그것들은 철저히 객관적이고 실재적이다. 사물 인식의 조건으로서 또는 선험적으로 고찰할 경우, 공간과 시간은 아무런 실재성도 갖지 못한다. 초감성적인 것(물자체)의 인식과 관련해서도 그렇다. [그러나] 모든 경험적 인식과 관련해서는 완전한 실재성을 가진다. 첫째를 칸트는 공간 시간의 '선험적 관념성', 둘째를 그것들의 '경험적 실재성'이라 불렀다."[171]

피셔는 칸트가 공간의 "선험적 실재성"—이것은 전통 형이상학자들의 관점이라 할 수 있다—이 불가능함을 증명함으로써 결국 공간이 "주관적인 것일 뿐 아니라 객관적 타당성"을 지닌다는 점을 증명한 것이라는 반론도 펼쳤다.[172] 칸트의 표현대로라면, 아프리오리함은 곧 주관성을 의미한다. 그러나 공간[과 시간]이 주관에 아프리오리하게 주어진 것이라는 점을 인정한다 해도, 즉 주관적인 것임을

---

171) Kuno Fischer, *Geschichte der Neueren Philosophie*, Bd. 3, Heidelberg 1869, 347 이하.

172) Kuno Fischer, *System der Logik und Metaphysik oder Wissenschaftslehre*, Heidelberg 1865, 175; Andrew F. Specht, *Kant and the Neglected Alternative*, Syracuse University Dissertation 2014, 95. 이 논쟁에 관한 상세한 소개는 파이힝어, 같은 책, Bd. 2, 141 이하, 290-313, 545-548; 켐프 스미스, 같은 책, 113 이하; Graham Bird, "The Neglected Alternative: Trendelenburg, Fischer, and Kant", in Bird(ed.), *A Companion to Kant*, Oxford: Blackwell 2006, 486-499 등 참조.

인정한다 해도 이것이 곧 바로 객관적 사물의 어떠한 성질과도 무관해야 함을 의미하는 것은 아니다. 즉, 사물의 객관적 성질 속에도 그것과 상응하는 부분이 있을 수 있다(우연이든 필연이든)는 것이 트렌델렌부르크의 비판이었다. 그의 해석이 옳다면, 칸트의 논증은

①공간은 주관적 성질이거나 객관 자체의 성질이다.
②주관적인 성질이다.
----
③객관 자체의 성질이 아니다.

로 정리할 수 있으며 이는

그는 섹시하거나 지적이다.
그는 섹시하다.

그는 지적이지 않다.

에서처럼 '선언지 긍정의 오류'를 범한 셈이 된다.

물론 위와 같은 트렌델렌부르크의 비판이 인정된다 해도 그러한 사물의 객관적 성질이—공간 성질과 일치하는—우리에게 아프리오리하게 주어질 수 있는 가능성은 없을 것이다. 즉, 객관이 객관으로 표상될 수 있어야, 그러니까 그 객관으로부터 무언가가 먼저 경험을 통해 주어져 있어야만, 그 객관의 성질에 대해 '이러 저러하다'라고 말할 수 있기 때문이다. 그러므로 공간을 '객관의 성질'이라고 말하면서 동시에 '아프리오리하다'라고 말하는 것은 별 의미가 없는 것처

럼 보인다. 객관의 성질이 아프리오리하게 주어질 수 없기 때문이다. 이렇게 본다면 트렌델렌부르크의 비판은 칸트의 논의의 구조가 취약함을 지적할 뿐 그 이상은 아닌 듯하다. 어찌됐든 두 학자들 사이의 논쟁은 현대의 칸트철학 해석에까지 영향을 주고 있다.[173]

이어지는 단락(b)에서 칸트는 또 다른 결론, 즉 공간이 "외감의 모든 현상의 형식"이며, "외적 직관은 이러한 감성의 주관적 제약의 조건 하에서만 가능하다"는 결론을 제시한다. 앞의 "선험적 해명"에서(B 41) 이미 제시한 설명 방식, 즉 공간을 객관과의 관계 속에서 설명할 때처럼 모든 객관 "지각에 앞서서 … 오로지 주관 안에만 자신의 자리를 차지하고 있는" 외적 직관으로서 "외적 직관" 내지 "외감의 형식"으로 단정하고 있다. 그러나 이때 "외감"이나 "형식" 개념을 여전히 명확히 정의하지는 않으며 그저 자명한 것으로 전제한다. 더 중요한 부분은 그가 계속해서 공간의 "경험적 실재성"(empirische Realität)과 "선험적 관념성"(transzendentale Idealität)을 구분하고 설명하는 부분이다.[174] 칸트는 "오직 인간의 관점에서만", "[인간의] 주관적 조건을", "그것[사물]들이 우리에게 현상하는 한에서", "우리는 사유하는 다른 존재의 직관에 대해서는 전혀 판단할 수 없다" 등등 같은 표현들에서 알 수 있듯, 일단 자신의 견해가 **인간적 사고와 인식**의 관점임을 특별히 강조한다.

그러므로 공간은 감성의 조건, 즉 인간에게 주어지는 대상의 가능성의 조건이지 물자체—우리와는 독립해 있으며 우리에게 주어질 수도 없는—의 가능성의 조건은 아니다. 하지만 피셔가 트렌델렌부

173) Bird의 같은 글, 487 참조.

174) B 44.

르크에 대한 반론에서도 지적했듯이, 공간은 경험적 실재성, 다시 말해 외적인 것으로서 직관되는 모든 경험의 대상들에 대하여서는 "실재성 (즉, 객관적 타당성)"을 가진다. **모든**—'모든'은 예외 없음, 즉 필연성을 의미한다—외적 현상들은 반드시 공간을 통해서만 지각될 수 있고, **우리에 대한** 감각적 객관이 될 수 있다. 현상들에 대해서 공간은 필연적이고 보편타당하게 그 제약(조건)으로서 적용되는 것이다.

칸트가 말하는 "선험적 관념성"은 어떻게 이해해야 할까? 이 표현은 첫째 단락 a의 내용의 귀결로 간주될 수 있다. "선험적"이라는 표현이 조금 이해가 어려운데, 여기서는 "아프리오리에 관한"이나 "아프리오리한 인식이나 이론에 관한"이라는 널리 알려진 칸트 자신의 정의와는 다른 의미로 이해해야 할 것처럼 보인다. 차라리 "경험적"의 반대어로서, 즉 "비경험적인" 내지는 "초험적인"의 의미로 새기는 것이 나아 보인다. "관념성"은 여기서 타당성의 결여를 의미한다고 볼 수 있다. 즉, 공간은 물자체에 대해서는 아무런 적용 가능성 내지 의미도 갖지 못한다는 것이다. 달리 말해 그저 주관적인 표상일 뿐, **실재에 대해서는 아무런 관련성도 가지지 못한다**는 의미다. 경험적 실재성이 경험적인 사물, 즉 경험적인 것에 대한 타당성을 의미하는 것이라면, 선험적 관념성은 경험적이지 않은 사물, 경험을 넘어서 있는, 초험적 사물에 대한 비타당성을 의미하는 것으로 볼 수 있다. 칸트는 "선험적 실재론"(transzendentaler Realismus)를 언급(비판)하면서, 이것은 현상[표상 자체]을 물자체로 간주하는 입장이라고 한다. 그러니까 이때도 "선험적"은 "초험적"과 같은 의미로 쓰였다고 하겠다.

한 가지 더 놓치지 말아야 할 부분은, 칸트가 여기서 공간이 물자체에 대해서 타당성을 가질 수 없다는 점을 주장하면서도 그와 동시에 그 물자체를 "이성"의 객관으로서 언급하고 있다는 사실이다. 이 개념이 그의 실천철학 내지 도덕철학에 대해 갖는 의미를 생각해 보게 하는 대목이다.

"b" 단락(B 44)의 다음 내용은 공간 표상과 "색, 소리, 온도, 맛" 등과 같은 '감관적 표상'의 차이를 설명한다. 그 구분 기준은 명확하다. 후자는 전자와 달리 대상과의 관계에 있어서 객관적으로 타당하지 않다는 것이다. 감관적 표상은 "사물의 성질"을 객관적으로 규정하는 것이 아니며, 단지 감관의 주관적인 자극 내지 "변용" 또는 "주관의 변화"다. 따라서 감관적 표상은 감관적 객관의 필연적이고 보편타당한 구성 요소 또는 조건이 아니라 그저 우연적인 요소에 불과하다.

칸트는 감관적 표상이 "관념성"을 가지지 않는다고 적고 있는데, 이 부분은 독자를 갸우뚱하게 만든다. 그는 위에서 이미 정리한 것처럼 관념성을 그저 주관적인 것이라서 실재와 관계를 맺지 못하는 성질의 의미로 사용하였기 때문에, 공간 표상과 마찬가지로 감관 표상도 주관적이라는 점에서 보면 "관념적"이라는 표현이 적용되어야 마땅한 것처럼 보이기 때문이다. 이런 난점 때문에 "관념성"을 "실재성"으로 고쳐 읽은 주석자도 있었다.[175] 그러나 이에 대해 코헨 같은 학자는 칸트가 "진정으로 선험적인 의미의 … 구성적 관념성"이라는 의미에서 "관념적"을 더 좁게, 즉 "주관적이면서 동시에 아프리오리한"의 의미로 사용하고 있다고 해석한다.[176] 이런 의미로 보면,

175) 포어랜더(펠릭스 마이너, 1956)판 72쪽의 편집자 주 2 참조.
176) Hermann Cohen, 같은 책(²1885), 180; Vaihinger, 같은 책, Bd. 2, 357.

공간 표상에 대해서는 아프리오리한 직관에 의거하는 주관성이라는 뜻에서 관념성을 말할 수 있고, 감관 표상은 단순히 감각에 기초하는 **주관성**이라는 의미에서 관념적이기는 하지만, 아프리오리하게 타당한 것이 못 된다는 의미에서는 관념적이지 않다고 말할 수 있다. 이 경우 칸트는 영국 경험론자들이 공간 표상의 관념성을 감관적 표상의 주관성과 동일시한다고 보고, 그것과 자신의 입장을 구별한 것이라고 볼 수 있다.

이 단락의 마지막 문단(B 45)에서는 물자체와 현상의 구분이 등장하는데, 경험 차원이 아니라 선험적 내지는 초험적 차원의 구분으로 설명되고 있다. 만일 경험 차원에서 본다면, 물자체는 인식 주관에 따라 상이하게 나타나는 대상일 것이다. 예컨대 붉은 장미는 사람마다 색이나 형태, 향기가 조금씩 다르게 나타난다. 그러나 그 개별 장미들 각각은 상식적 관점에서는 곧 물자체로서의 장미들로 간주된다. 그러나 선험적 관점에서 보면, 물자체[장미 자체]는 주어지지 않은 어떤 것이며, 그럼에도 불구하고 공간 속에서 감관적 표상을 제공하고 있는 무엇일 것이다. 그러므로 칸트에 따르면, 경험적인 관점에서는 물자체와 현상의 구분이 무의미하지만 선험적 관점에서는 그것을 상정할 수 있다.

물론 칸트와 가까운 시기에는 독일 관념론부터 조금 멀기로는 신칸트학파까지 이러한 구분을 부적절한 것으로 보는 시각이 끊임없이 제기되었다. 그러나 이 구분을 거부했을 때 칸트가 구축한 선험 철학의 의미가 얼마나 보존될 수 있을지는 의문스럽다.

여기서 잠시 물자체가 칸트의 선험 철학에서 가지는 의미를 정리해보자. 칸트는 공간, 시간, 지성 개념, 지성의 원칙 등이 오직 현상에 대해서만 타당성을 가지는 것들이라고 한다. 그것들은 감각 대상들에 대한 인식을 가능케 하는 요소들이다. 그런데 그것들이 적용되기 위해서는 대상의 촉발로 인해 감관에 주어지는 감각 자료[소여, 내용]가 있어야 한다. 그리고 그 감각 자료의 근거, 즉 현상의 근거[이유, 원리]가 있어야 한다. 칸트는 이처럼 감각 현상의 기초에 놓여 있어야 할, 즉 주관의 감관에 감각 표상을 야기할 대상을 "물자체"로 부른 것이다. 일상적인 경험 차원에서 생각할 수 있는 물자체란 예컨대 각도에 따라서 타원형으로 보이는 원형의 접시 그 자체라고 할 수 있을 것이다. 또 물속의 굽어보이는 막대기와 대조되는 곧은 막대기 등을 떠올릴 수도 있다. 그러나 칸트가 말하는 선험적인 의미의 물자체란 오히려 원형 접시의 모습이나 실제로 곧은 막대기 자체가 아니라—이것은 현상이다!—그 배후의 어떤 것이다.

칸트는 물자체를 "본체/가상체"(noumena), "어떤 것"(Etwas), "X", "선험적 객관" 등으로도 표현하는데 두 가지 관점에서 설명한다. ①소극적 의미로 말할 때 물자체는 감성적 직관의 대상이 아니다. 이 경우 물자체는 지성적 이론 인식의 한계를 나타내 주는 개념으로 사용된다고 할 수 있다. ②적극적 의미로 말할 때 물자체는 현상의 규정 근거로서 비감성적인 [예지적/지성적] 직관의 대상을 지시한다. 물론 이때도 물자체는 인간의 직관하고는 관계가 없다.

칸트는 왜 물자체 개념을 끌어들인 것일까? 이 개념은 칸트가 단순히 자연 과학자에 머물렀다면 불필요한 개념이었을 것이다. 현상의 원인은 늘 또 다른 현상에서 찾기만 하면 되니까 말이다. 반면에 형이상학은 그 자체로는 현상의 원인을 현상이 아닌 것으로서 추구한다. 이 경우 결국 경험의 한계에까지 도달하게 되며, 이것이 물자체 개념의 필요에 대한 일반적인 이유라고 할 수 있다. 그러나 다른 한편으로는 칸트 인식 이론의 구조 자체가 어떤 의미에서는 당연하고도 불가피하게 그러한 구분을 필요로 했다고 할 수 있다. 만일 인간 인식 주관이 완벽하거나 인식의 객관까지도 스스로 산출할 수 있다면 그러한 구분은 필요 없을 것이다. 인간의 인식은 언제나 사물 그대로에 대한 인식일터이니 말이다. 그러나 인간에게 인식되는 대상은 주관의 제약에 의해, 즉 아프리오리한 조건들인 시간과 공간, 범주 등을 통해 주어지는 것으로서 도저히 물자체가 될 수 없는 것이다. 즉, 인간적 조건에 의해 제한된 대상으로서 주어질 뿐인 어떤 것이다.

아래의 내용은 칸트의 물자체 개념과 관련해 제기되었거나 제기될만한 문제들을 정리한 것이다.

①물자체는 어떤 방식으로 현상의 원인이 되는가?

분명한 것은 인과성 범주에 의해서는 아니라는 것이다. 인과성 범주는 현상에게만 타당한 것이기 때문이다. 결론, 칸트는 물론 아무도 모른다! 칸트는 그저 물자체를 현상의 존재 근거—이때 현상을 현상으로서 가능케 만든다는 의미에서이지, 범주적 원인의 의미에서는 아니다—로 보고, 현상은 물자체의 **현존**에 대한 인식 근거로까지 생각한 듯하다. 유잉 같은 학자는 칸트가 다른 의미의 원인, 예컨대 "도식화 되지 않은 [원인] 범주"를 상정한 것으로 볼 수 있다고 주장한다.[177] 실제로 칸트는 『형이상학 서설』에서 관념론을 비판하면서 이렇게 적었다.

---

177) A. C. 유잉(김상봉 역), 『칸트 순수이성비판 입문』, 한겨레 1980, 195 참조.

"관념론은 사고하는 존재 외에는 아무것도 없으며, 우리가 직관에서 지각한다고 믿는 나머지 사물은 단지 사고하는 존재 안의 표상일 따름이고, 사고하는 존재 밖의 그 어떤 대상도 실재로는 이 표상에 부합[대응]하지 않는다는 주장을 뜻한다. 이와 반대로 나는 [이렇게] 말한다. 사물은 우리 바깥에 존재하는 우리 감각 능력의 대상으로서 우리에게 주어지지만 우리는 사물 자체에 관해서는 아무것도 알지 못한다. 우리가 알아내게 되는 것은 단지 그들의 현상, 즉 그들이 우리 감각 능력을 촉발함으로써 우리 안에 불러일으키는 표상뿐이다. 물론 이에 따라서 나는 우리 바깥에 물체가, 다시 말해 사물이 있음을 인정한다. 비록 이 사물이 그 자체로 무엇인지는 우리에게 전혀 알려지지 않았지만, 우리는 이 사물을 **우리 감성에 미치는 그것의 영향으로** 우리에게 제공되는 표상을 통해 알게 되고, 이들에게 물체라는 이름을 부여한다. 따라서 물체라는 단어는, 우리에게 알려지지 않았지만 그럼에도 진정한 대상의 한갓 현상을 뜻한다. 이런 것을 과연 관념론이라 할 수 있을까? 아니, 이것은 관념론과는 정반대다."[178]

②물자체도 형이상학적으로 보면 그 자신 역시 어떤 또 다른 원인을 가져야 하므로, 현상의 원인에서 다시 물자체의 원인, 그 원인으로 계속 소급하다 보면 결국 사물의 최초 원인 제공자, 즉 신에 이르게 될 수 있지 않을까? 아니면 또 다시 그 신의 원인? 역시 가능한 질문이지만 무의미한 논쟁 같다. 물자체에 대해서는 전혀 아무런 내용도 알려지는 바가 없다고 보기 때문이다. 이 개념 자체가 이미 우리 인간 사고가 인식 원리에 따라 이를 수 있는 최종 개념, 즉 인간 지성이 그것을 넘어 나아갈 수 없는 일종의 '한계 개념'이므로,

178) 『형이상학 서설』, IV 288 이하.

그 배후나 그 너머를 묻는 것은 무의미할 것이다.

③물자체와 선험적 이념들의 관계를 어떻게 보아야 할까? 칸트는 실체로서의 자아, 신, 인과 계열의 완결체로서의 세계 내지 우주 등과 같은 이념들 역시 물자체로 간주할 수 있는 것처럼 말한다. 현상적[경험적]으로 주어질 수 없다는, 즉 이론 인식이 불가능하다는 점에서는 공통점이 있다. 그러나 물자체는 시간, 공간 안의 현상들의 근거를 주지만, 신이 어떤 식으로든 시간, 공간 속에서 현상한다고 말하기는 어렵다. 스피노자의 신이라면 가능할 수 있겠지만 말이다. 또 자유라는 것도 칸트에 의하면 우리의 도덕적 의식 속에서 분명하게 파악 가능한 것이라는 점에서 물자체와는 그 성격이 다르다고 할 수 있다. 물자체는 기본적으로 한계 개념이지만, 이념들은 오히려 이성을 통일적으로 사용하기 위해 이론적으로나 실천적으로 불가피하게 **요청되는 개념**들이다. 또한 이념들은 앞에서 언급한 것처럼 **이성적 추론**(삼단논법)의 산물로서 "선험적 변증론"에서 그 해체 작업이 이루어진다.

B 46 이하는 "§ 4 시간 개념의 형이상학적 해명"이다. 분량만 약간 줄어들었을 뿐 "공간 개념의 형이상학적 해명"과 평행적인 테제와 증명 근거를 사용하고 있다. 첫째 명제는 "시간 표상은 어떤 경험에서 도출된 경험적 개념이 아니다"이다. 그 근거로는 공간 표상의 경우처럼, 동시 존재나 계기에 대한 지각에 앞서서 시간 표상이 미리 주어져 있어야 한다는 설명을 제시한다. 『교수취임논문』에서 칸트는 영국 경험론뿐 아니라 라이프니츠의 시간 표상 개념도 비판했는데, 시간 표상은 사물들 또는 사물들의 상태들의 연속에서 성립하는 것이 아니라, 반대로 시간 표상이 선행해야만 연속적인 사물들에

대한 표상이 가능하다는 것이 그 요지였다.

> "*시간은 객관적이고 실재적인 어떤 것이 아니다.* 실체도, 우유성[실체에 귀속하는 우연적인 성질]도 그리고 관계도 아니다. 시간은 모든 임의의 감각 가능한 것들을 특정한 법칙에 따라 배열하기 위해 인간 인식능력의 본성이 필요로 하는 주관적인 조건이다. 그것은 또한 *순수한 직관*이다. 우리는 실체든 우유성이든 시간 개념을 통해서만 그것들이 동시에 존재하거나 계기적으로 존재하는가에 맞게 배열하기 때문이다. 그래서 시간 개념은 형식의 근거로서 실체나 우유성 개념보다 앞선 것이다. 관계들, 즉 온갖 종류의 연관들은 그것들이 동시적으로든 계기적으로든 감관에 주어지는 한, 시간 속에서 정해져야만 하는 위치, 즉 시간상의 동일한 위치거나 상이한 위치만을 포함한다.
>
> 시간의 객관적 실재성을 주장했던 사람들은 이 시간을 현존 안에서 지속하는 어떤 흐름, 그러나 존재하는 어떠한 사물과도 무관한 흐름으로서 파악했다. 이것은 (지극히 모순된 발상인데) 특히 잉글랜드 철학자들에 해당한다. 시간의 객관적 실재성을 주장한 또 다른 사람들은, 시간을 내적 상태의 계기들로부터 도출된 어떤 실재적인 것으로 이해했는데, 라이프니츠와 그의 지지자들이 그랬다. 이 견해의 잘못은 통상적으로 받아들여지는 시간에 대한 설명이 범하고 있는 순환논증의 오류에 의해 충분히 드러난다. 게다가 이 견해는 시간의 가장 중요한 귀결인 *동시성*을 완전히 간과해 버림으로써 건전한 이성의 모든 사용을 잘못에 빠뜨린다. 왜냐하면 운동의 법칙을 시간의 척도에 따라서 규정하는 것이 아니라 시간 자신을 그 본성과 관련해 운동 중에 있거나 내적 변화의 임의의 순서 속에서 지각된 것에 따라 규정할 것을 요구하기 때문이다. 이로써 규칙의 모든 확실성은 완전히 파괴된다. … 모순율 자체가 시간 개념을 전제하며, 그것을 자신의 조건으로서 기초에 둔다."[179]

위의 인용문은 칸트가 이미 1770년 무렵에 시간 개념의 핵심 요소들을 발견했다는 사실을 확인시켜 준다. 특히 그는 인용문의 마지막 부분에서 라이프니츠의 시간 개념이 동시성을 간과함으로써 모든 이성적 사고의 근간이 되는 모순율까지 불가능하게 만들었다고 비판한다. 모순율은 A와 비(非)-A가 **동일한 시간**에 동일 대상에서 사고될 수 없음을 뜻하기 때문이다.

둘째 명제는 시간 표상의 필연성, 그리고 그것에 기초하여 시간 표상의 아프리오리한 성격을 주장한다. 그 근거는 공간에서와 마찬가지로 시간이 현상에 의존적이지 않다는 데서 찾고 있다. 공간의 경우, 공간 표상을 도외시할 수 없다는, 즉 공간이 존재하지 않음을 생각할 수 없다는 점에서 주관적 의식과 공간 표상의 불가분성을 주장하고 이 점에서 공간 표상의 절대적 필연성에 대한 근거를 찾았었다. 그러나 시간에서는 시간 표상 자체를 제거할 수 없다는 주장 대신, "현상을 가능하게 하는 보편적인 조건으로서"의 시간 표상을 제거할 수 없다고 주장한다. 이 부분과 관련하여 파이힝어는 공간 · 시간 표상의 "절대적 필연성"과 "상대적 필연성"의 구분이 가능할 것이라고 주장한다.[180]

절대적 필연성이란 공간 혹은 시간 표상 자체의 필연성을 의미하며, "표상하는 **주관**"에 대한 필연성, 즉 내가 무엇인가를 표상한다면 반드시 공간과 시간이 "먼저"(vor) 존재해야 하며, 그것에 준해 표상하게 될 수밖에 없음을 뜻한다는 것이다. 현상은 "우리의 공간 · 시간 표상에 앞서서" 존재할 수 없다. 즉, 현상이 먼저 있고 이 현상으

179) 『교수취임논문』 II 400 이하.
180) 이하는 파이힝어, 같은 책, Bd. II, 192-197 참조.

로부터 공간·시간 표상이 추상될 수 있는 것이 아니라, 오히려 그 역으로 공간·시간 표상이 먼저 우리 주관에 주어져 있어야 비로소 현상의 가능성이 생각될 수 있다는 것이다. 이 경우 공간·시간 표상은 현상의 "불가피한 **선행조건**"(선행요소, Präcedens)인 셈이다.

이에 비해 상대적 필연성이란, 공간이나 시간 표상이 현상에 대해 가지는 필연성, 즉 표상된 "객관"에 대해 가지는 필연성을 뜻한다고 한다. 공간·시간 표상 "없이는"(ohne) 현상이 존재할 수 없다는 것이다. 즉 현상은 공간·시간 없이는 존재할 수 없으며, 이때 공간·시간은 "현상의 필수적 **구성요소**"(ein notwendiger Bestandteil, ein unerlässliches Ingrediens)라고 할 수 있다는 것이다. 다시 말해 시간적이고 "공간적이지 않은 어떤 것은 전혀 표상될 수 없음"을 뜻한다는 것이다. 현상만을 남기기 위해, 일종의 사고실험을 통해서도, 공간·시간을 제거할 수는 없으나, 반대로 현상을 제거하더라도 이 구성요소들은 남는다고 할 수 있다. 따라서 공간·시간은 현상에 "그저 앞서서 있는 것이 아니라"(nicht bloss vor), 그 현상이 제거된 "이후"(nach)에도 여전히 남아 있다고 생각할 수 있다는 것이다.

파이힝어는 더 나아가 전자(절대적 필연성)는 "지각 **활동**"(Wahrnehmungs**tätigkeit**) 내지 그것의 "현존"(Existenz)의 관점에서 공간·시간을 문제 삼는 것이고, 후자(상대적 필연성)는 "지각의 **객관**"(Wahrnehmungs**objekt**) 내지 그 "본질"(Essenz)의 관점에서 그것을 문제 삼는 것이라고 해석한다. 그러면서 전자에서는 "심리-주관적" 의미에 중점이, 후자에서는 "논리-객관적" 의미에 중점이 놓인다고 해석한다. 그는 칸트가 특히 시간 표상의 필연성과 아프리오리한 성격을 설명할 때 이러한 차이를 공간 표상의 경우보다 분명하지 못한 방식으로 뒤섞어 제시했다고 주장한다.[181]

"시간 개념의 형이상학적 해명"의 셋째 명제는 "시간 관계에 대한 필연적인 원칙 또는 시간 공리의 가능성은 시간 표상의 아프리오리한 필연성에 기초한다"이다.[182] 이 같은 주장은 "공간 개념의 형이상학적 해명"[재판]에서는 빠진 부분이다. 칸트가 말하는 시간의 원칙 또는 공리는 ①"시간은 오직 1차원만을 가진다"와 ②"서로 다른 시간은 동시적이 아니라 선후 관계적이다"이다. 이러한 원칙들이 먼저 주어져 있어야 변화와 운동에 대한 경험이 가능하게 되므로, 이것들은 아프리오리하다는 것이다. 이는 시간 표상의 아프리오리한 성격에 대한 논증과 결국 동일한 방식의 논증이라 할 수 있다. 그러므로 시간 표상이 필연적으로 선행한다는 것과 시간 원칙의 [공리로서 가지는] 필연적 확실성은 동일한 뿌리에서 나온 것이라 할 수 있다. 칸트는 "§ 5 시간 개념의 선험적 해명"에서 다시 이 셋째 명제를 거론하면서, 시간의 원칙[공리]이 선행하지 않으면, 서로 모순되는 두 진술들이 하나의 동일한 사물에서 결합할 수 있는 가능성, 즉 모순과 변화의 가능성이 배제된다고 한다.

넷째 명제는 "공간 개념의 형이상학적 해명"[재판]에서 셋째 명제와 평행하는 내용으로서, 시간은 개념이 아니라 직관이라는 주장이다. 여기서는 "직관" 대신 "감성적 직관의 순수 형식"이라는 표현을 사용한다. 공간론과 비교해 보면, "서로 다른 시간이라는 것은 동일한 시간의 부분에 지나지 않는다"는 문장은 그 앞에 "우리가 표상할 수 있는 것은 단지 하나의 유일한 시간뿐이다"가 생략된 것으로 볼 수 있다. 그런데 바로 이어서 시간이 하나의 유일한 시간, 즉 동질적

181) 파이힝어, 같은 책, Bd. 2, 370 참고.
182) B 47.

이고 통일적인 시간에 대한 하나의 표상으로서만 따라서 직관으로서만 주어진다고 표현해야 할 것을, “오로지 **유일한 대상을 통하여** 주어질 수 있는 표상”[183]이라고 적고 있는데, 이는 칸트의 부주의에 기인한 것처럼 보인다. 셋째 명제에서는 시간 관계의 원칙이 필연적으로 확실하다고 한 데 비해, 여기서는 “종합적”이라고 주장한다. 이는 시간 표상이 직관임을 밝힘으로써 가능한 결론처럼 보인다. 공간론에서는 기하학적 명제를 예로 들었으나, 여기서는 수학적 명제를 예로 들지 않고 바로 시간에 직접 관련한 명제, 즉 “서로 다른 시간이 동시에 존재할 수 없다”는 명제가 보편 개념에서 도출될 수 없다는 점을 그 근거를 들었다.

다섯째 명제는 위의 명제와 마찬가지로 시간 표상이 개념이 아니라 직관임을 주장하는 데 그친다.[184] 앞에서는 시간 표상이 단일한 표상을 통해 주어진다는 점을 그 근거로 들었으나, 여기서는 그것이 무한한 양의 부분 표상들을 자체 안에 포함하며 부분 표상들에 선행한다는 점[초판]을 근거로 제시한다. 이는 위에서 이미 언급했던 “종합적 전체”와 “분석적 전체”의 구분을 상기시킨다.

초판에서 “거기[개념]에서는 부분 표상들이 선행하기 때문이다”라고 했던 것을 재판에서는 “개념에는 **오직 부분 표상들만이 포함되기** 때문이다”라고 수정함으로써, 시간 표상의 경우 개념이 아니므로 **부분 표상 이외의 다른 어떤 것**까지 포함한다는 해석을 가능하게 만들었다. 그래서 예컨대 개념은 “단지 비본래적으로 … 개념적, 추상적”(nur uneigentlich … begriffliche, abstracte)인 부분들, 징표들

183) B 47. 강조 나.
184) B 48.

만을 [부분 표상들로서] 포함"하는 데 비해, 시간 표상은 직관으로서 그 부분 표상들 역시 동일한 공간 표상의 "실제적"이고 "구체적"인 부분들을 포함한다는 의미로 해석할 수 있다. 이 경우, 재판은 시간 부분 표상들의 양적인 측면이 아니라 질적인 측면을 강조한 것으로 볼 수 있다.[185]

"§ 5 시간 개념의 선험적 해명"(재판)에서 칸트는 "시간 개념의 형이상학적 해명"의 셋째 명제를 다시 언급하면서 그것이 원래 "시간 개념의 선험적 해명"에 해당하는 것인데 "간결하게 하고자"라는 이유 때문에 형이상학적 해명에서 미리 다룬 것이라고 얼버무린다. 그는 시간론의 구조를 공간론의 구조에 평행하게 맞추려 했으나 공간론에서는 거론하지 않았던 명제를 부주의하게 시간론에 포함시킨 것일 수 있다. 어쨌든 여기서 그는 다시 시간 표상들을 전제해서만 동일한 대상에서 모순적인 술어들이 진술될 가능성, 즉 변화 내지 운동의 가능성이 설명될 수 있다고, 즉 그것에 대한 인식이 가능하게 된다고 주장한다.

B 49의 "§ 6 이 개념에서 나오는 결론" 첫 단락(a)은, 공간 개념의 "위의 개념에서 나오는 결론"(B 42 이하)에 상응하는 내용을 좀 더 상세하게 다룬다.

①시간이 독자적으로 존재하는 무엇인가, 즉 실체인가? 아니다.

근거: 시간은 아무런 현실적 대상도 아니면서—사물의 직관에 대한 주관적 조건을 모두 제거하면 사라지는 것이므로—, 또 동시에 현실적인 무엇이 될 수도 없다.[186]

185) 파이힝어, 같은 책, Bd. 2, 380 이하 참조.

②시간은 사물 자체에 속하는 객관적 규정인가? 아니다.

근거: 시간은 대상에 대한 제약으로 선행해야 하는 것, 즉 아프리오리하게 미리 주어져 있어야 하는데, 사물에 속하는 규정이라면 이것이 불가능하며, 또 직관을 통해 아프리오리하게 인식될 수도 없다. 물론 ①에서와 마찬가지로 여기서도 시간은 "사물의 직관에 대한 주관적 조건을 모두 제거하면 사라지는 것"이라는 주장이 근거로 사용될 수 있다. 이 같은 논리는 결국 공간론의 그것과 같다. 즉 시간은 직관[표상]하는 주관 없이도 계속 존립하는 무엇이 아니라는 것이다.

둘째 단락(b)은 공간 개념의 결론 부분과 동일한 방식으로 출발하지만 다른 내용, 즉 공간에서와 같이 시간을 단순히 직관의 형식이라고 말하지 않고 **내적** 직관의 형식이라고 말한다. 시간은 외적 현상의 주요 요소인 형태, 위치 등에 관여하는 것이 아니라, 내적 상태에서의 표상의 관계를 규정하는 것으로 설명한다. 여기서 칸트는 "시간은 외적 현상의 규정일 수 없다"고 단언하지만, 이는 나중에 자기 자신에 의해 유지되기 어려운 주장으로 판명된다.

> "이 내적 직관에 의해, 즉 그 시간과 관련해서 주관이 규정되어야 하는데, 이를 위해서는 단연코 외적 대상이 필요하다. 따라서 내적 경험 자체는 그저 간접적으로 그리고 단지 외적 경험을 통해서만 가능하다."[187]

B 50에서 그는 시간 계기[연속성]를 일차원적 성질을 지닌 "선"에

186) 물론 현상과는 구별되는 무엇이다.
187) B 277. B 291 이하도 참조.

비유한다. 칸트가 이 비유를 통해 주장하려 한 것이, 시간 지속에 대한 의식은 오직 공간 지각으로부터만 얻을 수 있다는 것인지, 또는 이와 대조적으로 물리적 대상의 변화에 대한 의식도 시간 지각을 통해서만 얻어질 수 있다는 것인지 등에 대해서는 이견이 존재한다. 파이힝어는 이 비유가 시간의 연속성만을 염두에 둔 것이지 동시성까지 고려한 것이 아니기 때문에 불완전한 유비라고 평가한다. 시간 계기의 어느 한 순간에 무수히 많은 동시적 사건들 내지 존재자들이 존재함을 형상화 해주기에는 부적절하다는 것이다. 시간에 관한 좀 더 적합한 비유와 관련해서 그는 칸트가 다른 곳(『인간학』, VII 231)에서 사용한 "시간의 물줄기"(Strome der Zeit)라는 표현을 언급하는데 이는 흥미로운 지적이다.[188]

칸트는 이 단락의 마지막 문장에서 "시간 자체의 표상은 직관"이라고 다시 한 번 지적하면서 그 근거로 "시간의 모든 관계가 외적 직관에 있어서만 표시될 수 있기 때문"이라는 뜬금없는 설명을 첨부한다. 설령 여기서 "외적 직관"이, 시간 표상을 어쨌든 주관 **외부**의 "선"에 비유한 것을 뜻한다고 이해하더라도 여전히 위 주장의 근거로는 합당치 않아 보인다.

셋째 단락(c)은 시간이 "**모든** 현상 일반의 아프리오리한 형식적 제약이다"[189]라는 주장에 대한 설명이다. 이 같은 언급은 마치 공간은 외적 현상의 제약(조건)으로 한정되는 반면에, 시간은 내적뿐 아니라 외적인 현상에게까지 자신의 적용 영역을 더 넓게 가진다는 의미로 들린다. 이러한 주장이 앞의 명제들로부터 귀결하는 것은 아니

188) 파이힝어, 같은 책, Bd. 2, 393 이하; 유잉, 같은 책, 71 참조.
189) B 50. 강조 나.

지만, "시간 개념의 선험적 해명"에서 [공간적] 운동(변화)의 이해 가능성과 관련해서는 간접적으로 언급한 것으로 볼 수 있다. 즉, 모든 표상들은, 비록 외적인 현상(예컨대 물리적 대상의 운동)을 그 내용으로 가진다 해도 그것들이 표상들로서 마음의 규정이 되는 한 심리적 현상인 것이고 결국 **간접적으로는** 시간 형식의 조건 하에 놓인다는 것이다. 다만 b(B 49)에서 "시간은 외적 현상의 규정일 수 없다"고 한 것과 모순을 피하려면 "간접적" 규정이라는 점을 꼭 강조해야 할 필요가 있어 보인다. 칸트는 시간 형식이 모든 현상에 적용되는 제약이라는 점을 초판에서는 이렇게 설명한다.

> "우리의 표상들이 어디에서 나오든 간에—[다시 말해] 외부 사물의 영향을 통해서 또는 내적 원인을 통해서 작용된 것이든—또 그것들이 현상으로서 아프리오리하게 또는 경험적으로 성립하든, 모두 마음의 변양들로서 내감에 속한다. 그리고 그러한 변양들로서 우리의 모든 인식은 결국 내감의 형식적 조건, 즉 시간에 종속한다. 표상들은 전부 시간 안에서 정돈되고, 결합하며, 관계를 맺어야만 한다. 이는 아래의 내용에서 줄곧 기초에 놔두어야 할 일반적 주의(注意)이다."190)

칸트가 『교수취임논문』에서 시간론을 공간론보다 먼저 다룬 것도 시간이 공간에 대해 가지는 상대적인 중요성을 반영한 것일 수 있다.

> "시간은 자신의 관계 안에 확실히 모든 것을 포섭하기 때문에 *보편적인 개념*과 *이성 개념*에 더욱 *가깝게 다가간다*. 다시

190) A 98 이하.

말해 공간 자신 그리고 더 나아가 마음이 만들어내는 생각처럼, 공간 관계 안에는 포함되지 않는 우연적 성질들을 포섭한다는 것이다. 더욱이 시간은 비록 이성에게 법칙들[자체]을 부과하는 것은 아니지만, 인식 능력이 자신의 개념들을 *이성 법칙에 적합하게 비교할 수 있도록 촉진하는* **가장 중요한** 조건들을 제공해 준다. 그래서 만일 내가 동일한 주어에 대해 *동일한 시간에* 술어 A와 비(非)-A를 귀속시킨다면, 불가능한 것이 무엇인가에 대해 판단할 수 있는 것이다."[191]

이처럼 논리적 사고의 원리인 모순율을 시간 조건에 의존한다고 보는 칸트의 생각도 그가 시간을 공간보다 더 근본적인 직관의 형식으로 간주한 데 기여한 것 같다. 그럼에도『순수이성비판』이 공간론을 먼저 다루었던 까닭은 아마도 순수직관으로서의 본성이 시간보다 공간에서 더 직접적으로 그리고 더 수월하게 드러난다고 생각했기 때문일 것이다. 시간의 경우에는 선의 비유에서도 짐작할 수 있듯, 우리가 **순수하게 내적인 것**을 공간적 표상의 도움 없이 표상(직관)하는 것이 쉽지 않다고 여겼을 것이다.[192]

c) 단락의 이어지는 부분(B 52)에서 칸트는 공간 개념의 "위의 개념에서 나오는 결론"의 b) 단락(B 44)에서처럼 시간의 "경험적 실재성"에 대해 언급한다. 시간은 "주관의 바깥에 그 자체로는 아무것도 아니고" 단지 감성적 직관의 대상으로서의 사물, 즉 인간의 감성적 직관에 대한 현상으로서의 사물에 대해서만 "실재성"("객관적 정당성"과 "타당성", "아프리오리한 보편성")을 갖는다는 점을 강조한다.

---

191)『교수취임논문』II 405 이하.
192) 파이힝어, 같은 책, Bd. 2, 396 이하 참조.

그러면서 그는 “우리는 ‘모든 사물들이 시간 안에 있다’고 말할 수 없다”고 하면서, 마치 비인간적, 초감성적, 예지적 직관이나 그 형식이 있을 수 있음을 암시하는 듯한 태도를 취한다.

시간의 “선험적 관념성”을 진술하는 부분도 공간론의 설명과 근본적으로 다르지 않다. 시간도 공간처럼 경험 대상에 대해서만 실재할 뿐, 그 자체로서 절대적으로 실재하는 것이 아니어서 물자체의 성질로 볼 수 없으며 대상 그 자체와 무관하다는 것이다.

이 단락의 마지막 부분 역시 공간론의 결론(B 44)에 상응한다. 즉, 시간 표상과 감관 표상을 구분할 것과 대상 자체와 현상이 다르다는 점을 주장하고 있다.

6. 선험적 분석론

“제2장 순수 지성 개념의 영역”의 “§ 13 선험적 연역 일반의 원리에 대하여”에서 칸트는 자신을 오랫동안 가장 괴롭혔던 물음, 즉 지성적 개념들의 타당성을 어떻게 이해할 것인가라는 문제를 본격적으로 다룬다. 그는 이 물음을 이미 앞에서 확인했던 것처럼 헤르츠에게 보낸 1772년 2월 21일자 편지에서도 언급했었다.

이제『순수이성비판』에서 그는 먼저 법학에서의 이른바 “사실의 문제”와 “권리의 문제”의 증명을 소개하면서 논의를 시작한다. 그에 따르면, 경험적 사실 관계에 관한 개념들은 그것들의 “객관적 실재성”, 즉 객관적으로 타당하고 정당한가를 증명하지 않고도 얼마든지 합법적으로 사용할 수 있고 또 실제로 그렇게 사용되고 있다고 한다. 그 같은 개념들의 합법성은 경험, 즉 경험을 통해 주어진 내용이 그 개념의 관용적 사용 의미에 일치하는가 여부에 의해 확인 가능하기 때문이다. 반면에 "행운"이나 "운명" 등과 같은 개념들은 "일반적으로 관대하게" 사용되고 있기는 하지만 이따금 권리의 문제에 봉착하여 사람들을 곤혹스럽게 만들기도 하는데, 그러한 개념들은 경험을 통해서나 이성을 통해서도 그것들을 "사용할 권한"(die Befugnis seines[ihres] Gebrauchs) 또는 "권리 근거"(Rechtsgrund)가 명백하게 드러나지 않기 때문이라고 한다.

그가 말하는 사실의 문제를 인식의 문제로 표현하자면, '경험적 인식이 실제로 어떻게 일어나는가' 또는 경험적 "개념들이 어떻게 경험과 그 경험에 대한 반성을 통해 획득되는가"가 될 것이다.[193) 반면 권리의 문제는 '경험적 인식이 어떻게 정당화 되는가' 또는 '경험에서 취해오지 않은 아프리오리한 개념들이 어떻게 경험적 객관에 적용될 수 있고, 또 그렇게 해서 어떻게 자연과학적 인식이 가능한가'로 표현할 수 있을 것이다. 그는 전자를 "경험적 연역", 후자를 "선험적 연역"의 문제로 여겼다. 그러나 이미 언급한 것처럼, 사실의 문제는 사실상 증명이 불필요하므로 연역의 본래 문제는 권리의 문제라고 할 수 있다.[194)]

193) B 117 참조.

194) "그것[로크가 시도한 것]은 *사실의 문제*에 관한 것이었기 때문에 원래는 결코 연역이라고 부를 수 없고, 따라서 나는 그것을 순수한 인식의 *점유*(*Besitze*)에 관한 설명이라고 부르겠다"(B 119). 라이프니츠 또한 "감각이 가져오기 이전에는 어떠한 관념도 마음 안에 있지 않다"(Nihil est in intellectu quod non fuerit in sensu)고 한 로크의 견해에 맞서, 우리가 사유하기 위해 사용하는 개념들, 가령 "존재, 실체, 하나[개체성], 동일성, 원인" 등과 같은 개념들은 이미 "영혼[지성]" 안에 주어져 있다고 반박했다. 물론 라이프니츠는 칸트와 같은 연역의 단계까지 이르지는 못했다(*Neue Abhandlungen über* …, 84). 위의 라틴어 문구는 경험론의 모토처럼 간주되지만 본디 스콜라철학에서는 실재하는 사물들에서 감각을 통해 주어지는 것이 인간의 지성에 의해 포착됨을, 다시 말해 감관(경험)과 지성(이성)의 협동 작업을 의미했던 것으로 보이며,

칸트는 “인간 인식의 대단히 잡다한 조직을 구성하는 다양한 개념들 중에는 아프리오리하게, 즉 모든 **경험과 전적으로 무관하게 사용**하도록 규정된 약간의 것들이 있으니 그것들은 늘 연역을 필요로 한다”[195]고 말한다. 그 개념을 사용할 적법한 권한을 위한 경험적 증거가 충분하지도 않거니와, 우리는 그 “개념들이 어떻게 그 자신이 **경험에서 취하지 않은 객관에 관계**할 수 있는지”를 알아야 하기 때문이라고 한다. 그리고 칸트는 다시 “개념들의 선험적 연역”을, “어떻게 개념들이 아프리오리하게 대상들에 관계할 수 있는가”에 대한 설명이라고 정의한다.

우리는 칸트가 여기서 선험적 연역의 두 가지 의미를 염두에 둔 것으로 해석할 수 있다. 나의 판단으로는, 해당 원문의 우리말 번역본들에도—번역자들이 의도했든 그렇지 않든—이 점이 반영되어 있다. 예컨대 최재희 번역은 “이런 개념[아프리오리한 개념]이 어떻게 **경험에서 얻어지지 않은 객관에** 관계할 수 있느냐”이고, 전원배 역은 “**경험에서 취하여 오지 않은 이 개념이** 어떻게 해서 객관에 관계를 가질 수 있는지”이다.[196] 전자는 원문의 문법 구조에 충실하게 “경험에서 얻어지지 않은”을 “객관”에 연결시켰다. 반면에 후자는 문법적으로는 문제가 있는 번역이나 칸트가 순수 **지성** 개념의 연역으로 의도한 것을 반영하여 의역한 것으로 보인다. 지성 개념, 즉 범주

볼프의 “이성과 경험의 결합”(connubium rationis et experientiae)이라는 표현 역시 그러한 의미를 따르고 있다. 이 문구의 문헌학적 출처와 의도에 대해서는 Paul F. Cranefield, “Notes and Events: On the Origin of the Phrase ‘Nihil est in intellectu quod non prius fuerit in sensu’” in *Journal of the History of Medicine and Allied Sciences*, vol. 25.1(1970), 77-80 및 Lewis White Beck, “From Leibniz to Kant” in *Routledge History of Philosophy*, London/New York: Routledge, 1993, vol. 6, 10 참조.

195) B 116 이하.

196) 『순수이성비판』(최재희 역), 119; 『순수이성비판』(전원배 역), 1994, 127.

는 분명 "경험에서 취하여 오지 않은" 개념이고, 이 아프리오리한 성격의 개념이 어떻게 다른 성격의 객관, 즉 경험의 대상에 관여하여 정당한 인식을 산출하는가를 밝히려는 것이 칸트가 지금 이 장에서 말하는 지성 개념의 선험적 연역이기 때문이다.

하지만 최재희 번역은 문법에 충실할 뿐더러, 선험적 연역의 다른 의미, 다시 말해 **이성** 개념의 연역에 부합한다. 칸트에 따르면, 이성 개념, 즉 이념은 경험적 대상에 직접 관계하여 경험적(객관적) 인식을 성립시키는 것은 아니지만, 우리가 그 "이념 안의 대상"의 존재—다시 말해 **경험에서는 결코 얻을 수 없는 대상**의 존재—를 상정함으로써 비로소 "경험 일반의 대상들의 성질과 결합 관계를 어떻게 탐구할 것인가"를 알 수 있고, 또 그렇게 해서 경험적 인식을 체계적이고 통일적인 방식으로 확대해 나갈 수 있게 된다. 이런 의미에서 이성 개념은 객관적 대상을 직접 규정한다는 의미에서는 아니지만 인식에서 나름 필연적으로 요구되는 "객관적 타당성"을 가진다는 것이다. 칸트는 "이 같은 이념에 따르는 절차(nach dergleichen Ideen zu verfahren)가 이성의 필연적 *준칙*"이라고 하며, 이성 개념을 이처럼 "경험적 인식 일반의 다양을 체계적으로 통일하는 *통제적* 원리"로 설명하는 것을 "사변적 이성의 모든 이념의 선험적 연역"이라고 정의한다.[197] 물론 최재희의 번역에서 "이런 개념이 어떻게 **경험에서 얻어지지 않은 객관에** 관계할 수 있느냐"를, '경험을 통해 객관이 주어지지 않은 상태의 지성이 자신의 개념을 어떻게 그 객관에 관계시킬 수 있느냐'로 새긴다면, 지성 개념의 연역 문제와도 별 무리 없이 연결될 수 있다.

---

197) B 697, 699.

B 118 이하에서 칸트는 아프리오리한 개념으로서 두 종류의 개념, 즉 지성의 개념(범주)과 공간·시간 개념—공간·시간은 엄밀히 말해 '개념'이 아니고, '직관' 또는 '직관의 형식'이다—을 구별하면서 마치 후자는 **진정한 의미의 연역**을 필요로 하지 않는 것처럼 말한다. 감각적 데이터가 인식 주관에 주어지기 위한 조건, 즉 형식적 제약이 바로 공간·시간이며 이것을 통하지 않고서는 어떠한 대상도 경험적 객체로서 주어질 수 없기 때문에 공간·시간의 객관적 타당성은 자명하다는 것이다. 다시 말해 감성적 직관의 형식을 그 직관에 적용하는 것이 정당한가 여부를 문제 삼는 것 자체가 어불성설이라는 것이다. 그럼에도 칸트는 "해명"이라는 제목을 달았던 "공간론"과 "시간론"의 작업을 여기서는 더 이상 단순히 "해명"이라 지칭하지 않고 선험적 "연역"으로 표현한다. 그에 따르면, 지성의 순수한 개념은 "경험에 기초하지도 않고, 또한 직관 속에서 객관을 아프리오리하게 제시할 수도 없기 때문에, 객관적 타당성과 그 사용의 한계에 관해서 의심"을 불러일으킨다. 그럼에도 이 지성 개념은—여기서의 지성 개념은 전통 형이상학자들이 오용했던 것을 의미한다—"감성의 모든 조건 없이 대상에 보편적으로 관계"하는 것으로 여겨졌었다. 지성은 특히—공간[과 시간]을 그 자체 "현실로 존재"하는 무엇으로 여길 경우—"공간[과 시간] 개념을 감성적 직관의 조건을 넘어서 사용하려는 경향"을 보임으로써 그 개념을 모호하게 만들기 때문에 "공간[과 시간] 개념의 선험적 연역"이 필요했던 것이라고 주장한다.[198] 이러한 주장에 따르면, 공간·시간 개념의 선험적 연역은 그것이 감성적 직관의 형식으로서 갖는 객관적 타당성을 증명하기 위한 것이었다기보다는, 그 개념의 **초험적 사용이 부당하다는** 사

198) B 37, 119-121 참조.

실을 밝힘으로써 제한을 확정하기 위한 것이었다고 할 수 있겠다.

지성 개념의 선험적 연역을 어떻게 수행하고 있는가를 살펴보기 전에 이쯤에서 먼저 그 '연역' 개념에 대한 보충 설명이 필요해 보인다. 연역은 지성 개념(범주)들을 어떤 식으로든 체계적으로 도출해 낸다는 의미가 아니다. 칸트는 그 도출 과정에 관한 문제를 일상적인 판단의 형식들에 주목함으로써 해결했다.[199] 그는 B 128에서 범주를 "대상 일반의 개념으로서, 이것에 의하여 대상에 대한 직관이 판단이라는 논리적 기능의 하나와 관련하여 규정된 것으로서 간주되는" 것이라고 정의한다. 그러므로 범주는 모든 대상들의 표상들이 그것에 의하여 비로소 대상이 되는 (대상으로서 경험 되는) 개념들이며, 판단의 12 형식들로부터 주어지는 개념들로서, 표상들은 이 개념들에 의하여 12 가지 판단들 가운데 하나로 판단(사유)되는 것이다.

①분량 전칭판단 → "단일성"(Einheit): "모든 사람은 죽는다."
특칭판단 → "수다성"(Vielheit): "어떤 사람은 흑인이다."
단칭판단 → "전체성"(Allheit): "이 사람은 교사다."
②성질 긍정판단 → "실재성"(Realität): "이 사람의 키는 크다."
부정판단 → "부정성"(Negation): "저 사람의 키는 크지 않다."
무한판단 → "제한성"(Limitation): "저 사람(A)은 비민주적(非B)이다."
③관계 정언판단 → "실체와 우유성"(Subsistenz/Inhärenz): "모든 사람은 동물이다"

199) "개념의 분석론"의 "1장 모든 순수한 지성 개념들을 발견하는 실마리"(B 91-116) 참조.

가언판단 → "원인성과 의존성"(Kausalität/Dependenz): "해가 뜨면 수은주가 올라간다."

선언판단 → "상호성"(Gemeinschaft): "삼각형은 등변이든가 부등변이든가다."

④양상 개연판단 → "(불)가능성"(Möglichkeit/Unmöglichkeit): "내일은 맑을 수 있다."

실연판단 → "현존성과 비존재성"(Dasein/Nichtsein): "오늘 눈이 온다."

필연판단 → "필연성과 우연성"(Notwendigkeit/Zufälligkeit): "2 X 2는 4다."

인간의 모든 인식은 그러므로 이 12 개의 범주와 판단 형식들 중 하나로 표현되기 마련이라는 것이고, 이 범주에 의하면 어떤 대상 X(대상 일반)가 구체적인 이 대상 (이것, 이 분필, 이 책상 등)으로 규정되어 인식된다는 것이다.

이제 "2장 지성의 순수한 개념의 연역"은 위의 **개념들의 적용을 정당화**하는 작업이다. 그렇다고 해서 지성 개념들이 이러저러한 인식 상황이나 학문에 경험적으로 잘 적용되고 유용하다는 사실을 보여줌으로써 범주 적용의 정당성을 입증하려는 것도 아니다. 오히려 범주가 모든 경험의 아프리오리한 조건이라는 것을 보여줌으로써, 다시 말해 범주 적용을 벗어나는 경험적 인식이 성립할 수 없다는 것—범주가 인식으로서의 경험 자체의 가능성을 규정하는 아프리오리한 조건이라는 사실—을 보여줌으로써 그 적용의 정당성을 입증하는 작업이다. 경험적인 방식으로 개념들이 어떻게 주어지고 적용되는가에 대해 대표적인 설명을 제시한 철학자로서 칸트는 로크를 언급한다. 칸트에 따르면 로크는 개별적인 지각들(감관 관념들)로부터 일반 개념이 만들어지는 과정을 "심리학적"(physiologisch)으로 설명하는 데 그쳤다.[200] 그러나 그것은 경험으로부터 개념이 만들어지는 과정에 대한 설명일 뿐 비경험적인, 즉 아프리오리한 개념들에 대한 설명은 아니라는 것이다. 더구나 그러한 로크의 설명 방식은 칸트적 "연역"의 의미와도 동떨어진 성격의 것이었다. 경험에서 얻어온 개념들이 그 경험 대상 세계에 적용될 수 있는 근거를 묻는 것은 불필요한 일이기 때문이다. 칸트는 그것이 "심리학적 도출"(physiologische Ableitung)에 그치는 것일 뿐 "객관적 타당성"(objektive Gültigkeit) 요구에 대한 답은 아니라고 평가한다.[201]

공간·시간도 역시 경험의 아프리오리한 조건이지만, 그것들은 대상이 우리에게 직관으로서 **주어지기 위한** 필연적 조건이었다. 그러나 대상들이 **사유**되기 위한 필연적 조건은 지성의 개념들, 즉 범주다. 인식하기 위해서는 사유해야 하므로 결국 대상은 범주를 통해서만 **인식**될 수 있다. 또 "감성의 형식"인 공간·시간과 "지성의 개념"인 범주는 경험적으로는 연역할 수 없으며 선험적 영역만이 가능하다. 이들은 경험에서 어떠한 표상도 얻어오지 않기 때문이다.

---

200) 칸트는 "Physiologie"를 내감의 대상에 대한 것과 외감의 대상에 대한 것으로 구분, 전자를 "심리학"(Psychologie), 후자를 "물체학"(Körperlehre, 좁은 의미의 Physik, 즉 물리학)이라 부른다. 그러나 그는 "Physiologie"와 "Psychologie" 그리고 그 각각의 형용사형인 "physiologisch"와 "psychologisch"를 의미 차이 없이 사용하기도 한다. 『순수이성비판』, A IX, B 405, A 381, 846 이하; 『단편』, 4866(XVIII 14); 『형이상학 강의(므론고비우스)』, XXIX 764, 781; 『형이상학 강의(아르놀트)』, XXIX 958 등 참조. 또한 "psychologisch"의 경우, 인간 본성의 수동적인 부분, 즉 감성에 의해 규정됨을 의미할 때는 "pathologisch"(정념적)라는 표현과도 번갈아가며 사용한다. 『순수이성비판』, B 829 이하; 『실천이성비판』, V 74 등 참조.

201) B 119 이하.

칸트는 지성 개념들의 경우 그 가능성 자체가 경험에 놓여있는 것은 아니지만, 그 "출생의 기회 원인"(Gelegenheitsursachen ihrer Erzeugung)을 경험에서 찾을 수 있다고 한다. 이미 보았듯이 그는 『교수취임논문』에서도 형이상학에서 발견되는 지성의 개념들은 본래부터 마음에 주어져 있는 이른바 "*생래적* 관념"이 아니라, "우리가 **경험의 기회에 마음이 행하는 작용**에 주목함으로써 **우리 마음에 자리하고 있는 법칙들로부터** 추출한 것으로서, 즉 *획득한 것*으로서 발견해야 한다"고 적었다.[202] 이제 『순수이성비판』에서는 좀 더 상세하고 세련된 설명이 제공된다. 여기서는 경험 자체를 두 요소로, 즉 질료(소재)와 형식으로 구분하여 전자는 감관을 통해 제공되는 것이고 후자는 질료를 정돈한다고 한다. 그리고 "순수 직관과 순수 사고라고 하는 내적 원천"에서 생겨나는 후자[형식]는, "질료가 주어지는 기회에 비로소 행사되어 개념을 산출한다"고 한다. 이 형식에도 다시 두 가지, 즉 시간·공간과 지성의 판단 작용이 속한다. 앞서 정리한 것처럼, 칸트는 시간·공간의 "형이상학적 해명"과 "선험적 해명"을 통해 그것이 감각 자료[질료]가 인간 인식 주관에 주어지기 위한 필연적인 형식적 조건이며 어떠한 대상도 시간·공간을 통하지 않고서는 주어질 수 없다는 사실을 설명하는 것이, 이 개념[실은 직관]의 선험적 연역을 뜻한다고 보았다.

그러나 지성 개념의 경우는 사정이 사뭇 다르다고 주장한다. 칸트에 의하면 감성적 직관의 대상이 그 직관의 조건(형식)에 부합하여 주어져야 한다는 점에는 의심이 개입할 여지가 없지만, 그 "대상이 더 나아가 사고의 종합적 통일을 위해 필요로 하는 지성의 조건에도 부합해야만 한다든 것은 그렇게 쉽게 단정 지을 수 없다"고 한

202) 『교수취임논문』 II 395.

다. “범주는 대상이 우리의 직관에 주어지기 위한, 따라서 대상이 우리에게 나타날[즉, 현상할] 수 있기 위한 조건이 전혀 아니[기 때문이]다.”[203] 범주는 지성의 순수한 사고, 즉 경험에서 독립적인 사고의 산물이므로 감성이나 직관에 대해 직접적인 관계를 가지는 것이 아니다. 경험의 대상은 지성이 전혀 관여하지 않고도 얼마든지 감성적 직관으로서 주어질 수 있는데, 굳이 어째서 그것에 지성 개념들이 적용되어야 하는가가 해명되어야 한다는 것이다. 감성적 직관을 통해 주어지는 질료는 이를테면 그것과는 출신 성분이 전혀 다른 지성 개념들로 인하여 왜곡될 가능성도 배제할 수 없다.[204] 칸트는 기하학의 공리나 그 공리에서 연역되는 기하학적 인식의 확실성이 공간이라는 순수 직관을 통해 분명하게 드러난다고 보았으나, 순수 지성 개념들과 그 사용 원칙에 의해 가능한 자연과학적 인식의 확실성은 그 인식의 출발점부터 증명되어야 할 것으로 여긴 것이다. 지성 개념, 즉 범주의 사용에 관한 원칙은 아프리오리한 직관을 통해서는 파악할 수 없으므로 그것이 대상에 적용될 가능성을 따로 검토해야만 한다는 것이다. 그런데 여기서 사용되고 있는 “대상”이라는 개념은 앞에서도 언급했듯이 사실 문제성이 있는 개념이며 정확한 개념

203) B 122 이하.

204) 실제로 현대철학의 몇몇 주요 흐름들은 칸트 인식론의 이 부분을 집중해서 문제 삼았다고 할 수 있다. 그렇지만 철학사를 더 거슬러 올라가면 이미 고대 철학에서도 이와 유사한 문제의식의 근원을 발견할 수 있다. 예컨대 지각이나 인식의 물음과 관련해서 엠페도클레스(BC 495-435)가 주장한 것으로 전해진, “닮은 것이 닮은 것을 추구한다”(homoion tou homoiou ephiesthai)라는 원리 역시 그 근저에는 인식 대상과 인식 주관의 능력 사이에 동일하거나 유사한 속성을 전제한다고 볼 수 있다. Aristoteles, *Nicomachean Ethics*, 1155b(tranl. by H. Rackham, Cambridge, MA: Harvard Univ. Press, 1999, 454 이하; 헤르만 딜스(김인곤 외 옮김), 『소크라테스 이전 철학자들의 단편 선집』, 아카넷 2005, 408, 416, 769 등 참조.

은 아니다. 공간·시간이 "필연적으로 대상과 관계한다"라든가, 범주는 "대상이 직관에 주어지기 위한 조건을 제시하지 않는다"[205] 등과 같은 표현에서도 이 개념은 애매한 채로 남아있다. 현상으로서의 대상이 대상으로 간주되려면 이미 지성의 개념들로 사유되었어야 했기 때문이다. 그러므로 그저 "감각적 질료"나 그 "잡다함" 등이라고 표현해야 더 적절하다고 할 수 있다.

칸트는 다시 "원인" 개념을 실마리로 삼아 로크나 흄 등이 행한 경험심리학적 작업과 자신의 선험적 연역 사이의 차이를 설명한다. 그에 의하면 원인은 어떤 A가 그것과 전혀 다른 B와 필연적인 규칙에 의해 연결되는 것을 뜻한다. 어째서 그 연결 관계가 두 개의 서로 다른 현상들 가운데 포함되어야만 하는가? 이 물음은 경험으로 해결될 성격의 것이 아닌데, 그 이유는 그 관계가 필연적 관계이고, 또 아프리오리한 개념이기 때문이라고 한다. 공간·시간이라는 감성의 조건은, 감성적 직관이 그것에 의하지 않고서는 우리에게 주어질 수 없는 것이기에 명백한 것이었다. 그러나 여기서 한 걸음 더 나아가 그 직관이 지성의 조건과도 일치해야 한다는 점은 쉽게 생각될 수 없으니, 감성적 직관, 즉 현상들 가운데에는 인과 개념에 상응하지 않거나 아예 지성적 질서와 전혀 무관한 혼잡 상태로 주어지는 것들도 있다고 생각할 수 있기 때문이다. B 122에서 확인할 수 있듯, 칸트는 일단 경험론자들처럼 직관[질료] 자체는 사유라는 기능이 개입할 필요 없이도 주어질 수 있다고 본 것이다.

그렇다면 현상 자체에 규칙성을 내포하는 것들이 충분히 많이 있고, 따라서 지성 개념의 객관적 타당성이 확보될 수 있다고, 다시 말해 현상들[실제 경험 사례들]에서 합법칙성을 추출해 낼 수 있다

205) B 121 이하.

고 생각할 수는 없을까? 칸트는 그러한 가설이 좌초할 수밖에 없다고 단언한다. "현상들은 어떤 것의 통상적인(gewöhnlichermaßen) 발생에 관한 규칙을 가능하게 하는 경우들[경험 사례들]"을 우리에게 제시해 줄 수는 있겠지만, 그것들 중 어떤 하나가 다른 하나의 **필연적** 결과물이라는 것을 제시해 주지는 않는다.[206] 원인 현상에 결과 현상이 그저 부수되고 있다는 사실만을 말해 줄 뿐, 그 결과가 반드시 원인을 통해서만 정립된다는 사실을 보여 주지는 못한다는 것이다. 또 그러한 경험적 규칙성은 비교적 광범위한 사례들에서 타당하다는 사실을 보여 주는데 그칠 뿐, 모든 경우들에 절대적으로 타당하다는 점을 보여 주지는 못한다. 다시 말해 경험 사례를 통해서는 우연성이나 개연성, 나아가 상대적인 보편성 또는 확장된 유효성만이 확인될 수 있을 뿐, 필연성과 보편성은 확보될 수 없다는 것이다.

칸트는 "§ 14 범주의 선험적 연역으로 넘어감"에서 경험론 전통과 다른 관점에서 연역의 문제를 검토한다. 그 관점은 두 가지인데, ① "대상이 표상을 가능하게 한다"는 관점과, ②"표상만으로 대상을 가능하게 한다"는 관점이다.

칸트가 자신의 저작을 이해해 줄 수 있을 것으로 여겼던 몇 안 되는 학자들 중에 한 사람이었던 람베르트(Johann Heinrich Lambert), 그리고 반-볼프주의의 대표자로서 칸트가 합리론 전통의 인식이론과 실천철학의 문제점을 극복하는 데 자극제 역할을 했던 크루지우스(Christian August Crusius) 등은, 로크나 볼프학파와도 많이 다른 인식론적 입장을 개진했었는데, 바로 "대상이 표상을 가능하게 한

---

206) B 124.

다"는, 다시 말해 존재 세계의 질서를 지성 개념이 반영한다는 관점이었다. 예컨대 크루지우스는 논리적 사유의 원칙인 모순율에 대응하는 원칙으로서 이른바 "질료적 원칙"이라는 것을 내세웠는데, "분리 불가능성"의 원칙("서로 분리되어 생각될 수 없는 것은 실제로도 분리되어 있을 수 없다")과 "결합 불가능성"의 원칙("서로 병렬적으로 또는 동시에 생각될 수 없는 것은 실제로도 동시에 있거나 병렬적으로 있을 수 없다")이 그것이다. 18세기 중반까지 유럽 대륙에서 막강한 세력을 유지하고 있던 볼프학파와 그 비판자들에게는 모순율과 충족이유율의 관계에 대한 해석이 큰 쟁점을 이루고 있었다. 볼프학파는 모순율이 사고의 원칙으로서 지성의 산물이며 충족이유율의 기초가 되고, 따라서 전자로부터 후자가 도출된다고 생각했다. 이는 말하자면 존재에 대한 사유의 우위, 즉 존재 세계는 사유 세계의 질서를 따른다거나 또는 따를 수밖에 없다는 입장이라고 할 수 있다. 그러나 크루지우스는 논리와 사고의 원칙인 모순율은 실재 세계[대상, 객관, 존재의 세계]를 온전하게 읽어내지 못하며, 오히려 질료적 원칙에 따를 때 인식과 존재가 완전히 일치할 수 있다고 생각했다. 크루지우스는 엄밀히 말해 질료적 원칙의 뿌리가 대상에만 놓여있다고 주장한 것은 아니고, 그 원칙에 따라 생각될 수밖에 없는 것—즉, 결합된 것으로밖에 생각할 수 없거나, 오직 분리된 것으로만 생각되는 것—이 실제로도 그렇게 존재할 것이라는 일종의 "믿음"에서 출발한다.[207] 하지만 반-볼프주의적이라는 점, 즉 사유 가능성이나 논리적 가능성에서 실재의 가능성을 이끌어 내려는 볼프학파에 반대하여 존재·실재의 독자성을 강조하는 점에서 대상 쪽

207) 최소인, 「칸트와 크루지우스. 인식의 한계와 물 자체 개념의 형성」, 『칸트와 그의 시대. 칸트 연구 5』, 철학과 현실사 1999, 58 이하 참조.

에 비중을 두는 인식 이론이라 할 수 있다. 즉, 사유나 본질보다 존재, 실재, 실존 등에 우위를 두는 철학인 것이다.

람베르트는 한층 더 강력한 대상 위주의 인식론을 제시했다. 그는 로크와 유사하게—실제로 그는 로크의 영향을 받은 것으로 알려져 있다—경험이나 지각을 통해 주어지는 단순관념과 그들 사이의 관계로부터 필연적이거나 가능적인 개념들과 인식이 주어진다고 주장했다. 단순 관념들은 실재 세계에 대한 가장 직접적인 정보를 담고 있고 그것들의 결합은 언제나 필연적이거나 가능적이라고 본 것이다. 이를테면 "딱딱한 것은 연장성을 지닌다"라는 명제는 필연적인 연결 관계를, 또 "이 바나나는 노랗다" 같은 명제는 가능적인 연결 관계를 보여 준다는 것이다. 람베르트는 이 같은 연결 관계를 통해 단순한 동어반복의 무한한 연속을 피하면서도 다양한 학문을 이루는 아프리오리한 지식을 만들어 낼 수 있다고 생각했다. 그러나 그의 관점 역시 엄밀한 의미의 필연적이고 아프리오리한 인식의 가능성을 설명하는 데는 역부족이라는 비판을 받는다. 관념들 사이의 절대적으로 필연적인 결합을 확보하려면 대체 얼마나 많은 실재 사례들에 대한 경험 내지 지각이 필요한가라는 의문에 대해 설득력 있게 대답하지 못하기 때문이다. 람베르트 자신도 "두 개의 관념들의 결합 가능성의 원천(fons possibilitatis duos ideas combinandi)"을 완전히 발견하지 못했다는 점을 고백하기도 했다.[208]

칸트가 다음으로 검토하는 입장, 즉 "표상만으로 대상을 가능하게 한다"는 관점은, 간단히 말해 인간 지성을 신적 지성으로 간주하는 태도라고 할 수 있다. 신적 지성은 자신의 [의지적] 사고[표상] 자체만으로 그 사고에 상응하는 현실, 즉 대상과 존재를 산출할 수

208) 이에 대해서는 Lewis White Beck, "From Leibniz to Kant", 같은 책, 21 참조.

있을 것이지만, 인간 지성은 그렇지 못하다. 볼프는 라이프니츠가 사실 세계에 대한 인식의 근거로 여겼던 충족이유율이 사고의 질서를 규정하는 모순율에서 도출된다고 생각했다. 그의 해석에 따르면 모순율은, 원인이 없는 결과란 그 자체가 모순임을 뜻하며, 실제로 대상 세계 안에서 어떤 결과가 있으면 반드시 그 원인[이유]이 있기 마련이라는 것을 의미한다. 그리고 이것은 결국 모든 발생하는 일에는 반드시 그 원인이 있기 마련이라는, 충족이유율의 의미와 같다고 보았다.[209] 그러므로 볼프학파의 입장은 지성의 사유 질서 또는 표상의 질서가 대상 세계 질서의 원천이라는 것을 뜻하며, 결국 실재나 실존, 대상에 대한 사유·본질 우위의 철학에 해당한다고 할 수 있다. 칸트는 개념적 가능성[사유 가능성]이 곧 실재 가능성을 의미하는 것은 아니라고 본 점에서 볼프학파와 대립했던 크루지우스나 람베르트의 영향을 보여 준다. 즉, 대상 또는 실재에 관한 자료는 사유[하는 주관]의 바깥에서 주어져야만 한다고 생각했다. 그러면서도 칸트는 크루지우스나 람베르트와는 다른 방식으로 아프리오리한 인식의 가능성을 설명해야 했던 것이다.

칸트가 보기에 두 가지 관점의 문제는, 인간의 인식 주관이 전적으로 수동적으로, 즉 그저 대상으로부터 주어지는 표상을 수용하기

---

209) Chr. Wolff, *Deutsche Metaphysik*, in *WW* I.2, § 31, 17; *Anmerkungen zur Deutschen Metaphysik*, in *WW* I.3, § 15, 34; Friedrich Christian Baumeister, *Philosophia definitiva, Mit einem Vorwort von Hans Werner Arndt*, Hildesheim/New York: Olms 1978([15]1775, [1]1735), "Positiones metaphysica", 257 등 참조. 볼프는 라이프니츠와 달리 충족이유율을 증명하고자 했는데, 모순율에 직접 의거하는 방식을 취했던 독일어 형이상학과 달리 라틴어 존재론에서는 "무"(nihil) 개념을 매개로 한 논증을 택한다. Sonia Carboncini, *Transzendentale Wahrheit und Traum. Christian Wolffs Antwort auf die Herausforderung durch den Cartesianischen Zweifel*, Stuttgart-Bad Cannstatt 1991, 136 참조.

만 할 수도 없고, 그렇다고 전적으로 능동적으로, 즉 대상 자체를 산출할 수도 없다는 데 있었다. 다시 말해 인식 주관은 대상을 인식하되 그것을 창조하는 것은 아니며, 감각으로부터 주어지는 자료들을 수동적으로 받아들이는 것이 아니라, 아프리오리한 인식 요소들[시간·공간, 지성 개념들, 원칙들]을 통해서 그것에 관여한다는 사실이 명백했던 것이다. 그가 B 125에서 "대상 인식을 가능하게 하는 조건 두 가지"가 있는데, 그 하나는 대상이 현상으로서 주어지기 위한 조건으로서 "직관"이고 다른 하나는 대상이 사유되기 위한 조건이라고 했을 때, 전자는 볼프를, 후자는 객관 위주의 인식 이론이라는 점에서 경험론과 유사했던 크루지우스와 람베르트를 각각 겨냥한 것으로 이해할 수 있다. 인간 지성의 모순 없는 사고가 주관적 질서를 벗어나 객관적 대상 세계에 관한 인식을 산출하기 위해서는 감성적 직관이 주어져야 한다. 그리고 다시 이 직관은 개념에 의해서만, 즉 개념을 통해 사고(판단)되어야만 무엇에 대한 직관일 수 있다. 즉, 개념의 적용을 통해서만 대상이 대상으로서 알려질 수 있다는 것이니, 바로 이 부분이 범주의 객관적 타당성을 보장한다는 것이고, 이것이 곧 범주의 선험적 연역을 의미한다.

모든 현상은 공간·시간을 통하지 않고서는 주어질 수 없으므로, 현상은 첫째 조건과 필연적으로 일치할 수밖에 없는 것이었다. 그래서 공간·시간 개념은 본래 연역이 필요하지 않다고 했다. 둘째 조건에 대해서는, 경험이 단순히 감각적 지각으로서의 경험,—예컨대 한갓 "관념들의 다발"과 같은—이 아니라 어떤 대상에 대한 경험이어야 한다면, 직관 이외에, 즉 감각 자료 말고도 그 직관에 의해 주어지는 또는 나타나는 **대상이라는 것**, 즉 "대상 일반"(Gegenstände überhaupt)이라는 개념이 그 경험의 근저에 이미 놓여 있어야 한다고 말한다. 단순히 시각에 주어진 붉은 색의 자극, 청각에 들어 온 어떤 소리 등이 그저 감각적 단편들의 잡다함에 그치는 것이 아니고 어떤 무엇에 대한 경험적 자료이기 위해서는 그것들을 어떤 대상으로 결합하는 종합 작용, 즉 개념적 사고 작용이 필요하다는 것이다. 이처럼 여러 부분 표상들 또는 감각적 잡다함을 종합하여 그것들이 무엇에 대한 표상들이라는 사실, 예컨대 하나의 의자, 한 마리 매미 등을 알게 해주는 과정이 지성 개념들을 통한 사유 과정이라는 것이다. 그러므로 지성 개념, 즉 범주를 통해 감각적 자료의 잡다함이 사고됨으로써만, 즉 범주가 "경험의 [어떤] 대상"에 적용되어야만 그 대상은 비로소 하나의 대상으로서 파악된다.

범주(순수지성 개념)의 선험적 연역은 초판과 재판에서 각기 무척 다른 방식으로 제시되어 있는데 다수의 주석자들은 그 차이가 그저 "서술 방식"(Art der Darstellung)에 국한된 것이라는 칸트 자신의 주장에 동의하지 않는다. 예컨대 칸트는 초판의 "머리말"에서 지성 개념의 연역 과정을 "주관적 연역"과 "객관적 연역"이라는 두 측면에서 구분된다고 주장한다. 전자는 "순수 지성 자체를 그 가능성과 관련하여 그리고 그것 자신이 의존하고 있는 인식능력들과 관련하여 고찰하며, … 지성을 주관적 측면"에서 고찰하는 것이고, 후자는 "순수 지성의 대상들에 관계하여, 지성의 아프리오리한 개념들의 객관적 타당성을 밝혀 이해할 수 있게 만드는" 작업이라고 규정한다. 전자는 지성을 비롯한 인식능력들이 어떻게 작동하는가를 객체와 무관하게 탐구하는 작업이라는 것인데, 칸트는 이 연역보다 후자[객관적 연역]가 더 본질적인 연역에 해당하는 것처럼 설명한다. "[연역의] 주요 과제는 지성과 이성이 일체의 경험에서 자유로이 무엇을 그리고 얼마나 인식할 수 있는가이지, *사고하는 능력* 자체가 어떻게 가능한가는 아니기 때문"이라는 것이다. 그러나 이 기준에 따른 구분이 심지어 초판의 "분석론"에서조차 실제로 명확하게 적용되었는지는 의문이다.[210)]

어쨌든 칸트는 초판에서(A 95-106) 표상의 잡다함에 대한 우리 의식의 종합 작용을 좀 더 세부적으로 설명한다. 이것은 기본적으로 넓은 의미의 지성이 행사하는 자발적인 작용에 대한 설명이며, 개념적 사고를 가능하게 하는 예비 단계를 포함하여 그 개념들 자체의 원천에 관한 설명이라고 볼 수 있다.

---

210) A VI 이하. 카를 같은 학자는 객관적 연역이 칸트가 초판 "머리말"에서 언급한 것처럼 A 92이하(B 124 이하)와 "제2절 경험을 가능하게 하는 아프리오리한 근거"의 A 96, 그리고 A 111에서 간단히 처리되었음에 비해, 주관적 연역은 제2절과 제3절에서 상세히 수행된 것으로 간주한다. 한편 호페 같은 주석자는 두 연역("단계")이 초판에서조차 "서로 말끔하게 분리되지 않았다"고 주장한다(Wolfgang Carl, *Die transzendentale Deduktion der Kategorien in der ersten Auflage der Kritik der reinen Vernunft. Ein Kommentar*, Frankfurt a. M. 1992, 44-54; Hansgeorg Hoppe, "Die transzendentale Deduktion in der ersten Auflage (A 84/B 116-A 95/B 129; A 95-130)", in Georg Mohr und Markus Willaschek(Hg.), *Immanuel Kant. Kritik der reinen Vernunft*, Berlin 1998, 187). 그런가 하면 유잉은 칸트가 재판에서 주관적 연역을 "제거했다"거나 "자제했다"고 해석하며, 가드너는 별다른 설명 없이 초판의 연역을 주관적 연역에 그리고 재판의 그것을 객관적 연역에 각각 연결시킨다(유잉, 같은 책, 80 이하, 84 이하; Sebastian Gardner, *Routledge Philosophy Guidebook to Kant and the Critique of Pure Reason*, London: Routledge 2003, 139 이하). 잘 알려진 것처럼 하이데거는 "형이상학의 정초"를 위해서는 "경험적 인식뿐만 아니라 순수한 아프리오리한 인식까지" 가능하게 하는 "선험적 능력"으로서의 상상력의 기능을 강조한 주관적 연역이 "결코 결여될 수 없는" 필수적인 작업이 되었어야 했으나 칸트가 그 필요성을 파악했으면서도 제대로 수행하지 못한 것으로 해석했다(Martin Heidegger, *Kant und das Problem der Metaphysik*, in Friedrich-Wilhelm von Herrmann(Hg.), *Martin Heidegger. Gesamtausgabe*, I.3, Frankfurt a. M. 1991, 165-167).

①직관에서의 각지의 종합(Synthesis der Apprehension in der Anschauung),
②상상에서의 재생의 종합(S. der Reproduktion in der Einbildung),
③개념에서의 재인식의 종합(S. der Rekognition im Begriffe)

그런데 여기서 칸트는 이 모든 종합의 기초에 앞에서 언급했던 자아 동일성에 대한 의식, 즉 의식의 "선험적 통각"이 놓여 있다고 한다. "직관을 통해 주어진 모든 것에 앞서(vor allen Datis der Anschauung vorhergeht), 그리고 그 직관과 관계"하는 이 같은 의식의 통일이 있어야만 대상에 관한 모든 표상이 가능하며, 인식이 성립할 수 있다는 것이다. 앞에서 우리는, 선험적 통각의 통일을, 감성적 직관이 주어질 때 그것에 나의 의식이 수반됨으로써 내가 그것을 나의 것(대상)으로 의식하게 됨을 뜻한다고 이해했다. 칸트는 직관의 잡다함을 상상력이 붙들어 개념으로 정돈하는 위의 세 가지 종합 과정에 줄곧 "의식의 통일이라는 선험적 근거"가 놓여 있어야 한다고 한다.[211] 그러나 좀 더 뒤에서는 통각이 마지막 종합, 즉 개념에서의 재인식의 종합이나 또는 상상력의 종합—이번에는 "재생적" 상상력이 아니라 "생산적"인 상상력의 종합—에 특히 더 많이 관여하는 것처럼 말하기도 한다. 심지어 그는 "재생적 종합은 경험의 제약에 기인하므로" 생산적 상상력의 종합만이 필연적 통일을 만들어 냄으로써 "**통각보다 우선하여** 모든 인식, 특히 경험을 가능하게 하는 근거"라고까지 단언한다.[212] 그는 또 A 94에서는 "감관에 의한 잡다함의 아프리오리한 개관"(Synopsis des Mannigfaltigen a priori

211) A 106 이하.
212) A 115, 118 참조.

durch den Sinn)과 “상상력의 종합”이 아니라, 그 “종합의 통일”에 “근원적 통각”이 관여한다고 적었다. 어쨌든 세 가지 종합은 그 자체로 독자적으로 성립한다기보다는 실제로는 하나의 종합 작용의 서로 구분될 수 있는 세 가지 계기 또는 국면들로 이해할 수 있다.

①은 직관의 “잡다함을 개관하고 그 개관한 것을 결합”(Durchlaufen der Mannigfaltigkeit und dann die Zusammennehmung desselben) 하는 것이다. 서로 다른 직관 a, b, c가 주어질 때 이것들을 하나씩 따로 따로 지각하는 것만으로는 부족하고, a, b, c 모두를 한꺼번에 의식하는 작업이 필요하다는 것을 말한다. 다시 말해 이러한 과정이 없다면 다양한 직관의 내용들을 다양한 것으로서 의식할 수 없으며, 또 그것들을 하나의 표상 속에서 통일할 수 없다는 것이다.

②는 a를 지각하고 b나 c를 지각할 때 a를 잊어버린다면 역시 종합이 불가능함을 뜻한다. 따라서 상상력이 개별적인 지각 내용을 기억해 내고 되살려 의식하는 역할을 함으로써 종합에 기여해야 한다는 것이다.

③은 단순히 이전의 a, b, c를 다시 의식 속에 되살리는 데 그치는 것이 아니라, 그 재생산된 의식 속의 a, b, c가 이전의 그것들과 동일한 것들이라는 사실을 다시 인식해야 하는데, 이것이 개념의 역할이라는 것이다.

칸트는 재판에서 이러한 세 가지 종합을 제거해 버리는 대신 선험적 통각을 더 상세히 다룬다. 이와 동시에 세 종류의 종합 중 생산적 상상력의 역할을 상대적으로 더 강조하던 경향을 보이던 초판과 달리, 재판은 선험적 통각을 지성의 기능으로서 부각시키면서 종합에서 핵심적 역할을 하는 것으로 서술한다.[213] 그러나 통각 개념

---

213) B 131-140 참조.

을 정리하기에 앞서 먼저 칸트가 B 127 이하에서 지성 개념에 관한 자신의 관점을 로크와 흄의 그것과 비교하여 설명하는 부분을 보자.

칸트는 로크의 경우 경험의 한계를 넘어서 적용될 수 있는 지성 개념을 경험에서 도출하려고 함으로써 경험 자신을 넘어서는 것을 경험 안에서 구하는 모순을 범했다고 평가한다. 아마도 로크가, 경험을 통해 단순 관념이 주어지고 여기에 다시 지성의 작용이 개입하여 실체, 양태, 관계 등과 같은 복합 관념이 만들어 지는데, 이 개념들은 경험의 대상을 넘어서까지 적용되는 것처럼 말했기 때문일 것이다. 반면에 흄은 필연적인 사고의 법칙이나 사고의 개념적 도구가 있으려면, 그것들은 비경험적 근원, 즉 아프리오리한 것일 수밖에 없다는 점을 인정하기는 했으나 그 아프리오리한 것들이 어떻게 대상에 필연적으로 적용될 수 있는지를 설명할 수 없었기 때문에 그러한 개념들의 아프리오리한 성격을 다시 부인하고 로크처럼 경험[습관]으로부터 도출하려 할 수밖에 없었다고 주장한다. 칸트는 흄이 개념의 타당성 요구를 경험의 한계 내에 국한시킴으로써 로크보다는 솔직하고 일관적이었다며 흄에게 상대적으로 후한 점수를 매긴다. 그는 다시 로크가 지성의 작용이 개입함으로써 어떻게든 경험의 모든 한계를 넘어서 적용될 수 있는 개념이 획득 가능하다고 함으로써, 지성[또는 이성]의 능력을 억제하지 못하게 만들었다는 점에서 "열광적 공상에로 통하는 문호"를 열었다고 하고, 반면 흄은 아포스테리오리한 기원을 갖는 개념만을 인정함으로써 필연적 인식이 불가능하다는 결론에 이르렀다고 주장한다.

칸트는 선험적 통각을 "내가 생각한다"(Ich denke)로 표현되는 의식의 통일로서 모든 표상들을 동반하는 것이라 한다. 주관 안에 직관의 잡다함들이 주어질 때 그것들은 "내가 생각한다"라는 표상과 반드시 관계를 맺게 되는 바, 이 표상에 의해서만 직관에서 주어지는 잡다한 표상들은 "**나의** 표상들"이 되며 "하나의 보편적인 자기의식 안에서 공존할 수 있게 하는 조건에 반드시 적합하게" 된다. 그런데 그의 설명에 따르면, 각각의 "상이한 표상들", 즉 직관의 상이한 내용들을 수반하는 경험적 의식은 "그 자체로 산만한 것이고 주관의 동일성과는 무관하다". 따라서 "주관의 동일성에 대한 관계는 내가 각각의 모든 표상을 의식한다는 것만으로 성립하는 것이 아니라, 내가 한 표상을 다른 표상에 *보태어* 그것들의 종합을 의식하는 데서 생긴다." 그러므로 "내가 주어진 표상들의 잡다함을 *하나의 의식 안에서* 결합할 수 있다는 사실에 의해서만, 내가 *이 표상들 속에서 의식의 동일성* 자체를 표상할 수 있다." 그러므로 통각의 통일, 즉 "내가 생각한다"라는 자기의식의 통일은 직관적으로 주어지는 모든 것이 **나의** 표상일 뿐 아니라 나에 의해 **결합된** 표상이라는 사실에 의해 통일된다고 하는, 아프리오리한 결합 과정에 대한 의식에서 성립한다고 말할 수 있다. 칸트는 이 통일을 "근원적이고 종합적인 통일"이라고도 표현하는데, 이때 "근원적"이라는 의미는 그것이 자신 이외의 어떤 것으로부터도, 예컨대 감성적으로 주어진 것에서 도출된 것이 아니라, 자기 자신의 "**자발성**의 작용"의 결과이기 때문이라고 한다. 그는 또 통각의 종합적 통일은 "지성의 모든 사용, 심지어 논리학 전체" 그리고 "선험철학"이 정착해야만 하는 "최고의 지점"[즉, 가장 중요한 출발점]이라고도 주장한다.[214] 그것을 통해서 비로소 말하자면 대상의 **대상성**은 물론이고, 주관과 객관 그 자체가 결정되고, 결국 지성 활동 자체가 가능하다고 보기 때문이다.

214) B 133 이하.

주지하다시피 원래 통각 개념은 라이프니츠가 "지각"(perceptio)과 "자기의식"(cogitatio)을 동일시했던 데카르트를 비판하기 위해 사용한 이래 근대철학에서 이른바 존재자들의 서열 구분을 가능하게 만든 개념이다. 라이프니츠는 "통각"을 "의식"(la conscience), 그리고 "통각하는 능력"을 "지성"(l'entendement)으로 이해했다. 그에 의하면, 존재자들[모나드들]은 세계[다른 모나드들]에 대해 자신들이 만들어 내는 지각이 갖는 판명성의 정도에 따라 그들의 지위가 결정된다. 예컨대 동물은 단순히 명석한 정도의 지각, 다시 말해 혼란스럽게 주어지는 여러 감각 인상들 가운데 "더 주의를 끌고 더 두드러진"(plus remarquables et plus ditinguées) 것들을 "지각할 수 있는 능력"(la faculté de s'appercevoir)을 지닐 뿐이다. 반면에 인간은 "반성의 능력과 결합된 판명한 지각"(une perception distincte jointe à la faculté de reflechir), 즉 "이해"의 능력인 "지성"을 가진 존재자이다.[215] 그는 통각을 "어떤 지각으로부터 다른 지각으로 변화하거나 이행을 수행하는 내적 원리의 행위"로 정의하면서, 동물에게서도 발견할 수 있는 것처럼 기술했다. 그러나 통각과 관련한 논의에서 가장 주목할 부분은, 자신의 지각에 대한 반성 능력의 유무 그리고 자기 자신과 신에 대한 의식을, 인간의 통각뿐만 아니라 **실체 또는 인격으로서의 인간 영혼**의 결정적 요소들이라 여겼다는 점이다.[216]

---

215) *La Monadologie*, §14, in Gottfried Wilhelm Leibniz, *Monadologie und andere metaphysische Schriften. Discourse de métaphysique: La monadologie; Principes de la nature et de la grâce fondés en raison*, hg. u. übers. v. Ulrich Johannes Schneider, Hamburg 2002, 114; *Nouveaux essais sur l'entendement humain*, …, 250.

216) Leibniz, *Monadologie* …, §§29, 30, 같은 책, 122 참조.

『순수이성비판』 "선험적 변증론"의 "오류추리론"에 이르면 칸트는 선험적 통각[순수 통각] 개념을 데카르트나 라이프니츠 등과 같은 전통 형이상학자들의 "자아" 또는 "영혼" 개념의 문제성을 해부하는 도구로 사용한다. 그에 의하면, 전통 형이상학이 증명하고자 한 영원하고 불변하는 실체로서의 영혼 내지 자아는 선험적 통각과 동일시 될 수 없다. 선험적 통각이 표현하는 자기 동일성이라는 것은, 경험을 통한 대상 인식이 가능하기 위한 조건일 뿐이며 그 자체로는 아무런 내용도 갖지 않는, 인식의 형식적 조건에 불과하기 때문이라는 것이다. 칸트에 의하면 실체적 자아는 결코 그 존재 자체가 우리 인간이 인식할 수 있는 대상이 아니다. 우리가 자아에 대해 알 수 있는 부분은 경험을 통해 주어지는 것뿐으로서 나의 의식 속에 주어지는 내감의 표상들뿐이다. 그리고 그것들은 심리학의 대상이다. 그러므로 심리학은 경험적 의식의 내용, 즉 그것들의 경험적 연관성과 법칙들을 다룰 뿐 마음 자체, 자아, 영혼을 다루지는 못한다. 또한 마음과 육신의 관계 문제와 같은 과거 형이상학의 단골 주제는 더더욱 다룰 수 없다고 한다. 이러한 의미에서 경험 심리학은 학문으로서 가능하지만 이성 심리학은 사이비 학문이라고 단정한다.

볼프와 그 학파의 철학자들에게 인간 영혼은 원칙적으로 인간 자신의 경험에 개방된 영역이었다. 그들에게 의식은 인간이 경험을 통해 접근 가능한 것이었을 뿐만 아니라, 마치 우리 외부의 물리적 사물들이 물체적 본성에 관한 이론(Körperlehre)인 물리학의 대상이듯이, 의식과 다르지 않은 영혼 역시 그 본성에 관한 이론(Seelenlehre)인 심리학이 다루는 독자적 대상으로 간주되었다. 칸트조차 1756년의 논문 『기하학과 결부한 형이상학의 자연철학적 사용과 그 일례로서 물리적 단자론』(이하 『물리적 단자론』)에서 영혼처럼 단순하며 분할 불가능한 실체가 얼마든지 공간을 점유하면서 존재할 수 있다고 주장했었다.[217] 그러나 칸트의 관점은 이미 1766년 『영을 보는 사람의 꿈』에서 확연히 달라진다. 이 글에서 그는 비록 비물질적 실체적 존재자를 상정하는 것이 불가능하지는 않지만, 그 증명은 불가능하다고 주장한다. 물질적 실체는 공간을 이른바 불가침입성이라는 "배척력"(treibender Kraft)을 통해 점유하는데, 우리는 이 힘을 통해서 공간 안의 그 실체의 존재를 알 수 있다고 한다. 뿐만 아니라 연장되어 있는 불가침입적인 존재라는 개념만으로도 그것에 대해 많은 것을 아프리오리하게 파악할 수 있다고 한다. 그러나 비물질적 실체의 경우에는, 비록 그 같은 어떤 무엇이 존재할 수 있다 하더라도, 그것은 "경험 표상과는 어떠한 유사성도 갖지 않는", 다른 종류의 힘으로 공간을 차지할 것이므로 전혀 인식 대상이 되지 못할 것이라고 주장한다. 그러므로 우리는 "반박당할 염려 없이 비물질적 존재의 가능성을 가정할 수는 있으나, 그 가능성을 이성적 근거에 의해 증명할 수 있으리라는 희망 또한 갖지 못한다."[218]

위에서 언급한 것처럼 볼프는, 우리가 자신의 의식 작용에 주의를 기울임으로써 영혼의 활동을 관찰할 수 있고 특히 그 "근본 능력들"(Grundvermögen)을 통해 기술할 수 있다고 여겼다. 이것이 이른바 "능력심리학" 이론이다. 나아가 볼프는 경험에 직접 의거하지 않는 추론만으로도 영혼에 관한 많은 사실을—예컨대 그것이 단순하고, 통일적이며, 지속하는 실체인가 하는 문제를—규명할 수 있다고 여겼다. 그러므로 형이상학의 일부였던 이성심리학은 사유하는 존재로서의 영혼을 전제했을 뿐만 아니라, 그것에 대해 아프리오리

217) 『물리적 단자론』 531 이하.

218) 『영을 보는 사람의 꿈』 II 322 이하; 『순수이성비판』, A 381.

하고 종합적인 인식을 획득하는 것이 가능하다고 여겼고 또 실제로 그와 같은 문제들을 다루었다. 칸트는 『영을 보는 사람의 꿈』에서 "정신으로서의 자기 자신에 대한 표상 즉, 영혼은 아마도 추론을 통해 가능하겠지만", 그것이 직관적인, 즉 경험적인 개념은 되지 못한다고 했으나, 『순수이성비판』에서는 아예 이성심리학의 체계 전부가 오류추리에서 비롯한 가짜 학문이라는 결론에 이른다. 경험에 호소하지 않고 이성적 추론만으로 "생각하는 존재로서의 나"에 대해 주장하는 이성심리학은, 모든 인식을 그 "생각하는 존재로서의 나" 개념으로부터 도출하려는 시도라고 주장한다. 그는 "이성심리학이 자신의 모든 지혜를 만들어 내는 유일한 문구는 '내가 생각한다'"인데, 이 문구가 표현하는 것은 모든 인식 과정을 수반해야만 하는 한갓 의식, 즉 선험적 통각일 뿐, 어떠한 인식도 이로부터 도출될 수 없다고 주장한다.219) "내가 생각한다"는 단순히 인식의 아프리오리한 조건일 뿐, 그 자체가 어떤 내용을 가진 사상이거나, 심리학적 탐구의 객체가 아니다. 만약 그것이 인식의 대상이 되려면, 어떤 직관의 내용이 주어져야 하는데, 그렇게 되면 결국 순수한 선험적 의식은 사라지게 되고 내감의 대상만 남게 된다. 그러므로 만일 "내가 생각한다"를 경험적 문장으로 이해해야 한다면, 그래서 예컨대 "**내가 생각하면서 존재한다**"로 이해한다면, 이는 주관의 "존재에 관한" 규정을 말하는 것이고, 나를 내적 의식에 대한 관찰에서 성립하는 경험심리학의 대상으로 간주하는 것이다. 따라서 "내가 생각한다"가 표현하는 자기의식의 통일성으로부터 이성적 추론만을 수단으로 삼아 물리적 실체와 구별되는 영혼의 실체성, 단순성, 인격성, 통일성 등을 도출하고자 한 이성심리학은, 그 자체로 범주 사용의 조건일 뿐인

219) 『영을 보는 사람의 꿈』 II 338; 『순수이성비판』 B 400 이하.

선험적 통각의 "나"를 경험심리학의 대상으로서의 "나"와 혼동한 셈이 된다. 그리하여 칸트는 이성심리학이 "사유의 지속적인 논리적 주어를 고유한 속성을 지닌 실재적 주어"와 혼동했고, 또 "경험적으로 규정된 나의 존재를 **추상할 수 있다**는 사실을 나의 생각하는 자아가 [신체에서] **분리되어** 존재할 수 있다고 하는 억측된 의식과 혼동했다고도 한다.220) 환언하면 실체로서의 자아 또는 영혼에 관한 개념적 인식을 추구하는 이성심리학은, 인식의 아프리오리한 조건이자 범주 적용 자체의 형식적 조건에게 범주를 적용하는 어처구니없는 시도라는 것이다.221)

---

220) A 350, B 427, 429 등 참조.

221) 칸트는 기본적으로 순수한 마음이라든가 순수한 정신 현상의 존재나 인식 가능성, 또 그것과 신체 사이의 관계 등에 관한 인식 가능성에 대해 줄곧 회의적이었다. 그럼에도 불구하고 현상 차원에 국한할 경우, 내감에 관한 경험적 사실, 즉 의식의 진행 과정과 신체적 과정이 긴밀하게 결합되어 있다는 사실을 강조했으며, 만일 영혼이 신체에서 위치하는 장소를 문제 삼을 수 있다면, 그것은 우리의 "몸 전체와 그 각 부분들 모두에" 존재한다고 말했다. 『영을 보는 사람의 꿈』 II 324 이하. 이에 관한 상세한 논의는 Soo Bae Kim, *Die Entstehung der Kantischen Anthropologie und ihre Beziehung zur empirischen Psychologie der Wolffschen Schule*, Frankfurt a. M./Berlin/Bern/New York/Paris/Wien 1994, 76-79 참조.

IV 『도덕형이상학 정초』의 이해

1. 저서에 대하여

『정초』*Grundlegung zur Metaphysik der Sitten*(1785)는 칸트 최초의 윤리학 저서로서 아리스토텔레스의 『니코마코스 윤리학』과 더불어 서양 윤리학 역사에서 가장 큰 영향을 남겼고 여전히 남기고 있는 저서라고 할 수 있다. 이 저서는 『순수이성비판』(1781)과 『실천이성비판』(1788) 사이에 출판되었고, 『실천이성비판』, 『도덕형이상학』(1797) 등과 함께 칸트 도덕철학을 대표하는 작품이다. 칸트의 도덕철학 주저서로서 출간된 이후 윤리학 내지 실천철학 분야의 논의에 가장 큰 영향을 준 저서라는 평가가 따른다. 우리는 이미 앞에서 칸트가 원래 도덕철학보다는 자연과학과 형이상학에 관심을 가지고 철학활동을 시작했음을 보았다. 하지만 그는 비교적 이른 시기에 저술한 『자연신학의 원칙과 도덕 원칙의 명확성에 관한 연구』(1764) 같은 에세이에서 이미 윤리학적 물음들을 다루기도 했다. 하지만 도덕철학에 관한 저술은 자연과학이나 형이상학 같은 이론철학의 관심에 밀려 전면에서 보류되었다가 『순수이성비판』이 나온 후에야 출판되기 시작했다.

이 저서를 집필하게 된 직접적인 동기와 관련해서 학자들은, 칸트의 제1비판서의 서평자이자 통속철학자로 알려진 가르베(Christian Garve)의 키케로 작품 번역서인 『의무론』 *Abhandlung über die menschlichen Pflichten*(1783)의 출판과 그 성공에 주목하기도 한다. 두 작품의 연관성에 관해서는 동시대인들의 편지 등에서 거론되긴 하였으나 확실한 직접적 증거는 아직까지 알려진 바가 없다. 앞에서 보았던 것처럼, 가르베는 『순수이성비판』의 서평에서 그 저서가 통속성을 결여했다고 비판했던 인물이다. 이에 반발했던 칸트가 가르베의 키케로 번역서와 주석서를 비판하는 작업에 종사하고 있다는 소문은 당시 지식인들의 동정(動靜)에 관심이 많았던 하만(Johann Georg Hamann)이 퍼뜨린 것으로 보인다. 실제로 칸트가 『정초』에서 가르베의 "통속성" 개념을 반박하기는 했으나, 구조나 내용면에서 이 저서를 그 번역서와 주석서를 직접 염두에 두고 집필했다고 생각하기는 어렵다.[222)]

이 저서에는 칸트의 도덕철학 주요 개념들인 '선의지'(guter Wille), '의무'(Pflicht), '경향'(Neigung), '정언명령'(kategorischer Imperativ), '실천이성'(praktische Vernunft), '준칙'(Maxime), '법칙'(Gesetz), '최고선'(das höchste Gut), '자율'(Autonomie), '존경/존중'(Achtung) 등이 등장한다. 제목의 "정초"(Grundlegung)이라는 어휘는 원래 '기초를 놓다'는 의미이나, 칸트가 이 저서를 초보 수준의 『도덕형이상학』이라는 의미로 사용한 것은 아니다. 칸트의 생전에 이미 칸트 전집으로 불려도 손색이 없을만큼 다수의 라틴어 번역서들을 펴낸

---

222) 『정초』 IV 409 이하. 이 주제에 대해서는 Bernd Kraft u. Dieter Schönecker, "Einleitung". in dies.(Hg.), *Immanuel Kant. Grundlegung zur Metaphysik der Sitten*, Hamburg 1999, IX-XII; *Groundwork for the Metaphysics of Morals/Immanuel Kant*, ed. and transl. by Allen W. Wood, New Haven/London: Yale Univ. Press 2002, ix 참조.

보른은 이 단어를 “initia”(시작, 기원)나 “fundatio”(기초)가 아니라 “constitutio”(골자/구성)로 옮겼는데, 『정초』의 성격을 잘 반영한 것이라 여겨진다. 다시 말해 보른은 『도덕형이상학 정초』가 “도덕형이상학”을 소개하는 입문서 내지 기본서가 아니라 오히려 『도덕형이상학』의 근본 골자를 담고 있는 저서로 이해했던 것이다.[223]

사실 이 저서를 주의 깊게 공부해 본 독자라면 칸트가 “정초”이라는 단어를 원래부터 제목어로 고려했던 것일까라는 의심을 품지 않을 수 없다. 이 용어는 총 5회 사용되었는데 모두 “머리말”(Vorrede)에만 등장한다. 독자는 칸트가 작품을 완성하고 나서야 비로소 그것이 “도덕의 형이상학”이라기보다는 그 근본 골격, 즉 정초였음을 스스로 인정한 것이 아닌가라고 추정할 수 있다. 그렇다면 칸트의 본래 의도는 정초가 아니라 “도덕의 형이상학” 자체였을 것이다. 위에서 언급한 하만의 편지에는 칸트가 본래 가르베에 대한 비판을 의도했었다가 “도덕의 효시”(Prodromum der Moral)로 방향을 바꾸었다는 주장이 등장한다.[224] 이 주장은 칸트 도덕철학 체계에 관한 해석 문제를 내포한다. 그러니까 『도덕형이상학 정초』가 『실천이성비판』, 『도덕형이상학』과 더불어 실천철학의 체계를 이룬다고 할 때 그 각각의 학문적 위상과 역할을 어떻게 이해해야 하는가 하는 문제 말이다. 이미 보았듯, 칸트는 1760년대 중반부터 형이상학의 근본문제를 해결하는 작업을 통해 인식론적 물음뿐 아니라 도덕철학, 미학의 물

---

223) 참고로 그는 『덕론의 형이상학적 기초』와 『법론의 형이상학적 기초』의 “기초”(Anfangsgründe)를 “initia”로 옮긴 반면, 『자연과학의 형이상학적 기초』의 “기초”는 “elementa”로 번역하는 등, 그의 라틴어 번역은 해당 작품들의 성격을 이해하는 데 적지 않은 도움을 준다. *Immanuelis Kantii opera ad philosophiam criticam*, …, Bd. 2, 139, 253; Bd. 4, 539, 695 참조.

224) Bernd Kraft u. Dieter Schönecker, 같은 책, 같은 곳.

음들까지 동시에 해결하려고 했다. 그러나 그는 자신의 비판철학을 발전시켜 나아가면서 그 각각의 물음들을 하나씩 차례로 독립시켜 다루게 된다. 도덕철학과 관련해서 그는 "도덕의 형이상학"이 반드시 필요하다는 견해를 지속적으로 밝혔는데, 『도덕형이상학 정초』는 말하자면 그의 첫 시도, 즉 효시였던 셈이다.

그렇다면 『도덕형이상학 정초』는 어떤 점에서 기존 도덕이론들과 구별되는 철학적 기여를 한 것일까? 칸트의 윤리 사상이 계몽기의 그것에서 이어받아 발전시킨 가장 큰 특징은, **도덕과 종교의 분리**일 것이다. 벨르(Pierre Bayle), 볼프, 볼테르 같은 계몽기 철학자들은 철학사 최초로 도덕이나 윤리 이론을 종교적 가르침의 속박에서 벗어나게 하려는 시도를 감행했다. 칸트는 그들의 험난했던 시도가 나아간 방향을 말하자면 극단까지 밀고 간 경우라고 할 수 있다. 하지만 그의 방법론은 대다수 계몽주의자들의 그것과 판이했다. 일반적으로 계몽주의 사상가들이 도덕에서 신앙의 굴레를 벗겨내기 위해 사용한 전략은 크게 두 가지였다. 하나는 기독교 교리가 뿌리내리기 이전까지 서양인들의 도덕의식에 기초를 제공했던 고대의 전통에 호소하는 것이다. 가르베의 예에서 보듯, 적지 않은 수의 지식인들은 키케로나 아리스토텔레스 등의 윤리 이론을 소개하고 그것에서 세속화, 다원화되어가고 있던 유럽 사회의 변화된 질서에 적합한 규범적 대안을 찾으려 했다. 또 하나의 전략은, 아직 기독교와 제대로 접촉할 기회가 없던 이방인들, 특히 중국인들의 실천철학을 소개하고 그 독자성과 우수성을 강조하는 방식이었다. 할레 대학에서 『중국인의 실천철학에 관하여』라는 공식 연설을 통해 바로 그 같은 의도를 노골적으로 표현했다가 프로이센에서 추방당했던 볼프와, 공자를 가리켜 "예언자를 자처하여" 세상을 미혹에 빠뜨리지 않고 "오로지 이성의 가르침만"을 설파함으로써 인간 정신을 계몽시킨 현자라고 칭송했던 볼테르 같은 경우가 이에 해당한다.[225)]

그러나 칸트는 고대 사상가들의 "자기추구 또는 자기완성의 윤리"(Strebensethik)와도 확연히 다른 성격인 "당위의 윤리"(Sollensethik)를 제시한다.[226)] 그는 자기 행동의 궁극적 가치를 덕의 실현과 행복한 삶에서 찾는 개인보다는 자신의 이성을 사용하여 도덕법칙을 발견하고 기꺼이 그것에 스스로 복종하는 자율적인 인간들이 근대적 질서에 적합하다고 본 것이다. 이로써 칸트에 의해 실천철학에서도 커다란 방향전환(Umorientierung)이 일어나게 되는데, 이제 더 이상 '좋음(선)', '행복', '완전성' 등이 아니라, '옳음', '의무', '법칙' 그리고 '당위' 등이 윤리학의 핵심 개념으로 등장한 것이다.

"도덕의 형이상학"을 계획했던 칸트가 『정초』로 그 첫 단추를 꿰었다고 했는데, 이 저서는 단순히 '윤리학', '실천철학'이 아니라, **'형이상학'으로서의 도덕철학**을 표방하는 초유의 작품이다. 형이상학은

---

225) Christian Wolff, *Oratio de Sinarum philosophia practica/Rede über die praktische Philosophie der Chinesen*, übers. u. hg. v. Michael Albrecht, Hamburg 1985, XXXIX; François-Marie Arouet Voltaire, "De La Chine", in *Dictionnaire philosophique*. Los Gallardos 2005, 610 (https://www.lechasseurabstrait.com/revue/IMG/pdf/Voltaire_-_Dictionnaire_philosophique.pdf) 참조.

226) 투겐트하트는 고대 윤리학의 문제의식과 근대 윤리학의 그것을 구분하면서 전자를 "내가 진정으로 나를 위해 의욕하는 것은 무엇인가"로, 후자를 "내가 타인과 관련해 마땅히 해야만 하는 것은 무엇인가"로 압축해 표현했다. Ernst Tugendhat, *Probleme der Ethik*, Stuttgart 1984, 44. 칸트 이전 시대에 지배적이던 윤리학을 포괄적으로 지칭하며 독일어권에서 자주 사용되는 "Strebensethik"은 우리말로 옮기기 까다로운 개념이다. 그것이 고대 윤리학을 지시할 경우 "자기 추구의 윤리학"으로 옮길 수 있을 것이다. 하지만 동일 용어가 고대 윤리학의 근대 버전이라 할 수 있는 라이프니츠, 볼프, 바움가르텐, 가르베 등의 윤리학에 적용될 경우에는, 거기서 핵심 역할을 하는 "완전성" 개념을 고려하여 "자기완성의 윤리"로 번역하는 것이 바람직하다고 본다.

일반적으로 '**존재하는 것**의 존재원리를 탐구하는 학'으로 간주되어 왔을 뿐 '**존재해야 할 것**, 즉 당위의 원리를 탐구하는 학'은 아니었다. 다시 말해 이론 내지 사변의 학문이었지 그 자체가 실천적인 학문은 아니었다. 그런데 칸트는 사실과 당위의 구분이 원칙적인 것임을 천명하고 후자, 즉 당위에 관한 형이상학이 가능할 뿐 아니라, 그것이 곧 본래적인 의미의 도덕철학이 다루었어야 할 일이라고 주장한 것이다. 그는 비록 현재 도덕적으로 행동하는 사람이 아무도 없다해도 그러한 **사실**이, 이성을 지닌 인간이라면 누구나 알고 있는 도덕법칙이 있으며 여하한 조건 속에서도 반드시 그것이 지시하는 바에 따라 행동해야만 한다는 **당위**를 명확히 밝히는 도덕형이상학의 위상에는 아무런 영향도 미치지 못한다고 보았다. 그리고 바로 그와 같은 보편적 당위성이야말로 인간들이 본래 도덕 판단에서 기대하는 것이라고 주장한다. 그리하여 칸트는 도덕의 보편적 최고 원리, 그것도 순수한, 즉 경험 독립적인 **도덕성**에 대한 탐구를 도덕철학 본래의 과제로 간주한다. 그는 어떤 행위의 도덕적 가치는, 그 행위가 어떤 결과를 가져왔는가에 따라서 결정되는 것이 아니라, 행위자가 어떠한 경험적 조건에도 좌우되지 않고 오로지 도덕법칙의 명령만을 따르는 데서 성립한다고 주장한다. 이 같은 관점에서는 덕의 실현이라든가 행복한 삶과 같은 행위의 목적은 더 이상 도덕적 가치를 결정하는 요소가 되지 못하는 것처럼 보인다.[227]

칸트는 도덕철학의 본래 과제가 경험과 무관한 순수한 도덕 원리의 확립에 있다고 주장하면서도 그것의 경험적인 부분이 차지하는 비중 역시 간과하지 않는다. 이른바 "실천적 인간학"(praktische

227) 그러나 뒤에서 보게 되겠지만 그의 마지막 윤리학 주요 저서인『도덕형이상학』에서는 이 같은 비목적론적이고 철저히 동기주의적인 입장이 크게 수정된다.

Anthropologie) 또는 "도덕적 인간학"(moralische A.)의 역할이 그것이다. 이것은 현실세계 속에서 도덕적 행동이 실제로 일어나기 위해 행위자가 갖추어야 할 필수적인 지식—자기 자신을 포함하여 인간과 세계에 관한 지식—을 지향하는 것이라고 한다. 모든 학문들의 체계와 그 원리적 구분에 집착했던 칸트는 도덕철학 내에서의 이러한 구분이, 자연에 관한 탐구(Physik)가 경험적인 부분과 순수한 부분으로 나뉘는 것과 유비적이라고까지 주장한다. 다시 말해 자연에 관한 탐구도 "경험적 자연학"과 "자연의 형이상학"(Metaphysik der Natur)으로 이루어지고, 후자가 (자연)철학자의 본래 탐구 대상으로 간주되는 것과 마찬가지라는 것이다.

어쨌든 칸트는 당대의 다른 철학자들의 일반적인 성향과 달리 도덕성의 원천을 행위 주체의 "자율"(Autonomie)에서 찾는다. 그에 의하면 도덕적 판단이나 행위의 원리에 관한 문제는 어떠한 외부적인 권위, 인습, 문화적 유산, 생활양식 등에 관한 문제가 아니며, 개개인의 감정, 본능적 욕구나 충동, 경향 등의 문제도 아니다. 뿐만 아니라 행위가 결과로 가져올 수 있는 객관적인 행복이나 쾌의 증진, 심지어는 그 자체로 인간의 탁월함을 의미하는 덕 또는 덕목들의 추구와 실현도 도덕성의 궁극 원천은 되지 못하는 것처럼 말한다. 당시까지만 해도 행위가 결과로서 가져올 상태에 관한 관심이나 소망과의 관계를 고려해야만 그 행위가 도덕적 의미와 가치를 지닐 수 있다는 것이 일반적인 관점이었다. 그러나 칸트는 도덕철학은 그런 것들과—이것들은 경험적 조건에 따라 결정된다—무관하게 **우리가 마땅히 무엇을 행해야 하는가**의 문제를 다루어야 한다고 주장한다. 그리고 그렇게 행할 수 있는 능력을 "순수 실천이성"이라고 본다. 이로써 그는 흄 등의 경험론적 도덕철학(moral sense theory)이나 아리스토텔레스적 행복주의 윤리설 또는 덕 윤리설(eudaemonics, virtue ethics)과도 대립한다. 이성적 행위자로서 내가 책임져야 할 일차적인 부분은 나의 동기이지 그 현실적 결과물이 아니라는 것이다.

그에 의하면 위에서 열거한 쾌, 행복, 덕 등의 기준들도 도덕적 선함을 포함할 수 있기는 하지만 무제한적으로 선한 것은 아니다. 즉, 어떠한 조건 하에서만 선하고 좋은 것이다. 반면 실천이성은 위에서 열거한 행위의 동인(動因)들에서조차도 자유롭게 오로지 도덕적으로 선하고자 하는 의지에 따라서만 행동하려 하고 또 그렇게 행동할 수 있는 능력이다. 여기서 이미 칸트의 인간이 **이중적인 존재**라는 사실이 드러난다. 즉, 인간은 자연적 존재로서는 필연적인 자연법칙의 지배를 받고 그래서 쾌락이나 행복을 추구하지만, 이성적 존재로서는 자유의 법칙을 따르기도 한다. 도덕적인 인간이란 자신이 스스로 행위의 원리를 원리로서 파악하며 그것에 따라서만 행동할 뿐 그것 이외의 어떤 다른 원인에 의해서도 행동하지 않는 존재를 말한다는 것이다. 이것이 순수 실천이성[의지]의 자기 입법(立法)으로서의 자율이 의미하는 것이다. 인간이 도덕적이라면, 그 인간은 자신을 자연법칙에 종속된 존재가 아니라 그것에서 자유롭게 이성이 스스로 도덕법칙으로서 파악한 것에만 따르려는 존재로 간주한 것이다.

이상에서 우리는 칸트의 윤리 이론이 결과주의에 대립하는 "동기주의" 윤리, "마음씨/심정"(Gesinnung)의 윤리, "법칙주의"의 윤리로 간주되는 이유를 이해할 수 있다. 그것은 또 "준칙"의 윤리로도 불리는데, 순수 실천이성이 파악하는 행위의 최고원리, 즉 도덕법칙이란 각 개인이 자신의 행위를 위해 정한 주관적 원칙—칸트는 이것을 "준칙"(Maxime)이라고 부른다—이 보편적인 원리로서 간주될 수 있을 때에만 행위원리로서 채택할 것을 요구한다는 데에서 성립하기 때문이다. 칸트에 따르면 그와 같은 보편화 요구를 통과한 준칙에 따르는 행동 또는 그 행위에 대한 구속성이 곧 의무이며, 행위의 도덕적 가치는 여하한 조건과 상황에서도—예컨대 본성적 욕망이나 주변 여건이 아무리 불리하게 작용하더라도 이를 극복하고—의무를 이행하는 데에서만 존립한다. 이러한 관점에서 그의 윤리는 "의무론적" 윤리, "엄숙주의"(Rigorismus) 윤리로도 불린다. 마지막으로 칸트가 말하는 도덕법칙은 구체적인 행위, 즉 내용을 지시하는 것이 아니라, 오로지 각자의 주관적 원리인 준칙의 보편화 가능성을 검토할 것만을 요구한다고 하여 그의 이론에는 흔히 "형식주의" 윤리 이론이라는 평가가 따른다.

2. 머리말

머리글은 비교적 적은 분량('학술원판'으로 6쪽 미만)으로 간결하게 작성되었지만, 칸트 도덕철학과 관련하여 매우 중요한 내용을 담고 있다. 칸트는 먼저 『도덕형이상학』이라는 새로운 학문이 요청되는 필연적인 이유를 논한다. 그리고 다른 도덕철학 관련 저서들과 이 저서 사이의 관계를 언급하며, 이 저서에서 자신이 채택하고 있는 방법도 소개한다.

앞에서 지적한 바와 같이 윤리학사에서 칸트가 남긴 중요한 족적은 '도덕형이상학'을 형이상학의 한 영역으로 확립하려는 시도를 한 것이다. 형이상학은 철학자마다 그 의도와 내용, 범위 등을 다르게 간주해 왔으나 대체로 '존재하는 것(자연, physis)의 존재 원리를 탐구하는 학' 또는 존재에 대한 인간적 인식(자연학, physica)의 최종 근거(meta)에 대한 탐구로 이해되어 왔다. 그래서 형이상학은 이론(사변)적 학문이었지 윤리적 가치나 당위, 다시 말해 '존재해야 할 것, 당위의 원리를 탐구하는 학', 즉 실천적 학문은 아니었던 것이다. 따라서 칸트는 자신이 수행하고자 하는 작업을 설명하고 그 정당성을 입증해 보여야 했다.

칸트는 그 첫 단계로서 철학 일반의 구분을 통해 도덕형이상학이 철학 내에서 차지하는 위치를 정립하고자 한다(첫 문장부터 B V[= IV 388]의 "윤리학에서 … 이성적인 부분은 본래적 **도덕학**이라고 할 수 있다."까지). 다음으로 그는 이 도덕형이상학 개념을 소개하고 필요성을 언급한다(B XI[= IV 390]의 "바로 이러한 뒤섞음으로 … 도덕 자신의 고유한 목적에도 반하는 방향으로 나아가기 때문이다."까지). 이어지는 단락에서 그는 자신이 생각하는 도덕형이상학과 볼프의 실천철학을 비교함으로써 자신의 의도를 더 분명하게 규정한다(B XIII[= IV 391]의 "그런데도 이 개념은 … 아포스테리오리하게 생겨났는지를 전혀 판단하지 않는 철학에서는 바랄 수도 있는 성질이다."까지). 그리고 도덕형이상학의 정초와 '도덕형이상학', '실천이성비판'의 내적 관계를 설명한다(B XV[= IV 392]의 "왜냐하면 한 원리를 손쉽게 사용할 수 있고 이것이 외관상 충분해 보인다 해서 … 매우 엄정하게 탐구하고 숙고하지 못하도록 하기 때문이다."까지). 마지막으로 그는 각 절(Abschnitt)에서 자신이 취하는 방법을 설명한다(B XVI[= 392]).

철학 일반의 분류와 『도덕형이상학』의 위치

칸트는 머리글을 희랍 스토아 학파의 제논(Zenon v. Kition)이 주장한 것으로 전해지는 철학의 3분법을 소개하며 시작한다. 이 분류법의 출처는 라에티오스(Diogenes Laetios)의 『유명한 철학자들의 생애와 이론』(*Philosophon bion kai dogmaton synagoge*)으로 추정되는데, 이 기록에 따르면 제논은 세계 전체와 그 안에 존재하는 것을 다루는 "자연학"(physika), 삶을 어떻게 꾸려 나아갈 것인가라는 물음을 다루는 "윤리학"(ethika), 그리고 이 두 영역에서 개념들이 갖는 관계를 탐구하는 "논리학"(logika), 이렇게 세 분야를 철학의 주요 부분들로 간주했다.

칸트는 이 구분이 철학이라는 학문 자체의 본성에 적합하다는 점을 인정한다. 따라서 분류법 자체에는 동의한다. 그러나 이 분류의 원리가 무엇인지가 분명하지 않다는 점을 아쉬워하며 자신이 직접 그것을 제시하고자 한다. 칸트는 철학을 "모든 이성적 지식의 체계"로 규정하고, 그것을 "형식적인"(formal) 것과 "질료적인"(material) 것으로 구분한다. 전자는 지성과 이성 자신의 **형식** 또는 사유 일반의 **보편규칙**에만 관여하는 것이라서 경험과는 무관한 순수한 학문으로서 "논리학"이 여기 해당한다. 후자, 즉 질료적인 학문은 어떤 객체를 고찰하는 것으로서 특정 **대상**과 그 대상이 따르는 **법칙**에 관여하는데 이때 그 법칙에는 두 종류가 있다. 그 하나는 자연의 법칙이며 이 법칙에 관한 학문이 "자연학"이다. 다른 하나는 자유의 법칙이고 이것에 관한 학문이 곧 "윤리학"이다. 논리학은 어떠한 경험적 부분도 가질 수 없고 그래서 보편적이고 필연적인 "사유의 법칙"에 그 기초를 가지는 반면, 자연학과 윤리학은 순수한 부분뿐만 아니라 경험적인 부분도 가진다. 자연학은 경험 대상으로서의 자연[현상]에 법칙을 규정해 주어야 하고, 윤리학은 [자연] 본성에 의해서도 영향을 받는 인간의 의지에 법칙을 규정해 주어야 하기 때문이라고 한다. 자연학의 경험적 부분은 "경험적 자연학"이고, 그것의 순수한 부분은 "자연의 형이상학"이다. 윤리학은 "도덕론"(Sittenlehre)으로도 불리는데 이것의 경험적 부분은 "실천적 인간학", 그리고 순수한 부분이 "도덕형이상학"이다. 이 같은 설명에 의거해 볼 때 결국 칸트가 사용하고 있는 철학 분류의 원리는 그 각 학문이 다루는 특정 '대상'이라기보다는 사유, 자연과 자유(의지)의 **법칙**이라고 할 수 있다.

칸트는 자신이 『도덕형이상학』을 철학(이성인식의 체계)에 포함시키는 의도를 **이론적 필요성**과 **실천적 필요성**으로 나누어 설명한다. 그는 전자, 즉 이론적 필요성을 "사변적인 동인"(IV 389)이라고도 표현한다. 그는 먼저 인간이 수공업과 같은 산업 분야에서 분업을 통해 일을 쉽고도 완벽하게 수행할 수 있었던바, 철학의 작업도 그것과 다르지 않을 것이라는 논리를 편다. 다시 말해 철학에서도 순수한 부분과 경험적인 부분을 뒤섞지 않고 서로 신중하게 분리하여 다루는 것이 바람직하다는 것이다. 경험적 자연학에 앞서서 자연의 형이상학을, 또 실천적 인간학에 앞서 도덕의 형이상학을 다루어 봄으로써, 순수 이성이 그 각 분야에서 얼마나 많은 것을 성취할 수 있을 것인가를 알 수 있다는 입장인데, 도덕에서도 아프리오리한 원리가 어떤 원천에서 나오는가를 아는 것이 도덕 학자의 궁극적인 작업 목표이자 학문의 본성이 요구하는 일이라고 한다. 의무나 도덕법칙 등에 대해 조금만 생각해 본 사람이라면 누구나 그 같은 작업이 꼭 필요하다는 데 동의할 것인데, 도덕이나 의무의 법칙은 "절대적 필연성"을 내포한다는 사실을 알고 있기 때문이라고 한다. 칸트에 따르면 이때 절대적 필연성은 예외를 인정하지 않는다는 의미에서 "보편성"과 다르지 않다. 예컨대 "남을 속이지 마라" 같은 명령은 특정 유형의 인간에게만 타당한 것이 아니라 모든 인간, 나아가 **모**

든 이성적 존재자에게 구속력을 지니는 도덕 명령이다. 이와 같은 보편적이고 필연적인 도덕법칙이 경험에서 획득될 수는 없는 노릇이다. 경험을 통해서는 예컨대 "이러이러한 경우에는 저러저러한 방식으로 행동하라"와 같은 충고만 주어질 수 있을 뿐이다. 칸트는 『순수이성비판』의 "선험적 분석론"이, 보편적이고 필연적인 자연법칙은 경험을 통해서는 결코 주어질 수 없고 우리 인식 주관이 지성의 원칙을 대상 경험에 적용함으로써 산출된다는 사실을 밝힌 것과, 도덕형이상학이 이성 자신 안에 아프리오리하게 놓여 있는 실천적 원리들을 탐구하는 과제를 수행함으로써 도덕법칙을 이성이 스스로 자신에게 부과하는 보편적이고 필연적인 행위 원리로서 파악한 것 사이에 유비 관계가 성립한다고 생각한 듯하다. 도덕형이상학이 그러한 점에서 실천철학 내의 말하자면 '선험적 분석론'과 같은 역할을 수행한다고 여긴 것이다.

칸트는 모든 경험적 사실과학은 도덕의 근본 원리를 발견하는 데 실패하기 마련이며, 그것은 오직 우리 이성 안의 선험적인 원천에서만, 따라서 도덕형이상학을 통해서만 탐구될 수 있다고 보았다. 그는 『순수이성비판』에서 전통 형이상학의 "존재론"이라는 거만한 명칭이 "선험적 분석론"이라는 겸손한 이름으로 바뀌어야 한다고 주장했었다. 선험적 분석론이 존재가 존재로서 현상하는 원리를 캐묻는다는 점에서 존재론을 대신해야만 하듯, 이제 '도덕형이상학'도 존재해야 할 세계, 즉 당위적 세계의 원리를 문제 삼는다는 의미에서 형이상학이 될 수 있다는 것이다. 도덕형이상학은 나아가 마치 『순수이성비판』이 일상적인 경험판단을 [선험적인 방식으로] 분석함으로써 그 경험적 인식, 즉 대상인식의 가능성을 밝혔던 것처럼, 평범한 일상적 도덕판단을 분석함으로써 건전한 도덕신념을 가능케 하는 도덕원리를 명확하게 밝히려 한다.

칸트는 그렇게 도덕철학의 순수한, 아프리오리한 부분이 먼저 확립되어야만 경험적인 부분도 그 역할을 제대로 수행할 수 있게 된다고 주장하면서 『도덕형이상학』의 실천적 필요성을 지적한다. 『도덕형이상학』이 도덕을 이끄는 실마리와 도덕을 올바로 평가하는 아프리오리한 최고규범을 제시하지 못하는 한, 도덕 자신이 타락하기 쉽다는 것이다. 경험적으로는 간혹 어떤 행위가 법칙에 합치하여 일어나는 경우를 접할 수 있으나, 이것은 그 행위가 단순히 "합법성"(Legalität)의 조건을 충족시키고 있음을 의미할 뿐이다. 합법성은 그 행위가 도덕적이기 위한 충분조건이 되지 못한다. "어떤 행위가 도덕적으로 선하기 위해서는 행위가 도덕법칙에 **합치하는** 것만으로는 충분하지 않고, **도덕법칙 자체 때문에** 일어나야 한다."[228] 그러므로 도덕성을 그 "순수성과 진실성"(Reinigheit und Echtheit)의 맥락에서 확보하는 것이 최우선 과제가 된다. 그렇지 않고 도덕을 경험적으로, 즉 도덕법칙에 일치하기 때문에 도덕적인 것처럼 보이는 **사례들을 통해** 근거지우려고 하면, 도덕 자체가 타락하기 쉽다. 사례 중심의 도덕교육이 갖는 문제점은 그것이 곧 절대적으로 필연적인 도덕법칙이라도 경우에 따라서는—쾌락이나 자기 이익에 따르려는 유혹에 빠지면서도 자신은 그것을 도덕적 동기라고 믿을 때처럼—예외를 허용하는 것으로 간주하기 쉽다는 데 있다. 이처럼 도덕법칙을 일종의 조건적인 법칙으로 간주하려는 태도를 바로잡을 수 있는 방법은 순수한 도덕철학만이 제공할 수 있다는 것이다. 칸트에 의하면 형이상학은 순수한 원리에 관한 인식이라는 점에서 일반적인 이성인식과 구별되고, 이 점에서는 도덕의 형이상학도 마찬가

228) IV 390.

지다.

물론 위에서 언급한 것처럼 칸트는 인간의 실천이성이 자연본성에 의해서도 영향을 받기 때문에 도덕철학의 경험적인 부분도 필요로 한다는 점을 간과하지 않았다. 안타깝게도 칸트 윤리학을 비판하는 적지 않은 수의 학자들은 이처럼 도덕철학에 경험적인 부분이 필요하다는 칸트의 발언을 간과하거나 대체로 과소평가하는 경향이 있다. 도덕법칙을 구체적인 사례에 적용하고, 또 경향성의 방해 때문에 행동으로 옮기기 쉽지 않은 인간의 의지에 실천적 추진력을 실어주기 위해서는 경험을 통해 얻은 인간지식 그리고 이 인간지식에 의해 예리하게 단련된 판단력이 반드시 필요하다는 것이 칸트의 일관된 생각이었다.

볼프(Christian Wolff) 실천철학과의 비교

칸트 스스로 자신이 윤리학에서 이제껏 어느 누구도 가보지 않은 새로운 길을 개척하고 있다는 점을 분명하게 의식하고 있었다는 사실은 그가 볼프의 실천철학을 언급하는 부분에서 드러난다. 칸트가 볼프의 실천철학 가운데 "윤리학"이 가지는 한계로 지적하는 것은, 그것이 순수한 의지의 아프리오리한 메커니즘을 탐구한 것이 아니라 그저 의욕 일반의 기제를, 즉 그 경험적인 조건과 경험적으로 확인되는 작동 방식을 소개하는 데 그쳤다는 점이다. 간단히 말해 볼프의 윤리학은 인간의 욕구능력의 경험적 원리에 관한 심리학적 탐구에 그쳤다는 것이다. 칸트가 염두에 두었을만한 볼프의 『독일어 윤리학』에는 다음과 같은 내용이 등장한다.

"어떤 인간의 현재 상태가 과거와 미래의 상태와 일치하고,

또 그 모든 상태가 인간의 본질과 본성에 일치한다면, 그 인간의 상태는 완전하다. 더욱이 이 일치가 크면 클수록 그것은 그만큼 더 완전한 것이다."; "[예컨대] 과음과식하는 사람은 널브러지게 되고 두통이나 다른 신체적 고통을 겪게 된다. 따라서 이 경우 신체의 현재 상태는 과거 상태와 대립하는 셈이 되고, 영혼의 과거 상태와도 반목하는 셈이다. 왜냐하면 영혼은 그 이전에는 기꺼이 어떤 일에 대해 숙고하고, 자신이 좋아하는 것을 생각하는 상태에 있었기 때문이다."; "우리의 내적·외적 상태를 완전하게 만드는 것, 그것이 선한 것이다. 반대로 두 상태를 불완전하게 만드는 것은 악하다. 그러므로 인간의 자유로운 행동은 선하거나 악하다. 고로 우리가 행위에 대해 그것이 선한지 악한지를 판정하고자 한다면, 우리는 그 **행위가 우리 신체와 영혼의 내적·외적 상태에 어떤 변화를 가져오는지**를 살펴봐야만 하며, 그때 그 변화된 상태가 인간, 즉 신체와 영혼의 본질과 본성에 그리고 과거 상태에 일치하는지 또는 대립하는지를 주목해야만 한다."[229]

칸트가 보기에 이 같은 주장은 단순히 인간의 행위와 관련된 심리 상태에 대한 진술에 불과한 것이었다. 그러나 도덕형이상학은 경험적으로 확인되는 인간 의욕의 행위와 조건들을 문제 삼는 것이 아니라 순수 의지[실천이성]의 이념과 원리를, 즉 순수한 도덕성을 문제 삼아야 한다. 그는 순수한 도덕철학과 볼프식의 의욕 일반의 작용에 관한 경험적 연구를 구별하는 일이 『순수이성비판』에서 "선험적 논리학"과 "일반 논리학"을 구분한 것과 유사하다고 주장한다. 후자는 그저 "사유 일반의 활동과 그 규칙"을 문제 삼는데 비해, 전자는 "**순수한 사유**의 특수한 활동과 그 규칙"을 다루기 때문이라고 한

229) Wolff, *Deutsche Ethik*, in *WW* I.4, §§ 2-4. 강조 나.

다. 『순수이성비판』에서 이른바 "선험적 논리학"이라는 명칭 하에 칸트가 수행했던 작업은 사유 작용에서 모든 경험적 요소를 배제한 채 아프리오리한 인식 능력의 작동 방식을 설명하는 일이었다. 이에 비해 일반 논리학은 비록 사유의 내용과는 무관하지만 실제의 사유작용의 기제를 다룬다는 점에서, 인간의 심리 상태와 욕구능력의 작동 기제에 관한 설명을 담고 있는 볼프의 실천철학과 유사하다는 주장으로 보인다. 다른 한편, 선험적 논리학이 경험에서 주어지지 않는 순수한 사유의 원리를 문제 삼는 것처럼 『도덕형이상학』도 오로지 순수한 도덕원리, 즉 도덕성의 근거를 문제 삼는다는 점이 서로 유비적이라는 것이다. 물론 그렇다고 해서 우리가 도덕적으로 판단하거나 행동할 때 본능적인 욕구나 경향성, 쾌락 등에 의해 좌우되는 부분에 대한 탐구가 불필요하다는 뜻은 아니며, 다만 순수한 도덕성이 어디에서 성립하는가를 확인하는 작업이 우선적으로 수행되어야 한다는 것이다. 즉, 도덕에 관한 철학적 작업에서 어느 부분에 우선성이 주어져야 하는가가 문제가 될 때는 당연히 도덕성의 근거를 묻는 『도덕형이상학』이라는 것이다.

『도덕형이상학 정초』와 『도덕형이상학』, 『실천이성비판』의 내적 관계

칸트는 일단 머리글에서는 순수한 도덕철학, 다시 말해 도덕의 형이상학은 그것에 대한 "예비학"으로서 『실천이성비판』을 요구하지만, 형이상학이 『순수이성비판』을 필요로 하는 정도만큼은 아니라고 주장한다. 그 이유는 이성을 실천적으로 사용하는 일은 이론적으로 사용하는 것보다 용이하고 또 실제로 누구나 실천적 맥락에서는 이성을 정당하게 사용할 수 있기 때문이라고 한다. 이에 비해 이성의 사변적·이론적 사용은 변증성에 빠지기가 쉽기 때문에 반드시 예비 작업을 거쳐야 한다는 논리다. 그러면서 칸트는 『실천이성비판』이 완성되려면, 실천이성이 사변이성과 통일되어 있다—즉, 서로 다른 것이 아니다—라는 사실을 "공동의 원리에 의거해" 설명할 수 있어야 하지만 현재 자신의 작업은 그 정도까지 나아가지 못했다고 인정한다. 그리고 도덕에 관한 형이상학은 통속성과 상식에 부합하면서도 동시에 "까다로운 부분"(das Subtile)을 포함할 수밖에 없는데, 그 기반에 해당하는 도덕형이상학의 정초 작업을 따로 떼어내 먼저 수행하면 그 까다로운 부분을 미리 다루는 것이므로 추후에 『도덕형이상학』을 집필할 때는 이해하기가 좀 더 쉬운 나머지 부분만을 다루면 된다는 이점이 있다고 주장한다. 이 같은 주장은 이해하기가 쉽지 않은 것이 사실이다. 추측컨대 칸트는 아마도 여기서 좁은 의미의 도덕형이상학과 넓은 의미의 도덕형이상학을 염두에 두고 있는 것처럼 보인다. 전자가 『정초』나 『실천이성비판』처럼 순수한 도덕성 자체["도덕성의 최고 원리"]에 대한 탐구에만 종사한다고 간주하면 그 작업은 다분히 추상적인 내용["까다로운 부분"]으로 이루어진다고 할 수 있다. 이에 비해 후자는 도덕의 완결된 체계로서 도덕원리를 현실 세계 속에서 실현시킬 수 있는 가능성 또는 행위를 통해 의지의 목적을 실현시키는 문제 등을 함께 고려해야 한다고 여긴 듯하다. 실제로 『덕론』이 이 같은 작업을 수행하고 있다고 볼 여지는 충분하다.

『정초』에 가해질 수 있는 비판에 대한 변명

칸트는 자신이 『정초』에서 도덕원리를 도덕체계 전체에 **적용**하는 과제나 **구체적 사례**를 들어 설명하는 일을 포기했다고 고백한다. 그러면서도 그는 그와 같은 작업을 통해 많은 이점들이 주어질 수 있다는 사실 또한 긍정한다. 그러나 적용의 사례나 실제의 사례를 사용할 때 나타날 수 있는 위험이 있는데, 도덕의 문제를 자칫 단순히 경험 사실로부터 일반화하거나 추상화할 수 있는 것처럼 오해하게 될 수 있다는 것이다. 그리고 그 경우 도덕은 타락의 길로 들어서기 쉽다고 한다. 도덕원리와 상관없이 일상의 본능적 욕구나 경향성에서 비롯하는 행위까지도 도덕적인 것으로 간주할 수 있기 때문이다. 이러한 생각은 이미 앞에서 순수한 도덕철학의 실천적 필요성을 언급하며 동원했던 설명과 본질적으로 다르지 않아 보인다. 칸트는 조금 나중에 이것을 실천이성이 빠질 수 있는 "자연적 변증론"(natürliche Dialektik)이라고 주장한다.[230]

자연적 변증론이란 앞에서 본 것처럼 이성이 자신의 인식활동 가운데 총체성을 추구하는 성향(Hang)에서 비롯하는 위험이다.[231] 즉, 이성의 인식활동은 언제나 "제약된 것"(das Bedingte, 조건 지어진 것), 즉 부분적 인식에 만족하는 것이 아니라, 전체적이고 무조건적인 인식에 도달하려는 형이상학적 관심에 지배받는 바, 실제로는 제약된 것의 한정된 전체, 즉 현상계에서 경험 가능한 부분에 불과한 것을 마치 제약의 총체성 자체인 것처럼 간주하고자 한다는 것이다. 그리고 그때 이른바 "가상"(Schein)이 발생한다고 했다. 예컨대 이성은 어떤 인과관계의 개별 현상을 인식하는데 만족하지 않고 "세계는 시작 또는 끝이 있다"거나 "세계는 시작 또는 끝이 없다"는 주장을 하고 싶어 한다. 하지만 그러한 주장의 어느 쪽이든 가상으로서의 세계에 대해 언급하는 것일 뿐이니, 인간 이성에게 인과계열의 전체로서의 세계는 주어질 수 없기 때문이다. 이론이성에 대한 "비

---

230) IV 405.
231) 이 책 96쪽 이하 및 각주 90 참조.

판"이 요구되는 까닭은 이 같은 이성의 성향 때문이다. 『순수이성비판』의 "변증론"은 바로 이 같은 이성의 성향을 다루었다.

그런데 비록 이성의 사변적 사용에서보다는 덜 완강하기는 하지만 실천이성[이성의 실천적 사용]에게도 비슷한 상황이 발생한다는 것이 칸트의 생각이다. 『정초』에서 그것은 "의무의 엄격한 법칙에 대항하여 궤변을 늘어놓고 그 법칙의 타당성 내지는 최소한 그 순수성과 엄격성을 의심하게 만드는 성향, 즉 그렇게 해서 가능한 한 그 법칙을 우리의 소망과 경향성에 적합하게 만들려는 성향" 때문으로 파악된다. 그에 따르면 이 같은 성향은 결국 "법칙을 근본적으로 파괴하고 그것의 존엄성 전부를 붕괴"시키게 되는데, 이론이성과 유사하게 실천적으로 제약된 [조건 지어진] 것(Praktisch-Bedingte)에서 무제약적인 [무조건적인] 것을 추구하려는 실천이성의 성향에 그 근본 원인이있다. 실천이성은 실제로는 제약된 것에 불과한 것들, 예컨대 경향성이나 본성적 욕구의 발로거나 행복에의 경향에 불과한 행위 목적들 내지 대상들을 마치 무제약적으로 선한, 따라서 추구해야 마땅한 것처럼 간주하고 그것에 의해 자신을 규정하려 하고 또 그러한 태도를 도덕적으로 정당화하려 한다는 것이다. 따라서 경험적으로 조건 지어진—자신의 주관적 본성이나 경향성의 지배를 받고 있는—실천이성이 자신의 의지 규정을 마치 초험적인 것처럼 간주할 때 이러한 월권이 발생한다는 것이다.

한편 나중에 『실천이성비판』에서는 자연적 변증론을 조금 다르게 설명하는데, 자신의 대상들의 무제약성을 "최고선"["최상선" 또는 "완전선"]에서 발견하려는 순수한 실천이성이, "'완전선'으로서의 최고선에 어떻게 도달할 것인가"라는 물음에 관련해서 빠지게 되는 이율배반에서 그 원인을 발견한다.[232]

『도덕형이상학 정초』의 방법과 구조

칸트는 이 저서의 첫 두 부분("제1절: 도덕에 관한 평범한 이성 인식에서 철학적 이성 인식으로 이행", "제2절: 통속적 도덕철학에서 도덕형이상학으로 이행")이 "분석적" 방법을 채택하여 기술되었다고 주장한다. 그것은 "일상적 인식에서 출발하여 그 인식의 최고 원리"[선의지, 도덕성, 의무 개념, 도덕법칙 등]를 밝히고 규정하는 방식이라고 설명한다. 얼핏 이것은 "형이상학"에는 어울리지 않는 경험적인 작업 방식이 아닌가라는 의문이 들 수 있다. 하지만 일상적 도덕판단 안에 포함되어 있으나 잘 의식되지 않는 아프리오리한 요소를 찾아 경험적 요소와 분리하여 명확히 규정하는 작업이라는 의미로 이해하면 꼭 그렇게 생각할 필요는 없을 것이다. 도덕판단이 타당하기 위한 조건이 결국 그러한 아프리오리한 요소라는 것이 칸트의 견해라 여겨진다. 다만 그러한 타당성의 조건에 대한 탐구는 개별적 도덕판단들에 관한 경험으로부터 일반적인 특징들을 찾아내는 분석 작업과는 달라야 할 것이다.[233)]

어쨌든 칸트에 따르면 제1절은 "도덕에 관한 평범한 이성 인식"을 명료화하고 명시함으로써 그 자신이 다루는 개념들이 실제의 사용과 정상적인 도덕 이해에 일치함을 보여주면서 동시에 일상적 도덕판단이 타당하기 위한 조건들로서 아프리오리한 요소들을 드러내는

---

232) 『실천이성비판』 I. Teil, 2. Buch, 1. Hauptstück (V 107 이하). 이 책 288쪽 이하 참조.

233) 칸트는 이 같은 탐구 절차상의 방식을 "조건 지어진 것[피제약자]으로부터 조건[제약]에로 거슬러 올라가는" 방법으로서 "역진적 [논증] 방법"(regressive Methode)이라고도 불렀고, "종합적" 또는 "전진적인 [논증] 방법(progressive M.)"에 대비시켰다. 후자는 조건에서 출발하여 조건 지어진 것으로 내려오는 방식이라고 한다. 『순수이성비판』 B 438, 540; 『형이상학 서설』 IV 274-276; H. J. 페이튼(김성호 역), 『칸트의 도덕철학』, 1988, 35 이하 참조.

작업을 수행한다. 제2절은 주로 도덕법칙의 의미와 타당성이 경험에서 얻을 수 있는 성격의 것이 아님을 강조하는 내용으로 이뤄진다. 그래서 도덕 원리를 경험적인 동인이나 법칙들로부터 이끌어내려는 경험주의적 도덕철학을 비판하면서 시작한다. 제3절은 "도덕형이상학에서 순수실천이성비판으로 이행"라는 제목을 달고 있는데 여기서는 도덕의 최고원리를 검토하여 그 원리의 근원에서 출발하여 다시 그 원리가 사용되고 있는 일상적 인식으로 돌아오는 "종합적" 방법을 취한다고 주장한다. 칸트는 제1절과 제2절을 통해 도덕법칙의 존재를 밝히고, 나아가 도덕성은 행위가 그것에 따라 일어나는 데에서 성립한다는 사실을 보여주었다. 그러나 정언명법으로서의 "도덕법칙이 어떻게 아프리오리하게 가능하며, 왜 이 명제가 필연적인지[필연적으로 타당한지]"는 아직 밝히지 못했다고 고백한다. 또한 과연 칸트가 3절에서 정언명법의 가능성과 타당성을 충분히 정당화하는 논증[연역]을 제시했는가에 대해서는 평가가 엇갈린다. 그러나 어쨌든 칸트에 따르면, 정언명법도 법칙이므로 보편적이고 절대적인 구속성에 의해 의지로 하여금 스스로 자신의 원인으로 작용할 것을 명령하는 것임이 분명하다. 물론 의지가 실제로 자율적으로 작동할 수 있는가는 별문제이지만 말이다.

3. 제1절: 도덕에 관한 평범한 이성 인식에서 철학적 이성 인식으로 이행

『정초』의 제1절은 "우리가 생각할 수 있는 한에서 이 세계 안에서나 심지어 세계 밖에서조차도 아무 제한 없이 선한 것으로 간주될 수 있는 것은 '선의지'(der guter Wille)뿐이다."(IV 393)라는 문장으로 시작한다. 도대체 칸트가 생각하는 선의지란 무엇일까? 칸트가 선의지 개념에 관계시키는 표현들, 예컨대 "아무 제한 없이"(ohne Einschränkung, IV 393 06), "내적인 무조건적 가치"(inneren unbedingten Wert, IV 394 01), "단적으로 선한"(schlechthin gut, IV 394 03), "그 자체로 선한"(an sich gut, IV 394 15), "그 자체로 놓고 볼 때"(für sich selbst betrachtet, IV 394 15-16), "비교가 안 될 만큼 높이 평가되는"(ohne Vergleich weit höher zu schätzen, IV 394 16) 등을 보면 일단 그가 선의지를 최고의 도덕적 가치로 여기고 있음이 분명하다. 또한 다른 좋은[선한] 것들, 예를 들어 "지성, 기지(Witz), 판단력 그리고 그 밖의 정신적 재능 등이나 용기, 단호함, 끈기 같은 기질적 특성" 그리고 심지어 "권력, 부, 명예, 건강 같은 행운의 선물"도 분명 여러 가지 점에서 선하고 바람직한 것들이기는 하지만 이런 것들은 그 자체로 좋은 것들이 아니라고 한다. 그것들은 만약 그것들을 사용하는 의지가 선하지 않다면 얼마든지 극단적으로 악하고 해로울 수 있기 때문이라는 것이다. 그러니까 선의지만이 그 자체로, 즉 **내재적으로** 좋은 것이며 다른 좋은 것들은 이 선의지로 말미암아 좋음에 속하게 되는 것들이다. 칸트에 의하면 전통적으로 내재적 선으로 간주되어 온 "행복" 역시 그것이 마음에 미치는 영향과 행위의 원칙을 바로잡을 선의지를 수반하지 않을 경우, "용기를 부추겨 자주 방자한 상태"를 초래하게 된다. 칸트는 오히려 선의지야말로 누군가가 "행복할만한 자격"을 얻기 위한 조건이라고 주장한다. 선의지만이 내재적 가치라는 말은 결국 선의지는 그것이 결과로서 가져오는 것, 즉 목적에 의해, 그러니까 그것의 유용성으로 말미암아 가치가 결정되는 것이 아니라, 그 자체만으로 무제한적인 가치를 지닌다는 의미이기도 하다. 이러한 의미에서 칸트는 선의지의 가치를 내재적 가치 또는 좋음 그 자체로 보고 이것에 다른 좋은 것들을 이른바 **조건적** 또는 **맥락적 좋음**으로 대립시킨 것이라 할 수 있다. 물론 우리는 내재적 또는 무제약적 선과 조건적 또는 맥락적 선을 구분하는 것이 정당한가라는 의문을 제기할 수 있다. 칸트가 기질적 특성으로서 맥락적 선에 해당하는 것으로 간주한 "용기", "단호함", "끈기" 같은 것들은 덕윤리 전통에서는 **그 자체로** 추구할만하고 또 추구해야 할 가치들, 즉 덕목들로 간주했던 것들이다.

독자는 과연 맥락을 도외시한 선의 추구가 가능하기나 할 것인가라는 의문을 제기할 수도 있을 것이다. 통상적으로 선은 구체적 현실 상황 속에서의 선일 수밖에 없지 않은가 말이다. 가령 '지혜'는 올바른 인식을 위해 선한 것이고, '용기'는 전쟁터에서 좋은 것이고 등등. 만일 내재적 선이 존립 불가능하다면 모든 선은 오로지 조건적 선일 뿐이라고 해야 할 것이다. 그러나 우리는 칸트가 말하는 선의지를 조건적 선에 대한 일종의 최고의 형식적 조건으로서 이해할 수도 있을 것이다. 다시 말해 용기, 인내심 등은 예컨대 그것들을 도덕법칙에 일치하여 사용한다는 조건 하에서만 선하다는 의미로 말이다.

그러나 "행복"의 경우는 사정이 달라 보인다. 칸트는 행복을 모든 행위의 "아프리오리한 동인"일뿐만 아니라 "간접적으로"는 의무일 수 있다고 주장하기 때문이다. 예컨대 가난으로 인해 악덕의 유혹에 빠지지 않기 위한 만큼의 부를 추구하는 일은 의무가 될 수 있다고 말한다.[234] 전통적으로 덕윤리학에서는 만일 어떤 덕목이 맥락에 따라 부덕 내지 악덕이 된다면 그것은 더 이상 덕이 아닌 것으로 간주했다고 할 수 있다. 즉, 특정 덕목이 어떤 상황에 따라서 악덕이나 부덕이

234) 『실천이성비판』 IV 399; 『덕론』 VI 388.

되는 것이라기보다는 그 맥락에 가장 적합한 덕목을 실현해야 한다는 것이고, 이때 상황에 따른 덕목들 사이의 우선순위, 결합, 조화 여부 등을 제대로 파악하는 일이 중요하다고 보았던 것이다. 잘 알려진 것처럼 플라톤의 경우는 개별 덕목들이 선한 까닭은 그것들이 선의 이데아의 성질을 '나누어 갖기'(metexis) 때문이라고 보았다.

칸트는 "유용성"의 경우 그것은 그 자체로 좋은 것이 아니라 마치 보석을 끼우는 테두리처럼 남[비전문가]들의 주목을 끌거나 잘 팔아먹기 위한 것에 불과하다고 단언한다. 그러나 유용성이나 이익 등과 무관하며 따라서 어떤 결과와도 상관없이 무조건으로 선하다고 해서 그 선의지가 추구하거나 성취하고자 하는 목적이나 대상이 아무런 가치도 가질 수 없다는 의미는 아닐 것이다. 선의지는 다른 선함[좋은 것들, 좋은 대상들]과의 모든 비교를 넘어서 최고로 선하다는 것—즉, 다른 선한 것들의 선함의 조건—을 뜻할 뿐이다. 이런 의미에서 선의지는 최고선이다. 하지만 선의지만이 유일하게 선한 것은 아니며, 특히 완전하게 선한 것은 더욱 아니다. 완전한 선이 되기 위해서는 선의지만 가지고는 안 되고 선의지의 결과물, 목표가 보태져야 한다. 다시 말해 선의지가 작용하여 자신의 목표를 성공적으로 성취해야 한다. 그러므로 완전한 선은 최고선에 행복을 보탠 것이 되는 셈이다. 최고선과 완전선, 행복의 관계는 『실천이성비판』에서 본격적으로 다루어지는데, 행위의 도덕적 가치를 동기에서 찾았던 칸트가 다시 행복을 마치 완전한 선의 필수 요소처럼 이끌어 들임으로써 부정합의 오류를 범한 것이 아닌가라는 비판을 야기하기도 했다.

IV 394-395에서 칸트는 선의지만이 결과와 상관없이 절대적 가치를 지닌다는 자신의 생각이 혹시 자연의 의도를 오해한 것이 아닌가라는 의혹을 검토함으로써 다시 한 번 자신의 관점을 강조한다. 그래서 자연이 우리에게 의지와 더불어 그 의지에 대해 지배권을 행사하는 이성을 인간에게 선사한 의도가 무엇일까, 예컨대 자연의 의도는 인간으로 하여금 자신의 의지를 이성적으로 사용함으로써 최선의 결과(행복)를 낳게 하려는 것 아닐까 하고 묻는다. 그는 계속해서 "만일 행복이 자연의 원래 목적이라면" 이성을 활용할 그 어떤 시도도 일어날 것처럼 생각되지 않는다고 덧붙인다. 칸트는 이에 대해 다음과 같은 목적론적 설명을 시도한다.

어느 유기체의 각 기관이나 기능은 해당 목적의 성취에 가장 적합하도록 주어진 것이다. 그런데 만일 인간 행위의 궁극적 목적이 행복의 성취에 있다면, 이성은 그러한 목적을 성취하는 데 부적합할 뿐 아니라 비효율적인 능력이다. 오히려 동물적인 본능이 거기에 더 적합하다. 이는 수긍하기가 그다지 어렵지 않은 주장이라 여겨진다. 현대인이 만일 여전히 식성에 관한 본능을 유지하고 있다면 아무런 문제가 없어 보이는 음식을 섭취하고 배탈로 고생하는 일은 없지 않을까? 자연의 의도 성취를 행복에 놓는 한, 이성은 허약하고 속기 쉬운 안내자에 불과하기 때문에 만약 자연이 인간을 위해 행복이라는 목적과 그것을 이루기 위한 수단까지 선택했다고 한다면 "본능" 안에 그것들을 위임했다고 보는 게 더 그럴듯하다는 것이다. 심지어 칸트는 마치 루소에게서 영감을 얻은 듯 삶과 행복의 향유에 관한한 이성을 사용하면 할수록 "이성불신"(Misologie), 즉 이성에 대한 증오만 더 조장될 것이라고 주장한다.

행복이 어디에서 존립하는가라는 물음에 대한 객관적인 답이 전혀 확립 불가능하다는, 다시 말해 행복은 "유동적인" 개념이라는 생각은 '행운'을 뜻하는 고대의 'fortuna' 개념에서도 확인된다. 뿐만 아니라 학문이 가져온 이익을 합산해보면 행복보다는 고생이 더 컸다는 사실을 인정하게 된다는 등의 발언은 실제로 루소를 떠올리게 만든다. 어쨌든 칸트는 인간에게 이성이 주어져 있다는 사실을 고려하면 행복보다 훨씬 더 값어치가 있는 의도—인간의 모든 다른 의도들이 그 아래에 위치해야만 하는 최고의 조건에 관한—를 생각하지 않을 수 없다고 말한다. 따라서 이성의 목적은 행복 같은 "다른 의도에 대해 **수단으로서** 기여하는 어떤 것에 있는 것이 아니라 **그 자체로 선한 의지**를 산출"하는 데에 있다고 주장한다. 심지어 이성이 행복 성취에 방해가 되거나 그것을 무시한다 해도, 그것은 여전히 자연의 의도에 부합하는 일일 수 있다고까지 주장한다. 그만큼 칸트는 이성을 곧 행복 추구를 위한 능력으로 여기는 데 반대한다. 그에 따르면 이성이 지닌 최고의 실천적 사명은 선의지의 확립에 있고, 또 그렇게 함으로써 "자신의 고유한 만족"(Zufriedenheit nach ihrer eigenen Art)을 얻을 수 있다.[235] 이 만족감은 결과에 상관없이 선의지에 따른 도덕적 행위를 했다는 일종의 자긍심을 뜻한다고 할 수 있을 것이다. 그러나 이러한 만족감에 대한 전망이나 예견이 의지를 규정하는 동기가 되어서는 안 되며, 어디까지나 도덕적으로 선한 행위, 즉 의무를 수행하겠다고 하는 의지가 선행해야만 한다는 것이 칸트의 기본 입장이다.[236]

칸트는 선의지의 무제한적 가치를 강조하고 나서 그 선의지가 건전한 지성 안에 이미 들어있으며 그래서 가르쳐지기보다는 "계발되기"(aufgeklärt)만을 필요로 한다는 대담한 주장을 내세운다. 그러면서 선의지의 본성을 명료하게 파악하기 위해서는 먼저 "의무" 개념

---

235) 『정초』 IV 396
236) 『덕론』 VI 377 참조.

을 검토해야 한다고 말한다. 그는 의무 개념을 매번 조금씩 다르게 표현하는데 일단 『정초』에서는 "실천 법칙에 대한 순수한 존경에서 나오는 **행위의 필연성**"이라는 다분히 형식적인 정의를 제시한다. 그런가 하면 『실천이성비판』에서도 일단 "오롯이 이성과 그 이성의 법칙에 의한 [행위] **강요**"로 정의했다가 조금 뒤에 가서는 다시 "도덕 법칙에 의거하여 경향성에서 나온 모든 규정 근거를 배제하는 객관적으로 실천적인 **행위**"라고 정의한다. 그러다가 『도덕형이상학』에 이르러서는 "누군가의 [어떤 것을 행하도록] 구속된 **행위**이고 … 따라서 그 행위의 **실질[질료]**"이 의무라고 정의한다. 정리해 보면, 의무는 선의지가 일체의 경향성을 배제하고 반드시, 즉 필연적으로 오로지 이성과 그 [도덕]법칙에 따라서만 행동하고자 의욕할 때 "주관적 제한과 방해"로 말미암아 느끼는 **강요[구속성]**를 뜻했다가, 다시 그 같은 **강요된 행위 자체**를 그리고 **행위의 실질**, 즉 그 행위가 실현하고자 하는 **목적**까지 의미하게 되었다.[237] 칸트가 여기서 선의지를 의무와 관련시키는 의도는 인간의 선의지가 실제로는 주관적 제한과 방해 속에서 자신의 존재를 드러낸다는 점을 강조하기 위한 것으로 생각된다. 주관적 제한과 방해가 강하면 강할수록 사라져버리는 것이 아니라 오히려 "대조를 통해 더더욱 밝게 빛나는" 것이 선의지의 본질적 속성이라는 것이다. 독자는 칸트의 핵심 메시지가 이 같은 표현에 더 절실하게 담겨 있다는 인상을 받을 수밖에 없다. 실제로 우리가 경험하는 대부분의 인간 행동이 부도덕한 행동의 사례들뿐이라 하더라도 선의지의 존재가 부정되는 것은 아니며, 오히려

---

237) 『정초』 IV 403, 434; 『실천이성비판』 V 32, 80; 『도덕형이상학(서론)』 VI 222 참조. 의무 개념의 변천에서 드러나는 칸트의 문제의식의 변화에 대해서는 「덕론의 형이상학적 기초원리(해제)」, 『도덕형이상학—덕론의 형이상학적 기초원리』(김수배 옮김), 한길사 2018, 451-457 참조.

경향성의 요구에 굴복하려 하면 할수록 행위자는 내면에서 더더욱 자신의 존재를 알리는 선의지의 외침에 직면하게 된다는 것이다.

VI 397 이하에서 칸트는 선의지의 존재가 의무를 통해 드러난다고 해서 의무에 적합한 모든 행동이 반드시 도덕적 가치를 지니는 것은 아니라는 점을 설명하기 위해 다음과 같은 구분을 제시한다. ①특정한 의도를 실현하는 데는 유용하지만 의무와 대립하는 행위는 결과적으로 행위자의 의지가 경향성에 굴복한 셈이므로 전혀 도덕적 가치를 갖지 못할 뿐만 아니라 도리어 부정적 가치에 기여하는 것이다. 따라서 이러한 행위를 도덕적으로 평가하는 데는 아무런 어려움도 없다. ②인간들이 특정 행위에 대한 직접적인 경향성을 갖고 있지는 않은 상태에서 다른 경향성—이기적 의도와 같은—때문에 의무에 적합한 행위를 했을 경우도 평가에 별 어려움이 없다. 예컨대 상인이 "거래가 많은 장소에서 세상물정을 모르는 고객"이나 "아동"에게 바가지를 씌우지 않고 물건을 판매했다면, 그 상인이 모든 고객들을 사랑으로 대우할 직접적인 경향성으로 말미암아 그렇게 행동했을 것이라고 상정하기는 어렵다. 오히려 상인의 행위는 혹시 나중에 겪을 수도 있을 불이익을 고려하여, 즉 "이기적 의도"에서 비롯되었다고 보는 것이 더 그럴듯하다. 이 예에서는 평소의 칸트와 달리 염세적인 인간관이 어느 정도 반영되어 있는 것 같다. 아마도 그의 생각의 요점은, 행위자의 부도덕한 행위 의도가 금방 탄로 날 확률이 높은 상황에서 일어나는 의무에 적합한 행위에 대해서는 아무도 그 도덕적 가치를 인정하지 않으리라는 데 있는 것처럼 보인다. ③의무에 적합하고 "누구나 그 행위에 대해 직접적인 경향을 갖는" 경우는, 그 행위가 실제로 의무에서 나온 것인지, 즉 도덕적인 것인지 또는 직접적 경향성에서 나온 것인지를 판정하기가 쉽지 않다. 예컨대 통상적으로 자기 생명보존 행위는 직접적인 본능이나 경향성에 따른 행위다. 따라서 그러한 행위가 의무에 합치하더라도 내적 가치를 인정하기는 어렵다. 반면에 "극심한 불운과 절망적인 슬픔으로 삶에 대한 모든 애착을 잃고서도" 강인한 영혼의 힘으로 생명을 유지하는 사람이 있다면, 이는 진정한 의무의 사례에 해당한다고 할 수 있다. 생명에의 애착이라는 직접적 경향성을 잃고서도 의무에서 그와 같은 행동을 한 것으로 봐야 하기 때문이다.

그러므로 경향성의 유무나 그 경향성의 만족을 통한 쾌락 또는 행복의 유무와 도덕적 가치는 서로 무관하다. 마음에 이끌려 선행, 즉 의무에 적합한 행동을 한다고 해서 잘못될 것은 없다. 가책을 느낄 필요도 없다. 거기에 의무의 동기가 함께 작동하고 있다면 말이다. 그러나 행위의 도덕적 가치가 어디에서 성립하는가를 문제 삼을 경우, 그것은 오로지 그 행위가 "의무에서"(aus Pflicht) 비롯되었다는, 즉 의무를 행하려는 의도에서 나왔다는 데에서 성립한다.[238] 따

238) 이 부분이 동시대를 살았던 문호 실러(Friedrich Schiller)가 오해했던 부분이다. 실러는 행위 동기에서 경향성을 철저히 배제하는 칸트에 동의할 수 없었고 실제로 그를 다분히 조롱하는 투의 시("양심의 가책")를 지었다.

"기꺼이 친구들을 섬긴다네 나는,
하지만 그건 유감스럽게도 경향 때문이지.
그래서 자주 조바심한다네
내가 부덕한 건 아닌지 하고.
결론: 달리 도리가 있겠나.
네가 그들을 무시하는 수밖에,
그리고 의무가 명하는 것을 억지로
행하는 수밖에."

칸트는 결코 행위에 대한 경향성이나 그 만족에 기인하는 쾌감이 존재한다고 해서 그 행위의 도덕적 가치가 없다고 한 것이 아니며, 행위자가 의무를 행한다는 의식에서 만족감이 나온다고 해서 그 행위의 가치를 부정하지도 않았다. 페이튼, 같은 책, 66 이하; Jens Timmermann, *Kant's Groundwork of*

라서 우리는 행위의 배후에 그 행위에 대한 직접적인 경향성이나 자기 이익에 관한 고려가 있었는지를 주의 깊게 살펴보아야 하고, 그것들을 제거했을 때의 관점에서 그 행위를 평가해야 한다. 만일 행위가 의무의 동기에서 비롯한 것이라면, 거기에 덧붙어, 즉 경향성이 함께 작용하여 쾌감이 발생했다고 해서 그 행위의 도덕적 가치가 손상되는 것은 아니다.

그는 계속해서(VI 398-400) 몇 가지 사례들을 통해 도덕적 가치 평가에 관한 자신의 관점을 명확히 하고자 한다. ①동정심에서 타인에 대해 자선을 베푸는 행위의 경우, 만일 허영심이나 이기심 없이 그저 타인을 돕는 데서 기쁨을 느끼는 동정적인 심성에서 나온 행위라면 비록 의무에는 합당하나 도덕적으로는 무가치하다. 이 같은 행위는 그 배후에 의무에서 나온 준칙이 없기 때문에 명예에 대한 경향성에서 이뤄지는 행위와 동급이다. 반면 자신의 개인적 슬픔으로 인해 타인에 대한 동정심을 몽땅 잃었다 해도, 자신에게 동정을 베풀 능력이 있어서 그러한 무감각의 상태에서조차 오로지 의무에서 자선을 베푼다면 진정으로 도덕적인 가치가 성립한다.

②반면에 천성이 냉담한 기질의 인간임에도 자선을 베푸는 경우라면 이는 본성적 경향성을 극복한 것으로서 의무에서 나온 행위로 볼 수 있다. 나아가 그 같은 행위자는 "성격"(Charakter)의 소유자임을 증명한다. 칸트는 성격을 "불변적인 준칙에 따르는 실천적으로

---

the Metaphysics of Morals: A Commentary, Cambridge: Cambridge Univ. Press, 2007, 152-154 참조. 칸트는 『종교론』 VI 23 이하의 원주에서 직접 실러를 거명하며 그의 오해를 지적한다. 칸트는 자신의 도덕철학을 "어둡고 승려 같은 수양법"에 비유하기도 했던 실러(*Über Anmut und Würde*, Thalia, 1793, 3tes St., 181)에게 "의무 *준수* 시의 **유쾌한** 마음"이 "유덕한 심술의 진정성에 대한 표식"이라고 답하기도 했다.

일관된 사고방식"(praktische konsequente Denkungsart nach unveränderlichen Maximen)으로 정의한다.[239] 그러므로 "성격을 가진다"는 것은, 행위자가 변화무쌍한 인생의 행로에서 **[이성이] 불변적인 것으로 지시하는 특정한 실천 원리에 자기 자신을 구속시키는 일**이라고 할 수 있다. 이는 인간만이 가지는 독특한 특성이며, 또 누구나 쉽게 가질 수 있는 것도 아니다. 따라서 성격이란 "사고방식의 혁명"(Revolution der Denkungsart)을 통해서나, 다시 말해 인간이 어떤 획기적인 계기나 전환을 통해서나 획득할 수 있는 것이다. 칸트는 비록 잘못된 원칙을 가진 사람이라도—예컨대 폭력배가 동료에 대한 의리를 원칙으로 삼을 경우—만일 그 원칙을 확고히 준수할 수 있다면, 즉 성격을 가진다면, 그로 인해 타인에게 혐오를 불러일으킬지라도 그 자체로 경외의 대상으로서 평가해줄만하다고 한다.

③자기 자신의 행복을 추구하는 행위는 그 자체를 직접적인 의무라고 인정하기 어렵다. 위에서 언급했듯 행복은 인간 행위의 아프리오리한 동인일 뿐 그 자체로는 도덕과 무관하다. 행복은 "모든 경향성과 만족의 총합"(Summe aller Neigungen und Befriedigungen)이라는, 다분히 유동적인 이념에 불과하기 때문이다. 그러나 눈앞의 강력한 유혹을 물리치고 의무에 따라서—예컨대 당장의 쾌락과는 무관하게 건강을 챙기듯—자신의 행복을 도모한다면, 도덕적 가치가 발생한다고 볼 수 있다.

④이웃이나 적을 사랑하는 행위는, 만일 그것이 경향성에서 나오는 것이라면 도덕적으로 강요, 즉 명령될 수 없는 것이지만, 만일 누군가 타인에 대한 혐오감에도 불구하고 의무에서 그에게 사랑을

---

239) 『실천이성비판』 V 152.

베푼다면 도덕적 사랑이 된다. 전자의 사랑은 무가치한 "정념적 사랑"(pathologische Liebe)에 불과하다. 칸트에 따르면 진정한 사랑이나 자선 행위는 반드시 자기 자신의 자아에 대한 존중을 전제로 한다. 그것이 의무이기 위해서는 법칙의 보편성을 지녀야 하는 바, 나 역시 그 사랑이나 호의의 대상 안에 포함되어야 하기 때문이다.[240)]

VI 399-401에서 칸트는 의무와 법칙의 관계를 언급한다. 그러나 그 첫 단계부터 독자를 어리둥절하게 만든다. 아무런 사전 언질도 없이 "**둘째 명제**는 다음과 같다. **의무에서 비롯된 행위의 도덕적 가치는 그 행위가 성취해야 할 의도에서가 아니라, 그 행위를 결심하는 준칙[의지의 원리]에 의해 규정되어야 한다.**"라고 적기 때문이다.[241)] 그러면서 칸트는 행위의 특정 목적에 대한 의도나, 의지의 목적 또는 "추진력"(Triebfeder)으로서의 행위 결과는 그 행위의 도덕적 가치를 제공하지 못하는데, 그것들은 기껏해야 수단으로서의 가치만을 지니기 때문이라고 설명한다. 독자가 당황스러운 이유는 앞부분 어디에서도 첫째 명제를 찾을 수 없기 때문이다. 그럼에도 칸트는 "앞의 두 명제에서 도출되는" 결론이라고 하면서 "**의무는 법칙에 대한 존중으로부터 나온 행위의 필연성이다**"라는 "셋째 명제"까지 제시한다. 그러므로 독자는 분명하게 표현되어 있지 않은 첫째 명제를, 소전제와 결론을 가지고 또 앞의 내용을 참고하여 재구성해야 한다. 일단 결론 명제는 의무의 두 가지 조건, 즉 의지의 규정

240) 『덕론』 VI 451 참조.

241) 이 명제에서 "의도"는 선하고자 하는 의도 자체[선의지]가 아니라 특정한 결과를 지향하는 의도를 뜻한다.

근거로서 “법칙에 대한 존중”, 그리고 행위의 필연적 속성을 언급하고 있다. 그런데 둘째 명제는 의지의 규정근거가 행위를 통한 목적 실현이라는 의도가 아니라 의지의 주관적 원리인 준칙이어야 한다고 말한다. 그런데 여기서는 아직 법칙이 아니라 준칙을 의지의 규정 근거로 언급하고 있다. 그러므로 첫째 명제는 의무의 나머지 조건인 행위의 필연적 속성에 관한 것이어야 할 것이다. 그렇다면 그 첫째 명제에는, ‘도덕적 가치를 가진 의무의 행위는 경향성의 유무 등 일체의 조건과 상관없이 필연적인 방식으로 일어나야 한다’ 정도의 내용이 포함되어야 할 것으로 보인다.[242] 의무의 행위가 필연적인 방식으로 일어나려면 결국 그 행위를 규정하는 준칙이 법칙의 자격을 충족시켜야 할 것이다.

칸트는 행위의 도덕적 가치를 만들어 내는 “의지의 원리”는 형식적이고 아프리오리한 원리이지 실질[질료]적-아포스테리오리한 원리가 아니라고 한다. 의무에서 비롯하는 행위는 결과에 상관없이 마땅히 행해야 하는 것을 행하는 것이기에 그렇다는 것이다. 의지가 필연적인 방식으로 행위를 규정하려면 모든 실질적 요소들—이것들은 경험적 욕구나 경향성에 기초하는 것이기에 아포스테리오리하다—을 제거하고 남는 “의욕 작용 일반의 형식적 원리”이어야 한다는 것이다. 경험적 욕구나 경향성에 기초하는 준칙이라면 불변적일 수도 필연적일 수도 없는 원칙에 불과할 것이기 때문이다.

준칙은 이성적 존재자 일반이 아니라 개별적 행위자의 주관적 실천원칙인데, 칸트는 준칙이 원칙으로서 어느 정도의 일반성을 가지

242) 팀머만은 첫째 명제를 “의무에 일치하는 행위가 도덕적 가치를 갖는 경우란 오로지 그 행위 준칙이 필연성에 의해, 심지어 경향성이 없거나 경향성에 대립해서라도, 그 행위를 산출할 경우다”로 표시한다. Timmermann, *Kant's Groundwork of the Metaphysics of Morals* …, 2007, 26.

는가에 대해서, 달리 말해 얼마나 구체적으로 행위에 또는 의지의 태도에 관여하는 것인지에 대해 명확하게 설명하고 있지 않다. 다만 어떤 특수한 개별 목적을 지향하는 행위를 직접 지시하는 원칙이라면 굳이 원칙으로 불릴 이유가 없을 것이므로 구체적 행위에 대한 동기보다는 일반성의 정도가 높다고 보아야 할 것이다. 동기는 동물도 가질 수 있지만 준칙은 이성적 행위자만이 가질 수 있다. 물론 준칙에도 경향성이 작용할 수는 있다. 예컨대 흡연이 주는 쾌감을 포기하기 싫어하는 사람이라면, '나는 매일 식후 담배 한 대를 피우겠다'라는 준칙을 가질 수도 있을 것이다. 고로 준칙에 따라 행동한다는 것 자체가 곧 그 행위의 선함을 결정하는 것은 아니다. 앞에서 언급한 것처럼 행위 결과를 염두에 두는 실질적-아포스테리오리한 준칙이 아니라 그것과 무관한 형식적-아프리오리한 준칙에 따라 일어난 행위만이 가치를 가진다. 이때 '행위 결과와 무관하다'는 것은 소극적인 표현이고, 적극적으로 보면 실천이성이 명령하는 것, 다시 말해 선의지가 의욕하는 것은 무엇이든 행하겠다는 다짐과 같다. 후자가 뜻하는 것은 결국 '나는 어떠한 경우라도 선(착)하고자 한다'라는 결단에 불과한 것 아닐까? 물론 이 같은 결단이 무의미하지는 않을 것이다. 그럼에도 '모든 목적을 도외시하고도 가능한 행위가 있을까?'라는 의문은 정당한 것처럼 보인다. 『덕론』은 이 같은 의문에 대한 칸트의 대답이라 할 수 있다.

둘째 명제는 행위가 의지의 주관적 원리, 즉 준칙 가운데에서도 형식적-아프리오리한 준칙에 따라 일어날 경우에만 도덕적 가치를 지닌다고 했는데, 칸트는 그러한 준칙은 경험과 무관하므로 필연성이라는 조건을 만족시키는 원칙, 즉 법칙으로까지 상승할 수 있다고 간주한다. 그래서 의지를 필연적인 방식으로 규정하는 원칙, 즉 법칙에 대한 존중으로부터 일어나는 행위가 도덕적 가치를 지닌다고 주장한다.

IV 400-402에서 칸트는 바로 이 "법칙에 대한 존중"에 대해 이렇게 설명한다. 우리는 우리가 현재 계획하고 있는 **행위 결과로서의 대상에 대해서 경향성은 가질 수 있으나 존중하는 마음은 가질 수 없다.** 그것은 "[선]의지의 활동이 아니기 때문"이다. 경향성도 그것이 나의 경향성이라면 시인할 수 있을 것이고, 또 타인의 것이라면 경우에 따라—예컨대 그 결과물이 내게 이익이 된다고 판단할 경우—사랑할 수는 있을지언정 존중하기는 어렵다. 그러므로 대상을 지향하는 경향성을 완전히 배제했을 때 "의지를 규정할 수 있는 것으로서 의지에 남아 있는 것은 객관적으로는 **법칙** 자체뿐이고 주관적으로는 이 실천법칙에 대한 **순수한 존중**뿐"이다.

"존중[심]", "존경[심]", "경외[감]" 등으로 번역되는 "Achtung"이라는 말은 칸트에 의해 철학 용어로 굳어진 개념인데, 일상에서는 예를 들어 기차역에서 '열차가 들어오고 있으니 주의하라!'(attention!)는 안내 방송에서 접할 수 있다. 그러니까 **지금 무언가 중요한 일이 일어나고 있으니 주목하라**는 의미를 표현한다. 칸트에게서는 이 존중심이 경향성이나 공포에 의거하는 수동적 감정이 아니라 이성에 의해 스스로 작용된—이성 개념이 스스로 산출한—감정을 의미한다. 우리가 경향성의 막강한 영향력을 느끼면서도 동시에 그것을 억압하고 법칙의 요구에 따라야만 한다는, 즉 거기에 나 자신을 구속시켜야만 한다는 내면의 소리라는 점에서 존중은 "고통"이나 "두려움"과 결합되어 있다고도 할 수 있다. 페이튼은 존중감이 "종교적 감정"과도 유사하다고까지 주장한다.[243] 이런 의미에서 이 개념은 영어의 'respect'보다는 'reverence'에 가깝다. 다른 한편, 법칙은 우리가 스스로 그것에 따르고자 한다는, 즉 그것을 우리 자신에게 부과한다는 점에서 **경향성과도 유사한 부분이 있다**고 할 수 있다.

『덕론』에서 칸트는 의무는 오직 존중심을 통해서만 의무로서 고찰될 수 있을 뿐이라고 하여, 마치 의무 개념이 존중 개념에 의존하는 것처럼 말하기도 한다. 그러나 존중심의 근거는 법칙이다. 만일 그렇지 않다면 그의 입장은 감정에서 도덕적 판단의 최종 근거를 찾는 '정서주의'(emotivism)와 본질적으로 다르지 않은 것처럼 비추어질 수 있다. 존중심은 내가 나 자신 속에서 내가 그것에 무조건적으로 복종해야만 하는 법칙을 직접 인식할 때 동반되는 감정으로서, 법칙이 주관에 대해 미치는 작용의 결과이지 그 원인은 아니라는 점이 중요하다.

칸트는 존중심을 『실천이성비판』에서는 "별이 빛나는 하늘"에 대한 감정에, 그리고 『판단력비판』에서는 "숭고"의 감정과 연관시키기도 한다. 『판단력비판』은 숭고를 "우리에게 대하여 법칙인 어떤 이념에 도달하려는 데에 우리의 능력이 부적합하다고 느끼는 감정"이라고 정의한다. 상상력은 어떤 대상에 대한 경험 직관을 붙들어 두는 능력인데, 이성의 법칙이나 이념의 경우에는 그것에 상응하는 직관이 주어질 수 없기 때문에 좌절하게 되어 불쾌감을 느끼게 된다.[244] 그러나 상상력의 좌절이 그러한 법칙이나 이념을 산출하는 또 다른 마음의 능력인 이성에 대한 자기 확인의 과정으로 이어질 때 불쾌하거나 고통의 감정이 숭고의 감정에 자리를 내어주게 된다는 것이다. 인간은 상상력이 포착할 수 없는 자연의 무한한 크기나

243) 『덕론』 VI 438; 페이튼, 91.
244) 『판단력비판』 V 257

힘에 대해서도 동일한 감정을 느낄 수 있다. 그것들도 이성적 존재자인 우리 내면의 힘, 즉 이성에 견주어 볼 때 무한히 작은 것에 불과하다는 의식을 환기시켜 주기 때문이다.[245)]

페이튼은 존중심을 행위의 객관적 원리인 법칙을 인식하고 우리가 그것을 "주관적 원칙으로, 즉 준칙으로 선택하게" 하는 "연결점"으로 볼 수 있다고 한다.[246)] 실제로 칸트는 『실천이성비판』에서 "존중의 감정은 행위를 판정하는 데나 객관적 도덕법칙 자체를 정초하는 데 이바지하는 것이 아니라, 그 법칙을 자신 안에서 준칙으로 만들려는 동기에만 이바지한다"고 한다.[247)] 그렇다면 법칙에 대한 인식이 존중감을 낳고, 이 특수한 감정이 나로 하여금 내가 처한 특수한 상황 속에서 그 법칙에 상응하는 방식의 행위를 지시하는 원칙, 즉 준칙을 고안하게 만든다는 뜻으로 읽을 수 있겠다.

결과를 고려함이 없이 의지를 규정함으로써 그 의지가 무제한적으로 선하게 되는 그러한 법칙은 과연 어떠한 것인가? 의지로부터 모든 실질적인 동기들을 제거했음에도 불구하고 그 의지를 규정한다면 그것은 어떤 구체적 행위를 지시하는 것은 아닐 것이고, 단지 어떤 행위든지 그 행위가 도덕적이고자 한다면 도덕법칙에 따라서 이루어져야 한다는 사실만을 지시해줄 수 있을 뿐이다. 칸트는 이를 일컬어 "행위 일반이 보편적 합법칙성"(die allgemeine Gesetzmäßigkeit der Handlungen überhaupt)을 지향해야 한다는 것을 지시하는 형

---

245) 『판단력비판』 V 261-264. "[이 세상의] 모든 것은 그것이 아무리 숭고한 것일지라도, 인간이 자신의 이념을 사용할 경우, 그 인간의 손아귀 속에 들어올 만큼 작아진다." (『종교론』 VI 7 이하); "인격에 대한 모든 존경은 법칙에 대한 존중이고, 인격은 법칙의 한 사례다."(『정초』 IV 402 원주) 등의 표현도 참고.

246) 페이튼, 같은 책, 94.

247) 『실천이성비판』 V 76.

식적 원칙이라고 했다. 그러나 좀 더 정확히 말하면, 행위 일반이 아니라 행위의 준칙 일반, 즉 행위의 주관적 원칙이 법칙과 일치할 [법칙이 될] 것만을 지시한다고 표현했어야 한다. 보편적 합법칙성의 촉구라는 관점에서 볼 때 법칙은 "나는 나의 준칙이 보편적 법칙이 되어야 한다고 내가 바랄 수 있도록 오로지 그렇게만 행동해야 한다"로 정식화된다.

그런데 과연 어떻게 이 형식적인 법칙으로부터 일정한 대상에 관한 실질적인 행위가 나올 수 있을 것인가? 일단 지금 나의 이 실질적인 준칙이 문자 그대로 나에 대한 규칙일 뿐만 아니라 동시에 모든 이성적 존재자들에게도 타당한 구속력을 지니는 객관적 준칙, 즉 법칙이 될 수 있을 때에만—적어도 그렇게 될 것을 **바랄 수 있을 때에만**—받아들여야 한다는 것이다. 그리고 평범한 인간 이성 역시 실천적인 가치를 평가할 때 이 같은 원리를 염두에 두고 있다는 것이다. 칸트는 준칙이 어떤 방식으로 보편적 합법칙성을 지향하게 되는가를 거짓 약속의 사례를 들어 설명한다.[248] 예컨대 "내가 지금 처해있는 곤경을 벗어날 수 있다면 언제라도 거짓을 말하겠다"는 준칙은 법칙으로서 의욕될 수 없다. 거짓으로 약속하는 것을 보편적 법칙으로 삼을 경우 어떠한 약속도 가능하지 않을 것이기 때문이다. 또한 만일 "걱정스런 결과"나 "불리한 결과에 대한 염려"로 말미암아 거짓 약속 대신 '정직할 것'을 준칙으로 채택하더라도 사정은 마찬가지다. "의무에서 정직한" 행위는 그 행위 "개념 자체 안에 이미 나에 대한 법칙이 포함"되어 있는데 비해 결과에 대한 배려에서 나오는 행위는 자기 이익이라는 조건에 의해 결정되는 행위로서 전자와는 완전히 다른 것이다.[249] 칸트는 보편법칙이 될 것을 바랄 수 있는

248) IV 402 이하.

주관적 행위 원칙의 발견, 또는 법칙에서 준칙에로의 이 같은 이행에 마치 아무런 어려움도 없다는 듯, 나의 의욕이 도덕적으로 선하기 위해 필요한 것은 특별한 능력이 아니라고 보았다. "세상 물정 모르고 세상에서 일어나는 일에 대처할 능력이 없는" 자라도 "너 또한 네 준칙이 보편적 법칙이 되기를 바랄 수 있는가"라고 자문하기만 하면 된다고 단언하기 때문이다.[250]

이로써 칸트는 자신이 "평범한 인간이성의 도덕적 인식" 가운데 포함되어 있는 원리에 도달했다고 자평한다. 다시 한 번 "무엇을 행해야만 하고 따라서 무엇을 알아야만 하는가에 관한 지식은 모든 사람, 심지어 가장 평범한 사람"에게도 주어진 상식에 가까운 일임을 강조하면서 자신의 그러한 생각이 이론적 판단력에 대한 실천적 판단력(이성)의 우월성을 증명하는 근거인 양 감탄한다.[251] 이미 살펴본 바와 같이 이론이성은 인식을 위해 경험법칙과 감관의 지각을 필수로 요구하면서도 그 조건을 벗어나려하기 때문에 쉽게 변증성에 빠진다. 반면 실천이성은 모든 감각적 동기를 배제한다는 조건만 충

---

249) 나중에 칸트는 유리한 결과를 염두에 두는 행위의 지침을 "영리함(Klugheit)의 충고"라 부르고 "경험에 의해 예리해진 판단력"의 소관으로서 윤리학이 아니라 인간학의 대상으로 간주한다(IV 389). 또한『덕론』에 따르면, "거짓말" [거짓 약속]은 자기 자신과 자신의 양심조차 수긍할 수 없는 준칙을 채택하는 "의도적 비진실성"(vorsäzliche Unwahrheit)에 기반을 둔다는 점에서 결과와 무관하게 모든 의무 위반의 출발점으로 여겨진다(『덕론』 VI 430 참조). 거짓말은 주체의 내적인 자기 신뢰의 기반을 무너뜨림으로써 자신의 정체성은 물론 모든 인간관계 자체를 불가능하게 만들기 때문이다.

250) IV 403.

251) 치아파도네는 이론이성에 대한 실천이성의 우위에 관한 칸트의 이론이 "이론적인 물음에 비해 도덕적이고 신학적인 물음"을 더 중시했던 독일 계몽주의의 전통, 특히 토마지우스와 크루지우스의 사상에 영향을 받았다고 주장한다. Raffaele Ciafardone, "Über das Primat der praktischen Vernunft vor der theoretischen bei Thomasius und Crusius mit Beziehung auf Kant", in *Studia Leibnitiana* 14(1982), 127.

족되면 상식적인 지성, 즉 평범한 일반인의 상식도 오히려 철학자보다 더 확실하게 행위의 가치를 아주 정확하게 판단할 수 있다는 것이다. 마치 합리성을 최후까지 잘 지켜낼 수 있는 사람도 철학자이지만, 그것에 가장 큰 해악을 끼칠 수 있는 사람도 철학자라는 확신이라도 대변하듯, "철학자의 판단은 매우 낯설고 사태에 제대로 맞지 않는 것들을 고려하다가 쉽게 혼란에 빠져 올바른 방향에서 벗어날 수 있다"라는 주장까지 서슴지 않는다. 그래서 "도덕적 사안에 대해서는 평범한 이성의 판단"에 맡기고, 철학은 "도덕의 체계를 더 완벽하고 이해하기 쉽게 서술하여 도덕 규칙을 더 편리하게 사용할 수 있게" 하는 역할로 충분하다고 한다. 철학이 그 이상의 역할을 수행하고자 하면 "평범한 인간 지성이 지닌 다행스런 소박함"의 상태가 파괴되는 역효과를 낳을 수 있다고 경고한다.

이 같은 진술은 루소의 단적인 영향을 보여주는 대목이라 여겨지는데 도덕에 관한 이론철학적 작업이 불필요하다는 취지로 읽힐 수도 있다.[252] 그러나 칸트의 본의는 이론적 작업이 평범한 인간 지성[상식]의 다행스럽고 소박한 도덕의식을 무시하는 궤변에까지 이르러서는 안 된다는 것일 뿐 그것이 불필요하다는 뜻은 아니다. 보통 사람들에게서 더 잘 드러나는 소박한 도덕의식 역시 나름대로 약점에 노출되어 있다고 지적하기 때문이다. 그것은 보존하기 어렵고 또 쉽게 유혹에 넘어갈 수 있다. 그래서 "지식보다는 주로 실천에서 성

---

252) 『미와 숭고 첨부』의 다음 내용 참고: "나는 천성이 학자다. 나는 인식을 무척이나 갈망하여 더 많이 얻기 위해 전전긍긍했고 그것을 얻을 때마다 만족감을 느꼈다. 이것[인식의 추구]만이 인류를 명예롭게 만들 수 있으리라 믿으며 아무것도 모르는 천민을 경멸했던 시기가 있었다. [그런데] 루소가 나를 올바른 길로 들어서게 했다. 그 같은 맹목적 우월감은 사라졌고, 나는 [평범하고 도덕적인] 인간을 존경하는 법을 배웠다"(XX 44).

립하는 지혜[를 갖춘 사람들] 역시 학문을 필요로 하는 바, 그 학문을 통해 무언가를 배우기 위함이 아니라 지혜의 가르침에 접근성과 지속성(Eingang und Dauerhaftigkeit)을 부여"하기 위한 것이다.[253] 이렇게 도덕에 관한 이론 철학적 작업의 필요성을 거론하면서 칸트는 그가 이미 서론(IV 391)에서 내세웠던 입장, 즉 이론 이성에 대한 비판은 이성이 갖는 변증성 때문에 불가피하지만 도덕에 관해서는 누구나 이성을 정당하게 사용할 수 있기 때문에 순수한 실천 이성에 대한 비판은 그다지 필요치 않다는 주장을 슬그머니 수정하는 듯한 태도를 취한다. 이제 칸트는 평범한 실천이성도 일단 "계발되면"(sich kultiviert), 실천적으로 제약된 것[경향성이나 본성적 욕구]에서 무제약적인 것을 발견하려는 "성향"으로 말미암아 "부지불식간에 … 자연적 변증법"에 빠진다고 말하기 때문이다. 다시 말해 실제로는 우리가 경험하는 실천적 욕구나 경향성에서 비롯된 행위의 지침[행복을 위한 지침]을 도덕적으로 무조건적인—이것은 도덕법칙만이 가능한 것인데—명령으로 간주하여 정당화하려 하거나, 또는 그 반대로 도덕법칙의 무제약성[순수함, 엄격성]을 의심하여 그것을 "부패하게 만들고" 그 "위엄을 파괴"하려 한다는 것이다. 아마도 칸트가 여기서 부패하고 파괴된다고 한 것은 도덕법칙 자체라고 보기는 어려울 것이다. 도덕법칙은 누구나 쉽게 파악할 수 있기 때문에 그것을 다른 것과 혼동하기는 어려우며, 단지 그것을 감성화하여 준칙에 적용하려는 단계에서 경향성의 요구를 완벽하게 차단하지 못하는 인간 의지의 박약함을 지적한 것이라고 이해하면 된다.

이 절의 끝부분(IV 405)에서 도덕실천에 대한 이론 철학적 작업이 요구되는 까닭을 재천명하는 칸트의 논리 또한 그다지 일관적이

---

253) IV 405. 보충 나.

지 못해 보인다. 이론 철학의 접근은 "사변적 필요[관심]"에 부응하기 위한 것이 아니라, 평범한 실천이성의 원리를 그 근원과 올바른 규정의 측면에서, 경험적 욕구와 경향성에 기초하는 준칙과 비교해 봄으로써 "제대로 된 정보와 명확한 지침"을 얻고자 함이라 한다. 또한 평범한 이성이 양쪽의 요구 즉, 한편으로는 순수한 실천이성의 원리, 그리고 다른 한편으로는 경험으로 오염된 준칙의 요구로 인한 혼란에서 벗어나 그것이 쉽게 빠져들 수 있는 모호함의 위험, 즉 진정한 도덕 원칙이 소멸하는 일을 막기 위해서도 필요하다고 한다. 이 같은 설명을 수용한다면 실천이성도 서론에서의 주장과 달리 이론이성과 마찬가지로 완전한 **비판** 즉, 이성의 모든 요소들을 분석하고 그 능력의 도달 범위를 검토하고 시험하는 작업을 필요로 하는 셈이 된다.

4. 제2절: 통속적 도덕철학에서 도덕형이상학으로 이행

칸트는 2절에서 본격적으로 도덕성의 최고원리인 도덕법칙을 문제 삼는다. 그는 먼저 다시 한 번 앞 절에서 행한 분석 작업이 경험적인 일반화 작업, 즉 실제로 우리가 도덕적으로 또는 의무에 따라서 어떻게 행동하느냐에 대한 경험적 사실로부터 의무 또는 도덕성 개념을 일반화시키는 것이 아니라는 점을 지적한다. 그러한 작업으로는 결코 필연적이고 절대적인 구속력을 갖는 의무 내지 도덕성 개념을 얻을 수 없고 개연적 구속력만을 확보할 수 있을 뿐이라는 것이다. 도덕법칙은 경험적 일반화를 통해 실제 사례들에서 도출되는 것이 아니라 실천이성이 자신에게서 발견하는, 그러므로 아프리오리한 도덕개념이다. 아무리 의무에 적합한 행위라 할지라도 그것이 과연 순수하게 의무로부터만 나온 것인지 그 동기의 순수성을 의심해 볼 수밖에 없다는 것인데, 바로 이 부분에 칸트의 메시지가 놓여 있다. 즉, 행위 주체로서 늘 자신의 행위 동기가 순수한지를 확인하고 점검하고 반성하라는 것이다. 물론 제아무리 가혹한 자기 검토를 수행한다 해도 "자기애"(Selbstliebe)의 숨은 충동이 놓여 있을 가능성을 완전히 배제할 수는 없다. 행위가 아니라 "눈에 안 보이는 행위의 내적 원리"가 관건이기 때문이다.[254)]

칸트에 따르면 철저한 자기 점검에도 불구하고 100% 순수한 인간 심성의 존재를 보증할 방법이 없기 때문에 고대로부터 줄곧 그 가능성 자체를 부정하면서 정도의 차이는 있을지언정 모든 행동이 세련된 "자기애"에 기인한다고 주장한 철학자들이 있었다.[255)] 그러나 그들도 도덕성 개념의 정당성 자체를 의심하지는 않았고 그저 **인간본성의 취약함**과 비순수성을 한탄하는 데 그쳤다는 것이다.[256)]

254) IV 407.

255) IV 406. 그 한 사례로 통상 "윤리적 이기주의"나 "심리학적 이기주의"로 일컬어지는 홉스의 관점을 떠올릴 수 있다.

256) 칸트는 여기서는 "인간본성"이 "존중할만한 [도덕성의] 이념을 자신의 [행위] 지침으로 삼을 만큼 고상하다"고 표현하므로, 어느 정도는 '선의지'에 가까운 개념으로 사용하는 것처럼 보인다. **"인간본성의 취약함"**은 아리스토텔레스가 "akrasia"의 문제(『니코마코스 윤리학』 1145b 이하)로 처음 본격적으로 다루었던 주제라 할 수 있다. 소크라테스에 따르면, 애연가가 담배를 끊지 못하는 것은 의지가 약하거나 자제력이 부족해서가 아니라 흡연이 건강에 나쁘다는 사실을 올바로 알지 못하기 때문이다. 만약 그가 참된 앎과 지혜를 갖추면, 그는 반드시 금연할 수 있다. 그러므로 모든 윤리적인 문제는 의지나 자제력의 문제가 아니라 참된 지혜와 지식의 문제다. 그러나 아리스토텔레스에 따르면, 아크라시아에 빠진 자, 즉 "자제력이 없는 자(akrates)는 자신이 하는 행동이 나쁘다는 것을 알면서도 정념 때문에 그것을 하는 반면, 자제할 줄 아는 사람(enkrates)은 자기가 품은 욕구가 나쁘다는 것을 알면 이성에 의해 그것에 따라 행동하지 않는다." 그러므로 후자만이 "실천적 지혜"(phronesis)를 지닌 자다.

칸트는 계속해서(IV 407-9) 의무개념을 단순히 경험에서 도출된 것으로 간주하려는 태도를 검토한다. 이 같은 태도는 아마도 우리가 살고 있는 현대에서도 도덕과 관련해 유력한 입장이라 할 수 있을 것이다. 만약 이러한 입장을 지지하고자 한다면 굳이 덕을 부정하는 태도까지 취할 필요는 없고, 다만 "냉정한 관찰자"—연륜과 경험에 의해 예리해진 판단력만을 필요로 하는—이기만 하면 된다는 것이 칸트의 판단이다. 이것을 뒤집어 말하자면, 그 정도로 현실의 경험 세계에서는 의무에 합치할 뿐만 아니라 의무에서 비롯한 행위를 만나기가 어렵다는 이야기다. 냉정한 관찰자라면 제아무리 의무에 합치하는 행위라도 곧 그 배후에서 "자신을 사랑하는 나"(das liebe Selbst)를 발견할 수 있고, 그 결과 도덕을 "자만에 빠진 인간 상상력"이 만들어 낸 "망상물"에 불과하다는 결론에 이를 수 있겠기 때문이다. 그러나 칸트가 보기에 핵심은 어떠한 행위가 실제로 일어나고 있는가가 아니라, 이성의 관점에서 어떠한 행위가 일어나야만 하는가이다. 즉 사례의 유무와 상관없이 이성의 가차 없는 명령이 있다는 점이다.[257] 그래서 칸트는 이제껏 이 세상에서 진정한 친구가 한

---

257) 앞에서 언급한 것처럼 칸트는 『순수이성비판』에서 이른바 "사실의 문제와 권리의 문제"(quid facti et quid juris)를 거론하며 경험적 개념은 그 객관적 타당성을 경험 자체에 호소함으로써 보여줄 수 있지만 우리가 갖는 많은 개념들 중에는 경험과 무관한 것들도 있는 바, 이러한 개념들의 "권한"(Befugnis), 즉 개념 사용의 합법성은 "연역", 즉 권리 요구에 대한 (아프리오리한) 증명을 요구한다고 했다. 다시 말해 어떻게 경험으로부터 가져오지 않은 개념이 객관과 관계를 가질 수 있는가를 설명해주어야 한다고 했다(『순수이성비판』 B 116). 예컨대 순수한 지성 개념들의 타당성은 그것들이 우리 경험인식의 가능성에 관한 필연적 조건이라는 점을 보여줌으로써 증명된다. 칸트가 도덕철학에서에서도 이 같은 의미의 연역 작업을 수행하였는가라는 물음은 칸트 도덕철학 해석의 논란거리다. 예컨대 헨리히 같은 학자는 칸트가 어떤 개념이나 명제들[인식의 원리들]을 그것들의 근원을 밝힘에 의해 정당화하는 작업을 넓은 의미의 연역으로 간주했다고 주장한다. 칸트가 "선험철학"으로 부르는 철학 프

사람도 없었다고 해도 "우정에서의 신의는 의무로서 모든 경험에 앞서서 의지를 아프리오리하게 규정하는 이성의 이념 안에 들어 있다"고 말한다.

도덕법칙이 인간뿐만 아니라 모든 이성적 존재자에게 일절의 예외도 없이 절대 필연적으로 타당해야 한다는 점이 부정될 수 없다면 경험에서는 결코 그 가능성을 이끌어 낼 수 없다. 그렇다면 칸트는 오히려 도덕법칙의 타당성 요구는 우리의 일상적인 그리고 기만적일 수 없는 도덕 판단의 가능성이 그 도덕법칙을 전제함으로써만 설명된다는 것을 보여줌으로써 증명된다고 여긴 것으로 볼 수 있겠다.

도덕성을 실제 사례에서 도출하려는 시도에 대해서 칸트는 오히려 도덕성의 원리가 기준으로서 먼저 주어져 있고 나서 어떤 사례가 그 도덕성의 근원적인[진정한] 사례가 될 수 있는지를 판정해야 한다고 강조한다. 사례는 도덕성의 "만개"(Blüte) 상태와 그 가능성을 보여줄 수는 있지만 그 기준일 수는 없기 때문이다. 칸트는 "예수께

로그램은 바로 그와 같은 연역의 논의 형태를 취한다는 것인데, 이때 그 개념이나 원리들이 이미 어떠한 방식으로든 신뢰할만하거나 알려져 있지 않을 경우, 그 연역은 강한 버전의 연역이고, 반면 이미 알려져 있거나 논란의 여지가 없는 것으로 간주되는 개념이나 원리들에서 출발하여 그것들의 원천이 이성 자신에 뿌리내리고 있음을 보여주는 경우에는 약한 버전의 연역으로 간주할 수 있다고 한다. 헨리히에 따르면 『정초』에서 칸트는 원래 "철학적 윤리학이 도덕적 의식의 사실성에서 출발할 수 없다"고 보고 강한 버전의 연역에 의해 "도덕법칙의 타당성을 증명"하고자 했다. 즉, 어떻게 이성에서 도덕적 구속성의 원리들이 도출되는가 하는 물음에 대답을 제시하려 했다. 그러나 결과적으로는 약한 의미의 연역, 즉 이미 타당한 것으로 전제가 되는 것을 설명하고 그것이 "불법적 권리 찬탈"(Usurpation)에 의한 것이 아님을 보여줌으로써 "적법성을 인정하는"(legitimieren) 수준에서 그쳤다고 주장한다. Dieter Henrich, "Die Deduktion des Sittengesetzes. Über die Gründe der Dunkelheit des letzten Abschnittes von Kants *Grundlegung zur Metaphysik der Sitten*", in *Denken im Schatten des Nihilismus. Festschrift für Wilhelm Weischedel zum 70. Geburtstag*, hg. v. Alexander Schwan, Darmstadt 1975, 55-112 참조.

서 이르시되 네가 어찌하여 나를 선하다 일컫느냐 하나님 한 분 외에는 선한 이가 없느니라"(누가 18:19)라는 성경 구절까지 인용하며, 성자들조차도 우리가 그들을 진정한 성자로 인식하기 위해서는 도덕적 완전성에 관한 우리의 이상과 먼저 비교해 보아야 한다고 말한다. 심지어 최고선으로서의 "신" 개념 역시 이성이 도덕적 완전성에 관해 아프리오리하게 "설정하는"(entwerfen) 이념이며 "자유의지" 개념과도 불가분적으로 연결된 이념에서 얻게 되는 것이라고 주장한다.

그렇다면 칸트는 과연 도덕적 사례가 아무런 역할도 하지 못한다고 보는 걸까? 그는 도덕적인 것에서 사례에 따르는 모방이란 있을 수 없다고 단호하게 말한다. 도덕적 실천 규칙의 "참된 원형"은 이성에 있으며 이것만이 기준이 되어야 한다. 반면 사례는 오로지 [행위자를] "격려"(Aufmunterung)하는 데에만 관여하며, 법칙이 명령하는 것이 "실행 가능하다는 사실"(Tunlichkeit)을 확실하게 보여주고 또 그것을 지각하는 데 도움을 줄 뿐이다.[258]

IV 409 이하에서 칸트는 도덕성의 순수한 최고 원리를 철학적으로 제시하는 작업, 즉 도덕의 형이상학이 필요한 이유를 다시 언급하며 도덕철학의 통속성 문제를 연관시켜 다룬다. 그는 통속성을 지향하는 실천철학을 도덕성 자체를 탐구하는 순수한 철학적 작업보다 우선시하려는 세태를 매우 불편해 했다. 특히 그는 가르베의 비판을

---

258) 우리 교육부의 한 연구보고서에 따르면, 교사는 "인성교육의 가장 중요한 부분을 책임지고 있는" 자로서 "중세의 스승들이 담당했던 것과 같은 역할, 즉 지혜의 선각자이며, 깨달음의 조력자요, 삶의 모범으로서의 역할을 해야" 한다고 한다(강충열, 『인성교육 중심 수업을 위한 교육과정 편성 · 운영 방안 연구』, 2013년 교육부 연구보고서(한국교원대학교산학협력단), 9). 이는 그 자체로 잘못된 주장은 아니라 여겨지지만, 사례 중심 도덕교육이 갖는 한계에 대한 고민이 필요해 보인다.

직접 겨냥하여 "대중의 개념 수준으로 내려가기"(Herablassung zu Volksbegriffen)"를 거론하면서, 만일 그것이 먼저 순수이성의 원리를 충분히 밝혀 도덕론을 형이상학에 정초시킨 이후에 일반 독자의 눈높이에 맞게 통속성을 부여하는 일이라면 매우 칭찬받을만한 일이라는 점을 인정한다. 그는 이러한 의미의 통속성은 "참된 철학적 통속성"으로서 대단히 어렵고 "극히 진귀한 업적"이라고 평가한다. 그러나 이성적 원리에 대한 "근본적 통찰을 포기"한 채 "마구잡이로 끌어 모은 관찰들이나 궤변적인 원리들로 이루어진 구역질나는 잡동사니"를 통해 모든 이에게 다가가려는 시도는 그것을 그저 "일상의 잡담"에 써먹으려는 "천박한 머리들"만을 의기양양하게 만들 뿐, 통찰력을 갖춘 철학자들까지—비록 한동안 혼란스러움을 줄 수는 있겠으나—속이지는 못한다. 실명까지 거론하지는 않지만 칸트는 작심한 듯, 동시대의 도덕론자들이 대중의 취향을 겨냥해 사용한 개념들을 열거한다. 그들이 "(이성적 본성 일반에 관한 이념까지 포함한) 인간본성에 관한 특별한 사명", "완전성", "행복", "도덕 감정", "신에 대한 경외심" 등을 도덕성의 순수한 근원과 뒤섞어 놓았다고 비난한다.[259] 칸트는 "의무에 대한 확실한 이론 인식의 필수불가결한 기초이자 그 의무의 명령을 현실적으로 실현하기 위해 가장 중요한" 요소가 도덕형이상학이며, "인간학, 신학, 자연학, 초자연학 등 뿐 아니라 ('하(下)자연적'라 부를 수 있는) 숨겨진 성질"과도 전혀 무관한 이성 자신의 산물이어야 한다고 다시 강조한다.[260] 칸트에

259) 이 개념들은 모세스 멘델스존, 크리스티안 볼프, 앤서니 애슐리 쿠퍼 샤프츠베리, 경건주의 신학자들(Pietisten) 등을 연상시킨다.

260) "초자연학"(Hyperphysik)은 이성을 경험을 넘어서 사용하여 자연 전체를 탐구하거나 자연과 초자연적 존재[신]의 관계를 탐구하는 학으로서 전통 형이상학의 "이성적 우주론"과 "이성적 신학"을 말한다(『순수이성비판』 B 874 참고).

따르면 우리가 경험을 배제하고 의무나 도덕법칙을 순수하게 표상할 때 경험적 충동을 경멸할 수 있게 되고 이성 자신의 존엄성을 의식하게 되어 점점 더 충동의 지배자가 된다. 도덕법칙에 대한 표상이야말로 우리가 경험에서 동원할 수 있는 어떠한 동기들보다 더 강한 영향력을 인간의 마음에 행사한다는 것이다. 이에 반해 경향성, 감정, 이성 개념 등으로 혼합된 도덕론은 우리를 동기들 사이에서 동요하게 만든다. 그러니까 도덕교육이 성공하려면 순수한 도덕성이 어디서 성립하는가라는 물음으로부터 시작해야 한다는 의미다. 칸트는 덕에 관한 가르침들이 이성적으로 많은 것을 설득할 수 있음에도 불구하고 어째서 제대로 영향력을 행사하지 못하는가라는 줄처(Johann Georg Sulzer)의 질문에 대해, 도덕론이 성공하지 못하는 이유는 그 순수성을 확보하지 못하고 성급하게 효력을 보기 위해 여러 동기들을 마구 뒤섞었기 때문이라고 답한다. 그 같은 도덕론은 도덕 자체를 망가뜨리고 교육적으로도 악영향을 미친다는 것이다.

IV 411 이하의 내용은 대부분 앞의 주장을 요약한 것들이다. ① 도덕 개념의 근원이 순수하다는 사실에 그 존엄성과 영향력이 성립한다. ②사변철학[이론적 인식]은 때로는 도덕의 원리를 인간 이성이 지닌 특정한 본성에 의존하는 것으로 잘못 파악한다. 그러나 이성 존재 일반[모든 이성적 존재자]에게 타당한 원리는 인간 본성에

"하자연적 … 숨겨진 성질"은 이른바 "비밀스런 성질"(qualitas occulta) 또는 "신비한 자연"(natura arcana) 등으로 불리던 것으로, 기존의 지식으로는 설명이 불가능한 자연의 성질을 말한다. 이 개념은 중세 말에서 르네상스시기에 걸쳐 의학, 연금술, 우주론, 점성술, 천문학 등에서 자주 거론되었는데, 심지어 뉴턴 같은 과학자도 연금술에 매진하다 납에 중독되어 사망했다는 설이 있을 정도로 뭇 학자들의 연구 대상이었다(Alex Rosenberg, *Philosopphy of Science. A Contemporary Introduction*, New York: Routledge 2005, 153 참고).

서 도출될 수 없다. ③도덕 형이상학이 필요한 이유는 의무에 적합한 행위들에서 도덕적 요소를 사변적으로 평가하고 그것을 정확히 규정하기 위해서이기도 하지만, 일상에서 도덕적 가르침을 실천적으로 사용할 때, 도덕을 진정한 원리 위에 확립하고, 순수한 도덕적 마음씨를 불러일으켜 인간 심성에 접목시키기 위해서다. 도덕 원리를 인간에게 적용하는 일이 문제될 때 인간학이 필요하다.

IV 412에 이르러서야 비로소 칸트는 도덕법칙을 본격적으로 규정하는 작업으로 나아간다. 제1절은 평범한 도덕적 평가에서 철학적 평가로 나아가는 일을 수행한 것이었고, 이제 통속철학—이것은 "사례들을 수단으로 삼아 더듬듯" 하는 작업인데—에서 형이상학으로 자연스럽게 이행하기 위해서도 실천이성의 능력을, 그것을 규정하는 "일반적 규칙들[일반적인 종류의 명법들]에서 출발하여 의무개념이 나오는 곳[도덕법칙]까지 추적하고 판명하게 서술해야" 한다. 앞에서 지적한 것처럼 칸트는 여기까지를 "분석적 작업"으로 간주한다. 어쨌든 그는 "도덕법칙" 개념을 설명하기 위해 "이성[적 존재자]", "의지", "명령[법]" 등의 의미부터 규정한다.

이성적 존재자만이 법칙[도덕원리]의 표상에 따라 행위하려는 능력, 즉 의지를 지닌다. 이때 의지는 선함 자체를 욕구하는 능력으로서, 감각적인 하위의 욕구능력과 대비되는 상위의 욕구능력이다. 법칙을 표상하고 그 법칙으로부터 행위를 도출하는 데는 이성이 요구되므로, 결국 의지는 실천이성과 다르지 않다. 명제를 만드는 것은 지성의 판단이지만, 법칙을 가능하게 하는 것은 이성이다. 한편 행위를 선함 자체의 관점에서 의욕하는 것은 의지의 몫이다. 이때 선함 자체는 이성의 법칙을 준수하려는 마음가짐에서 존립한다. 그러나 실천이성이 법칙을 통해 의지를 완전히 규정할 경우에만 '의지

= 실천이성'의 관계가 성립한다.

사실상 인간에게는 불가능한 일이지만 실천이성이 의지를 완전히 규정할 때, 그러한 존재자의 행위는 객관적으로 필연적인 행위로서 인식될 뿐만 아니라 주관적으로도 필연적인 것으로서 인식된다. 그러니까 이때는 의지가, 이성이 경향성과 무관하게 실천적으로 필연적인 것으로서, 즉 선한 것으로서 파악하는 것만을 선택할 수 있는 능력으로서 인정되는 경우다. 물론 실제로 이는 신적 이성과 신적 의지에게만 해당하는 일이다. 하지만 현실적인 인간의 경우처럼 의지가 완전히 이성에 적합하게 규정되지 않을 경우, 위와 같은 객관적-필연적 행위는 주관적으로는 우연적인 것이 된다. 그리고 그러한 의지를 객관적 법칙에 적합하게 규정하는 일은 곧 "강요"(Nötigung)로 나타난다. 그리고 의지를 강요하는 객관적인 원리의 표상이 곧 "명령"(Gebot)이고 그 명령의 형식이 "명법"(Imperativ)이다. 모든 명법은 "당위"(Sollen)를 통해 표현된다. 이것은 곧 인간 의지가 이성의 객관적인 법칙에 의해서 늘 필연적인 방식으로 규정되지는 않는다는 것을 뜻한다.

칸트에 따르면 "실천적으로 선한"(praktisch gut) 것은 이성의 표상을 매개로 모든 이성적 존재자에게 타당한 근거, 즉 객관적으로 타당한 근거에 의해 의지를 규정할 때 성립하는 것이고 이 점에서 "쾌적한 것"(das Angenehme)과는 다르다. 후자는 단순히 감각을 매개로 이러저러한 감관에게만 타당한 주관적 원인에 의해서 의지에 영향을 주는 것이기 때문이다. 칸트는 나아가 욕구능력이 감각에 대해 갖는 의존성을 "경향성"(Neigung)이라고 표시하고, 우연적으로 규정 가능한, 즉 불완전하게만 이성에 의해 규정되는 의지가 그 이성의 원리에 대해 가지는 의존성을 "관심"(Interesse)이라고 정의

한다. 그러므로 신적 의지 같은 완전한 의지에서는 관심이란 것을 생각할 필요조차 없겠지만, 인간적 의지는 "실천적 관심"과 "정념적 관심" 둘 다를 가질 수 있다. 전자는 의지가 그저 이성 원리 자체에만 의존하는 경우를 말하며 이성의 원리나 행위 자체를 대상으로 가지는데 비해, 후자는 의지가 경향성의 요구를 충족시키기 위해 이성의 원리에 의존하는 경우로서 행위의 대상이 내게 쾌적함을 주는 한에서만 그 원리가 관심의 대상이 된다. 정념적 관심이 의지를 규정할 경우, 경향성의 요구를 충족시키는 대상에 대한 관심 자체가 문제될 것은 없다. 그러나 그러한 관심을 다른 무엇보다도 앞세우려는 원칙이 지배하게 되면 악이 성립한다. 따라서 칸트는 루소와 같은 성선설을 주장하지는 않는다. 인간은 단지 선에 대한 "소질"(Anlage, 이 경우 '관심')만을 가진다는 것이다.

IV 414 이하에서 칸트는 명법과 관련하여, 신적이거나 신성한 의지는 그 주관의 속성상 스스로 선의 표상을 통해서만 규정될 수 있는 의지이므로 합법칙적인 행위로 **강요**될 수 없다고 한다. 그래서 신적 의지는 명법을 필요로 하지 않는다. 명법은 인간 의지의 경우에서처럼 불완전한 의지에만 해당한다. 즉, 명법은 의욕 일반이 따라야 하는 객관적 법칙과 불완전한 의지의 관계를 표현하는 "정식"(Formel)이라는 것이다. 명법은 크게 "가언적"(hypothetischer Imperativ)인 것과 "정언적"(kategorischer I.)인 것, 둘로 구분되는데 이는 "무엇을 위해"(wozu anderes) 좋은 것과 "그 자체로 좋은"(an sich gut) 것 사이의 차이에 따른 것이다. 이 후자의 행위를 명하는 명법은 경향성뿐만 아니라 모든 대상이나 목적까지도 자신의 행위의 규정 근거로 고려하지 말 것을 요구[명령]하므로 엄청난 저항을 야기할 수밖에 없는 것이다. 전자, 즉 가언적 명법은 다시

"가능적 의도" 실현을 위한 "개연적"(problematisch) 명법과 "현실적 의도" 실현을 위한 "실연적"(assertorisch) 명법으로 나뉜다. 가능적 의도라 함은 이성의 힘을 통해 실현 가능한 어떤 상태에 관한 의도를 말한다. 가령 '체중을 줄이려면 다이어트를 하라'라든가, '운전면허를 따려면 운전학원을 다녀라'처럼, 누군가가 사물, 학문, 기술 등에 관한 어떤 임의의 목적을 갖고 있을 때 그것을 성취하기 위한 수단을 지시하는 것과 같은 행위 지침으로서 "숙련[기량]의 **규칙**"(**Regeln** der Geschicklichkeit)이라고도 표현한다.

이에 비해 현실적 의도란, 모든 의존적인 이성적 존재자, 즉 인간이 현실적으로, 즉 본성상 필연적으로 가지고 있다고 가정할 수 있는 의도인 "행복"(Glückseligkeit)의 실현을 말한다. 행복은 모든 유한한 이성적 존재자의 현실적인 의도이자 목적으로서 확실히 또 아프리오리하게 모든 인간에게서 전제할 수 있는 의도다. 칸트는 "자기 자신의 최대한의 복지를 실현하기 위한 수단을 선택하는 데 있어서의 숙련"을 "영리함"(Klugheit)이라고 정의하면서 "영리함의 **충고**"(**Ratschläge** der Klugheit)가 곧 "행복을 위한 수단을 선택하는 것에 관계하는 명법"과 다르지 않다고 한다. 그는 이 명법이 기본적으로 인간에 관계하는 것이라고 보았는데, 개인이 갖고 있는 행복 개념에 따라 개연적 명법과도 중첩될 수 있다. 예컨대 나의 행복이 직장을 갖는 것일 때, '취업 면접을 잘 보려면 성형 수술을 받아라'라는 행위 지침은 실연적이면서 동시에 개연적인 명법도 될 수 있다. '격한 분노에 휩싸인 사람은 설득하지 말고 다독여라'라든지 '휴식 시간에는 꼭 흡[금]연해라' 같은 행위 지침도 여기에, 즉 영리함의 충고에 속한다고 할 수 있겠다.[261)]

261) 칸트는 영리함을 다시 "세속적 영리함"(Weltklugheit)과 "사적 영리함"(Privatklugheit)

셋째 명법, 즉 여타의 조건적 의도의 실현과 무관하게 단지 이성의 명령이자 의무인 것을 바로 그 이유만으로 절대적으로 행할 것을 요구하는 명법이 정언명법이고 "도덕성의 명법[**법칙**]"(Gebote[**Gesetze**] der Sittlichkeit)이다. 이 명법은 도달해야 할 의도를 갖지 않는다. 즉, 행위를 통해 실현시켜야 할 구체적인 목적과 무관하며 단지 그 행위가 따르는 형식과 원리에만 관여한다. 이 행위의 본질적인 좋음, 즉 선은 "마음씨"(심정, Gesinnung)에서 성립한다.

이상의 구분은 인간의 모든 "행위 현상" 또는 "실천"에 대한 '유형화 작업'(Typologisierung)이라 할 수 있다.[262] 세 가지 원리들은 그것들이 행사하는 의지에 대한 강제력의 차이에 주목할 때 각각 규칙, 충고, 법칙[명법]으로 불리며, 명법으로 지칭할 때는 각각 "기술적", "실용적", "도덕적"이라는 수식어가 붙는다. 명법의 구분을 정리하면 다음과 같다.[263]

으로 구분한다. 전자는 타인에게 영향력을 행사해 자신의 의도를 위해 부릴 줄 아는 능력이고, 후자는 자신의 의도 모두를 자신의 지속적인 이익을 위해 결합시킬 줄 아는 통찰력이라고 정의하며, 이것, 즉 사적 영리함을 전자, 즉 세속적 영리함보다 더욱 진정한 의미에서의 영리함으로 간주한다. 그래서 전자의 방식으로는 영리하지만 후자의 방식으로는 그렇지 못한 사람을 가리켜 "그 사람은 재치 있고 교활하지만 전체적으로는 영리하지 못하다"고 말할 수 있다고 한다(IV 416 원주 참조).

262) Clemens Schwaiger, *Kategorische und andere Imperative. Zur Entwicklung von Kants praktischer Philosophie bis 1785*, Stuttgart-Bad Cannstatt 1999, 17-20 참조.

263) 칸트는『인간학』에서 각 명법에 따른 행위가 제대로 이뤄지는 연령대를 각각 20대, 40대, 60대라고 주장한다(VII 201 참조).

- 가언명법(hypothetischer Imperative)
  - 개연적 — 가능적 의도를 위한 명령(사물, 학문, 기술 등에 관여) / 숙련의 규칙
  - 실연적 — 현실적 의도를 위한 명령(행복 및 인간에 관여) / 영리함의 충고
- 정언명법(kategorischer Imperative)
  - 필연적 — 의무인 것을 바로 그 이유만으로 행할 것을 명령 / 도덕성의 명령

IV 419 이하에서 칸트는 다시 경험적 사례로부터는 결코 정언명령이 가능하다는 사실을 입증할 수 없다고 주장한다. 정언명령만이 실천적 법칙으로서 실현시켜야 할 의도와 무관하게 무조건적으로 실천해야 하는 필연성을 동반하는 것인데, 경험에서는 늘 실용적 지침들의 사례들만이 발견될 뿐이기 때문이다. 그래서 정언명령의 가능성은 그것이 경험상 주어져 있기 때문에 설명하기만 하면 되는 것이 아니라 아프리오리하게 확립되어야 한다고 주장한다. 뿐만 아니라 칸트는 가언명법은 의욕에 관한 분석적 명제임에 반해 정언명령은 "종합적-실천적 명제"라는 다소 독특한 주장을 펼친다. 기술[개연]적 명법, 즉 숙련의 규칙의 경우, 임의의 특정 "목적을 의욕 한다면, 그 목적을 성취하는 데 필수적인 수단도 바랄 것"이기 때문에, 이 명제는 의욕함[의욕작용]에 관한 한 "분석적"이라고 한다. 물론 그는 어떤 행위가 그 목적을 실현시키는 수단이 되는지를 알기 위해서는 종합명제가 필요하다는 점을 인정한다. 예컨대 '만일 네가 잘 보기를 원한다면 안경을 써야 한다'처럼, 안경을 쓰는 것이 시력의 결함을 보충해 준다는 사실에 대한 지식이 필요하다. 그러나 이 명제는 "**의지**의 행사"(den Actus des Willens)를 현실화하는 근거에 관한 것이 아니라 **대상**을 실현하는 근거에 국한한 것이다. 따라서

수단과 결과에 대한 지식을 갖고 있는 사람이 그 결과를 원한다면, 그 수단 또한 원한다는 것은 분석적 명제가 된다는 것이다.

영리함의 명법[충고] 역시 행복에 관해 확정된 개념이 확실하게 주어져 있다면, 그것을 실현시키는 수단을 선택하는 숙련성에 관한 것이므로 분석적 판단이 된다고 한다. 다만 행복은 안타깝게도 너무도 불확정적인 개념이라서 "사람들은 저마다 행복하기를 소망하지만 자기가 참으로 무엇을 소망하고 바라는지를 확실하고 일관되게 주장"할 수 없을 뿐더러 "어떤 원칙에 따라" 결정할 수도 없다고 한다. 행복 개념은 이런 의미에서 "이성의 이상이 아니라 상상력의 이상"일 뿐이다. 이성적 원리에 의해 규정되는 것이 아니라, 상상력이 한정되어 주어질 수 없는 무한 계열의 경험 전체에 대해 만들어 낸 표상일 뿐이다.

칸트는 인간의 도덕 행위에 관련해서는 한 행위의 의욕을 이미 전제되어 있는 다른 의욕으로부터 분석적으로 도출하는 것이 불가능하다고 주장한다. 만약 이것이 가능하다면, 그 전제된 의욕은 신적인 완전한 의지의 의욕일 것이라 한다. 바로 이런 의미에서, 즉 인간에게 도덕 행위를 명령하는 명법은 그 행위에 대한 의욕을, 그 의욕을 반드시 포함하고 있지는 않은 하나의 이성적 존재[인간]의 의지 개념과 결부시키는 것이라는 의미에서 종합적이라고 한다. 이 같은 설명은 3절에서도 다시 등장하는데 그 설득력은 차치하고라도 효용성에 대해서는 평가가 엇갈린다.

정언명법의 제 1 정식

IV 420 이하에서 칸트는 정언명령 개념 자체가 이미 그 "정식"을 제공한다고 주장한다. 가언명령의 경우에는 그 명령의 조건이 주어져야 비로소 그 명령이 무엇을 포함할지를 알 수 있으나 정언명령의 경우에는 그 개념을 생각하자마자 알 수 있다는 것이다. 정언명령은 일단 무조건적인 것이어야 하므로 경험적인 일체의 내용을 배제한 것이어야 하고, 또 모든 행위 주체들의 행위 원칙, 즉 준칙이 거기에 반드시 일치해야 한다는 필연성, 즉 모든 행위자들의 준칙들 사이의 일치에 대한 필연적 요구—"법칙의 보편성 일반"—를 담아내야 한다. 그럴 경우 얻게 되는 유일한 정식은 **"준칙이 보편법칙이 될 것을 바로 그 준칙을 통하여 네가 의욕할 수 있는 그와 같은 준칙에 따라서만 행동하라!"**가 된다고 한다. 칸트는 이것에서 도출되는 의무 개념이 비록 공허하게 보일 수는 있지만 최소한 무엇을 말하고자 하며 또 그것으로 우리가 무엇을 생각하는지를 지시해 준다고 주장한다. 페이튼은 특히 "준칙을 **통하여**"라는 표현을 통해 칸트가 형식적인 원리와 실질적인 원리—즉, 구체적인 상황 하에서의 행위를 염두에 둔 행위 지침—사이의 "상호 교섭"을 강조하려한 것이라고 해석한다.[264] 그의 해석이 옳다면, 칸트는 추상적 법칙으로부터 특정한 도덕 규칙을 'top-down' 식으로 연역하려 한 것이 아니라 오히려 구체적인 행위를 염두에 둔 준칙과 원리를 동시에 함께 숙고할 것을 촉구한 것으로 이해할 수 있다.

계속해서 칸트는 도덕법칙의 보편성과 자연법칙의 그것이 갖는 유사성에 주목하여 다시 정언명법을 자연법칙에 빗대어 표현한다. **"마치 네 행위의 준칙이 네 의지를 통해서 보편적 자연법칙이 되어야 할 것처럼 그렇게 행동하라!"** 페이튼은 이 정식을 "자연법칙의 정식"이라 부르고, 첫째 것보다 좀 더 직관적이며 행위의 논리에 근접해 있다고 주장한다.[265] 칸트가 첫째 법칙을 선명하게 상상할 수 있

264) 페이튼, 같은 책, 195 참조.

는 방법으로서 모든 사람들이 예외 없이 실제로 그 법칙에 따라 행위하는 모습을 그려보라고 제안한 것이라는 해석이다. 그러나 자연법칙에 따르는 행동이 행동 자체와 법칙 사이의 일치를 의미하는 것으로 해석한다면, 이는 칸트의 의도에서 크게 벗어난 해석이 될 수 있다. 칸트는 행동이 아니라 준칙에 호소하고 있는데, 후자는 얼마든지 다양한 방식의 행동으로 나타날 수 있기 때문이다. 그래서 페이튼도 칸트가 여기서 염두에 둔 것은 예외를 허용하지 않는 필연적이고 단순한 인과법칙이 아니라 일종의 목적론적인 법칙일 수 있다고 주장한다. 목적론은 자연계 내의 모든 개체들이나 종, 나아가 생명체의 기관이나 능력 등이 목적들의 완전한 조화를 보여준다고 믿는데, 이 정식 또한 행위자가 자신의 준칙을 개인적 또는 사회적 관점에서 인간 본성의 목적들 사이이 조화를 가져오는 법칙으로서 의욕할 수 있음을 뜻한다는 것이다. 그렇다면 이 정식 역시 내용적으로 "어떤 것을 행해야만 하는가를 결정"해 주는 것이라기보다는 "어떤 정신을 가지고 그것을 행해야 하는지"에 관한 "검사 기준"(a test)인 셈이다.[266]

정언명법의 타당성 시험

IV 422 이하에서 칸트는 4 가지 사례를 들어 준칙이 어떻게 정언명법의 타당성 시험을 통과할 수 있는가를 설명한다. ①자살 ②거짓약속 ③재능 계발의 포기 ④타인의 불행에 대한 무관심 등에 관한 준칙들이 그것이다. 이것들 중 ①과 ②는 준칙 자체가 모순 없이는 자연법칙으로 생각될 수 없는 경우들로서, "완전한 의무"에 대한 위

---

265) 페이튼, 같은 책, 186, 208 이하 참조.
266) 페이튼, 같은 책, 217.

배, 즉 엄격하고 좁은 의무로서 "어떠한 예외도 허용하지 않는"—그래서 『도덕형이상학』에서는 법적 의무와 거의 동일시되는—의무에 대한 위배로 간주한다.[267] 그 근거는 이러하다.

①은 이를테면 "삶이 안락함을 약속해주기보다는 더 많은 불행으로 위협"할 경우, "자기애"에 의해 자살을 택할 것을 원리로 삼겠다는 준칙인데, 생명 촉진을 독려해야 하는 원인이라 할 수 있는 자기애가 생명 자신을 파괴하는 것이므로 자연법칙에 대한 예외를 추구하는 셈이 된다. 따라서 ①은 "보편적인 자연법칙"이 될 수 없다.[268]

②는 "내가 돈이 궁한 상태에 있다고 믿는다면, 비록 내가 돈을 갚는 일이 결코 일어날 수 없다는 것을 안다고 하더라도 돈을 빌리면서 그것을 갚겠다고 약속할 것이다"와 같은 준칙이다. 이것 역시 자기애의 원리라고 할 수 있으나 모순에 빠지지 않고서는 보편적인 자연법칙으로 간주할 수 없다. 그런데 칸트가 보탠 설명, 즉 곤궁에 처했을 때 "모두가 지키지 않으려고 마음먹고 자신에게 내키는 대로 약속할 수 있다는 것이 법칙의 보편성을 가지게 되면, 아무도 자신에게 약속된 것을 믿지 않을 것이며, 오히려 그러한 말 모두를 허황된 핑계라고 비웃을 것이므로" 약속뿐만 아니라 그 목적도 불가능하게 된다는 설명은, 마치 준칙을 실행에 옮겼을 때 그 결과가 이러저

267) IV 421 원주 참조.

268) 이에 대해 페이튼은 자기애가 특수한 상황 속에서 죽음을 야기했다고 해서 반드시 자연법칙을 어긴 것으로 볼 수는 없다고 반박한다. 생명의 촉진이나 유지보다 그 상황의 회피가 더 자기애적인 행위라면 그렇다는 것이다. 그러므로 도덕법칙과 자연법칙에 임의적인 예외가 존재할 수 없다는 관점이 옳다고 해서 자연법칙의 위배에서 도덕법칙의 위배를 추론하는 것은 오류라는 것이다. 그래서 페이튼은 여기서도 칸트가 염두에 둔 "자연법칙은 인과적이 아니라 목적론적"이라고 해석한다. 가령 생명이 유지될 때 생명체들의 상호 공존이나 능력들의 조화로운 발전 등과 같은 자연의 목적 실현이 가능한데, 자살은 이것을 불가능하게 한다는 식이다. 페이튼, 같은 책, 212 이하를 참조할 것.

러한 불리한 상황이 될 것이니 그 행위를 하지 말아야 한다는 의미로 들릴 수 있다. 하지만 칸트가 그 행위 원리를 자연법칙에 비유할 때 그것이 가져올 자기 자신이나 타인에 대한 손해를 고려한 것이 아니라는 점은, 『덕론』이 거짓말을 "**자기 자신**에 대한 완전한 의무"의 위반으로 분류한 것에서 단적으로 드러난다. 거기서 칸트는 거짓말을 "자신이 인간으로서 지니는 존엄성을 내팽개치는 것이고 나아가 그것을 파괴하는 것", 즉 "자기 인격성에 대한 포기"이자 "진실성이라는 최고 원칙"에 대한 위배로 규정한다. 또 자신에게 주어진 이성을 사용하여 "자기가 생각하고 있는 것과 반대되는 것"을 알리고자 함은 "그러한 자기 능력의 자연적 합목적성에 정면으로 대립하는 목적"을 의도하는 것이라고 주장한다. 요컨대 거짓말의 준칙은 도덕의 가능성 자체를 말살하는 준칙이라는 것이다.[269)]

③, ④는 보편법칙으로 간주하기가 내적으로 불가능하지는 않으나 의지가 자기모순을 범하지 않고서는 보편적인 자연법칙으로서 의욕하기가 불가능한 준칙으로서 "불완전한 의무"에 대한 위배로 간주한다.[270)]

③은 "자신의 자연적 소질들을 넓혀나가 개선하려고 애쓰기보다 즐거움을 좇아 … 방치"하려는 준칙이다. 여기서도 칸트의 의도는 재능을 계발하는 것이 결과적으로 자신에게 이득을 주기 때문에 그렇게 해야 한다는 데 있기보다는, 모든 자연의 능력에는 그것을 사용해 실현시켜야 할 자연의 의도가 놓여 있다는 목적론적 관점에 놓여있다고 할 수 있다. 그는 『덕론』에서도 인간이 자신의 능력들을

---

269) 『덕론』 VI 428 이하와 앞의 각주 249 참조.

270) 『덕론』은 "불완전한 의무"를 판단력[자의]에게 자유로운 공간을 남겨 두는 넓은 의무로서 윤리적 의무와 동일시한다. VI 390 참조.

발휘하여 "세계에 유용한 존재가 되는 일"은 자기 자신에 대해 가지는 의무이고 "자신의 인격 안에 있는 인간성의 가치에 속하는 일"이라고 주장한다. 그러나 어떠한 능력을 얼마큼 계발하는가에 관련한 "행위 자체의 방식이나 정도"는 각자의 "이성적 숙고"와 "자유로운 자의"의 몫이므로 넓고 불완전한 의무로 간주한다.[271] 그러므로 재능 개발 포기라는 준칙의 보편화 자체에 모순이 있는 것은 아니지만, 그것을 보편화하려는 의도를 자연법칙으로 간주하는 것은 모순적이다.

④는 타인의 불행에 무관심하기 때문에 "곤궁에 처한 자를 돕기 위해서 조금이라도 힘을 보태기"를 거부하려는 준칙이다. 비록 이런 식으로 "사고하는 것"이 보편적으로 통용되는 자연법칙이 되는 것이 불가능하지는 않더라도—그런 상태에서도 "인류는 아주 잘 존속해 나갈 것"이기에—, 칸트에 따르면 이 준칙이 "자연법칙으로서 어디에서나 타당하도록 바라[의욕하]는 것은 불가능하다." 인간 존재는 타인의 도움을 통해서만 자신의 목적을 제대로 실현할 수 있는 이른바 "궁핍한 이성적 존재자"이기 때문이다.[272] 그러므로 그러한 준칙을 법칙으로서 의욕한다면 동시에 예외적인 경우를 의욕할 수밖에 없게 된다. 물론 어떤 방식과 어느 정도로 타인을 도울 것인가는 역시 각자의 판단에 달린 문제다.

정언명법의 사용 가능성과 인간 본성

이어지는 단락(IV 424)에서 칸트는 "우리가 의무를 위반할 때마다 자신에게 주의를 기울여 보면 우리 준칙이 보편적 법칙이 될 것

---

271) 『덕론』 VI 445.
272) 『덕론』 VI 453.

을 실제로는 바라지 않음을 발견"한다고 하며, "우리가 정언명법의 타당성을 인정하고 있으면서도 … 자신에게 예외를 허용하고 있다는 점"이 분명하다고 한다. 이는 이성의 지시, 즉 도덕법칙에 대한 "경향성의 저항"이 그 도덕원리의 보편성을 "한갓 일반성으로" 격하시킴을 뜻하고 이성의 원리와 준칙이 충돌하고 있음을 뜻한다. 어쨌든 칸트는 자신이 이미 정언명법만이 의무의 원리를 포함한다는 것, 그리고 그 정언명법의 "내용을 분명하게 그리고 언제라도 사용하도록 정확하게 제시했다"[273]고 자신하면서도 아직 자신이 그러한 명법이 "실제로 **작동하고**(wirklich **stattfinde**) 존재한다는 것"을 "아프리오리하게 입증할 정도까지는 나아가지 못했다"고 인정한다. 그러면서 다시 정언명법의 실재성이 인간 본성의 특수한 [경험적] 속성에서 도출될 수 없다는 점을 강조한다. 그러나 이번에는 인간적 감정, 성향, 경향성, 자연 소질 등에서 나온 것은 인간에게는 타당할 수 있으나 "모든 이성적 존재자들의 의지"에 대해서까지 필연적이고 객관적인 법칙일 수는 없다고 한다. 이는 이제까지의 논의가 인간이 갖고 있는 "도덕에 관한 평범한 이성 인식"이나 "통속적 도덕철학"의 분석에 의한 것인 만큼 정언명법의—모든 이성적 존재자들에 대한—절대적 타당성을 입증한 것은 아니라는 의미로 들린다. 그러면서 정언명법은 인간 주관의 본성적 속성이 그것에 대립하면 대립할수록 오히려 역설적으로 그만큼 더 자신의 "숭고함과 내적 존엄성을 증명"해줄 뿐이라고 한다. 그러므로 도덕형이상학의 필요성이 다시 등장한다. 이제부터 철학은, 정언명법이 인간뿐만 아니라 이성적 존재자 일반의 의지와 필연적으로 결합되어 있다는 사실을 밝히기 위

273) 『정초』 IV 425. "내용"이라는 표현은 그 의미가 분명하지는 않으나 여기서는 행위에로의 이행 가능성 내지 적용 가능성을 염두에 둔 것 같이 보인다.

해, 인간에게 "심어진 감각이나 자연이 후견인의 자격으로 자신[철학]에게 속삭여준 법칙을 전하는 전령으로서가 아니라 자신의 [도덕] 법칙의 주인(Selbsthalter)"으로서 그 순수 혈통, 즉 아프리오리한 기원과 권위를 증명해야 한다는 것이다.

이 같은 언급은 일반적인 도덕 경험에 대한 분석의 방법 대신 종합의 방법으로 도덕명법의 아프리오리한 실재성을 입증하겠다는 의도로 읽을 수 있다. 칸트는 인간 이성이 피로할 경우 경향성의 유혹에 쉽게 넘어갈 수 있기 때문에 위험하기까지 하다면서 다시 한번 그러한 작업의 필요성을 강조한다. 그러므로 이제부터 도덕형이상학은 필연적인 도덕법칙이 인간뿐만 아니라 "이성적 존재자 일반의 의지 개념과 완전히 아프리오리하게 결합되어 있다"는 사실을 발견할 수 있어야 한다. 이때 그것은 실제로 **일어나고 있는** 것에 관한 인식이 아니라, 실제로는 전혀 일어나지 않더라도 **일어나야 할** 것의 법칙을 문제 삼는다. 전자는 자연학, 특히 경험 심리학과 같은 경험적 자연학의 문제다.[274] 그러나 칸트는 바로 그 같은 작업에 적극 착수하기보다는 아래와 같이 정언명법의 다른 정식을 소개한다.

---

274) 참고로 자연학과 도덕학에 관한 칸트의 구분법을 표시하면 다음과 같다.

- 자연학
  - 물체론
    - 순수한 물체론 — 자연의 형이상학(순수 이론 물리학과 유사)
    - 경험적 물체론 — 경험 물리학
  - 영혼론
    - 순수한 영혼론 — 이성 심리학(성립 불가능)
    - 경험적 영혼론 — 경험 심리학
- 도덕학
  - 순수한 — 도덕형이상학
  - 경험적 — 도덕적(실천적) 인간학

이성적 존재자의 절대적 가치와 이른바 "목적 [자체]의 정식"

IV 427 이하에서 칸트는 정언명법의 또 다른 형식인 이른바 "목적 [자체]의 정식"을 소개하기 위해 "목적" 개념을 설명한다. 그는 목적을 욕망 또는 의욕의 주관적 근거와 객관적 근거로 구분하여 정의한다. 전자는 "충동"(Triebfeder)인데, 임의의 "주체가 가진 특별한 종류의 욕구능력에만 관여"하기 때문에 해당 주관에 대해서만 [상대적] 가치를 지니는 것으로서 "주관적 목적"이라고 한다. 이에 비해 객관적 근거는 "동기"(Bewegungsgrund)라 부르며, "그것의 현존 자체"가 이미 모든 이성적 존재자의 목적이 되는 것이라 한다. 이것은 객관적이고 절대적인 목적으로서 다른 어떤 것의 수단이 되거나 그것이 대신할 수 없는 절대 가치를 가진다. 과연 그러한 성격을 지닌 목적은 무엇일까? 칸트에 따르면 모든 이성적 존재자에게 수단이 아니라 목적 자체로 존재하는 것은 이성적 존재자 자신뿐이다. 즉, 이성적 존재자만이 임의의 주관[의지]이 임의의 목적에 대한 수단으로 사용할 수 있는 것이 아니라, 모든 이성적 존재자에 의해 객관적 목적으로서 취급되어야 하며 절대적 가치를 지닌다는 것이다. 목적 자체로 간주되는 이성적 존재자는 "인격"(Person)이며, 절대 가치를 지님으로 해서 최고의 실천적 원리, 즉 도덕법칙의 근거가 된다는 것이다. 이에 비해 이성을 지니지도 않고 또 이성적 의지와도 상관없이 존재하는 존재자를 칸트는 다른 목적을 위한 "수단"(Mittel)으로서의 가치만을 지니는 것, 즉 "물건"(Sache)이라 부른다.

"이성적인 본성은 목적 자체로서 존재한다"는 명제가 곧 최고의 실천적, 객관적 원리의 근거가 된다. 이것은 "요청"(Postulat), 즉 이론적으로 증명될 수는 없으나 실천적-필연적으로 인정되어야만 하는 주장인데, 여기서는 모든 이성적 존재자가 자신을 표상할 때 목적 자체로 표상한다는 것이 실천적 차원에서 반드시 인정될 수밖에 없음을 뜻한다. 이 근거로부터 인간을 포함하여 모든 이성적 존재자에 대해서도 타당한 실천 원리, 즉 의지[의욕함]를 위한 법칙이 도출되는 바, 목적 자체의 정식이 그것이다.

> "너는 너 자신의 인격에서나 다른 모든 사람의 인격에서도 인간성을 결코 **단지** 수단으로 사용하지 않고 언제나 **동시에** 목적으로 사용하도록 행동하라."

이처럼 칸트의 윤리학은 모든 이성적 존재자들을 그 자체로 목적으로 간주하여 모든 평가의 주체이자 기준으로 삼는 이성 중심적 윤리다. 이성적 존재자 이외의 모든 사물의 가치는 이성적 존재자에 의해 결정되는 것이지 그 역이 아닐뿐더러 이성적 존재자가 자신 이외의 다른 목적에 종속되서는 안 된다고 보는 것이다. 그런데 이 정식에 대한 국내의 인용 사례들을 보면 안타깝게도 "동시에"라는 표현을 생략하는 경우가 드물지 않다. 사실 인간들 사이의 관계에서 타인을 오로지 목적으로만 대우하는 경우를 상상하기란 현실적으로 불가능하다. 예컨대 정상적인 사제지간이라면 교사는 학생을, 학생은 교사를 각각 목적으로 대우하고 존중하는 관계를 맺는다고 하겠지만, 적어도 그 안에는 서로를 수단으로 삼는 것으로밖에 볼 수 없는 요소도 분명 존재한다. 교사는 학생이 있어야 수입이 있을 수 있고, 학생 역시 교사에게서 지식을 얻고 소정의 배움 과정을 성공적으로 마무리해야 다음 단계로 나아갈 수 있기 때문이다.

만일 어떤 사람이 자신의 행위를 통해 선의지를 조금도 드러내 보여주는 일이 없다면 그런 사람도 단순한 도구나 사물로 취급받지 말아야 할 자격이 있는 것일까? 『덕론』 VI 463 이하에서 칸트는 어떤 사람이 이성을 논리적으로 잘못 사용했다는 사실을 발견했을 때, 그 사람을 비난하고 그에게서 모든 지성의 존재를 부인해서는 안 된다고 주장한다. 그가 지신의 주관적 판단 근거를 객관적인 것으로 오인한 부분을 지적하되, 그럼에도 여전히 어떤 진리적 요소가 그 안에 내포되어 있을 가능성을 찾으려 하고 또 전제해야 한다는 것이다. 그렇지 않으면 그 사람이 오류를 범했다는 사실을 그 자신에게 이해시킬 가능성도 사라지게 된다.

> "우리는 한 인간을 단지 그 사람의 건강한 지성의 여력(餘力)에 의해서만 설득할 수 있다. 만약 내가 그에게 이러한 지성의 존재를 부정한다면, 그와 더불어 이성적 숙고를 하는 것은 어리석은 짓이다."[275]

> "자연스런 방식에서 총체적 오류란 존재하지 않는다. … 그 누구도, 자신이 지닌 지성의 여력에 의하지 않고서는 가르쳐질 수 없다."[276]

> "만약에 다른 사람이 전적으로 틀렸다고 한다면, 왜 그와 논쟁을 하는가? 미친 자와 이성적 논쟁을 하는 것은 미친 짓이다."[277]

칸트는 이와 유비적인 관점이 누군가가 악한 행동을 했을 경우에도 적용된다고 한다. 악인의 "모든 도덕적 가치를 완전히 멸시하고

275) 『단편』 1578(XVI 16).
276) 『논리학 강의(블롬베르크)』 XXIV 85.
277) 『논리학 강의(필리피)』 XXIV 397.

부정하는 데까지 이르러서는 안 된다"는 것이다. 역시 만일 그렇게 한다면, 그 악한 자가 결코 개선될 가망이 없다는 것을 가정하는 셈인데, 이는 도덕적 존재로서의 "인간에 관한 이념"—"선에 대한 소질을 결코 전적으로 상실할 수는 없는" 존재라는—과 부합하지 않기 때문이라고 주장한다. 제아무리 악한이라도 무엇인가 선한 부분이 남아 있어서 자신이 악행을 범했다는 점을 인정할 수 있고, 자신을 개선할 여지를 가지고 있다고 보아야 하기 때문이다. 지성에 관한 **총체적 오류**도 불가능하지만 선의지에 관한 한 그 **총체적 상실**도 불가능하다고 본 것이다.[278]

자율의 정식

칸트는 첫째 정식인 보편법칙의 정식—그리고 그 변형 형식이라 할 수 있는 자연법칙의 정식—과 둘째 정식인 목적 자체의 정식으로부터 다음과 같은 자율의 정식이 도출된다고 말한다.

> "오로지 의지가 자신의 준칙을 통해서 자기 자신을 동시에 보편적인 법칙 수립자로 여길 수 있는 그러한 준칙에 따라서만 행위하라."

칸트가 제시한 설명은 충분히 명료해 보이지는 않지만 대략 다음과 같이 정리해 볼 수 있다.[279] 첫째 정식은 도덕법칙의 보편타당성 내지 객관성을 강조하고 그것이 우리 이성적 의지에 미치는 강제적

278) 칸트는 이 같은 사고의 연장선에서 "인간성 자체의 명예를 훼손하는 형벌(능지처참, 개에게 물게 하기, 코와 귀 떼어내기 등)"의 폐지를 주장한다. 『덕론』 VI 463 이하 참조.

279) IV 431 이하 참조.

필연성을 함축한다. 즉, 보편타당한 것으로서 의욕할 수 있는 준칙에 따라서만 행동할 것을 무조건적으로 강요하는 것이다. 그런데 이 강요가 우리 자신의 의지 자신이 스스로 만들어 내는 것임을 분명하게 표현하는 것이 자율의 정식이다. 즉, 의지가 보편타당한 법칙에 복종해야 한다는 것으로 끝나는 것이 아니라, 그 법칙을 스스로 세우는 것으로도, 즉 입법해야 하는 것으로도 보아야 한다는 것이다. 본래 선의지 자체는 자율적으로 선하고자 의욕하는 능력인데 경향성의 방해 때문에 강요의 형식을 취할 수밖에 없었다는 것이다. 그러므로 이 자율의 정식은 경향성에 의한 수동적이고 타율적인 관심을 배제하고 스스로 의욕함의 주인이 될 것을 요구하는 것이다. 물론 요구라는 점에서는 여전히 강요의 형식이다. 둘째 정식의 경우 무언가를 목적으로 대우한다는 것이 근본적으로 자유의 특징에 속한다는 점을 함축한다. 예컨대 강도가 내 신용카드로 현금을 인출해 자신에게 줄 것을 강압적으로 요구할 경우처럼, 어떤 자가 내게 어떤 목적에 대한 수단을 행할 것을 강요할 수는 있으나 그 행위를 나 자신의 목적으로 간주하도록 강요할 수는 없다. 제 아무리 능수능란한 강도라도 이것을 요구할 수는 없으며 또 설령 요구한다 해도 성공할 수 없는 요구다. 그러므로 도덕법칙이 내가 이성적 존재자를 목적 자체로 대우할 것을 명령한다면, 그 목적은 나 자신이 자유롭게[자율적으로] 내 의지에 의해 만들어 낸 것일 수밖에 없다. 그러므로 **첫째 정식에서 언급한 준칙의 보편화 가능성과 둘째 정식에 함축된 목적 설정의 자유를 연결해 표현한 것이 자율의 정식**이라는 것이다. 칸트가 도덕적 존재자들의 이상적 세계로 꿈꾸는 "목적의 왕국[나라]"이라는 표현 역시 자율적으로 법칙을 세우고 또 그것에 자신을 복종시키는 이성적 존재자들의 체계적인—공동의 법칙에 따른다

는 의미에서—결합을 뜻한다.[280]

칸트는 목적의 나라 구성원들이 "스스로 수립한 법칙 이외에는 어떤 법칙에도 따르지 않는" 존재자들로서 다른 어떤 것으로도 교체될 수 없는 가치, 즉 절대적 가치인 "존엄성"(Würde)을 지닌다고 주장하면서, 가치[가격]를 ①"인간의 보편적 경향성이나 욕구와 관련된 것"이 지니는 "시장가격"(Marktpreis), ②인간의 마음이 어떤 목적에도 얽매이지 않고 단순히 유희에서 느끼는 만족에 적합한 것이 지니는 "애호가격"(Affektionspreis) 그리고 ③어떤 것이 목적 자체가 되도록 만들어 주는 유일한 조건을 이루는 것인 "존엄성"으로 구별한다. "노동에서의 숙련성과 근면함"은 ①의 가치를 지니며, "재치와 활기가 넘치는 상상력과 익살"에는 ②의 가치가 존재하는데 비해 "약속에서의 신의나 원칙에 의한 호의"에는 내적 절대 가치인 존엄성이 자리한다고 말한다. 그러면서 그러한 가치는 마음씨의 자세를 표현하는 "의지의 준칙"—행위 결과가 가져올 이익이나 효용성과 무관하게 보편적 타당성을 지닌 법칙에 자발적으로 복종하여 행위하려는—에서 성립한다고 한다. 이런 의미에서 특히 자율성은 인간적 이성이 지니는 존엄성의 근거인 셈이다. 도덕적 의무를 수행하는 인격체에서 우리가 "숭고함"과 "존엄함"을 떠올리게 되는 이유는 그 자가 그저 도덕법칙에 복종하기 때문이 아니라, 그 "도덕법칙을 수립하고[입법성], 단지 바로 그 이유만으로 그 법칙에 따르기[자율성]" 때문이다.[281]

칸트는 이상의 여러 정식들이 결국은 동일한 하나의 정언명법이며, 도덕성에 관한 이념을 유비에 의해 "직관에 접근"시키고 나아가

280) IV 433 이하 참조.
281) IV 435 이하, 440 참조.

"감정에 더 가까워지도록" 하려는, 즉 주관에 영향력을 행사하려는 의도에 있어서만 차이가 날 뿐이라고 주장한다. 예컨대 보편성의 정식을 직관적으로 만들기 위해 자연법칙의 정식으로 표현하거나[282], 도덕명법의 실질, 즉 목적을 직관적으로 보이게 하기 위해 목적 자체의 정식으로 표현한 것뿐이라는 것이다. "목적의 나라"라는 표현 역시 칸트에 따르면, 자연 안에 현존하는 것들의 존재 방식을 설명하는 일종의 이론적 틀이라고 할 수 있는 목적론을 도덕에 적용한 것인데, 완전한 도덕 공동체 같은 것은 현존하지 않지만 행위를 통해 "실제로 실현될 수 있다"는 점을 강조하기 위해 실천적 "이념"으로 사용한 개념이다.[283]

자율성을 "도덕성의 최상의 원리"와 동일시하는 태도의 기초에는, 전통적인 행복주의의 윤리설이나 신적 의지의 권위에 호소하는 신학적 윤리설을 배제하고 오로지 이성적 의지, 즉 실천이성의 자발성 안에서만 도덕적 가치의 원천을 찾으려는 칸트의 의도가 놓여있다. 그에 따르면, "의지가 스스로 자신에게 법칙을 수립하지 않고 … 객관이 의지와 맺는 관계"가 의지에 법칙을 부여한다면 오직 가언명법만 가능하게 된다. 행복에 관해서는 경험적 원리만이 가능하다는 점은 이미 언급했었다. 행복의 원리는 궁극적으로 감정에 기초하는 것으로서 보편적 윤리를 불가능하게 한다. 모든 행위 대상이나 목적에 대해서도 마찬가지다. 내가 "명예를 지키고자 한다면 거짓말을 해서는 안 된다"는 가언명법에 그친다. 그러나 정언명법은 "설령 거짓말

282) 『실천이성비판』에 따르면, "자연법칙"은 마치 『순수이성비판』에서 "순수지성개념"과 "감각 능력"을 매개하는 "절차인 **도식**"처럼, 도덕법칙에 의한 자유의 인과성이 "감성계 안에서 발생하는 … 사건에 적용되어야 한다"는 점을 보여주는 "도덕법칙의 전형(Typus)" 역할을 할 수 있다(V 68 이하 참조).

283) IV 436, 438 이하 참조.

이 내게 최소한의 불명예도 초래하지 않는다 할지라도 나는 거짓말을 해서는 안 된다"고 말한다. 또 타인의 행복을 촉진하는 것이 도덕적 의무가 될 수 있는 까닭은, 그 행복의 존재가 내게 중요하기 때문이 아니라, 그것을 배제하는 준칙이 **나의 의지**에 의해서 보편적 법칙으로 파악될 수 없기 때문이다.

이뿐만 아니라 최고의 권위 예컨대 "신적이며 최고로 완전한 의지"가 나의 의지를 규정하는 궁극적 근거라면, 여기서 도출되는 명령 역시 타율적이고 조건적인 규칙에 불과하다. 이때도 나는 어떤 것, 어떤 상태를 바라기 때문에—그것이 신의 사랑를 받는 일이든 미움을 피하는 일이든—그 "예견된 결과"가 내게 미치는 "동기"에 따라서만 행위하는 셈이기 때문이다.[284] 더욱이 칸트에 따르면 "신의 완전한 의지"라는 개념은 도덕성의 근거가 아니라 오히려 우리가 갖고 있는 도덕성 개념에서 도출되어야 마땅한 것이다. 만일 신적 의지가 그렇게 얻어진 것이 아니라면 "권력, 복수 등과 같이 무시무시한 표상들과 결합"되기 쉽고 "명예욕과 지배욕이라는 성질"을 대변하는 것에 불과하게 된다. 이에 비해 순수하게 형이상학적[존재론적]인 개념으로서 "완전성"을 도덕성의 원리로 삼으려는—가까이는 볼프와 라이프니츠, 멀리는 스토아 학파 등의—시도는 그 개념이 "공허하고 막연하"기는 하지만 위와 같은 방식으로 도덕성을 왜곡시키지는 않으므로 신학적 개념보다는 낫다고 평가한다. 또한 행복의 원리와 같이 감정에 근거하는 도덕원리와 비교해 보아도 존재론적 완전성 개념에 근거하는 도덕원리가 더 낫다고 본다. 최소한 후자는 선의지의 순수성을 감각적 욕구나 의욕함과 같은 것과 혼동하지 않기 때문이라고 한다.

284) IV 440-444 참조.

타율적 원리에 따르는 의지는 자신을 직접 규정하는 것이 아니라 의지의 대상, 즉 행위의 결과에 대한 예상이 의지 자신에게 생기게 한 동기에 따라서만 자신을 규정하게 된다. "나는 다른 어떤 것을 바라기 때문에, 그래서 무엇을 행해야만 한다"는 식이다. 그런데 이때 바로 "다른 어떤 것"을 내가 반드시, 즉 "필연적으로 의욕해야만 한다"라는 또 다른 법칙이 요구될 수밖에 없다. 그러나 이 다른 법칙이 역시 타율적 근거만을 갖는 것이라면, 다시 그것의 필연성을 보증해 줄 또 다른 원칙을 필요로 하게 되므로 무한 퇴행에 빠지게 된다. 이 같은 일을 피할 수 있는 도덕원리란 의지가 자기 자신을 스스로 규정하는 원리뿐이다. 도덕원리는 모든 객관과의 관계—일체의 외부적 "동기나 관심"(목적, 의도)—에 대한 고려 없이 오직 의욕작용 일반의 형식만을 담되, 의지가 자기 자신을 스스로 규정하는 형식으로 표현되어야 한다.

제2절의 끝 부분에서(IV 444 이하) 칸트는 다시 자신의 이제까지의 작업이 분석적이었고, 따라서 일상의 도덕 개념에서 도덕성의 원리를 발견하기는 했으나, 아직 그 원리가 아프리오리한 종합명제로서 어떻게 필연적으로 가능한지는 밝히지 못했다고 말한다. 사실 칸트는 이미 앞에서 "도덕성의 명령이 어떻게 가능한가"라는 물음을 해결해야 하지만 "특별하고도 힘겨운 노력"을 필요로 하는 과제로 규정했었고, 심지어 "정언적으로 지시 명령하는 실천적 명제가 있다는 사실"은 "증명될 수 없다"고까지 못박았었다.[285] 그 자신의 설명에 따르면, 일상의 도덕 판단이 허구적인 것이 아니고 어떤 "중요한 의미를 지닌 것"(Etwas)임을 인정하는 이성적 존재자라면 누구든 그와 같은 도덕원리를 받아들일 수 밖에 없다는 점을 보여준 것뿐이

285) IV 419 이하, 425, 431, 이 책 264쪽 이하 등 참조.

지, 그 원리가 실제로 어떻게 가능하며 또 필연적으로 참인 명제인지는 아직 밝히지 못했다는 것이다. 달리 말하자면 1절과 2절에서 행위의 도덕적 가치 자체가 어디에서 성립하는가를 묻고, 그것은 행위가 오로지 선하고자 하는 의지를 동기로 삼는 데서, 즉 의지가 스스로 자신을 완전하게 규정하는 데서 나온다는 결과를 얻는 데 그쳤다는 것이다. 그러나 정언명법—이것은 이제 도덕원리 자체와는 구별되어야 하는 것으로 여겨지는데—으로 이해된 도덕원리가 어떻게 이성적 의지를 지녔으면서도 감성적 존재자인 인간에게 가능하고 타당한 원리인지를 규명하지는 못했다는 것이다.

5. 제3절: 도덕형이상학에서 순수실천이성비판으로 이행

3절이 다루고자 하는 문제와 그 해결 과정에 대한 이해와 관련하여 여러 이견이 존재함에도 불구하고, 그 중심 의도가 정언명법의 타당성 해명에 있다는 데는 대체로 의견이 일치하는 것 같다. 이 과제의 해결이 "실천이성을 가능한 한 **종합적으로 사용**해야 함을 요구한다"(IV 445)는 칸트의 표현은, 이성적 존재자 일반이 인정할 수밖에 없는 도덕원리를 해명하는 데서 한 걸음 더 나아가, **어떻게 '정언명법'으로서 파악된 도덕원리가** 순수 의지에 따라서만 행동하지 않고 감성계에서 자연법칙에 의해 규정되는 본성적 욕구에 따라서 살아가는 **불완전한 이성적 존재자인 인간에게 타당한 도덕원리로서 작동할 수 있는가**를 문제삼겠다는 뜻으로 들린다.[286]

286) 백종현은 이를 "인간은 … 도덕법칙을 준수할 능력이 있는가"라는 물음으로 바꿔 이해한다. 하지만 그는 분석적 명제로서의 도덕원리와 종합적 명제로서의 정언명법을 구별하지 않는다("윤리형이상학 정초 해제", 『윤리형이상학 정

칸트가 설정한 과제 그리고 그것을 해결하려는 논의 과정을 이해하려면 약간의 구분이 중요해 보인다. 먼저 칸트는 "의지의 자유가 전제된다면 도덕성과 그 원리는 이 개념을 단순히 분석하기만 하면" 얻어진다고 하지만, 정언명법은 "종합명제"라는 점을 강조한다. 이 구분이 의미를 가지려면, 분석을 통해 도덕원리를 가능케 하는 의지는 "행위와 관련하여 [그 원인으로서 100% 작용하는] 자기 원인성에 대한 의식을 지닌", 이를테면 완전한 이성적 존재자의 의지—"예지적 관점에서의 의지"—를 뜻한다고 보아야 할 것이다. 그리고 분석을 통해 도출되는 그 법칙은 "정언명법"이 아니라 완전히 자유롭고 이성적인 존재자의 의지와 필연적으로 결합되어 있는 도덕법칙일 수밖에 없을 것이다.[287] 반면 정언명법은 "다른 종류의 동기인 감성에 자극받게 되어 이성이 자기 혼자만으로 활동하는 상황이 줄곧 일어나지는 않는 존재자"에 의해 파악된 도덕법칙일 것이다.[288] 완전한 이성적 존재자는 온전히 자유롭게 도덕적으로 행동할 것이므로, "의지가 모든 [도덕적] 행위에서 스스로 법칙이 된다" 또는 "자기 자신이 보편법칙으로서 대상으로 삼으로 수 있는 것 이외의 다른 어떤 준칙에 따라서도 결코 행위하지 않는다"와 같은 명제가 그 [자유로운] 의지로부터 분석적으로 얻어질 수 있다. 이 같은 존재자의 입장에서 봤을 때 도덕법칙은 자신의 의지 개념에 관한 "분석적-기술적" 명제에 불과하다. 그리고 이런 의미에서 "자유 의지와 도덕법칙 아래에 놓여 있는 의지는 같은 것"이 된다. 하지만 인간의 경우 자기

초』, 아카넷, 2005, 57 참조).

287) IV 447, 449; Dieter Schönecker, "Grundlegung zur Metaphysik der Sitten", *Kant-Lexikon*, hg. v. Marcus Willaschek, Jürgen Stolzenberg, Georg Mohr and Stefano Bacin, Berlin/Boston: De Gruyter 2015, Bd. 1, 952.

288) IV 449.

자신에 대해서뿐 아니라 "보편적으로도 원칙으로서 타당한" 준칙에 따라서만 **행동해야 한다**는 명제, 즉 정언명법이 어떻게 주어지며, 또 "어디서 구속력을 가져오는가"를 알기 어렵다는 것이 칸트의 문제였다. 인간은 자신에게 중요한 감성적 자극이나 본능적 욕망에 의해서 움직일 수 있을 뿐만 아니라 또 실제로 그렇게도 살아가야 하기 때문이다.

도덕법칙에 관한 칸트의 "분석테제"에서 역시 주의해야 할 부분은 도덕법칙이 "[의지의 자유] 개념을 단순히 분석하기만 하면" 얻어진다고 하면서도 그 "원리"가 그럼에도 언제나 **종합**명제라는 주장이다. 그러면서 칸트는 "단적으로 선한 의지(ein schlechterdings guter Wille)란 자기 자신을 언제나 보편법칙으로 여기는 준칙을 자신 안에 포함**할 수 있는** 의지인데, 그 단적으로 선한 의지라는 개념을 분석하여 준칙의 그와 같은 속성을 발견할 수는 없기 때문"이라고 덧붙인다.[289] 여기서 "단적으로 선한 의지"는 완전한 이성적 존재자의 의지 또는 예지적 관점에서 본 의지와 헷갈릴 수 있으나, 선한 동기에서 행위하고자 의욕할 때의 "**감성적**-이성적 존재자"[즉, 인간]의 의지를 뜻한 것으로 보아야 의미가 통한다. 그와 같은 존재자가 늘 선한 것을 의욕하지는 않을 것이므로, 그 의지를 분석한다고 해서 도덕법칙이 필연적인 방식으로 주어지지는 않으며, 오히려 그러한 존재자에게 도덕법칙은 말하자면 의욕함의 바깥 세계, 즉 감성계의 대상들을 함께 고려할 수밖에 없는—부정적인 의미에서이겠으나—정언명법으로서만 파악된다는 것이다.[290]

칸트의 과제 해결 절차는 그때까지의 작업에 "일종의 순환논증"

---

289) IV 447.

290) Bernd Kraft u. Dieter Schönecker, "Einleitung", …, XXXII 각주 36 참조.

처럼 보이는 논리가 개입되어 있음을 인정하고 그것을 제거하는 데서 시작한다. 우리는 "도덕법칙이 가지는 중요성" 때문에, 불완전한 이성적 존재자인 우리 자신을 "도덕법칙 하의 목적적 질서 안에 있다고 생각하기 위해 [인과적으로] 작용하는 원인들의 질서 안에서 자유롭다고 [증명함 없이] 가정하고", 다시 인간 의지의 [가정된] 자유로부터 그 직접적 결과로서 [정언명법으로서의] 도덕법칙의 타당성을 도출하려 한 것처럼 보일 수 있다는 것이다.[291] "벗어날 길이 없어 보이는" 이 순환의 고리를 끊는 결정적 도구는 제1비판에서 등장한 "선험적 관념론"의 관점, 즉 물자체와 현상, 지성[예지, 본체]계와 감성계의 구분의 연장선에서 주어진다. 이때 칸트가 사용하는 가장 중요한 대전제는 "지성계가 감성계의 근거를 포함하며, 따라서 감성계 법칙의 근거까지 포함"한다는 명제다.[292] 이 전제에서 칸트는 **지성계의 구성원을 위한 법칙은 감성계의 일원이기도 한 인간에게도 아무 제한 없이 타당하다**는 주장을 이끌어 내는 것처럼 보인다. 그런데 인간은 이성이라는 자발적 능력을 가진 존재자로서는 자신을 마치 물자체처럼 지성계의 일원으로 간주하고, 따라서 이 경우 자신의 의지를 자유롭다고 이해할 수밖에 없다. 이때의 자유와 도덕법칙 역시 분석적으로 연결되어 있다고 할 수 있으므로, 인간 역시 도덕법칙과 자율성을 인식할 수 있다. 지성계의 일원으로서의 인간에게는 도덕법칙이 "필연적인 의욕작용"으로서 파악되면서도, "스스로를 감성계의 구성원으로서 간주하는 한에서는 자신에게 당위로 생각된다." 이렇게 "나는 지성계의 법칙을 나에 대한 [정언]명령으로

---

291) IV 450, 453. 물론 칸트가 자신이 순환논증을 실제로 범했다고 인정한 것은 아니다. Kraft u. Schönecker, 같은 글, XXXIV 참조.

292) IV 453. 크라프트와 쇠네커는 이 명제를 "존재윤리적 원칙"(ontoethischer Grundsatz)이라 명명한다. 같은 글, XXXV.

서 그리고 이 원리에 합치하는 행위들을 의무로서 간주하지 않을 수 없게 된다"는 것이다.[293)]

이어지는 내용에서 칸트는 "자유"[의 원인성]를 "자연필연성" 개념과 비교하며, 양자 모두 경험적 개념이 아니라는 공통점을 부각시킨다. 자연필연성이 경험적으로 확증될 수는 있으나 그 개념 자체는 감관 대상의 경험을 통해 보편 법칙이 인식되기 위해 아프리오리하게 전제되어야만 하는 것이었듯이, 자유 역시 모든 인간이 "비록 일어나지는 않았지만 일어났어야 할 행위"에 대한 "**의식**"을 통해 부정할 수 없을 뿐만 아니라 "심지어 필연적이라고까지 생각한다"는 것이다.[294)] 그러나 안타깝게도 우리는 "어떤 가능한 경험 안에서 해당 대상이 주어질 수 있는 법칙으로 환원될 수 있는 것"만을 **설명**할 수 있기 때문에, "자유가 어떻게 가능한지를 설명"하는 과제는 이성 자신의 한계를 벗어난다고 한다. 또한 순수이성이 다른 외부적 동인이나 "의지의 모든 내용(대상) 없이도 어떻게 그 자신이 하나의 동인을 제공할 수 있는지 … 달리 말해서 순수이성이 어떻게 실천적일 수 있는지"를 설명하려는 모든 노력도 헛수고라고 단정 짓는다. 그럼에도 "감성 영역에서 유래하는 작용원인들의 원리를 제한하고자 감성계에 속하는 모든 것을 내 의지의 규정근거에서 배제하더라도 … 여전히 더 많은 것이 존재"하는데, 비록 우리가 "거기에 남아 있는 어떤 것"에 대해 "그 이상을 알지 못하더라도", 그것은 "감성계의 영역 바깥에도 여전히 더 많은 것이 존재"한다는 사실을 보여준다고 한다. "더 많은 것"은 감성계 바깥에 있는 것이므로 당연히 인식의 "소재(대상)"나 "객체"로 주어질 수는 없지만, 그럼에도 순수이성의

293) IV 453 이하, 455.
294) IV 455, 457.

관점에서 보면, 우리는 준칙이 보편타당할 것을 요구하는 "실천법칙"을 의지 규정의 원인으로 생각할 수 있다고 한다. 이때 인간은 예지적 존재로서 **"순수지성계"**(reine Verstandeswelt)라는 이념 세계의 구성원으로 간주된다. 칸트에 의하면, 이 이념은 "모든 실천철학의 궁극적 한계", "모든 도덕적 탐구의 가장 높은 한계"를 드러내 주는 바, 이 "한계를 정하는 것 또한 정말로 대단히 중요하다." 그것은 "한편으로는 이성이 감성계 안에서 도덕에 피해를 주는 방식으로 최상의 동인이라든가 … 경험적 관심을 찾아 헤매는 일이 없게 하기 위해서, 다른 한편으로는 이성이 예지계라는 이름 아래서 자기에게 공허한 초험적 개념들의 공간 안에서 앞으로 나아가지 못한 채 자신의 날개를 힘없이 젓거나 환상 아래서 길을 잃어버리지 않도록 하기 위해서" 필요하기 때문이라고 한다. 그 이념은 "이성적 신앙을 위해 언제나 이용 가능한 이념이자 허용된 이념"이고, "목적들 자체(이성적 존재자들)의 보편적 나라라는 고귀한 이상을 통해서 도덕법칙에 대한 생생한 관심을 우리 안에 불러일으키기 위한 것"이라는 주장도 덧붙인다. 그리고 여기서 가장 중요한 메시지를 꺼내 놓는다. 인간이 그 나라의 구성원이 될 수 있는 유일한 방법은, "자유의 준칙에 따라, 마치 그 준칙이 자연의 법칙인 것처럼 조심스럽게 행동할 때뿐이다"라고.[295] 따라서 『정초』는 도덕이 종교와 신앙적 진리를 회의로부터 구출할 수 있는 철학적 근거임을 암시하고, 순수이성의 실천력 또는 도덕법칙의 실천적 구속력을 자유로운 이성적 존재자들의 도덕적 사회(순수지성계)라는 이념을 통해 시험하면서 제2비판서로 향하는 길을 마련하는 것으로 마무리된다.

295) IV 454, 458 이하, 461-463.

V 『실천이성비판』의 이해

1. 저서에 대하여—『실천이성비판』의 성립

『실천이성비판』은 칸트의 둘째 비판서임에도 불구하고 『정초』보다 덜 읽히고 있는 저서라고 할 수 있다. 그 원인은 아마도 『정초』가 분량이 더 적고, 꼭 칸트철학에 관한 전문 지식이 없이도 어느 정도 이해가 가능하기 때문일 것이다.[296] 『정초』와 『실천이성비판』에는 서로 중복되는 내용이 적지 않은 것이 사실이지만, 후자에서만 다뤄지는 문제들도 있다.

『실천이성비판』의 주석서로는 베크의 것이 거의 독보적이라 할 만큼 잘 알려져 있다. 베크는 이 작품이 다른 칸트의 저서들보다 간결한 문체로 쉽고 명확하게 써졌다고 평하고 있다. 그러나 이는 충분히 의심이 가는 부분이다. 그는 또 이 작품은 단 기간에 집필되었기 때문에 『순수이성비판』에서와 같은 소위 "patch-work"이론이 적용되지 않는다고 한다.[297]

순수한 실천철학의 원리를 확립하려는 칸트의 의도는 1760년대

---

296) 특히 1절과 2절의 경우가 그러하다.

297) Lewis White Beck, *A Commentary on Kant's Critique of Practical Reason*, Chicago/London: Chicago Univ. Press 1960, v, 17 참조.

부터 도덕의 형이상학을 집필하겠다는 의지에서 자주 확인되곤 했는데, 정작 『순수이성비판』의 준비에 밀려 계속 미루다가 1785년 『정초』에서 첫 결실을 보았다. 그렇지만 "정초"라는 어휘 선택에서도 암시되고 있듯이 칸트는 이 저서를 도덕의 형이상학으로 간주하기에는 미흡함이 많다고 느꼈고 다시 『실천이성비판』을 펴내기에 이르렀다.

그런데 문제는 이미 지적했듯이 정작 칸트 자신이 『정초』 머리말에서 실천이성에 대한 비판은 불필요하다는 주장을 했었다는 점이다. 그 이유로서 제시했던 것은 크게 두 가지다. ①변증성에 빠지는 성향이 있는 사변이성(이론이성)의 경우와 달리 실천이성은 누구나 실제로 올바르고 완벽하게 사용할 수 있기 때문에 그것만을 위한 비판이 따로 필요하지 않고, ②또 실천이성도 이성이니만큼 이론이성과 같은 공동의 원리에 의해 설명할 수 있어야 하는데 자신이 아직 그렇게 완전한 정도의 작업을 수행하지 못했다는 것이다. 그는 또 도덕 형이상학과 관련해서는 그것은 매우 미묘한 부분을 포함할 뿐 아니라 통속성에 대한 요구와 상식에도 적합하여야 하는데, 먼저 전자를 다루고 나서 후자를 따로 다루는 것이 둘 다를 함께 다루는 것보다 용이하다고 했다. 그래서 『정초』를 먼저 펴낸다는 것이었다. 여기서 우리는 몇 가지 해석상의 어려움에 봉착한다. 먼저 왜 필요 없다고 했던 실천이성의 비판을 집필했는가 하는 점이다. 둘째 어려움은 그가 『정초』의 3절의 내용을 "도덕형이상학에서 순수실천이성 비판으로 이행"으로 규정한 사실에서 발생한다. 이 규정대로라면 도덕의 형이상학은 이 저서의 제2절에서 이미 수행된 것으로 보아야 하며, 실천이성의 비판은 도덕 형이상학의 예비 작업이 될 수 없는 셈이 된다.

이같은 난문에 대해서 베크는 대략 다음과 같은 대답을 제안한다.[298] 이미 보았듯이 『정초』의 1부와 2부는 "분석적" 방법을 택하고 있다. 일상의 "도덕 사실"을 분석하여 순수한 도덕성의 원리를 찾는 작업이었고 그래서 발견한 것이 "정언명법"이었다. 그러나 이것이 실제로 우리의 행위 동기를 규정할 수 있다는 것을 증명해 보인 것은 아니었다. 즉, 우리의 의무감 또는 도덕명령에 대한 존중이 실제로 우리 행위의 동기가 될 수 있다는 것을 증명하지는 않았다. 다시 말해 우리가 남의 행위든 나 자신의 행위든 어떤 행위에 대해 도덕적 평가를 내릴 때 그 평가의 기준으로 도덕법칙(명법)을 상정하고 있음이 분명하지만, 그렇다고 해서 우리가 실제로도 그러한 도덕법칙에 따라(의무로부터) 행동한다거나 할 수 있다는 것을 증명한 것은 아니다. 위에서 지적한 바와 같이 칸트 자신의 진술에 의거해 볼 때 『정초』의 1절과 2절이 만일 그 자체로 끝나버렸다면 그가 "순환논증"의 오류를 범한 것으로 볼 수 있다.[299] 즉, 거기서 그가 행한 것이 도덕성이나 도덕법칙 같은 "개념"들을 설명한 것이지 그 실제 가능성을 "증명"한 것이 아니라는 사실을 의식하지 못했다면 그러하다. 그렇다면 그러한 증명을 위해서는 무엇이 필요한가? 칸트는 우리 인간의 의지가 자유롭다는 것을 증명해 주어야 한다고 생각했다. 이것이 증명되지 않은 상태에서는 정언명법은 단지 가설로서만 가능하다는 것이다. 그러므로 1, 2절에서 다룬 내용은 이미 순수한 도덕 이론, 즉 도덕형이상학의 내용과 다를 바 없으나—도덕성의 원리

298) 베크, 같은 책, 12, 51 이하 참조.

299) 베크는 만약 『정초』의 1절과 2절의 논의를 3절 그리고 『실천이성비판』의 그것에서 분리하여 바라볼 경우 마치 『형이상학 서설』을 『순수이성비판』과 별개의 작품으로 간주할 경우와 마찬가지로 "순환논증의 오류"로 봐야한다고 주장한다. 베크, 같은 책, 52 참조.

를 제시했으므로—, 거기서 주장된 내용의 현실적인 가능성에 대한 검토는 제3절에서 다루어진다고 볼 수 있다. 그러나 베크에 의하면 실제로 칸트가 3절에서 행한 것은 의지 일반의 자유와 도덕법칙의 불가분성을 지적한 정도에 그쳤다고 평가할 수 있다.

한편 칸트가 계획도 없이 급히 『실천이성비판』에 착수한 이유를, 『정초』가 출판된 이후부터 직면했던 비판, 즉 그 저서의 내용이 『순수이성비판』의 체계와 서로 맞지 않는다는 등의 여러 부정적 반응들과 오해에 대한 해명의 필요성에서 찾을 수도 있다.[300] 칸트 자신도 『정초』의 3부가 비록 자유의지의 문제를 다루긴 했으나 체계적인 방식으로 다루지 못했다는 점을 자각하고 있었던 것으로 여겨진다. 사실 『순수이성비판』에서는 이 문제를 굳이 실천철학에서 다시 다루어야 할 만큼 중요한 문제로 생각하지 않았다.[301] 어쨌거나 칸트 자신은 1785년 이후에도 거듭 도덕의 형이상학을 준비하고 있다고 말하고 있었으나 그 결과는 의외로 다시 『실천이성비판』으로 나타났다. 확실한 것은 그가 이 저서를 『정초』와 마찬가지로 역시 도덕 형이상학—넓은 의미의 도덕 형이상학, 즉 통속성과 상식까지 고려하는 부분을 포함한—의 예비 단계로 간주했다는 것, 그리고 비교적 단기간 내에 집필했을 것이라는 점이다. 그러나 준비

300) 『실천이성비판』 "머리말"에 등장하는 "비일관성", "비판철학의 수수께끼", "어떤 서평자" 등과 같은 표현은 『정초』에 대한 서평자들의 비판을 반영한 것으로 여겨진다(V 4 이하, 8). 이에 관한 상세한 정보는 Karl Vorländer의 "Einleitung", in ders.(Hg.), *Immanuel Kant, Kritik der praktischen Vernunft*, Hamburg: Felix Meiner 1928, XIII-XVII 참조.

301) B 831 이하의 다음 내용 참조: "그러나 이성의 실천적 사용에서는 이 문제[선험적 자유의 문제]가 나타나지 않는다. … 선험적 자유에 관한 물음은 그저 사변적인 앎에 관한 것으로서, 실천적인 것을 다룰 때 우리는 이것을 상관하지 않고 내버려둘 수 있다. 그리고 이 물음은 이미 순수이성의 이율배반에서 충분히 해명했다."

기간이 짧았을 것이라는 추측을 엄밀히 증명하기는 힘든 것처럼 보인다.302)

2. 머리말

그렇다면 어째서 책 제목은 『순수실천이성비판』이 아니고 『실천이성비판』일까? 이에 관한 칸트의 설명은 "머리말"(V 3)에 진술되어 있다. 제1비판의 경우는 순수한 이론이성의 월권, 즉 자신의 한계를 초월하는 초월적 대상들을 문제삼으려는 변증성을 비판한 것이었다. 반면 순수한 실천이성은 그러한 비판을 필요로 하지 않는다. 순수한 실천이성이 실천적임을 보여주기만 하면 된다. 만일 우리가 어떤 특정한 욕구—예컨대 체중을 줄이려 할 때처럼—를 만족시키고자 할 때와 같이 이 세계 안의 사물들의 질서에 관한 우리의 경험적 지식으로부터 도출해 내는 실천법칙[가언적 규칙]과는 전혀 다른 실천의 법칙이 있다면, 즉 실천이성이 무조건적으로 타당한 법칙을 제시할 수 있다면, 바로 이때의 이성은 "순수한" 실천이성이라고 한다. 그러한 무조건적인 법칙을 경험적인 실천이성이 제시할 수는 없기 때문이라는 것이다.303) 다시 말해 이론이성의 경우에는 "순수한" 이

302) 포어랜더, 같은 글, XVII 참조.

303) 우리는 이미 앞에서 "순수한"이란 의미는 인식과 관련해서는 ①경험적 내용을 갖지 않은 인식을 뜻하거나 ②경험과 무관한 인식, 즉 아프리오리를 의미하는 것—또 켐프 스미스의 경우는 ③"비-감각적인" 인식, 즉 "초험적 지식"까지—으로 정리했었다. 그러므로 여기서 도덕법칙은 ①과 ②의 의미에서, 그리고 의무 개념은 ②의 의미에서만 순수한 것이라고 할 수 있다. 개별적인 도덕의무는 분명 경험 맥락적인 지식을 전제할 것이기 때문이다. 그런데 실천이성과 관련해서는 이 "순수한"이 ④아프리오리하게 입법적인'(a priori gesetzgebend)을 뜻한다고 볼 수 있다.

론이성이 비판을 받아야 하지만, 실천적 이성의 비판의 경우는 그저 실천적 능력으로서 이성 능력 일반을 검토하되 순수한 이성이 아니라 도리어 **경험적**으로 조건 지어진 이성이 월권을 행사하여 도덕적 행위의 동기에 개입하는 것을 막는 것이 그 비판의 목적이자 관건이라는 것이다. 그래서 굳이 "순수한"이란 수식어를 달 필요가 없다고 한다. 다시 말해 순수한 실천이성[과 그 법칙]의 가능성 자체가 관건이며, 굳이 "순수함"에 초점을 맞추어 실천이성을 문제 삼을 필요가 없다고 한다.

또한 제1비판에서 **비판**은, 소극적인 의미에서는 합리론의 독단적 형이상학에 대한 대답으로서 순수한 이성 능력의 한계를 설정하고 변증적 가상을 막는 기능을 하는 것이었고, 적극적 의미에서는 경험론적 회의주의에 대한 대답으로서 순수한 이성만으로 확보할 수 있는 학문과 도덕의 안전한 영역을 회의론으로부터 보호하는 기능도 수행하는 것이었다. 그런데 제2비판에서 제목과 관련해 칸트가 주장하는 바에 의거해 판단해 볼 때, 여기서는 소극적 의미의 비판이 주로 의도되고 있다고 볼 수 있다. 즉, 행위를 의욕하는 의지[자의]가 "경험적" 동기들에 기반을 둔 실천이성의 월권적 주장에 의해 규정되는 것을 제한하거나 방지한다는 의미에 주목한다면 그렇다. 그러나 『실천이성비판』의 본론에서 칸트는 다시 순수한 실천이성도 "변증성[론]을 가진다"고 하므로 이러한 상황 자체 역시 "순수한" 실천이성에 대한 비판을 요구하는 것으로 볼 수도 있다. 따라서 제목에 관한 저자의 해명이 그다지 정합적이지는 못한 것처럼 보인다. 실천이성의 변증론은 『실천이성비판』 "요소론"의 제2권에서 다뤄지지만, 이 저서의 필요성 해명에 관계된 주제이므로 여기서 미리 간단히 정리해 보자.

이미 지적한 바와 같이 『정초』에서도 칸트는 실천이성의 "자연적 변증론"에 관해 언급했다. 그러나 그 의미는 여기와 조금 달랐다. 거기서 말하는 실천이성의 변증성은 "의무의 엄격한 법칙에 대항하여 궤변을 늘어놓고 그 법칙의 타당성 내지는 최소한 그 순수성과 엄격성을 의심하게 만드는 "성향"(Hang), 즉 그렇게 해서 가능한 한 그 법칙을 우리의 소망과 경향에 적합하게 만들려는 성향"이었고 결국 "법칙을 근본적으로 파괴하고 그것의 존엄성 전부를 붕괴시키는" 것이었다. 『실천이성비판』에서 칸트는 순수 이론이성뿐 아니라 순수 실천이성도 변증성에 빠진다는 점을 강조한다. 『정초』의 "머리말"과는 달리 여기서는 순수한 실천이성도 이성이므로 무제약자를 추구한다고 주장한다. 실천이성은 "실천적으로 제약된 것"(das Praktisch-Bedingte), 즉 경향성이나 본성적 욕구에 기인하는 것까지 포함하여 우리 인간 욕구능력의 대상들의 무제약적인 총체성을 추구한다.[304] 순수 이론이성이 현상에만 적용될 수 있을 뿐인 범주를, 물자체로서 그저 사유할 수 있을 뿐인 무제약자[현상계 전체]에게까지 적용하려 할 때 선험적 가상[전통 형이상학에서의 신, 우주, 영혼 등의 이성개념, 즉 이념]이 생겨나고, 특히 이율배반에 빠지게 되는 것과 유사하게 순수 실천이성도 인간 욕구 능력을 제약하는 궁극적인 제약 또는 그 대상을 추구함으로써 곤란을 겪게 된다는 것이다. 실천이성은 이것을 "최고선"(das höchste Gut)이라는 이념에서 찾는다. 이때 "최고"를 두 가지 의미로 해석할 수 있다고 하는데, 하나는 그것 위에 더 이상의 아무런 조건도 가지지 않는 가장 높은 조건, 즉 우리에게 욕구할만한 것으로 생각되는 모든 것에 관한 최상의 조건을 의미한다. 이 의미의 최고선을 "최상선"(das oberste Gut)이라 규정하고 이것

---

304) V 107 이하.

이 곧 "덕"(Tugend)을 뜻한다고 한다. 이때의 덕은 "행복할만한 자격"으로서의 덕이다. 『정초』 머리말에서 칸트는 선의지를 "행복을 누릴만한 자격에서 없어서는 안 되는 … 불가결한 조건"이라고 했으니, 여기서 그가 덕과 선의지를 동일시하고 있다 해도 무방할 것이다. 그런데 칸트에 따르면 유한한 이성적 존재자인 인간의 욕구능력의 대상—혹은 그것의 궁극적인 제약으로 작용하는 것—은 최상선인 덕 말고도 "행복" 또한 포함한다고 보아야 한다. 그리고 이 행복이 덕과 결합되어야 비로소 "전체적이고 완전한 선"(das ganze und vollendete Gut)으로서 최고선이 될 수 있다고 주장한다. 그러므로 실천이성은 최고의 도덕적 가치의 필수불가결한 조건인 선의지에 부합하면서도 행복, 즉 만족의 최대치를 낳는 실천을 지향하는 능력이라는 셈이다.

따라서 『실천이성비판』에서 변증론의 문제는 이 **완전선으로서의 최고선이 어떻게 가능한가[주어질 수 있는가]**라는 문제에서 비롯한다. 칸트에 따르면, 덕을 추구하는 행위와 행복을 (이성적으로) 추구하는 것이 서로 다른 것이 아니라 동일한 행위라고 보는 입장이 있어 왔는데, "에피쿠로스"와 "스토아" 학파가 여기 해당한다. 그러나 칸트는 이 입장에 반대한다. 덕의 준칙과 행복의 준칙은 서로 대립하고 제한하며 부정하는 것이지 일치하는 것이 아니라고 생각하기 때문이다. 그러므로 완전선을 뜻하는 이 둘의 결합은 필연적인 결합을 뜻하기는 하지만, 어느 하나를 분석함으로써[덕을 분석함으로써] 다른 하나[행복]에 도달하게 되는 것과 같은 의미에서의 분석적 결합이 아니라, 서로 다른 소재들의 종합적인 결합으로 보아야 한다. 다시 말해 "논리적"인 결합이 아니고 "실재적"인 결합이다. 그러나 칸트는 이 결합이, 인간 욕구 능력이 실천을 통해 실현시켜야 하는 것으로서의 결합이기 때문에 원인과 결과 사이의 결합으로 보아야 한다고 주장한다. 별로 탐탁지 않아 보이는 설명이지만, 어쨌든 칸트는 에피쿠로스와 스토아를 따라 욕구능력을 규정하는 근거로서 행복 실현과 덕의 구현이라는 두 가지 가능성을 검토한다.

여기서 순수 실천 이성의 변증론의 문제인 **이율배반**이 등장하게 된다. 한쪽에서는 "행복의 추구가 유덕한 동기(준칙)을 낳는다"고 주장하고, 다른 쪽에서는 "유덕함의 준칙(도덕을 준수함)이 행복을 낳는 원인이 된다"고 주장한다는 것이다. 칸트는 둘 다 불가능한 주장이라고 평가한다. 전자는 행복의 준칙이 도덕성과 무관하기 때문에, 그리고 후자는 이 세계 안에서 일어나는 모든 실천적인 인과 관계의 결합은 의지의 도덕적 심성과 무관한 자연법칙의 지배에 따르기 때문에 옳지 않다는 것이다.

이 이율배반의 해소는 제1비판과 유사한 방식으로 이뤄진다. 다시 말해 둘째 명제의 경우, 인간 이성 존재자를 감성계(현상계) 내의 존재자로만 볼 때는 불가능한 주장이지만 예지계(지성계)의 존재자로 본다면 불가능한 것이 아니다. 감성계 안에서는 도덕적 심성의 행위가 그 결과로서 행복과 결합되기 어렵지만—이는 우연적으로만 가능하다—예지계에서는 그 결합이 필연적일 수 있다고 생각하는 것이 가능하기 때문이다.

다음으로 칸트는 저서의 제목이 어째서 "순수실천이성비판"이 아니라 그저 "실천이성비판"인가를 간단히 해명하고, 바로 실천이성 비판의 작업을 통해 의지의 자유 문제도 확고한 해결에 이르게 된다고 단언한다. 그는 자유를 "선험적 자유"로 표현하는데, 이 문제는 이미 『순수이성비판』에서 이른바 "셋째 이율배반"(die dritte Antinomie)으로서 다루었던 것이다.[305] 이율배반이란 모순된 두 명제 내지 법칙 사이의 관계를 말하는 것으로서 셋째 이율배반의 첫 명제, 즉 thesis는 '자연법칙의 인과성이 현상계를 설명해 주는 유일한 인과성은 아니며 자유의 인과성도 필요하다'로 정리할 수 있다. 칸트 자신의 설명에 따르면, 만일 모든 것이 전적으로 자연법칙에 의해서만 발생한다면, 어떠한 원인도 그 자체로 한 사태에 대한 충분한 원인이 될 수 없고 부차적이거나 잠정적인 원인에 불과한 셈이 된다. 순차적으로 발생하는 원인 쪽 계열의 완전성이란 있을 수 없기 때문이다. 그런데 자연법칙은 아프리오리하게 충분히 규정된 원인이 없이는 아무것도 발생하지 않는다는 바로 그 점에서 성립하는 것이다. 그 결과 칸트는 모든 것이 전적으로 자연법칙에 의해서만 가능하다는 명제는 그 자신의 무제한적인 보편성을 포기해야 하는 역설이 발생한다고 주장한다. 물론 이는 칸트처럼 자연법칙적 인과성을 한 현상과 다른 현상 사이에서 완결되는, 그 자체로 닫혀진 관계로 이해할 때 가능한 주장일 것이다.

이에 대립하는 antithesis는 '자유는 없고 세계 내의 모든 것은 오로지 자연법칙에 따라서만 일어난다'로 요약된다. 자유의 인과성을 인정한다면 순차적으로 발생하는 일들의 원인으로서 작용하면서 그 자신은 원인을 갖지 않는 "단적인" 원인이 있어야 하는데, 이 상태는 그 이전 상태와 인과적으로 무관한 상태여야 한다. 그러므로 최초의 원인과 인과적으로 무관한 그 이전의 상태란, 우리가 선험적 자유

---

305) B 472 이하. 신칸트학파 이후의 칸트연구는 형이상학 또는 존재론의 방향에 집중되는 경향을 보이는데, 이때 에르트만(Benno Erdmann) 같은 연구자들이 주목한 주제가 바로 셋째 이율배반이다. 그들은 비판철학 전체를 추진하는 "원동력"이 이 이율배반의 문제에서 나온다고 주장했다. 이에 관해서는 Norbert Hinske, *Kants Weg zur* … , 80-82; ders., "Antinomie", in *Historisches Wörterbuch der Philosophie*, Bd. 1, Basel/Sttutgart 1971, 393-396 참조.

[의 인과성으]로서 표상하는 것일텐데, 그와 같은 원인성은 우리가 알고 있는 인과법칙과는 전혀 무관한 것이다. 이는 우리에게 지각을 통해 주어질 수 있는 세계의 외부에 그것과는 전혀 무관한 별개의 대상들이나 사태를 인정하는 것에 불과하며, 그것들에게는 인과성이라는 개념이 적용될 여지가 없다. 이처럼 셋째 이율배반은 이 세계 대상들의 인식의 문제뿐 아니라 실천의 문제, 즉 자유로운 행위 가능성의 문제와도 관련되는 형이상학의 근본 문제이지만 동시에 궁극적 해결이 불가능한 것처럼 보이는 논쟁점이었다.

칸트는 thesis에 현상계와 지성계의 구분을 도입하고, antithesis의 주장을 현상계에만 제한함으로써 이 이율배반의 문제가 해소된다고 보았다. 이 같은 이원론은 전통 형이상학의 주장들에 대한 칸트 자신의 대안에서 핵심을 이룬다. 예컨대 "최초의 원인" 개념은 인과적 계열의 출발점으로서 인식이 대상으로 삼을 수 있는 것이 아닌 무제약자라는 것인데, 우리에게 원인과 결과라는 개념은 인식의 틀[형식]일 뿐 그 자체가 인식의 대상인 어떤 무엇은 아니라는 것이다. 하지만 실천적 차원에서 보면 자유 의지의 확보는 도덕적 인간이 행해야 하는 의무의 존재와 더불어 신, 영혼 불멸에 대한 믿음이 불가결하다는 사실을 인정하지 않을 수 없게 만든다. 물론 아직 『순수이성비판』에서는 자유 개념을 "개연적"(problematisch)으로, 즉 그 가능성을 아예 생각해 볼 수 없지는 않다는 의미에서만 제시했다고 할 수 있다. 그러나 "객관적 실재성", 즉 그것이 실제로 원인으로서 효력을 발생시킨다[타당하다]는 사실을 보여 준 것은 아니었다. 제1비판에서는 말하자면 이율배반으로 인해 "[사변 이성의] 본질이 공격당하고 회의주의의 나락에 빠지는 일"을 막는 것이 최우선 과제였다고 할 수 있다. 이성이 제시하는 그 자체로 정당한 주장들이 서로 모순된다는 것은 이성의 권위에 대한 근본적 신뢰가 걸려 있는 문제였기 때문이다. 이미 지적한 것처럼 『순수이성비판』에서 칸트는 형이상학적 물음들이 해결하기 어렵다는 사실보다 서로 대립하는 주장들이 초래할 수 있는 "이성 자체에 대한 불신"(Misologie)을 더 엄중하게 여겼다.[306]

V 4의 이어지는 단락에서 칸트는 자유 개념의 논증이 여타 이념들의 논증에 대해 갖는 관계를 언급한다. 그는 자유 개념이 "실천이성의 필연적 법칙에 따라 논증"될 경우, 신, 불멸의 영혼과 같은 개념들이 사변이성에서와 달리 그 객관적 실재성을 확보하게 된다고 주장한다. 그러나 그가 말하는 자유 개념의 "논증"은 다른 이념들의 경우와 마찬가지로 엄밀한 의미의 논증, 다시 말해 이론적이고 논리적인 의미에서의 논증은 아닐 것이다. 오히려 그 가능성을 부인한다면, 명백한 사실인 무조건적이고 필연적으로 명령하는 도덕법칙의 존재 역시 부정될 수밖에 없다는 의미에서 "요청"으로서의 논증으로 이해해야 할 것이다. 칸트는 "자유의 이념이 도덕법칙을 통해 자신을 드러낸다"고 하고 바로 이어지는 단락의 원주(V 4)에서는 예상 가능한 비판, 즉 자신이 도덕법칙을 통해 자유의 실재성을 증명하고 다시 자유를 통해 도덕법칙의 존재를 증명하는 일종의 순환논증을 범하고 있다는 비판을 고려한다.[307] 그는 자유가 "도덕법칙의 존재

---

306) B 883.

307) 이 원주는 신학자 플라트(Johann Friedrich Flatt)의 『정초』 서평을 반영한 것으로 보인다. 그는 칸트가 "이성과 의지를 지닌 존재자"에 관한 "자연의 원래 목적"이 "행복"일리가 없다고 주장하고, 행복 구현과 욕구능력에 관한 이성이나—『순수이성비판』에서 "실재성"을 증명할 수 없다고 하면서도 "가능성"을 주장했던—"[자유의] 이념" 등의 영향력을 인정하지 않았다고 비판하면서 그와 같은 칸트의 주장 자체에 "**비일관성**과 이율배반"이 들어있다고 비판했다. *Tübingische gelehrte Anzeigen*, 14. Stück vom 16. Feb. 1766, 109 이하; 『실천이성비판』 V 126 이하 참조.

근거이지만 도덕법칙은 자유의 인식근거"라는 저 유명한 표현을 사용하여 그 같은 비판을 피할 수 있다고 본다. 그러나 실제로 그가 『실천이성비판』에서 논증하려는 것은, 우리가 자유를 인식할 수 있을 뿐 아니라 그 자유의 인과성이 적용되는 영역이 있다는 점이다. 그렇다면 칸트는 이 과제를 성공적으로 수행한 것일까?

그가 도달한 결론부터 말하자면, 자유는 실천이성을 통해 본래 의미에서의 논증, 즉 이론적 논증의 대상은 아니지만, 그 타당성[실재성]은 무제약적으로 타당한 아프리오리한 실천법칙과 불가분적으로 결합되어 있다는 것이고, 따라서 우리가 이 실천[도덕]법칙의 타당성[구속성]을 이성의 사실로서 의심할 수 없고 또 자기 기만적인 것으로 간주하지 않는 한 그것의 실재성 또한 의심할 수 없다는 것이다. 나아가 사변이성의 이념들인 자유, 신, 영혼 불멸 가운데 자유의 가능성만큼은 비록 "통찰할 수는 없어도 아프리오리하게 **알 수는** 있는데"(a priori **wissen**, ohne sie doch einzusehen), 그 이유는 우리가 도덕법칙을 알기 때문이라고 한다. 자유의 영역은 이론적 접근이 불가능한 영역이므로 칸트는 일단 직접적인 논증의 방식 대신 도덕법칙과 그 구속성에 대한 의심할 수 없는 **의식**에 호소하는 길을 취한 것이다. 그리하여 "도덕법칙이 우리 이성 안에서 먼저 분명하게 사유되지 않는다면 우리는 결코 자유와 같은 어떤 것을 (비록 이 자유가 모순적이지 않다 하더라도) **상정할** 권리를 갖지 못할 것"이라고 주장한다.

신과 영혼의 실재성과 관련해서는, 그것들은 도덕법칙의 직접적 조건은 아니며, 그래서 도덕법칙의 확실성은 이것들에 의해 영향 받는 바가 없다고 단언하지만 그럼에도 그것들은 그 "법칙에 의해 의해 규정된 의지의 필연적 객관의 조건"이라고 주장한다. 다시 말해 그것들은 도덕법칙에 따르는 의지가 반드시 실현시켜야 할 상태[목적 또는 대상], 즉 "최고선"의 존립 근거라는 것이다. 이를 또 달리 표현하면, 인간의 의지가 도덕법칙의 무조건적인 명령에 스스로 복종함으로써 좋음[선]의 상태를 실현해야 하는데, 이 좋음이 가능하기 위해 반드시 전제되어야 할 조건이 신과 영혼의 불멸이라는 것이다. 순수 실천이성의 변증론에 따르면, 신과 영혼의 불멸이 상정되어야만 좋음이 좋은 것—실천이성에 의해 규정된 의지가 실현시키고자 의욕할 수밖에 없는 것—일 수 있게 된다. 만일 신과 불멸하는 영혼이 없다면 최고선은 존재론적으로 무엇인가를 결여한 상태, 다시 말해 좋음이 좋음 아닌 것을 내포하고 있는 셈이 된다는 것이다. 인간이 실천이성의 명령에 따라서 의욕하는 것이 완전한 의미의 선이 될 수 있으려면 그 결과가 절대적 관점에서 공정하게 평가받고 거기에 상응하는 행복이 상태가 실현되어야 하는데, 이는 현재 세계의 불완전함을 고려할 때 기대하기 어렵기 때문이다. 따라서 신의 존재와 영혼의 불멸, 결국 내세의 존재를 **요청**할 수밖에 없게 만든다. 칸트는 다시 순수실천이성 요청하는 "대상(신과 영혼 불멸) 자체의 가능성"이 "함축하는 확실성은 순수수학에서와 달리 이론적이지 않아서 필연적(apodiktisch)이지도 않고", 또 "객체와 관계하는 이론적 필연성이 아니라, 주관과 관계하여 … 필연적으로 상정하는 것(notwendige Annehmung)"이라는 설명을 보탠다.[308] 그는 이러한 논증이 사변이성의 한계 때문에 채택할 수밖에 없는 "우회"(Umschwief)의 과정임을 인정하며, 그러한 이념들은 "이성의 도덕적 사용" 가운데서만 그 실재성을 확인할 수 있다고 주장한다.[309]

---

308) V 11 원주.
309) V 5.

V 5-7의 단락들에서 칸트는 『순수이성비판』과 『정초』에서 다루어진 논의에 대한 오해를 다시 거론하면서, 자신이 순수한 사변이성에서 사용했던 이성의 개념들과 원칙들이 실천적 차원에서는 "전혀 다른 용도로 옮겨져" 고려된다는 점에 주의를 환기시킨다. 그래서 『순수이성비판』에서의 사용 방식을 새로운 사용 방식과 비교하고 사변적 사용과 실천적 사용에서 이성 개념들과 원칙들이 가지는 차이점과 연관성을 파악하여 이성의 전체적이고 "체계적인 연관"을 고려해야 한다면서 재차 『실천이성비판』의 필요성을 주장한다. 두 저서에 대한 가장 일반적인 비판 혹은 오해는 거기서 사용된 용어가 너무 새롭고 난해하며 그의 체계가 불필요하게 복잡하다는 것으로 압축될 수 있을 것이다. 칸트 자신이 일단 여기서 반론을 제기할 필요가 있다고 간주한 비판은 크게 두 가지다. 그러나 그는 이어지는 단락에서 더 많은 서평자들의 비판을 소개하고 자신의 반론을 간략하게나마 제기한다.

①첫째 비판: 『순수이성비판』은 사변이성 차원에서는 범주[특히 인과성의 범주]들을 초감성적 대상에 사용하는 것을 금했는데—선험적 가상이 발생하게 되므로—실천이성 차원에서는 그러한 사용을 승인한다. 이 같은 비판은 『정초』의 서평자이자 목회자였던 피스토리우스(Hermann Andreas Pistorius)와 앞의 각주에서 소개한 튜빙엔 대학 교수 플라트(Flatt) 등이 제기했다. 칸트가 이 같은 비판을 충분히 대답할 가치가 있다고 판단했다는 사실은 『실천이성비판』의 제1편 제1권 제1장 "순수실천이성의 원칙들"의 내용 중 "II. 사변적 사용에서는 그 자체로 불가능한 확장을 실천적 사용에서는 할 수 있는, 순수이성의 권한에 대하여"에서 잘 드러난다. 칸트는 자신이 『순수이성비판』에서 도달했던 결론은, 범주 개념을 예지계에 적용할 경우 인

식의 측면에서는 아무 소득도 얻지 못하고 기껏해야 "인식을 근거들의 측면에서 완성하고 한계 짓기 위해, 감성적인 것에서 … 초감성적인 것으로 큰 걸음을 내대딜 뿐"이었다고 회고한다.[310] 이것은 아마도 "동질성(Homogenität), 특수화(Spezifikation), 연속성(Kontinuität)"의 원리가 지성의 활동과 그 인식을 통일하고자 하는 "이성의 관심"의 산물이라는 『순수이성비판』 B 685 이하의 주장을 의미하는 것으로 여겨진다. 그는 그러한 원칙들이 이른바 "통제적 원리"로서 인식 자체에 기여하는 것은 아니지만, 우리 인식 주관이 어느 원칙에 더 관심을 두느냐에 따라 자연의 대상을 다양성 혹은 통일성, 또는 연속성의 관점에서 바라볼 수 있게 해줄뿐 "기만적인 가상"을 유발하지는 않는다고 했다. 또한 지성 사용의 통일을 추구하는 그와 같은 "모든 [이성] 원칙들은 그저 간접적이기는 하지만 경험 대상에게도 타당하므로, 순수이성의 원칙들은 경험의 대상에 대해서도 객관적 실재성을 가진다"고도 주장했다.[311]

이제 『실천이성비판』에서도 칸트는 "순수한 지성"에 관련된 욕구능력을 "의지" 또는 "순수실천이성"이라고 부르며, 그 개념에는 "아무런 경험적 직관도 그 실재성을 증명할 수 없는 원인성 개념[범주]"

---

310) V 55.

311) B 693, 697, 689 이하 등 참조. 칸트에 따르면 지성 사용의 통일을 지향하는 이성의 원칙들은 인식론적 측면에서 무질서와 무의미한 경험적 자료에게 인식의 통일성과 의미를 부여할뿐만 아니라 그 원칙들 없이는 발견할 수 없었을 새로운 사실을 파악하는 데에도 기여한다. 예컨대 자연 형식들의 "연속성"이라는 원리는, 유성[또는 혜성]들의 궤도—그것이 원이든 타원이든 포물선이든—상의 차이에도 불구하고 그것들을 통일된 원인과 법칙으로 설명할 수 있고, 나아가 경험적으로 실증되는 것 이상—예컨대 혜성의 쌍곡선 궤도 같은 것—을 예상할 수 있게 해준다고 한다. 현대의 진화생물학자가 육지동물과 고래 같은 수중동물 사이의 연결고리에 해당하는 동물의 화석을 발견할 수 있었던 것도 이와 같은 이성의 통제적 원리의 관점에서 이해할 수 있을 것이다.

이 내포되어 있는데, 그것은 "순수한 실천법칙에서 아프리오리하게 자신의 객관적 실재성을 완전히 정당화하는 원인성 개념"이라고 주장한다.[312] 이 범주의 실천적 사용은 이론적 사용과는 그 성격이 분명 다르고 그래서 초감성적 인식을 지향한다든지 지성 인식의 통일을 위한 것이 아니지만 "필연적 의지 규정에 아프리오리하게" 포함되어 있고 "의지 규정의 대상과[도] 불가분적으로 결합되어 있다"고 주장한다.[313] 이는 이해하기 쉽지 않은 주장인데, 일단 의지를 규정하는 것은 도덕법칙일테니 그것이 의지에 어떤 방식으로든 작용하고 있다는 뜻으로 새겨볼 수 있겠다. 그러나 "도덕법칙이 자유의 인식근거"라는 표현을 상기하면, 그 작용 방식이 인식 차원하고 어떻게 다른 종류의 것일까라는 의문이 든다. 더구나 범주가 "의지 규정의 대상과 불가분적으로 연결되어 있다"는 주장은, 실천적 의지가 실천을 통해 실현하려는 대상, 즉 좋음[선] 역시 의지 규정의 원인이라는 점을 확인시켜 주는 것 같다. 그렇다면 그것은 예컨대 불[열]이 수증기 발생의 원인인 것과 어떻게 다르다는 것인지 이해하기 어렵다.

②둘째 비판: 동일한 인간 자아를 "자유의 주체로서는 예지적인 것"으로 여기면서 동시에 "자연의 측면에서는 … 현상체"로 여기라는 "역설적인 요구"를 한다. 칸트는 현상과 사물 자체의 구분과 관련하여 그것은 사변이성비판의 사유방식을 일관되게 전개한 결과이며 사변이성에서는 그저 "사유될 수만 있었던 것"을 이제 『실천이성비판』에서 "하나의 사실로 확인시켜 준다"고 주장한다. 제1비판에서 현상의 근거에 물자체를 위치시킴으로써 "초감성적인 것을 허구"가

312) V 56.
313) V 5.

아닌 것으로 간주할 수 있는 가능성을 확보해 두었던 바, 이는 인식 불가능한 자유의 원인성을 현상과는 다른 [즉, 이 세계와는 무관한] 차원에서 생각할 수 있는 여지를 남겨 두었던 것이라고 할 수 있는데, 이성의 실천적 사용이 그러한 자유 원인성의 실재성을 확인시켜 준다는 것이다. 다시 말해 자유가 실제로 의지를 규정하는 원인으로서 구속력을 지니고 있음을 보여 준다는 것이고, 이점에서 사변이성비판의 결론과 모순되지 않는다는 주장이다. 뿐만 아니라 그 같은 작업은 마치 "졸속으로 지어진 건축물에서 흔히 그렇듯 짓고 나서 기둥과 받침대를" 보강하여 사변이성비판의 부족했던 부분을 메우는 작업이 아니라, 거기서 "개연적으로만 표상될 수 있었던 개념"을 "실재적 현시 가운데 통찰"함으로써, 즉 실례를 통해 보여줌으로써 "체계의 연관"을 보여 주는 작업이라고 말한다. 그러면서 그는 자신의 시도가 "자유 개념을 단순히 심리학적[경험적] 관계 속에서 고찰"하던 기존의 작업과 전혀 다르다는 점을 강조한다.

V 7에서 "자유 개념이 사변이성의 완전한 사용에서는 … 불가피하면서도 완전히 파악하기가 불가능한 개념"이라고 한 것은, 셋째 이율배반의 논의를 배경으로 한 표현으로 보인다. 이율배반에서는 자유의 인과성을 상정하지 않을 경우 인과 계열의 완전성이 주어지지 못함을 지적하고, 또 자연적 인과성만이 유일한 인과성이라면 오히려 이 세계에 관한 인과적 설명이 불가능하게 된다고 했기 때문이다.

V 8에서 칸트는 **사변**이성의 비판과 달리 **실천**이성의 비판에서는 "모든 실천적 학문을 완전하게 분류하여 이 체계에 보태지 않았다"고 적고 있다. 이는 아마도 『순수이성비판』 "선험적 방법론"의 "순수 이성의 건축술"이 모든 순수한 이성인식, 즉 형이상학의 종류를

아래와 같이 분류하고 각각에 대해 설명을 보탰던 부분(B 873 이하)를 염두에 둔 발언 같다.

- 순수사변적 이성인식
  - 존재론 (Ontologie)
  - 자연학 (Physiologie)
    - 내재적
      - rationale Physik (이성 물리학)
      - rationale Psychologie (이성 심리학)
    - 초험적
      - rationale Kosmologie (이성 우주론)
      - rationale Theologie (이성 신학)

위의 구분 자체는 대체로 볼프의 것을 수용한 것으로 볼 수 있다. 볼프 역시 형이상학을 일반 형이상학인 존재론과 특수형이상학인 심리학, 우주론, 자연신학 이렇게 네 영역으로 구분했다. 물론 그 각 분야에 대한 설명에 있어서는 큰 차이를 보인다. 예컨대 전통적인 존재론과 달리 칸트의 존재론은 어떠한 대상과도 무관하게 대상 일반의 가능성을 지성이나 이성의 개념들과 원칙들의 체계 속에서 선험적으로 탐구함으로써 현상으로서의 존재를 문제 삼는, "순수지성의 분석론"이었다.[314] 자연학은 감성이나 그밖의 다른 종류의 직관을 통해 주어진 대상들의 총체성을 탐구한다고 보았는데, 이때 이성의 사용이 내재적인가, 즉 그 이성 인식이 경험에 적용될 수 있는

314) B 303.

한에서의 자연에 관한 것인가, 아니면 초험적인가, 즉 모든 경험을 초월한 대상에 관한 것인가에 따라 다시 둘로 구별했다. 내재적 자연학인 이성 물리학은 외적 감관의 대상을 그 대상(물체적 자연)이 주어지는 아프리오리한 조건에 따라 고찰하는 학문으로 보았다. 이에 비해 내적 감관의 대상으로서 영혼을 경험 지각과 무관하게 탐구하고자 하는 이성 심리학은 불가능하다고 결론 내렸을뿐만 아니라 학문으로서의 경험 심리학의 위상에 대해서도 그다지 긍정적이지 않았고 더욱이 이 후자는 형이상학이 아니라 "경험적 자연학"에 귀속되어야 한다고 보았다.[315] 한편 초험적 자연학의 이성 우주론은 인과적으로 결합된 현상들의 전체로서의 세계를 역시 감각 경험의 도움 없이 다루려는 학문으로 이율배반에 빠지고 마는 것이었다. 또 다른 초험적 자연학인 이성 신학은 "사유될 수 있는 모든 것의 가능성의 최상의 조건을 내포하는 것(신)"을 대상으로 삼으며, 나아가 "자연 전체와 자연을 초월한 [그] 존재와의 연관"을 탐구하려는 것이지만 "선험적 변증론"의 "선험적 이상"에서 검토한 신의 존재 증명들은 모두 불가능한 것들뿐이었다.[316]

이제 이성의 사변적 사용이 아니라 **실천적** 사용에 관한 경우, 칸트는 순수한 부분, 즉 실천이성의 가능성, 범위, 한계 등의 원리에 관한 탐구만으로는 위와 같은 종류의 분류가 불가능하며 인간본성과 의무의 관계에 관한 경험적인 지식이 전제되어야 한다고 생각했다. 실제로 그러한 지식은 『도덕형이상학—덕론의 형이상학적 기초원리』와 『인간학』이 다루었다고 할 수 있다. 따라서 『실천이성비판』에서

315) B 876; Soo Bae Kim, *Die Entstehung der Kantischen Anthropologie* …, 70-76 참조.
316) B 391, 874.

실천적 이성의 학문에 대한 분류 작업은 보류되었을뿐만 아니라 결국 **칸트 저작 어디에서도 체계적으로 수행되지 못한 것**으로 보인다.

칸트는 V 8의 끝 부분에서 피스토리우스를 "진리를 사랑하는 예리한 서평자"로 묘사하면서 그를 위시해 대다수 당시 학자들이 지지하던 '결과주의' 또는 '행복주의'의 윤리설로 간주할 수 있는 입장에 대립하여 자신이 『정초』에서 제시했던 '법칙주의'의 관점을 재천명한다. 칸트는 피스토리우스의 지적을 제1편 제1권 제2장 "순수실천이성의 대상 개념"(V 57 이하)에서 비교적 상세히 다룬다. 칸트는 서평자가 제기한 문제를 도덕성의 근거지움 관계(Begründung)에 관한 문제로—즉, 도덕법칙이 선[의욕의 대상 내지 객체로서]의 기초인가, 아니면 선 개념이 도덕법칙의 기초인가—설명한다. 선 개념은 [내용을 가진] 어떤 무엇에 관한 개념이기 때문에 만약 그것이 도덕법칙의 기초가 된다면, 어떤 무엇의 존재[현실화]가 쾌를 약속하는 것이라고 이해한다. 다시 말해 도덕성은 어떤 관념이 쾌나 불쾌를 수반하는지에 관한 경험적[심리학적] 문제가 되고 만다는 것이다. 그러므로 칸트는 행위의 실질, 즉 내용이 우리 의지[욕구능력]를 규정함을 통해서는 보편적이고 필연적인 도덕성이 성립할 수 없다고 본다. 여기서 칸트는 "선"[좋음]과 "좋은 것"[선한 것]의 차이를 지적하고, 의욕의 **대상**으로서 그 의욕을 규정할 수 있는 것은 "좋은 것"["복", das Wohl]이거나 "나쁜 것"["화"das Übel]에 불과한 것으로 간주하는 듯하다. "좋음"이란 원래 어떤 내용적인 무엇[실질, 질료]으로서 그것을 우리의 욕구능력이 의욕하게 만들고 또 그 욕구가 충족됨으로 해서 쾌를 가져오게 하는 것이 아니며, 이것은 오히려 "좋은 것"에 해당한다는 것이다.

이에 비해 칸트가 생각하는 좋음은, 의지가 이성의 법칙, 즉 도덕법칙에 의해 어떤 것을 자신의 객관[대상]으로 삼도록 스스로를 규정할 때, 그 어떤 것과 의지와의 관계에서 성립한다. 즉, 좋음은 **도덕법칙에 따르려는 의지의 준칙**에 관한 것이고, 행위 방식의 배후에 있는 우리의 **마음씀**(Gesinnung)에 관한 것이다. 그러므로 이성적 원리인 도덕법칙이 의지의 규정 근거가 되어야 하는 것이지, 욕구능력의 규정 근거로서의 어떤 대상이 우리의 준칙에 앞서서 그것을 규정하는 것이 아니다. 후자의 경우 우리는 가언적으로, 즉 조건적으로만 행동하는 것이다.

칸트는 V 10에서 자신의 작업이 쾌, 불쾌 등과 같은 인간의 마음상태에 관한 심리학적 접근법에 기초하는 것이 아니라는 점을 강조하기 위해 "원리론"과 "방법론"의 구분을 다시 언급한다. 그는 이 구분이 인간의 마음의 능력들을 "철학적으로", 그리고 "건축술적으로", 즉 선험철학적으로 다루기 위한 필수 구분이며, 두 부분들이 서로를 보완해 줄 때 학문적 체계가 완성을 기할 수 있다고 주장한다. 이미 앞에서 언급한 것처럼 원리론과 방법론의 구분은 데카르트 이래 서양 학문의 기본이 되는 방법인 분석과 종합에 상응하는 것인데, 『실천이성비판』의 경우에는 『순수이성비판』과는 다른 관점에서 적용되는 양상을 보인다. 『순수이성비판』의 원리론은 인식의 부분들을 감성적 인식을 이루는 부분들과 비감성적 인식을 이루는 부분들로 나누고 이를 각각 다시 더 세분화 하였으며, 방법론은 원리론에서 얻은 결론들을 소재로 삼아서 구성[건축]할 수 있는 이성 인식의 전체계를 조망한다는 논리를 제시했다.[317] 그러나 『실천이성비판』에

317) 이하의 내용에서 확인할 수 있듯이 칸트는 이 구분을 세 비판서 모두 적용하면서 일관된 원칙을 유지한 것처럼 보이지는 않는다.

서는 오히려 원리론의 작업이 『정초』에서 이미 수행했던 것을 지시하되 다만 여기서는 거기[『정초』]에서 채택했던 작업 순서를 거꾸로 적용하는 듯한 양상을 보인다. 『실천이성비판』의 원리론은 『정초』에서 선험철학적으로 확립한 도덕 원리[조건, 제약]로부터 일상적 도덕 행위의 모습을 기술하는—즉 제약된 것을 설명하는—작업에 종사하는 것처럼 보이기 때문이다. 예컨대 『실천이성비판』 제1편 제1권 "제3장 순수실천이성의 동기들"의 일부인 "순수실천이성의 분석론에 대한 비판적 조명"(V 89 이하)에서 칸트는 순수이론이성의 분석론과 실천적 순수이성의 분석론이 "반대 순서"의 구분을 수행할 수밖에 없는 이유를 설명하면서 이렇게 주장한다. 후자에서 "실천이성은 대상을 인식하기 위해 대상과 관계하는 것이 아니라 … 대상을 실현하는 자신의 고유한 능력", 즉 그 대상 실현의 원인성으로서 간주되는 "의지"로서 고찰되는 것이며, "아프리오리한 실천적 원칙"를 제시할 수 있는 능력으로서 탐구되는 것이라고 한다. 따라서 『실천이성비판』은 **원칙의 분석론**에서 출발하여 실천이성의 대상들의 **개념**—"단적으로 선한 것과 악한 것의 개념"—**의 분석론**, 그리고 직관의 능력인 감성이 아니라 "(욕구의 주관적 근거일 수 있는) **감정**"을 다루는 것이 적절한 순서라고 한다. 칸트는 다시 이를 "아프리오리한 원칙", 즉 보편 원리[대전제]에서 출발하여 "소전제가 가능한 행위들을(선한 혹은 악한 행위로서) 대전제 아래 포섭해서 결론, 즉 주관적 의지 규정으로(실천적으로 가능한 선에 대한 관심과 이 관심에 근거를 둔 준칙으로) 진행"하는 것이라고 표현한다.

한편 『실천이성비판』의 원리론뿐만 아니라 방법론 역시 제1비판에서와는 다른 관점에서 다뤄진다. 그것은 도덕법칙이 어떻게 실제로도 행위 주관의 마음속에 영향을 미치도록 할 것인가 하는 문제,

즉 법칙의 실제 작용력을 극대화시키는 문제, 예컨대 법칙에 대한 의식이 "감성을 지배"할 수 있게 만드는 "연습", 즉 일종의 **도덕적 도야**와 **훈련의 방법**을 다룬다고 주장하기 때문이다.[318)]

V 10의 "새로운 언어를 도입하려 한다는 비난"은 칼스루에 대학의 교수 티텔(Gottlob August Tittel)의 서평을 반영한다. 그는 이렇게 적었다.

> "칸트는 너무 자주 추상적인 용어를 사용하고 있다. … 행복과 도덕성은 아주 긴밀하게 연관된 것이다. … 오래전부터 잘 알려진 내용을 잘 알아들을 수 없는 언어로 새로운 것처럼 공포한다. … 그의 도덕 개혁은 그가 그렇게 자부하는 정식(Formel)에 국한된 것인가? … 일반적으로 잘 알려진 문장들을 그렇게 인위적으로 모호하게 만들 수 있다는 사실이 놀랍다. 무엇 때문에 그렇게 쉬운 문제를 아주 어려운 과정으로 만들었고, 그렇게도 많은 인위적인 방법들을 동원했는가?"[319)]

칸트의 용어 사용에 대한 지적은 티텔 말고도 다수 학자들이 공감했던 부분이다. 그러나 실제로 칸트가 볼프에게서 시작한 철학 용어의 독어화[모국어화]에 가장 큰 기여를 한 인물들 중 한 사람이라는 사실을 기억할 필요가 있다. 그는 용어를 새로 주조하는 대신 대개 기존의 단어에 자신이 고유의 의미를 부여하여 사용했다. 그리고 그 경우에 그는 늘 "하지만 나는 '…'라는 개념으로 이러한 것을 이해한다"(Ich verstehe aber unter …)라며 독자의 주의를 환기시켰다.

---

318) V 159 이하.

319) *Über Herrn Kants Moralreform*, Frankfurt a. M./Leipzig 1786. 4 이하, 25, 35, 82.

예컨대 “나는 감각에 속하는 것은 아무것도 가지지 않는 모든 표상을 선험적인 의미에서 순수하다고 부른다”거나, “나는 선험적인 이념들이 현상의 종합에 있어서 절대적 총체성에 관한 것인 한, 모든 그러한 이념들을 세계 개념이라 부른다” 같은 식이다.[320)]

한편 도덕에 관한 “정식”을 제시하는 데 그쳤다는 지적에 대해서는 과제를 풀어야 하는 수학자에게 “정식이 무엇을 의미하는지를 아는 사람”이라면 “의무 일반”에 관한 정식을 무의미한 것으로 여기지는 않을 것이라고 대응한다.[321)] 그러면서 칸트는 “주어진 개념을 표현하기 위해 기존 언어가 부족하지 않다면” 모를까, 새로운 사상을 표현하기 위해 새로운 용어를 사용하거나 새로운 의미를 부여하는 일 자체는 문제될 것이 없다고 주장한다. 하지만 『실천이성비판』에서 다루는 “도덕적 인식의 종류”는 『순수이성비판』이 다뤘던 사상과 달리 “그 자체로 통속성에 가까운” 것이라서 언어 사용에 관한 한 “염려할 일”이 없다고 장담한다. 그러면서 그는 자신이 “최대한 주의를 기울여 찾아낸 몇몇 표현” 가운데 자주 오해를 불러일으킬만한 것으로서 “순수실천이성의 요청”을 거론한다. 앞에서 언급했던 것처럼 이것은 순수수학의 요청에서처럼 대상과 관련하여 인식된 “필연성”을 의미하는 것이 아니라, 주관의 실천과 관련해서, 다시 말해 객관적인 “실천법칙을 준수하기 위해” 우리 주관이 “필연적으로 상정하는 것”이라고 주장한다.

“요청”은 칸트가 처음 철학 용어로 확립한 개념이다. 『순수이성비판』 “분석론”의 “순수지성 개념의 연역”에서(B 265 이하) 칸트는 양상의 범주가 어떻게 도출되는가를 설명하면서 “경험적 사고 일반의 요청”을 그 근거로 제시했다. 양상 범주의 세 종류인 “가능성-불가능

---

320) 『순수이성비판』 B 34, 434.

321) V 8 원주.

성", "현존재-비존재", "필연성-우연성" 등을 각각 이렇게 표현했다. ①어떤 사물 개념이 경험의 형식적 조건인 시간-공간과 일치할 때 그 사물은 "가능적"이고, ②경험의 질료적 조건인 감각과 관련할 때 "현실적"이며, ③형식적이고 질료적인 조건 모두에 의해 규정될 때는 "필연적"이다. 이때 요청이란 수학 내지 기하학에서의 그것과 유비적으로 이해되는데, 그 자체로 명증적이지만 증명될 수는 없는 명제로서, 이 명제에 의해 비로소 한 개념과 그 개념에 상응하는 대상이 만들어지는[산출되는] 것을 뜻한다. 위의 세 명제들은 그 자체로 증명될 수 있는 것은 아니지만, 그 명제들의 타당함이 전제됨으로 해서 비로소 우리가 어떤 사물을 사물로서—양상의 관점에서—경험(인식)할 수 있게 되는 명제들인 것이다. 또 이 명제들은 사물의 개념을 보충해 주는 것은 아니지만, 그 개념 일반이 인식 능력과 결합하는 방법을 제시함으로써 사물에 대한 필연적 인식을 가능하게 해주는 것이었다. 이에 비해 "순수실천이성의 요청"은 절대적이고 필연적인 도덕법칙이 아프리오리하게 인식되고 있는 바, 이 도덕법칙이 실천적 구속력을 갖기 위한 또는 그 구속력을 설명하고 정당화하기 위한 필수 조건이라고 할 수 있다. 도덕법칙을 따름으로써 덕[의무]을 실천하는 사람이 있다고 할 때, 그는 분명 "행복을 누릴만한 가치"를 지닌 자인데, 만일 행복을 필요로 하고 그것을 누릴만한 가치를 지닌 그 사람이 현실적으로 행복하지 못하다면 이것은 불가해한 것이다. 그러므로 덕과 행복의 정확한 일치를 위해 내세의 존재가—불멸의 영혼, 신의 존재 등도 함께—"요청"될 수밖에 없다는 것이다.

칸트가 V 12에서 거론한 "아프리오리한 인식이 결코 존재할 수 없다는 뜻밖의 발견"은 괴팅엔대학 교수였던 페더의 비판을 염두에 둔 것이다.[322] 흄의 인식론, 특히 그의 인과성에 관한 이론과 유사한 이론을 신봉했던 페더는 칸트의 "아프리오리" 개념을 심리학적인 개념으로 해석하려 했다. 칸트의 반론은 세 가지 내용으로 이루어지며 『실천이성비판』의 논의와 직접 연관된 것으로 보이지는 않는다. ①[수학이나 기하학처럼] 이성에 의해 우리가 아는 것을 아프리오리한 인식이라고 규정하면서 동시에 그 이성에 의해, 따라서 보편성과 필연성을 갖는 방식으로, 우리가 아프리오리한 지식을 갖지 않는다는 것을 증명하는 것은 모순적이다. ②"원인" 개념을 "습관"과 대체하는 것은 그것을 동물들에게서나 발견할 수 있는 "기대"와 같은 것으로 간주하는 것이고, 잘못된 사고의 결과물로 간주하여 폐기처분하는 셈이다. ③흄이 수학적 명제들을 분석적인 것으로 이해하여 그 절대적 확실성의 지위를 보존해 준 것은 페더보다는 잘한 일이나 여전히 오류다. 그것들은 종합적이기 때문이다. 흄은 종합적인 판단들은 결코 필연적일 수 없다고 보았으니, 그의 경험주의가 일관되게 통용된다면 수학도 필연적인 명제들로 이뤄진 학문일 수 없다. 또 철학적인 종합 명제들이 필연적일 수 있는 가능성도 없다. 더욱이 수학적 명제들과 경험적 명제들은 제1이율배반에서 볼 수 있는 것처럼 모순에 빠지게 되는 바, 경험주의는 결과적으로 회의주의로 빠질 수밖에 없다.[323] 그런데 흄은 적어도 경험의 시금석을 수학에서 찾았기 때문에 그를 아무 제한 없이 회의주의에 귀속시키는 것은 무리다.[324]

322) Johann Georg Heinrich Feder, *Über Raum und Kausalität zur Prüfung der Kantischen Philosophie*, Göttingen 1787. 그의 칸트 인식론 비판의 요지는 칸트 학술원판 전집 XIII 189 이하 참조.

323) 제1이율배반은 시간상의 시초와 공간상의 한계 유무를 주장하는 대립 명제들로 이뤄진다. 『순수이성비판』 B 454-461 참조.

3. 서론

칸트는 “머리말”에서 『실천이성비판』이라는 제목과 관련하여 순수한 실천이성이 실천적일 수 있다는 점을 보여주기만 하면, 즉 이성이 그 자체만으로 행위의 동인이 될 수 있다는 점을 보여주기만 하면 “자기 실재성과 자기 개념의 실재성”이 증명된다고 했다. “서론”의 첫부분에서도 “이성은 적어도 의지를 규정하는 데까지 이를 수 있고, 의욕만이 문제가 되는 한 늘 객관적 실재성을 갖는다”고 말한다.[325] 이성은 의욕함을 규정하는 힘으로서 자신의 타당성을 보여주는데, 이는 인간이 무엇인가를 의욕할 때 이성이 이미 함께 작용하고 있다는 뜻이다. 『정초』에서 구분한 세 종류의 “명법”들은 이미 이성이 의욕을 규정하고 있다는 사실을 보여준다. 칸트는 “실천적 규칙은 언제나 이성의 산물이다”라고도 표현한다.[326] 그의 입장에서 보면 심지어 인간이 비이성적으로 행동할 때조차도 이성을 사용한다고 할 수 있을 것이다. 실천적 규칙의 관점에서 보면 예컨대 살인 같은 행위도 어떤 **의도의 실현**과 관계하기 때문이다. 물론 『실천이성비판』의 “첫째 물음은 순수이성이 그 자체만으로 의지를 규정하기에 충분한가 아니면 이성이 단지 경험적으로 규정된 이성으로서만 의지의 규정근거일 수가 있는가”인데, 이 물음의 전반부에 대한 긍정적인 답변이 주어진다면, 이는 순수이성이 실천적일 수 있다는 사실을 증명하는 데 그치는 것이 아니라 순수이성이 “무조건적으로 실천적”이라는 사실을 보여주는 것이라고 주장한다.

324) 어쨌거나 흄은 칸트 자신이 보기에 **종합**판단인 수학적 명제들을 **필연적**인 명제들로 간주했다는 점을 이렇게 해석한 것으로 보인다.

325) V 15.

326) V 20.

칸트는 다시 그 자체로 의지를 규정할 수 있는, 즉 실천적일 수 있는 순수이성이 있다는 사실이 밝혀질 경우 **순수한** 실천이성에 대한 비판은 불필요하며, 실천이성에 대한 비판의 주 목적은 오히려 "경험적으로 조건지어진 이성이 의지의 규정 근거를 전적으로 제공하려는 월권을 방지"하는 데 있다고 말한다.[327] 이성의 월권을 방지하는 기능은 비판이 수행하는 소극적 기능으로서 제1비판에서는 독단론적인 형이상학의 주장들을 물리치는 것이었다. 형이상학의 주장들은 순수이성의 사변만으로 경험 세계를 넘어서 있는 이른바 "초감성적 대상이나 세계"에 관한 내용을 다루는 것들로서 비판의 주요 대상이었다.[328] 또한 비판의 적극적 기능은 학문과 도덕의 안전한 영역을 회의론으로부터 보호하고 확보하는 데 놓여 있었다. 이제 이성의 실천적 사용에서는 "경험적으로 제한된 이성"만이 "전제적으로 지배"(Alleinherrschaft)하고 있는 상태가 오히려 "초험적"이라고 주장한다. 경험적으로 제약된 이성의 명령은 늘 가언적인 것인데, 그 명령이 무조건적으로 타당할 것을 요구하려 한다면 이는 그 제약을 넘어서는 것이므로 초험적이게 된다는 의미다. "네가 이러저러한 결과를 원하다면, 이렇게 행동하라!"에서 조건절의 경험 조건을 무시하면서 행동할 것을 요구하는 셈이기 때문이다. 반면에 순수한 상태에서 의욕을 전적으로 규정하는 이성이 있다면, 다시 말해 의욕을 규정하는 순수한 실천이성이 존재한다면 이는 곧 그 이성이 실천적으로 작용함으로써 자신의 타당성과 실재성을 보여준다는 것을 뜻한다고 한다. 이런 의미에서 칸트는 순수한 이성의 실천적 사용이 "내재적"이라고 말한다. 즉, 순수이성의 실천적 사용은 자신의 작용

327) V 16.
328) 이 책 96쪽 이하 참조.

근거를 자신 안에 갖고 있는—자유의 원인성에 의거한—이성의 자기 규정 활동과 다르지 않다는 의미다.

『실천이성비판』 역시 "원리론"과 "방법론"을 구분하며, 원리론을 다시 "분석론"과 "변증론"으로 나누고, 전자에서는 "진리의 규칙"을 다루고, 후자에서는 "가상을 드러내고 해소"한다는 설명은, 칸트가 얼마나 독일 아리스토텔리즘 논리학 전통의 영향 하에 있는가를 보여준다. 주지하다시피 아리스토텔레스는 논리학의 "분석론"(전서)에서 연역 삼단논법을 다루며, "토픽"에서는 주로 개념[정의] 분석과 추리 구조 분석을 통해 논리적 오류를 발견하고 시정하는 작업 방법을 "변증술"(Dialetik)이라 불렀다. 앞에서 본 것처럼 칸트는 『순수이성비판』에서 "변증론"(Dialetik)을 본래 "개연성의 논리"[그럴듯한 논리]라 규정하고, 이를 다시 "가상의 논리"로 명명했다. 변증론은 삼단논법에서 사변 이성을 초월적으로 사용하여 야기된 이성 이념들인 영혼, 자유, 신 개념을 "오류추리", "이율배반", "순수 이성의 이상"이라는 제목 하에 다루었다.

『실천이성비판』 "분석론의 세부 분류의 순서"에 대한 언급, 특히 그것이 『순수이성비판』의 순서를 "뒤집은 것"(das Umgewandte)이어야 한다는 주장은 이미 앞에서 언급했듯 V 89에서도 등장한다. 여기서도 칸트는 유사한 논리를 펼친다. 『실천이성비판』의 "분석론"은 대상에 관한 인식을 문제 삼는 것이 아니고, "의지와 그 의지의 원인성"을 규정하는 문제를 다룬다는 것. 더욱이 이때 의지를 대상 개념을 통해 규정하는 것이 아니라 실천이성의의 원칙에 의해 규정한다. 그러므로 실천이성의 경우 원칙들이 먼저 주어지고, 이 원칙들에 의해 비로소 대상[선, 악, 의무, 덕 등]에 관한 개념들이 주어진다. 이에 비해 『순수이성비판』은 감성에 의해 주어지는 대상에 대한 인식을 다루었으므로 먼저 그 감성의 능력을 감성적 내용이 주어지는 형식[공간과 시간]과 더불어 다루었다. 『실천이성비판』은 인식 주관에 주어지는 대상에 대한 지식, 즉 주어진 대상에 우리의 개념을 관련시켜 인식을 구하는 것이 아니라, 이성의 원칙을 통해 대상의 존재를 실현시키는 일을 문제 삼는다. 또한 이성을 그 고유의 원인성 차원에서 문제 삼으며, 이성의 원리와 개념들이 "주관과 주관의 감성"에 미치는 영향력을 다룬다.[329] 이 같은 이유에서 『실천이성비판』의 분석론은 원칙에서 출발해 대상 개념, 그리고 도덕적 감정으로 나아가는 순서를 따르게 된다는 것이다.

4. 순수실천이성의 요소론(분석론)

베크는 『실천이성비판』의 분석론의 과제를 아래와 같이 요약하고 그 각각이 『순수이성비판』에서의 작업과 유비적이라고 주장한다.[330]

『실천이성비판』: ①감성적 동기와 무관한 행위의 동기일 수 있는 실천법칙을 확립한다. "순수실천이성의 원칙들의 연역"(V 42)이 이에 해당. ②순수한 이성이 실천적일 수 있다는 것, 즉 위에서 확립한 실천법칙이 행위의 실제 동기일 수 있다는 점을 밝히는 일. ③위의 법칙에 대한 지식이 이성적 존재 일반은 물론이고, 감성적 존재이기도 한 인간에게 행위의 동기로 작용할 수 있도록 만들어 주는 요소

---

329) V 16 참조.
330) 베크, 같은 책, 68 이하 참조.

들을 밝힌다.

『순수이성비판』: ①지성의 순수한 개념들이 무엇인가를 보여주고 간접적으로 그 원칙들을 규정한 "범주의 형이상학적 연역". ②대상 인식의 가능성을 범주의 적용을 통해 설명한 "범주의 객관적 연역". ③통상 초판에서 수행한 것으로 간주되는 범주의 이른바 "주관적" 연역.[331] 여기서 칸트는 순수한 지성 개념인 범주가 경험에 적용될 수 있는 가능성을 지성을 포함하여 일반적인 인식능력들의 근본구조와 그 작동 방식 또는 역할을 통해 설명했다.[332]

분석론의 "제1장 순수실천이성의 원칙들"은 "정의"(Erklärung), "주해"(Anmerkung), "정리"(Lehrsatz), "귀결"(Folgerung) 등 합리론 전통의 전형적인 학문 서술 방식을 채택한 것처럼 시작하지만 이 방식을 계속 유지하지는 않는다. 칸트는 먼저 실천법칙을 설명하기 위해 "준칙"과 "법칙"을 구분한다. 전자는 주관적으로만 타당한 원칙들로서 경험적으로 제약된 이성의 산물이다. 그러나 그의 기본 생각은 경험적으로 제약된 이성이라 할지라도 법칙을 발견하는 데는 어려움이 없으며, 법칙과 자신이 세운 원칙, 즉 준칙이 서로 모순적일 경우, 그러한 사실도 충분히 통찰할 수 있다는 것이다. 그러므로 칸트는 법칙주의 윤리에 대한 비판에서 자주 제기되는 문제점, 즉 행위 원칙들 사이의 상충 가능성을 심각하게 여기지 않은 것으로 보인다. 물론 실천적 원칙을 발견하는 데 이성이 어려움을 겪지 않는다고 해서 그 원칙이 "우리가 그것에 불가피하게 종속되는 법칙은 아니다."[333] 우리의 욕구능력인 의지가 주관에 따라 다양한 성질을 가

331) 위 각주 210 참조.
332) A 97.

지고 있고, 규칙도 이에 상응해 정해지기 때문이라고 한다. 그러나 칸트의 표현은 그리 정확하지 못한 것처럼 보인다. 이성이 파악한 실천법칙의 지배를 필연적으로 따르지 못하는 이유는 물론 주관의 욕구능력이 경험에 의해 불순해지고 방해를 받기 때문이겠지만, 그렇다고 이것이 그 법칙 자체가 주관에 따라 변하거나 조건적으로만 타당하게 된다는 것을 뜻하지는 않는다. 오히려 법칙의 요구를 왜곡하는 동안에도 우리 주관의 이성은 그 왜곡을 의식할 수 있다는 것이 칸트 자신의 본래 입장일 것이다. 어쨌든 전적으로 이성의 원칙에 의해서만 규정되지는 않는 존재자에게 그 원칙은 "명령"으로 나타난다는 점, 그리고 실천의 원칙이 어떤 결과의 실현에 대한 고려에서만 명령할 때 "가언적"이고, 반대로 결과와 상관없이 명령할 때 "정언적"이라는, 『정초』를 통해 익숙한 설명을 덧붙인다.

V 21로 이어지는 내용에서 칸트는 가언명령처럼 "욕구된 결과와 관련해서만 의지를 규정한다면" 그것은 그 주관에게만 타당한 "실천적 지침일 수는 있지만" 모든 주관에게 동일한 정도의 필연성을 전제할 수 없기 때문에 "법칙은 아니다"라는 점을 강조하고, 이를 다시 "욕구 능력의 객체(실질)를 의지 규정의 근거로 전제하는 모든 실천적 원리들은 한결같이 경험적이며 아무 실천법칙도 제시할 수 없다"라는 "정리 I"로 표현한다. 여기서 욕구능력의 실질이란 물론 "우리가 실현을 욕구하는 어떤 대상", 특히 그 대상 내용의 현존을 의미한다. 칸트는 이것을 "객체"(Objekt) 또는 "사물"(Sache)이라고도 표현한다.[334] 그 객체의 현존은 쾌나 불쾌와 연결될 수도 있고 그렇지 않을 수도 있으나, 그 연결 관계를 아프리오리하게 인식할 수는 없기

---

333) V 20.
334) V 22.

때문에 객체의 실현을 의지 규정의 근거로 내세우는 실천적 지침은 경험적인 규칙에 불과하다고 한다. 칸트는 객체의 현존과 쾌, 불쾌의 관계는 경험적으로만 인식되기 때문에 모든 이성적 존재자에게 같은 방식으로 타당할 수 없다고 주장했으나, 현대의 인간학적·심리학적 조건들에 관한 연구가 그 같은 의견에 흔쾌히 동의할지는 미지수다. 모든 이성적 존재자는 아닐지라도 최소한 인간에게는 타당한, 대상과 쾌, 불쾌 감정 사이의 법칙적 연결 고리를 확인하려는 경험적 탐구가 바로 그러한 연구일 것이기 때문이다. 어쨌든 칸트가 말하는 객체, 즉 대상은 반드시 물질적 대상에 국한하지는 않으며, 정신적이거나 심리적 상태를 의미할 수도 있고, 더 나아가 감관의 대상 또는 지성이나 이성의 표상일 수도 있다.[335)]

"정리 I"의 설명에서 칸트는 객체에 대한 표상과 욕구능력 사이의 관계를 언급하며 의지와 구별되는 "자의"(Willkür) 개념을 사용한다. 그러나 이 구분은 의지의 실질적 규정 근거로서 이른바 "덕의무"를

---

335) V 23. 셸러(Max Scheller)는 이렇게 행위 결과로서의 대상을 의지 규정의 근거에서 전적으로 배제하는 칸트 윤리학의 특징을 거론하며 "아프리오리한 형식주의"(apriorischer Formalismus) 대(對) "아포스테리오리한 실질"(aposteriorische Materialien)이라는 절대적 이분법에 사로잡힌 윤리학이라 비판하고, 제 3의 길, 즉 "아프리오리한 실질 윤리학"(apriorische Materialethik)이 가능하다고 주장했다. 그는 현상학적 방법을 동원함으로써 실질적인 가치들—예컨대 쾌나 생명의 가치, 정신적 가치, 성스러움의 가치 등—의 발견이 가능하다고 주장했다. Max Scheler, *Der Formalismus in der Ethik und die materiale Wertethik*, in: ders., *Gesammelte Werke*, Bd. 2, hg. v. Maria Scheler, Bern [4]1954([1]1916)의 둘째 장 "Formalismus und Apriorismus"(66-130) 및 넷째 장 "Wertethik und imperative Ethik"(179-253) 참조. 나아가 Eiichi Shimomissé의 *Die Phänomenologie und das Problem der Grundlegung der Ethik. An Hand des Versuchs von Max Scheler*, Den Haag 1971, 7; Philip Blosser, *Scheler's Critique of Kant's Ethics*, Athens: Ohio Univ. Press 1995, 69 참조.

다루는 『덕론』에 이르러서야 비로소 분명한 방식으로 다루어진다.

"정리 II"에서 칸트는 "모든 실질적인 실천 원리"가 궁극적으로는 "자기애 혹은 자기 행복"의 원리 하나뿐이라고 주장한다. 행복의 원리는 모든 인간 행위의 아프리오리한 의도에 놓여 있다. 다시 말해 모든 인간의 행위는 행복 실현을 동인으로 삼고 있는 것이 사실이다. 쾌에 관한 원리—실제로는 원리라 부를 수도 없겠으나—는 감관에만 속하는데 비해, 일단 행복의 원리에는 이성이 개입한다. 그 이유는 ①행복 개념은 쾌의 단순 집합이 아니라 그 부단한 체계적 전체, 즉 과거, 현재, 미래의 전 생애에 걸친 총합을 뜻하므로 감관만으로 불가능하고 이성의 도움을 필요로 하기 때문이고, ②또 행복 개념은 의도 달성을 위한, 즉 행복을 손에 넣기 위한 수단에 관한 지식, 즉 숙련의 규칙들을 요구하기 때문이기도 하다. 그럼에도 불구하고 행복의 원리는 의지 규정의 원리로서 실천법칙이 될 수 없는데 그 이유는 이러하다. ①행복은 유한한 이성적 존재자의 욕구능력을 규정하는 어떤 것을 필요로 한다. 즉, 행위 주관의 유한성 때문에 무엇인가를 필요로 하고, 그 필요가 충족됨으로써 발생하는 쾌와 관계하게 되어 있다. 따라서 행복함이란 경험적으로만 인식될 수 있는 상태다. 또한 모든 이성적 존재자가 행복을 욕구하는 것도 아니다. 행복은 "이성적이지만 유한한 존재자"의, 즉 "결핍된 존재"의 문제일 뿐이다. ②행복의 원리는 "주관적으로는 필연적"일지라도 "객관적으로는 매우 우연적인 실천적 원리", 즉 각자가 처한 주관적 조건에 의존적인 것이다. 예컨대 발레리노가 되는 것을 행복으로 간주하는 사람이 있는 반면 그런 꿈조차 전혀 꿀 수 없는 사람도 있다. 칸트가 여기서 직접 검토하고 있지는 않지만, 행복에 관한 원리가 주관적인 의미에서라도 필연적일 수 있을까라는 물음을 제기볼 수 있을 것이다. 하나의 동일한 주관 내에서도 행복의 상태를 무엇으로 볼 것인가는 시간의 흐름에 따라 얼마든지 유동적일 수 있을 터이니 말이다. ③아무리 유한한 이성적 존재자들이 행복의 상태와 그 수단에 대해 예외 없이 일치한다 해도 여전히 그 일치는 "우연적"이며 "주관적으로만 타당한" 것일 뿐, "법칙에서 사유되는 필연성"을 갖지 못한다. 그러므로 행복의 원리는 주관적인 원리로서 "욕구를 위한 **충고**"만 제시할 수 있을 뿐 "아프리오리하게 인식"되는 실천법칙으로 "고양될 수" 없다.[336)]

칸트는 분명 행복에 관한 인간학적 또는 심리학적 관점에서의 일치를 과소평가한다. 그럼에도 독자가 주의해야 할 부분은 그의 의도가 행복과 도덕[의무, 윤리]을 서로 대립시키는 데에 있지 않다는 점이다. 후자를 위해 전자를 포기하라는 것이 아니라, 오직 "의무가 문제될 때는 즉시 행복을 *고려하지 말아야* 한다는 것뿐이다."[337)] 오히려 그는 행복을 고려하는 것도 간접적으로는 의무라고 본다. 예컨대 행복을 구성하는 요소들[건강, 부, 숙련성 등]은 의무를 완수하기 위한 수단이고, 또 그것의 결여가 의무로부터의 일탈을 유혹할 수도 있기 때문이다.

"정리 II"의 "주해 I"(V 23)에서 칸트는, "다른 경우에는 명석한 사람들이, 하위의 욕구능력과 상위의 욕구능력"을 "쾌의 감정과 결부된 *표상*들이 감관에서 비롯하는지 아니면 지성에서 비롯하는지에 따라 구별"한다는 사실이 놀랍다고 한다. 여기서 칸트의 표적은

336) V 23-26 참조.
337) V 93.

볼프와 그 학파 사람들, 그러니까 바움가르텐, 마이어, 바우마이스터, 멘델스존 등이라 여겨진다. 이들은 인간 마음의 능력을 '인식능력'과 '욕구능력'으로 나누고 그 각각을 다시 상위와 하위의 능력들로 구분했는데, 칸트는 그 구분 기준이 잘못되었다는 점을 지적하고 있다. 볼프는 인식능력에서는 **표상의 판명성**에 관여하는 능력을 상위의 **인식능력**으로 간주했고, 욕구능력에서도 지성이 만드는 완전성에 관한 **판명한 표상**에 근거하는 쾌의 감정을 상위의 **욕구능력**의 기준으로 간주했다. 그러나 칸트는 인식능력이나 욕구능력—취미판단에 관여하는 감정의 능력은 일단 제외하더라도—이 관여하고 산출하는 표상과 쾌는 그 출처가 상위능력이냐 하위능력이냐에 따라 "종적으로"(spezifisch) 서로 전혀 다른 성격의 것들로 보아야 한다고 주장한다. 더욱이 이성이 하위의 욕구능력과 종적으로 구분되는 상위의 욕구능력이라면, 어떠한 감정도 전제하지 않고 실천법칙의 표상을 통해서만 자신을 규정하는 순수한 실천이성이어야 한다고 주장한다. 또 이러한 의미에서 순수한 실천이성은 자기 자신에 대해 "입법적"(gesetzgebend)이라고 말한다.[338]

칸트에 따르면, 볼프학파는 표상의 원천이 감관이냐 지성이냐에 따른 쾌의 차이보다는 그것의 강도와 지속성, 수월성, 반복 가능성 등에 주목함으로써 실제로는 "**혼합주의**적인" 방식으로 상하위 욕구

---

338) V 25. 인식능력과 욕구능력의 구분과 기능은 아래와 같이 정리할 수 있다.

- 인식능력
  - 감성 - 감각적 질료의 수용
  - 지성 - 범주와 원칙의 표상
  - 이성 - 이념의 표상
- 욕구능력
  - 감각적 욕구 - 쾌적한 감각을 주는 대상들의 표상을 욕구
  - 실천이성 또는 의지 - 법칙의 표상을 제공

능력의 구분 자체를 무색하게 만드는 과오를 범했다. 그리하여 욕구 능력에게 "중요한 것은 오직 쾌적함을 얼마나 강하고 길면서도 쉽게 얻을 수 있고 또 그 쾌적함이 얼마나 자주 반복되는가 하는 것뿐"이게 된다고 한다.[339]

행복의 원리가 결국 주관의 만족을 경험적으로 약속하는 대상이라는 실질[질료]적 규정근거에 의존한다는 점(정리 II)을 밝힌 칸트는 "정리 III"에서, "준칙들이 실천적 보편법칙들"로 간주되기 위해서는 준칙들의 실질이 아니라 그 "형식"이 의지의 규정근거가 되어야 한다고 다시 강조한다. 그는 "형식" 대신 "준칙의 한갓 입법적 형식"(V 28)이라고도 표현하는데, 사실 이것은 『덕론』에서 포기되는 관점이다. 『덕론』에서는 "덕의무"를 의지를 규정하는 실질로서 인정할뿐만 아니라 불가결한 것으로 간주하기 때문이다. 그렇다면 준칙으로부터 "모든 실질을, 즉 의지의 모든 대상을 분리"하고 남는 "한갓 형식"은 무엇을 뜻할까? 먼저 준칙 자체가 행위 그리고 대상과 가지는 관계나 일반성의 정도에 관한 문제를 명확히 해야 그 의미가 분명해질 수 있을 것이다. 예컨대 "매일 아침 식사 후 담배 한 대를 피우자"는 준칙에서 실질을 제거하면 무엇이 남겠는가? 또 "모든 안전한 수단을 다 동원해서라도 재산을 늘리자"라는 준칙에서는 어떨

339) V 23. 이 표현은 벤담이 제시한 공리주의의 쾌의 비교 요소—"쾌의 강도와 지속, 비옥함, 산출 가능성"—를 떠올리게 한다. Barbara MacKinnon/Andrew Fiala, *Ethics. Theory and Contemporary Issues*, Belmont: Thomson Wadsworth 2018, 98. "혼합주의"(syncretism)는 주로 종교와 관련해서 사용되는 개념으로서, 진리가 다수의 진술들로 표현되어 있고 그 각각에는 참과 오류가 포함되어 있기 때문에 특정 종파나 이론에 얽매이지 않을 것을 내세우는 입장을 말한다. 이와 유사한 "절충주의"(eclecticism)는 주로 학문 이론에 관련해 특정 학파에 얽매이지 않고 자신의 독자적인 사유와 입장을 추구하는 입장을 가리키며, 대체로 혼합주의보다 긍정적인 뉘앙스가 강하다.

까? 후자는 전자보다 일반성의 정도가 높아 보이고, 그만큼 칸트가 "준칙의 형식"으로 의미하는 것에 가까운 것처럼 보인다고 할 수 있지 않을까? "준칙의 윤리"(Maximenethik)라 불릴 정도로 준칙의 보편화 가능성이 칸트 윤리학의 핵심적 요소라는 점을 고려하면, 독자는 칸트가 이 문제를 충분히 고려하지 않았다고 판단하지 않을 수 없다.[340]

칸트의 행복의 준칙에 대한 부정적 평가는, "행복에 대한 욕망이 보편적"이라고 해도 그 "준칙에 법칙의 필연성을 부여하려 할 경우 조화와는 정반대되는 것, 즉 준칙 자체와 준칙의 의도가 격렬히 충돌하고 서로 완전히 부정하는 일"이 초래된다는 표현에서 정점에 이른다. 그는 이와 관련해서 "프란츠 1세"가 "칼 5세"가 얻기 원했던 것과 동일한 대상[밀라노]을 갖기를 원했다는 역사적 사실까지 비유로 든다.[341] 그러나 여기서의 논리는, 이성적 존재자들이 행복의 상태와 그 수단에 대해 예외 없이 일치한다 해도 여전히 그 일치는 "우연적"이며 "주관적으로만 타당한" 것이기에 "법칙에서 사유되는 필연성"을 갖지 못한다고 한 V 26의 주장 근거와 대립하는 것처럼 보인다. 거기에서는 행복 개념의 주관적 성격으로 말미암아 그 원리가 필연적인 실천법칙이 될 수 없다고 했으나, 여기서는 행복의 감정에 이르는 수단이 객관적 차원에서 일치함으로써 오히려 행복의 성취가 불가능하다는 점을 지적하고 있기 때문이다. 칸트는 여기서 "준칙에 법칙의 필연성을 부여하려 할 경우"라는 조건문 형식을 사용하고 있으나, 그것에 앞서, "행복에 대한 욕망"뿐 아니라 "행복을 의지의 규정근거로 삼을 때 의존하는 준칙 역시 보편적"이라는 사실에

340) 이 책 237쪽 이하 참조.
341) V 28.

주목한다.

칸트는 "정리 III"의 "과제 I"을, "준칙의 한갓 입법적 형식만으로 의지의 충분한 규정근거가 된다고 전제할 경우, 그 형식을 통해서만 규정될 수 있는 의지의 성질을 발견하는 일"로 설정하고 있다. 일단 그는 법칙의 형식에 관한 표상이 인과법칙에 따라서 발생하는 자연현상과 다르다는 주장을 펼친다. 즉, 법칙의 형식에 관한 표상은 "감관의 대상이 아니고 현상에 속하지 않는 까닭에 … 인과율에 따른 자연 사건의 모든 규정근거와 구별된다"는 것이다. 그것은 이성만이 표상할 수 있는 것이며 그래서 그 표상에 의해 규정되는 의지 역시 그러한 "인과성의 법칙에서 독립된 것"으로 보아야 한다는 것이다. "그런데 이러한 독립성이 가장 엄밀한 의미의 자유, 즉 선험적 의미의 자유(transzendentale Freiheit)"이며 "준칙의 입법적 형식만을 법칙으로 **삼을 수 있는** 의지"가 곧 "자유로운 의지"라고 정의한다.[342] 그러므로 여기서 칸트가 아직 자유 의지의 존재를 증명하거나 그 성질를 설명하고 있다기보다는 그 가능성만을 거론하고 있는 것이라 여겨진다. 자유 의지의 존재 가능성은 그 의지가 법칙으로 간주될 수 있는 준칙의 형식만을 자신의 규정근거로 삼을 수 있느냐 여부에 달렸다는 것이다.

"과제 II"는 자유의지를 "필연적으로 규정하는 데 적합한 법칙을 발견하는 일"로 설정되었으나, 실제로는 "머리말"(V 4)에서 소개했던 문제, 즉 도덕법칙과 자유 개념 사이의 관계에 대한 상세한 설명에 할애되고 있다. 칸트는 "무조건적으로 실천적인 것에 관한 인식"은 자유 개념을 통해서가 아니라, **실천법칙에 대한 의식**에서 비롯한

342) V 29.

다고 주장한다. 자유 개념은 "소극적인 탓에 … **직접 의식**할 수 없고" 또 그렇다고 기계적 인과성만을 인식하게 해주는 경험에서 얻을 수도 없다. 이에 비해 "도덕법칙은 우리에게 **직접 의식**된다"는 것.[343] 그는 마치 우리가 "순수한 이론적 원칙들을 의식하는 것과 마찬가지로" 그 법칙이 지녀야 하는 "필연성"에 그리고 그것이 "모든 경험적 조건으로부터 분리"되어 있다는 점에, 즉 선험성에 주목할 때 도덕법칙이 의식된다고 한다.[344] 이 같은 설명이 과연 얼마나 설득력을 지닐 수 있을까? 어쨌든 이론적 원칙들에 대한 의식에서 "순수 지성에 대한 의식"이 주어지듯, 실천법칙에 대한 의식에서는 "순수한 의지", 따라서 자유로운 의지에 대한 개념이 주어진다는 것이 칸트의 생각이다.

칸트는 자유에 대한 의식 또는 인식과, 실천법칙에 대한 의식 또는 인식 가운데 어느 것이 더 기초적인가라는 물음과 관련해서, "도덕성이 자유 개념을 발견하게 해주며 … **실천이성**이 먼저 사변이성에게 자유 개념에 관한 해결 불가능한 문제[이율배반]를 제기한다"고 적고 있다. 이는 실천이성의 순수한 사용, 즉 도덕적 맥락에서의 사용이 없다면 아예 자유 문제 자체가 제기될 수 없었다는 뜻으로

---

343) V 29.

344) V 30. "순수한 이론적 원칙들"이란 『순수이성비판』(B 200-294)에서 지성 개념[범주] 사용에 앞서 다양한 감각 내용의 보편적이고 필연적인, 특정한 결합 방식이 알려질 수 있음을 보여주는 규칙으로서 제시한 이른바 "순수 지성의 종합적 원칙"으로서 "직관의 공리", "지각의 예료", "경험의 유추", "경험적 사고 일반의 요청" 등을 말하는 것으로 보인다. ①직관의 공리 - 모든 직관은 외연량을 가진다. ②지각의 예료 - 모든 현상에서 감각작용의 실재들은 도(정도)를 지닌다. ③경험의 유추 - 실체는 지속한다. 모든 변화는 인과법칙에서 생긴다. 모든 실체는 일관된 상호작용 중에 있다. ④경험적 사고 일반의 요청 - 어떤 사물의 개념이 경험의 형식적 제약[시간, 공간]에 일치할 때 '가능적'인 개념이며, 질료적 제약[감각]과 일치할 때 '현실적', 둘 다에 의해 규정될 때 '필연적'인 개념이다. 이 책 124쪽 이하 참조.

새길 수 있다. 이러한 관점에서만 보아도 실천이성의 법칙에 대한 의식이 자유 개념보다 더 근본적인 셈이다. 인간은 '어떠한 조건과 상황에서도 [무조건적으로] 반드시 행해야 할 무엇이 있다'는 의무에 대한 의식, 즉 당위(Sollen)의 의식을 통해 그것을 실천할 수 있음(Können)에 대한 의식, 즉 "자유를 자기 안에서 인식"하게 된다는 것이다.

칸트는 이어지는 § 7에서 "순수 실천이성의 근본 법칙[도덕법칙]"과 다른 실천적 명제들 사이의 차이를 이렇게 설명한다. 순수 실천이성의 근본 법칙은 어떤 상태의 "현존"(Dasein)과 무관하게 "단적[무조건적]으로 특정한 방식으로 처신해야 할 것"을 명령한다. 그러므로 그것은 "어떤 욕구된 결과를 가능하게 하는 행위가 준수해야만 하는 지침이 아니라" 오로지 그 "형식만으로" 의지를 "그 준칙의 형식과 관련하여 아프리오리하게 규정"하며 그 점에서 "다른 실천적 인식"의 맥락에서는 있을 수 없는 "매우 기이한" 실천규칙이다. 칸트는 이 근본 법칙은 "원칙의 **주관적** 형식을 [규정하기] 위해서만 쓰이는 법칙"이며, "법칙 일반의 **객관적** 형식을 통한 규정근거로서 생각할 수 있다"고 한다.[345] "원칙의 **주관적** 형식"을 규정한다는 말은 행위자가 자신의 주관적 원칙, 즉 준칙을 통해 실현하고자 하는 어떤 상태의 현존, 행위의 실질이 아니라 그 지향적 의도를 고려한다는 뜻이다. "매우 기이한" 실천규칙 역시 어떤 상태의 현존과 무관하게 무조건적으로 특정한 방식으로 처신할 것을 명령하는 것이므로 결국 "형식을 통해" 의지를 규정하는 것이고, 특정 행위자만을 위한 것이 아니라 모든 이성적 존재자를 위한 것이니 그 규칙의 형식은 "법칙 일반의 **객관적** 형식"이라 표현한 것이다.

---

345) V 31.

이제 칸트는 그와 같은 법칙에 대한 의식을 "이성의 사실"이라 부른다. "이성에 선행하는 [어떠한] 자료"나 "직관"을 통해서도, 심지어 "자유에 대한 의식에서도 추론할 수 없고"—만일 "적극적 개념으로서 의지의 자유"를 파악할 수 있다면 이는 "지성적 직관"에게만 가능한 일일 것이다—그저 이성과 더불어 단적으로 주어지는 것이기 때문이라고 한다. 도덕법칙은 자료나 조건에 의존하지 않기 때문에 어떤 전제들로부터 연역될 수 있는 것이 아니며, 선험적으로만 연역 가능하다. 다시 말해 마음의 능력의 활동 자체와 그 작용 방식에 의해서만 그 가능성의 근거를 밝히는 일이 가능하다는 것이다. 그리하여 칸트는 "순수이성은 [아무런 제약 없이] 그 자체만으로 실천적이며 (인간에게) **도덕법칙**이라 일컬어지는 보편적 법칙을 준다"는 결론에 이른다. 이성적 존재자라면 누구나 자신의 주관적 행위 원칙을 어떠한 조건에도 상관 없이 보편성을 지닌 것으로, 즉 법칙으로 세우고자 한다는 것이다. 도덕법칙은 모든 이성적 존재자에게 타당한 것이되, 『정초』에서 이미 밝힌 것처럼 유한한 이성적 존재자인 인간에게는 "명령", 즉 "강요"의 형태로 나타난다. 인간이 "순수한 의지"를 지닌다고 할 수는 있지만, "신성한 의지", 다시 말해 "도덕법칙에 대립하는 어떠한 준칙도 가질 수 없는 [예지적 존재자의] 의지"를 지닌다고 할 수는 없기 때문이다.[346] "예지적 존재자에게 허용되는 신성함"이란 이를테면 "원형"(Urbild) 같은 것으로서, 유한한 이성적 존재자가 그것을 향한 "꾸준한 진보에 있어서 불변성을 확보"할 때 그것이 곧 "덕"을 뜻하는데, 이는 이상일 뿐 "완성될 수 없다". 또 불변성의 "확보"(Sicherheit) 자체가 "필연적 확실성"(apodiktische Gewißheit)을 뜻하지는 않기 때문에 후자를 표방하는 일은 대단히

---

346) V 32.

위험하다. 다시 말해 **인간이 자신의 준칙을 도덕법칙의 형식에 의거해서 규정한다고 하더라도, 준칙의 실질에 대한 관심과 그 영향력을 완전히 배제했다는 자만심은 금물이며, 끊임없는 성찰과 검토, 도덕적으로 더 나은 행위 가능성을 지향하는 준칙의 확립에 공을 들여야 한다는 의미일 것**이다. 도덕의 습관화 또는 체득화를 오히려 위험하게 여길 만큼 칸트는 **도덕적 의지의 순수함에 대한 지속적인 자기 검열**을 강조한다.

"정리 IV"(V 33)에서 칸트는 "의지의 자율"과 "자의의 타율"을 대립시키고 전자만이 도덕법칙과 의무의 "유일무이한 원리[가능 근거]"라는 주장을 계속 강조한다. 먼저 눈에 띄는 부분은 욕구능력인 "의지"와 "자의"가 서로 분명하게 구별되지 않고 있다는 점이다. "자의의 자율"과 "자의의 타율"의 대비는 뒤에서(V 36) 등장하지만, 완전하고 의식적인 구분은 도덕적 행위에서 의지를 규정하는 실질로서 덕의무를 인정하는 『도덕형이상학』에 가서야 이루어진다. 거기서 칸트는 자의를 "**객체**를 산출하려는 자신의 행위 능력에 대한 의식과 결합되어 있는" 욕구능력으로, 그리고 의지는 객체 산출 "행위와 무관하게 … 이성적 주관" 자체 내에서만 자신의 규정 근거를 갖는 욕구능력으로 정의한다.[347]

『정초』에서와 마찬가지로 『실천이성비판』에서도 타율은 욕구의 대상이 실천법칙의 가능성의 조건으로 개입하는 상태, 즉 그 대상의 현존 내지 소유를 원인으로 하여 욕구능력이 규정되는 상태로서, 이때 자의는 경험적 조건에 종속되기 때문에 "필연적이고 보편적인 규칙의 토대가 제공될 수 없다"고 한다. 이 경우 법칙은 쾌·불쾌의 감

347) 『법론』 VI 213.

정을 매개로 해서 우리의 의욕을 규정하게 되므로 "충동이나 경향성을 추종하는 … 정념적인(pathologisch) 법칙"이 되고 만다는 것. 칸트는 실천법칙이 그 같은 실질[객체, 대상의 현존]로부터 벗어나 있음이 "소극적 의미의 자유"이고, 준칙이 제공할 수 있는 "보편적인 입법의 오롯한 형식"이 자의를 규정함이 "적극적인 의미의 자유" 또는 "자유의 자율[즉, 자율로서의 자유]"이라 정의한다. 칸트는 순수한 실천이성의 자율을 원리로 하지 않는 일체의 실천적 규칙은—예컨대 자기 행복의 원리조차—"(내가 이것 혹은 저것을 욕구할 경우 그것을 실현하려고 어떤 것을 행한다는 식의) 조건적 보편성"만을 가지게 되므로 결코 실천법칙이 될 수 없다는 급진적 견해를 고수한다.[348]

---

348) V 34. 하인리히스는 칸트가 도덕적 의무와 요구의 근거를 정초하는 문제를 급진적으로 처리하여, 도덕성의 기초에서 모든 경험적 요소들[즉, 내용적 실질의 문제]을 제거해 버림으로써, "경험적 존재자인 '인간'"과 "이성을 갖춘 도덕 가능 주체" 사이의, 나아가 "정언 명법"과 "실질적 원리" 또는 "생활세계적 실천" 사이의 분열을 불가피한 것으로 만들었다고 주장한다. 그는 이 같은 "근거지움 문제의 급진화"(Radikalisierung des Begründungsproblems)가 칸트 윤리학을 크게 순수한 부분과 경험적 부분의 두 "영역"(Ebene)으로 분리시켰다고 주장한다. 하인리히스의 다소 과격해 보이는 해석에 따르면 칸트 윤리학은 네 영역으로까지 구별 가능하다. ①"최고의 도덕법칙, 즉 모든 이성적 존재자에게 구속력을 가지는 순수 실천이성의 근본 법칙의 근거에 관여하며 『정초』와 『실천이성비판』"에 해당하는, 전적으로 "순수한" 부분 ②"모든 인간에게 그 인간됨에 근거하여 타당한 인간 의무들에 관한 특수한 규정"을 다루며 인간에 관한 경험에서 도출한 개념들의 아프리오리한 결합으로 이루어지는 부분. 이 부분은 "특별한 형태의 경험적 지식"을 포함하므로 그 자체로 "순수하지는" 않으나 [전통적 의미에서] "아프리오리한" 지식이고 『도덕형이상학』의 대상이다. 그리고 경험적 부분으로서 ③신분, 나이, 성별, 건강, 복지 수준, 가난 등 "인간이 처한 상태"에 따른 "특별한 규정"을 다루며 "『도덕형이상학』의 부록"에 불과한 것과 ④"구체적 개별 사례들에 관해 내려져야만 하는 도덕적 판단들인데, 이 후자는 도덕철학의 영역에 속하지 않는다. Bert Heinrichs, "Kants angewandte Ethik. Zur Architektonik der Moralphilosophie Kants ind ihrer Bedeutung für die zeitgenössische angewandte Ethik", in

"주해 I"의 첫문장 "실질적(따라서 경험적) 조건을 동반하는 실천적 지침은 결코 실천법칙으로 간주되어서는 안 된다"는 그 자체로 놓고 볼 때 잘못된 표현으로 보인다. 바로 두 문장 다음 문장에서는 "모든 의욕은 또한 대상, 따라서 실질을 가질 수밖에 없다는 점을 물론 부정할 수는 없다"고 적었기 때문이다. 이어지는 문장, "그렇다고 이 실질이 준칙의 규정근거이자 조건인 것은 아니다" 역시 준칙의 " … **유일한** 규정근거이자 조건인 것은 아니다"로 수정되어야 할 것이다.

준칙의 실질이 결코 의지의 규정근거가 될 수 없다는 점을 재차 강조하기 위한 방편으로 칸트는 "자기 행복"의 원리에 대한 검토에서 한 걸음 더 나아가 "타자의 행복"을 의욕의 대상으로 놓을 경우를 검토한다. 타자의 행복이 의지의 규정근거로 작용할 경우 우리는 타자의 안락함에서 "[우리 자신의] 자연스러운 만족감"뿐만 아니라 "인간의 동정적 감각방식이 수반하는 것과 같은 [어떤] 결핍상태(Bedürfnis)도 발견"하게 되는데, 이는 다른 이성적 존재자 예컨대 신에게서는 전혀 생각할 수 없는 일이라고 한다. 다시 말해 타인의 행복 역시 엄밀히 말해 인간 주관에게 고유한 보편적 만족감을 줄 수 있는 의욕함의 대상이 될 수는 있겠지만, 실천이성의 법칙에서 기대하는 "객관적 타당성"을 담보하는 의욕의 규정근거가 될 수는 없다는 것이다.[349]

"주해 II"에서 칸트는 "준칙의 입법적 형식" 이외의 모든 요소들은

Philosophisches Jahrbuch 119.2(2012), 262, 266-269 참고.

349) 그러나 『덕론』(VI 391-394)에서는 나 "자신의 완전성"과 더불어 "타인의 행복"을 나 자신뿐만 아니라 타인까지도 나의 목적으로 만들려는 의지에 의거하는 의무로 간주한다. 물론 『덕론』이 다루는 의무는 일차적으로 인간 존재에게 특화된 도덕적 의무라는 사실에 유의할 필요가 있다.

그것들을 규정근거로 고려할 경우 도덕성을 완전히 파괴하는 "자기 행복의 원리로 간주될 수밖에 없다"고 주장한다. 자기 행복의 원리와 도덕성의 원리 사이의 대립은 경험적으로 제약된 규칙들[예컨대 심리학적 연상의 법칙]과 필연적인 인식원리들[예컨대 인과성의 원칙] 사이의 갈등처럼 "한갓 논리적인 것이 아니라(nicht bloß logisch) … 실천적인" 것이라고 한다.[350] 인식원리들 사이의 갈등이 논리적이라는 점은 전자, 즉 경험적 규칙들로부터 후자, 즉 아프리오리한 원칙들에로의 이행이 논리적 비약이라는 사실을 생각할 때 자명해 보인다. 이에 비해 실천적 원리들 사이의 갈등이나 대립은 어떻게 이해해야 할 것인가? 일단 "nicht bloß logisch"라는 표현에서 "bloß logisch"를 "인식원리들"에만 연결시키고, "실천적인"은 후자[자기 행복의 원리와 도덕성의 원리 사이의 갈등]에만 각각 관계시켜 이해하거나—캠브리지판 영어 번역은 이 방식을 따랐다[351]—후자의 갈등을 이중적인 것으로 이해하는 독법 둘 다 무난해 보인다. 이렇게 하면 인식론 차원에서 아포스테리오리한 규칙과 아프리오리한 원칙을 혼용하여 발생하는 갈등은 논리적인 성격의 것에 국한하지만, 실천적 차원에서 둘을 혼용하는 것은 논리적으로도 문제지만—일반 규칙과 보편 규칙을 혼동하는 것이므로—, 도덕적으로도 치명적인 혼란을 유발한다는 뜻으로 새길 수 있다.

도덕성의 보편규칙은 결국 이성의 사실로서 주어져 있는 것이므로 우리가 "이성의 목소리"에 주의를 기울이기만 하면 위와 같은 갈등이나 상충의 발생은 사실상 발생할 까닭이 없다고 할 수 있다. 그

---

350) V 35.

351) *Groundwork of the Metaphysics of Morals (1785)*, in M. Gregor (Ed.), *Practical Philosophy* (The Cambridge Edition of the Works of Immanuel Kant), Cambridge: Cambridge Univ. Press 1996, 168.

소리는 "천상의 목소리"(himmliche Stimme)이기도 하지만, 동시에 "가장 평범한 사람들조차—심지어 이제 막 분별력을 갖기 시작한 어린애라도—판명하게 알아들을 수 있는" 것이기 때문이다. 이는 칸트의 근본 신념으로서, 만일 어떤 행위자가 보편적 실천법칙의 명령에 귀를 기울이는 체하면서 실제로는 객체의 현존에서 기대하는 쾌의 욕망을 자신의 의지규정 근거 안에 슬쩍 포함시킨다면, 그 경우에도 당사자는 여전히 이성의 목소리를 부정할 수 없다는 것이다.

『정초』에서의 실천명령 구분처럼 여기서도 칸트는 "행복의 원리" 내지 "자기애의 준칙"이 "영리함의 준칙"이고 기껏해야 경험적으로 일반화될 수 있는 "충고"에 그칠 뿐, 결코 누구에게나 타당한 도덕원리로 간주될 수 없다는 점을 상기시킨다.[352] "도덕성의 법칙"은 행위자가 무언가를 하도록 "구속하는" 것으로서 "자의의 자율"에 의거하며 "가장 평범한 지성"에게도 아주 수월하게 통찰된다. "의무가 무엇인가"도 마찬가지다. 반면 "자의의 타율" 원리에 해당하는 행복의 원리는 인생 경륜을 통해서만 얻을 수 있는, "세상물정에 대한 지식"(Weltkenntnis)을 요구하므로 행복을 위해 무엇을 행해야 할 것인가를 분간하기는 어렵다고 한다. 이 같은 종류의 앎은, "무엇이 지속적으로 진짜 이익을 [자신에게] 가져올지"를 파악하고 또 그 "이익의 전체 현존을 포괄해야" 할 뿐 아니라, 그 "이익을 겨냥하는 실천규칙을 적절하게 예외를 허용하면서도 무난한 방식으로 삶의 목적에 맞게 만들어야" 하기 때문에 "상당한 영리함"을 필요로 한다. 영리함은 물론 도덕원리 자체와는 무관한 것이지만, 그 원리에 따른 삶을 개개인이 구현하기 위해 반드시 요구되는 것이다.[353] 칸트에

---

352) V 36.

353) 주지하다시피 칸트는 나이 어린 학생들이 이러한 종류의 지식을 얻는 데 도움

따르면 "행복에 대한 지침은 오로지 드물게만 충족될 수 있으며 어떤 하나의 의도와 관련해서는 더더욱 충족되기 어렵다". "도덕성의 정언명령을 충족시키"는 일은 "준칙이 참되고 순수해야만 한다"는 사실에 단적으로 의존하지만, 행복의 성취에는 "욕구된 대상을 실현하기 위한 힘과 자연적 능력까지도" 요구되기 때문이다. 그러므로 행복에 대한 갈망이 모든 인간에게 "현실적 의도"로 주어져 있다 하더라도, 개인이 욕구하는 구체적 대상과 그 실현에 반드시 동원되어야 할 능력의 조응 여부까지 감안하는 지침은 생각하기 어렵다.

칸트는 거듭 "가장 평범하고 전혀 훈련되지 않은 지성"에게조차 도덕법칙에 대한 "가장 엄격한 준수"는 어렵지 않은 일이라고 주장한다. 그러나 완전한 덕의 실현과 마찬가지로 이는 이념일 뿐 실제 인간의 구체적 행위에 의해 가능한 일은 아닐 것이다. 다시 말해 법칙에 대한 의식은 누구에게나 가능하지만, 그것만으로 나의 준칙을 내가 처한 상황에 가장 적절하고 엄격한 방식으로 규정할 수 있다는 보장은 없다. 앞에서 지적한 것처럼 칸트 윤리학의 핵심은 불완전한 이성적 존재자인 인간이 자만하지 않고 지속적으로 의지 규정 근거의 순수함과 보다 나은 대안 행위를 위한 준칙의 가능성을 검토하고 분발할 것을 촉구하는 데 있기 때문이다.

"정리 IV", "주해 II"를 마치기 전에 칸트는 **자기행복의 [실질적] 원리**에 관련한 세 가지 주제 및 오해를 다룬다.[354] 첫째는 도덕법칙의 위반에 대한 "**처벌 받아 마땅함**"(Strafwürdigkeit) 개념에 관한

을 주기 위해 또는 그 대안으로서 인간학과 자연 지리학 강의를 오랜 기간에 걸쳐 제공했다.

354) V 37-41.

것이다. 칸트에 따르면 처벌은 행복이나 자기애의 원리에 의해서는 정당화가 불가능하며, 오로지 도덕법칙을 위반한 잘못이 "정의"의 균형을 파괴한 대가로서만 성립 가능하다. 처벌은 "일종의 물리적인 해악"(ein physisches Übel)인 바, "도덕적 악"의 "**자연적** 결과"로서 도덕법의 위반과 직결되는 것은 아니다. 그러므로 도덕법의 위반이 곧 그 필연적 결과로서 처벌로 이어지는 것은 아니다. 그러나 "도덕적 입법 원리의 결과"로 간주할 경우에는 도덕적 악과 반드시 결부된다고 보아야 한다고 한다. 이는 앞서 언급했던 불멸적 영혼이나 신과 같은 이성 이념들에 대한 요청이 정당화되는 이유이기도 하다. 또한 법의 원리인, "외적으로 행동하는 경우 네 자의의 자유로운 사용이 보편법칙에 따라 모든 사람의 자유와 상호 병존할 수 있도록 행동하라"[355]가 결국 도덕적 입법 원리에 기반하는 것인 만큼 법의 원리에 대한 위반인 "범죄"(Verbrechen) 또한 "그 자체로 처벌받아" 마땅한 것으로 간주되어야 한다. 그런데 "만일 모든 범죄가 행위자에 대한 물리적 결과"에 상관없이 그 자체로 처벌받아" 마땅한 것이라면—이것이 곧 정의가 뜻하는 것인데—, 자기애나 행복의 원리에 따를 경우 "모든 범죄의 고유 개념[즉, 본질]"은 결국 "자신의 행복을 손상시키는 데" 있다고 할 수 있다. 그러므로 이 원리에 따르면, 범죄자가 자기 행복을 손상시키는 짓을 함으로써 자기 행복을 손상시키는 처벌을 자초한다는 앞뒤가 맞지 않는 역설이 발생한다. 이는 범죄 또는 해악이 그 자체로 처벌의 근거가 되는 것이 아니라, 오히려 역으로 처벌을 어떤 행위를 범죄로 지칭하기 위한 근거로 삼는 셈이다.

칸트는 처벌 개념에 대한 설명을 마무리하면서, "모든 상벌을 철

355) 『법론』 VI 231.

저하게 기계장치로 간주하는 것, 즉 그저 이성적 존재자가 (행복이라는) 자신의 궁극적 의도를 지향해서 움직이도록 하기 위해 더 상위의 힘이 조작하는 기계장치로만 여기는 것은 모든 자유를 지양해 버리는, 의지에 관한 기계주의"적 관점이라고 비판한다. 이는 처벌과 보상을 마치 행복을 추구하는 인간을 정확하게 통제하기 위해 절대자가 사용하는 당근과 채찍처럼 믿게 만들려는 신앙 기반의 윤리설의 문제점을 지적한 것이라고 할 수 있다. 그러한 관점은 행위가 지향하는 실질, 즉 행복을 의지규정의 근거로 놓는 타율의 윤리에 해당할뿐만 아니라, 이성적 존재자를 인과법칙에 종속된 한갓 자연사물 수준으로 격하시키는 셈이 된다. 칸트가 나중에 『법론』에서 형벌의 목적을 예방이나 교화 가능성에서 찾는 입장을 비판하는 이유도 이와 다르지 않다.[356]

둘째 오해는, 도덕법칙을 규정하는 것이 이성이 아니라 "어떤 도덕적으로 특별한 감각능력"(einen gewissen moralischen besonderen Sinn)임을 받아들여야 한다는 도덕적 감각론자들의 주장에 대한 것이다.[357] 칸트의 지적을 요약하면, 그들의 오해는 근거짓는 것과 도출된 것의 관계를 반대로 생각한 데서 비롯되었다는 것이다. 그들은 "덕에 대한 의식이 직접적으로 만족, 즐거움과 연결되어 있고, 악덕

356) "사법적 처벌은 결코 범죄자 자신을 위해서든 시민사회를 위해서든 어떤 여타의 선을 촉진하기 위한 수단으로 시행될 수 없으며, 언제나 **범죄자가 범죄를 저질렀다는 이유**만으로 범죄자에게 시행되어야 한다. 우리는 인간을 타인의 의도를 위한 수단으로만 대할 수 없으며 인간을 물권의 대상들 아래 뒤섞을 수 없기 때문이다"(VI 331). 그러나 칸트가 형벌에 대한 수단적 [실용적] 관점이 가질 수 있는 모든 의미를 부정하는 것은 아니다. 김수배, 「칸트 법철학에서 '등가성의 원리'와 형벌의 균형 사이의 긴장관계—사형제도를 중심으로」, 『칸트연구』(한국칸트학회) 19집(2007), 63 이하 참고.

357) V 37 이하.

에 대한 의식은 심적 불안, 고통과 연결된다"고 말하지만, 칸트에 의하면, "악덕한 사람을 범행에 대한 의식으로 말미암아 마음의 불안에 시달리는 자로 간주하기 위해서는 … 그 사람이 성격의 가장 고귀한 기저에 있어서는 [이미] 적어도 어느 정도는 도덕적으로 선하다고 생각해야만 한다". 그러한 성격의 소유자이며 이미 유덕한 사람이라야 의무에 적합한 행위를 의식할 때는 기쁨을, 반대로 의무에 위반한 행위를 의식할 때는 고통을 느낄 수 있을 것이기 때문이다. "도덕성 개념과 의무 개념"은 그러한 "만족에 대한 모든 고려보다 먼저 있었음이 틀림없으니", 전자가 후자로부터 도출될 수는 없다. 그러므로 우리는 "만족 또는 심적 불안을 구속성에 대한 인식에 앞서 느낄 수 없고, 만족 또는 심적 불안을 구속성의 근거로 삼을 수도 없다." 또한 도덕법칙으로 자신의 의지를 규정하는 일을 자주 연습할 때 "결국 주관적으로 자기 자신에 대한 만족감"을 유발시킬 수 있다는 사실은 결코 부정될 수 없으며, 그러한 "도덕적 감정을 공고히 하고 도야하는 것 자체"도 의무에 속한다. 물론 아무리 세련된 감정이라 할지라도 의무가 그와 같은 감정에서 도출될 수는 없다.

마지막으로 칸트는 도덕성의 원리에 대한 실질적 규정근거들을 남김없이 열거하고, 그것들 중 경험적인 것들은 물론이고 이성에 근거를 둔 것들조차도 "도덕성의 보편적 원리로는 적합하지 않다"는 사실을 밝힌다.[358] 그는 특히 볼프와 스토아 학파의 "완전성" 개념에 주목하여, 그 개념의 "실천적 의미"는 "어떤 사물이 모든 종류의 목적

358) 그는 『정초』(IV 441-445)를 비롯해 『단편』 6631(XIX 118f.), 6637(XIX 121f.), 그리고 『도덕철학 강의(헤르더)』 XXVII 12 이하 등에서도 실질적 규정근거에 따른 도덕성의 원리 구분 사례들을 제시하고 있다.

에 대해 가지는 유용성(Tauglichkeit) 또는 충분성(Zulänglichkeit)" 이며, 인간의 속성과 연관지으면 "내적 완전성"이라 부를 수 있고, "재능"(Talent)과 이 재능을 보충하는 "숙련성"(Geschicklichkeit)에서 성립한다고 말한다.[359] 그런데 완전성 개념이 의지의 규정근거일 수 있으려면 어떤 목적이 주어져 있어야 한다. 만일 이 목적이 경험적인 객체라면, 이것은 행복의 원리와 근본적으로 다르지 않을 것이라는 것이 그의 판단이다. 그는 이미 『정초』에서 완전성 개념 자체는 "공허하고 막연한" 개념이라서 "그것이 설명해야 할 도덕성을 [도리어] 은밀하게 전제하지 않을 수 없다"고 했다.[360] 그럼에도 칸트는 이 완전성 개념이 "신적이고 최고로 완전한 의지라는 신학적 개념보다는 훨씬 낫다"고 주장했는데, 신의 의지라는 개념은 "권력과 복수 같은 무시무시한 표상들과 결합된 명예욕과 지배욕"이라는, 도덕성과 대립하는 성질로 왜곡되기 쉽기 때문이라고 했다. 이제 『실천이성비판』에서 칸트는 "**실체**에 있어서의 최고 완전성"이 곧 "신"이며, 이는—인간 자신의 내적 완전성과 대비되는—"외적 완전성"이라 부를 수 있는데 "모든 목적 일반에 대한 이 존재자의 충분성"이라고 정의한다. 그러나 여기서 그가 신의 의지를 도덕성의 타율적 원리로서 배제하는 논리는 『정초』의 그것과는 조금 다르다. 만일 "신의 이념보다 앞서서 그것으로부터 독립해서 주어지는 [도덕적] 원칙 없이 신의 의지와의 일치가 의지의 객체"로, 즉 의지의 규

359) 칸트는 인간 속성에 관한 "완전성" 개념을 외부에서 주어진 어떤 목적 실현에 봉사하는 일종의 자연적 재능으로 이해하는 것 같다. 이것은 물론 이 개념을 도덕 원리로 채택한 철학자들의 의도와는 거리가 있는 해석이다. 그들에게 완전성이란 타고나는 것이 아니라 주관의 노력으로 만들어 가는 것이며, 더욱이 외부에서 주어지는 목적 성취에 기여하는 재능이라기보다는 오히려 **자기 목적적**인 것이었다고 할 수 있다.

360) IV 443; 이 책 274쪽 이하 참조.

정근거로 간주된다면, 오로지 "그것[신의 의지와의 일치]에서 기대되는 **행복**에 의해서만" 신의 의지가 우리의 "의지를 움직이는 원인"이 될 수 있다고 한다.[361] 이러한 설명은 신의 의지가 의욕하기 때문에 어떤 것이 선한 것이 아니라 그것이 그 자체로 선하기 때문에 신이 의욕하는 것이라는 논리와 다르지 않다.[362] 다시 말해 신의 의지와의 일치가 그 자체만으로 의지의 규정근거로 취해질 경우 그것은 불가피하게 실질적이고 타율적인 원리로 전락할 수밖에 없으며, 실천이성이 파악하는 "형식적, 실천적 원리"만을 "의지의 최상의 직접적 규정근거"로 삼을 때 "(행위를 의무로 만드는) 실천법칙", 즉 보편적으로 타당한 "도덕성의 원리"가 될 수 있다는 것이다.

5. "순수실천이성의 원칙들[363]의 연역"

칸트는 분석론의 이 연역이 "순수이성이 실천적일 수 있다는 것, 다시 말해 순수이성이 독자적으로 모든 경험적인 것에서 독립적으로 의지를 규정할 수 있다는 것"을 보여준다고 선언한다. 그는 또 이것을 "순수이성이 우리에게서 실제로 실천적임을 증명하는 하나

---

361) V 41.

362) 잘 알려진 것처럼 플라톤 역시 같은 논리를 "정의[경건함]가 정의로운 것은 신이 그것을 사랑하기 때문인가, 아니면 그것이 정의로운 것이기 때문에 신도 사랑하는 것인가?"라는 질문을 통해 옹호했다(『에우티프론』 10a-d). 칸트에 의하면 "신의 이념에 독립적으로 선행하는 실천적 원칙, 즉 도덕법칙을 준수하고 이후에 신의 의지에 의해 (도덕성에 비례하는) 행복이 주어진다면 이 신의 의지는 … 타율이 아니다"(김종국, 「옮긴이 주」, 『실천이성비판』(김종국 옮김), 한길사, 2019, 455).

363) 칸트가 "원칙"을 복수로 표현한 것은 이론이성의 그것과 혼동한 데서 비롯하는 것처럼 보인다. 그는 V 46에서는 "실천법칙들"로 표기하기도 한다.

의 사실에 의해, 즉 도덕성의 원칙 안에 있는 자율에 의해" 보여준다고도 한다. 그러면서 순수이성이 실천적이라는 사실은 "의지의 자유에 대한 의식과 분리될 수 없게 결합되어" 있을 뿐만 아니라 "그 의식과 하나"라고까지 말한다. 칸트의 이 같은 설명은 실천이성의 법칙에 대한 의식이 자유 개념에 선행하며 더 근본적이라는 V 29 이하의 주장과 매끄럽게 조화하지 못하는 것처럼 보인다.[364] 그는 『정초』의 3절을 암시하면서 "우리에게 자유가 부여된다면 이 자유가 우리를 사물들의 예지적 질서로 옮겨놓는다는 사실이 다른 곳에서 충분하게 증명되었다"고 주장한다. 그러나 사실 칸트는 거기서, 자기 자신에게 보편적인 법칙을 부여하는 존재자로서의 이성적 존재자는 자유롭다고 전제할 수밖에 없으며, 이는 우리 자신을 감성적 존재자와 구별하는 관점을 취했을 때 가능하다고 했을 뿐이다. 달리 말해 **'이러저러한 근거에서 볼 때 인간이 자유롭다 또는 자유가 가능하다'**가 아니라, **'인간을 도덕적 존재자로 보아야 한다면, 그 인간을 자유로운 존재자로 간주해야 한다'**는 것이었다. 그러므로 인간이 자신을 도덕적으로 행동할 수 있는 존재자로 파악한다는 사실을 더 근본적으로 간주했던 본래의 관점을 흐리지 않으려면 여기서도 위 문장 전반부의 순서를 뒤집어, '우리를 지성적 존재자[따라서 도덕적 존재자]로 간주할 수 있다면, 우리는 자유로운 존재자이다'라고 표현하는 것이 적절해 보인다.

이어지는 연역 부분은 체계적이라기보다는 순수**사변**이성의 원칙들의 연역이 도달했던 몇몇 결론들을 소환하고, 그 원칙들과 순수**실천**이성의 원칙과의 차이점을 열거한다. 먼저 제1비판의 연역은 그 원칙들을 "감성적 직관과 관계해서만, 즉 가능적 경험의 대상과 관

364) V 42; 이 책 321쪽 이하 참조.

계해서만" 타당한 것으로 밝히는 데 그치지 않고, "경험 대상을 넘어서는" 사물, 즉 "예지체"(Noumenen)의 질서를 "사유할 필요성을 확보하는" 성과도 이루었다는 점을 상기시킨다. 그리하여 예컨대 "자유"를 "규정된 어떤 것 그리고 확장된 어떤 것으로서 [적극적으로] 인식"할 수는 없었으나 "소극적으로", 즉 자유의 가능성이 "순수이론 이성의 원칙을 경험 대상에 제한하는 것과 양립가능하다"는 사실을 밝혔다는 것이다. 칸트는 실천이성의 원칙[도덕법칙]은 "(이성적 존재자와 관련되는 한의) **감성적 자연**으로서의 감성계에, 그 감성계의 기계적 질서(Mechanism)를 손상함이 없이, 지성계의, 즉 **초감성적 자연**의 형식을 부여해야 한다"면서, 순수실천이성의 원칙이 초감성적 자연을 규율하는 원칙임을 천명한다. 그는 실천이성의 원칙이 실천적이라는 주장을, "사물의 현존이 법칙에 대한 인식에 의존할 때, 그 법칙은 실천적이다"라고 표현한다. 그러니까 **실천적인 법칙이란 그 법칙에 대한 인식이 인식하는 사물[주체, 여기서는 인간]의 현존을 규정한다**는 뜻인데, 인식주체의 인식을 통한 자기 조형성에서 "자율"의 실천적 의미를 찾는다는 점에서 현대철학적인 함축마저 느끼게 한다. 물론 현대철학, 예컨대 실존주의 철학에서와 달리 여기서 인식 대상은 어디까지나 법칙이므로 인식주체는 최소한 자신의 [자율적인] 현존 방식이 보편적으로 정당화될 수 있어야 한다는 당위에 구속되어 있다.

도덕법칙이 "감성계의 기계적 질서를 손상함이 없이" 그 감성계에 지성계의 질서를 부여해야 한다는 말은, **자유 의지에 따른 행동조차도 그 감성적 차원의 원인 동기와 결과에 대해서는 여전히 사변이성의 관점에서 인과법칙에 따른 설명이 가능하다**는 의미일 것이다. 이는 역으로, **인과법칙적으로 충분히 설명되는 행위라 할지라도**

그 배후에는 감성적 동기와 무관한 도덕적 동기가 있을 수 있다는 뜻이기도 하다. 그렇다면 도덕적 행위에 대한 심리학적 이기주의자의 설명은 그 자체만 놓고 보면 오류가 아닐 수 있다. 물론 그 심리학적 설명은 그 행위에 대한 모든 이해의 범위를 망라한 것일 수도 없는 셈이 된다.

"감성계에 … 초감성적 자연의 형식을 부여한다"는 주장은 어떻게 이해해야 할까? "형식"은 "질료[실질]"에 대립해서 그 질료가 무엇인가를 결정해주는 것인데, 칸트 인식론에서 그것은 감각적 소재의 잡다함(Mannigfaltigkeit)에 질서를 부여함으로써 그 잡다함이 '무엇임'(Was-sein)을 알게 해주는 것이었다. 이 같은 의미를 적용해본다면, 도덕법칙은 유한한 이성적 존재자를 구성원으로 하는 감성계에, 그 감성계가 '무엇인지'를 파악할 수 있게 해주는 질서를 부여한다는 뜻이 되겠다. 칸트는 초감성적 자연을 "원형적 자연"(urbildliche Natur; natura archetypa), 감성적 자연은 "모사적 자연"(nachgebildete Natur; natura ectypa)이라 부를 것을 제안한다. 그에 의하면, 개인의 경향성은 "정념적(본성적) 법칙에 따라서 하나의 자연 전체를 구성하지만 우리 의지를 통해 순수한 실천법칙에 따라서 가능할 그런 자연을 구성하지는 않는다". 그러나 순수실천이성이 "의식하는" 법칙은 "마치 우리의 의지에 의해 [또 다른] 하나의 자연 질서가 동시에 생겨나야만 하는 것처럼 [우리의] 모든 준칙들이 복종하는 법칙이다. 따라서 이 법칙은, 경험적으로는 주어지지 않지만 자유에 의해 가능한 자연, 즉 초감성적 자연의 이념이다[이념을 사유하게 한다]"라고 한다. 우리는 "순수한 이성적 존재자로서 그러한 자연을 우리 의지의 객체[대상]로 간주하기 때문에 적어도 실천적 관점에서는 그 자연에 객관적 실재성을 부여"하는 셈이라는 것이다.[365] 그러므로 도덕법칙은 우리로 하여금 우리 자신의 초감성적[예지적] 본성의 실재성을 인정하고, 또 그러한 관점에서 자기 자신[의 의욕함]을 규정하게 하는 법칙이다. 물론 이는 우리의 이성이 경향성으로부터 독립해 순수한 상태에 있다는 것을 전제한다.

칸트는 계속해서 『실천이성비판』의 과제를 "어떻게 [순수]이성이 의지의 준칙을 규정할 수 있는지", 나아가 "이성이 의지의 준칙을 규정하는 일이 단지 경험 표상이라는 규정근거를 통해서만 일어나는지 아니면 … 경험적으로 인식할 수 없는 자연 질서의 법칙도 있는지"를 해명하는 것으로 정의한다.[366] 우리 의지에 대한 순수한 규정이 **실제로** 일어나고 있는가는 실천이성비판의 주제가 아니다.[367] 그와 같은 문제는 **초감성계**에 관한 직관이나 인식에 관한 것이라고 할 수 있다. 칸트는 그 문제 해결을 위해서 감성적이든 지성적이든 직관에 호소할 수는 없고 "순수한 실천법칙들과 이 법칙들의 현실성"에서 출발하여 그 법칙이 어떻게 원인으로서 작용하여 의지를 규정하는가를 보여주는 수밖에 없다고 한다. 그러면서 그는 다시 법칙과 자유의 관계를 정리하는데, 법칙의 근거에는 이 "예지계 안에서의 법칙들의 현존 개념"이 놓여 있고, 이것이 곧 "자유 개념"이라고 한다. 앞에서 자유를 법칙의 "존재근거"로 표현한 것과 같은 맥락이다.[368] 그러면서 "도덕법칙들의 의식, **혹은 같은 말이지만**, 자유의 의식이 어떻게 가능한지는 더 설명될 수 없다"라고 적고 있어서, 다시 도덕법칙의 의식이 자유 개념에 대해 갖는 우선성을 무효화하는

---

365) V 44.

366) V 45.

367) "여기서 중요한 것은 오로지 의지의 규정, 그리고 자유의지로서 그 의지의 준칙에 대한 규정근거일 뿐이며, 그 성공[여부]이 아니다"(V 45).

368) 이 책 293쪽 참조.

듯한 인상을 준다.[369)]

칸트는 "실천이성의 최상의 원칙에 대한 해명"과 "연역"을 거의 같은 의미로 사용하는 것처럼 보이는데, 그것이 보여주어야 할 내용은, "[최상의] 원칙이 함축하고 있는 것, 또 그것이 전적으로 아프리오리하게 그리고 경험적 원리에서 독립하여 그 자체로 존립한다는 것, … 다른 모든 실천원칙들과 어떤 점에서 구별되는가 하는 것" 등이라 한다. 그는 지성의 원칙들의 타당성을 경험적 대상 인식의 가능성을 통해 설명하는 지성의 원칙들의 연역과 달리, 도덕법칙의 연역은 외부 대상의 성질 인식에 관계하는 것이 아니라, "인식이 대상들 자체의 존재근거가 될 수 있는 한, 그러한 인식에[만] 관계한다"고 말한다. 이 인식은 "이성이 그 인식을 통해서 이성적 존재자 안에 원인성을 가지는, 다시 말해 이성이 직접 의지를 규정하는 능력으로 간주될 수 있는 순수이성인 한"에서의 인식이다. 그러므로 도덕법칙의 연역은, 그 법칙의 인식이 인식 주체로 하여금 그 법칙을 통해 자신의 의지를 규정하게 만든다는 것을 보여주어야 한다. 그러나 실제로 이 같은 사실은 인식 주체 내면의 고유 영역에 관한 일이므로 경험이나 이론에 의해 확증하거나 증명할 수 없다. 그래서 그저 우리가 그 법칙을 "아프리오리하게 의식하며, 그것이 필연적으로 확실한, 순수이성의 사실로서 주어져 있다"는 점을 지적함으로써 그 사실의 실재성을 이를테면 간접적으로 확인하는 데 그칠 수밖에 없는 것처럼 말한다. "도덕원리를 연역하려는 헛된 시도"라는 표현도 이러한 한계를 가리킨다고 여겨진다. 나아가 그는 도덕법칙이란 "그 자체로 정당화의 근거를 필요로 하지 않는다"라고까지 주장한다.

369) V 46.

칸트는 도덕원리에 대한 “강한 버전의 연역”의 좌초에도[370] 개의하지 않고 그 시도가 “허사로 끝난 대신 어떤 다른 일, 전혀 말도 안 되는 일이 일어나는바 … 도덕원리 자신이 … 어떠한 경험도 증명할 수는 없지만 그러나 사변이성이 … 적어도 가능한 것으로 가정할 수밖에 없었던 능력, 즉 자유의 능력”의 연역 원리로 쓰인다고 한다. 도덕법칙은 그 “도덕법칙을 구속적인 것으로 인식하는 [모든] 존재자들에게서 자유가 현실적이라는 것을 증명”해준다는 것이다.[371] 그는 **도덕법칙**이 이론이성의 비판에서 규정되지 않고 “단지 소극적 개념으로만 등장했던 원인성 개념”, 즉 자유의 원인성 개념에 “객관적 실재성[또는 “실천적 실재성”]을 부여한다”고 주장한다. 이성은 이념을 이론적으로 다루고자 할 때면 늘 경험의 한계를 넘어서게 되기에 “초험적인 사용”이라는 꼬리표를 달 수밖에 없었으나, 실천법칙을 통해서는 자신이 “경험의 영역에서 이념들 자신에 의해 작용하는 원인”이 될 수 있다는 의미에서 초험적 사용이 “내재적 사용”으로 변하게 된다고 한다. 또한 자유의 원인성 개념은 그 의미를 이론적으로 규정할 필요가 없는데, 도덕법칙만으로도 그 실천적 의미가 충분히 드러나기 때문이라고 한다.

칸트는 “II. 사변적 사용에서는 그 자체로 불가능한 확장을 실천적 사용에서는 할 수 있는, 순수이성의 권한에 대하여”에서, 『순수이성비판』이 자유의 원인성에 대한 인식을 이성의 월권으로 판정했음에도, 실천적 사용에서는 다시 그 원인성의 객관성을 인정받는 일이 과연 양립 가능한가를 묻는다. 이미 지적한 것처럼 이 같은 물음은

370) 앞의 각주 257 참조.
371) V 47.

『정초』에 대한 피스토리우스 등의 비판을 염두에 둔 것이었다.[372] 이 물음에 대한 대답을 바로 제시하는 대신 칸트는 흄이 원인성 개념을 추방하게 된 까닭을 그가 이 개념을 "사물 자체"의 규정으로 간주했던 탓으로 설명하면서, 자신의 경우 "사물 자체"와 "현상"을 구분한 것이 제1비판에서 원인성 개념의 객관적 실재성을 연역하는 데 결정적 요소였다는 점을 강조한다. 어떤 현상이 "가능한 경험[적 인식]의 대상"이 되기 위한 필연적인 조건이 직관들 사이의 인과적 결합임을 밝힌 자신의 연구에 따르면, 직관이 주어지지 않는 예지체로서의 대상을 인식하는 데 이 원인성 범주를 적용하는 것은 불가능하다. 하지만 칸트에 따르면 우리는 "이 개념을 경험 대상에 적용하는 데 만족하지 않고 사물 자체에 대해서도 기꺼이 사용하려는" 의도를 가지는 바, 그 의도를 돌아보면 그것이 "이론적 의도가 아니라 실천적 의도"라는 점이 즉각 드러난다고 한다. 그리하여 욕구능력으로서의 순수이성, 즉 의지에는 "[자연법칙에 따라 규정할 수 있는 원인성 개념의 경우와 달리] 경험적 직관이 그 실재성을 증명할 수는 없지만 그럼에도 … 실천법칙에서 아프리오리하게 자신의 객관적 실재성을 완전히 정당화하는 [자유의] 원인성 개념이 포함되어 있다"고 한다.

그러므로 칸트는 자신이 ①사물 **자체**의 이론적 인식과 관련해서는 원인성 개념의 객관적 실재성을 박탈한 점에서 흄과 다르지 않았으나, 감각 능력의 대상과 관련해서는 그렇게 하지 않음으로써 자칫 "이론적으로 불가능한 것"으로 폐기될 수도 있었을 그 개념을 보존하였고, 나아가 ②직관이 주어지지 않는 예지체에 대해서도 객관적 실재성을 가지는 무제약적 원인성 [자유의 원인성] 개념이 가능하다

372) 이 책 296쪽 이하 참조.

는 점을 밝혔다는 것이다. 물론 이 후자의 객관적 실재성은 "구체적으로 심정[마음씀]이나 준칙에서 실제의 적용을 보여주는" 데서 성립하는 "실천적 실재성"일 뿐 "초감성적 대상에 대한 이론적 인식"과는 무관하다.[373]

나아가 칸트는 원인성의 범주가 초감성적 영역에서 객관적 실재성을 확보할 수 있다면 "다른 모든 범주들에도" 그것이 가능한 것처럼 주장한다. V 103 이하에서 칸트는 실제로 자유 개념이 가져다주는 "아주 커다란 비옥함"을 거론하면서 이 개념이 원인성의 범주로서 가지는 장점으로서, 직관을 필요로 하는 "**객관 표상** 안에서의 종합의 통일"에 관계하는 "수학적 범주(양과 질의 범주)"와 달리 역학적 범주[원인성과 필연성의 범주]는 "**객관의 실존**(Existenz)의 표상 안에서의 종합적 통일"에 관계하므로 **직관**과 무관하다고 주장한다. 이 주장의 의미를 이해하기 위해서는 칸트가 『순수이성비판』 재판에 추가한 원주를 들여다 보아야 한다. 거기서 칸트는 수학적 범주가 외연량[분량]이든 내포량[정도]이든 [직관에서 주어지는] "동종적인 것"의 종합에 관여한다고 설명했다. 또 이에 비해 역학적 범주는 "실체와 속성, 원인과 결과" 사이의 관계처럼 서로 "동종적이지 않은" 것들—그는 "현상의 현존"(Dasein)이라는 표현을 사용한다—사이의 "아프리오리하게 표상되는 결합"에 관여한다고 했다. 역학적 범주는 **직관**에 관여하여 그것들의 종합을 통해 현상을 산출하는 것이 아니라, "현상의 현존의 관점에서 현상들 상호간의 관계"를 규정한다는 것이다. 그의 논리에 따르면 현상들의 현존과 현존 사이의 관계의 경우 "**추리**"는 가능하지만 "확정적으로 인식할 수는 없으며" 따라서 이 후자의 종합의 원칙은 "통제적 원리"일 뿐이다.[374] 이제 이 같은

---

373) V 50-57.

논리의 연장선에서 칸트는 역학적 범주 가운데 [자유의] 원인성의 범주는 감성계 내에서 제약된 것에 상응하면서도 "그[자유의 원인성] 외의 다른 방식으로는 규정되지 않은 무제약자를 예지계 안에 세움으로써 종합을 초험적으로" 만드는 것이라고 한다. 또한 V 136에서는 범주가 "(감성적이든 초감성적이든) 직관을 필요로 하지 않고서도" 이성 이념의 객관을 사유하는 데 아무 문제가 없다는 점을 상기시키고(『순수이성비판』 B 166 원주) 더욱이 그것이 실천적으로 사용될 때는 "공허하지 않고 의미를 지님"으로써 그 객관이 "실재적"이라는 사실이 확보된다고 한다. 칸트는 말하자면 자유의 원인성의 범주에 기대어 불멸의 영혼과 신의 이념이 실재성을—추리 차원에서는—확보할 수 있다는 점을 주장하는 것이다.[375)]

칸트는 이 장의 마지막 부분에서, 범주를 통한 "초감성적 사물"에 관한 "**이론적 표상방식**에 속하는 어떤 속성"을 거론하며 설령 그것이 주어진다 해도 지식으로 간주될 수는 없으나 그럼에도 그런 속성을 가정하고 전제하는 것이 "실천적 의도에서는 심지어 필연성으로" 여겨진다고 주장한다.[376)] 그러므로 칸트는 감성계와 예지계 사이에 놓인 "거대한 심연"[377)]에도 불구하고 두 영역 사이의 연결 가능성을 후자, 즉 예지계에 관한 이론적 표상방식 안에서 이미 발견했다고 할 수 있겠다. 그는 "(신과 같은) 존재자들을 유추(Analogie)에 의

374) 『순수이성비판』 B 201 이하 원주, 221 이하.

375) "정언적", "가언적", "선언적" 등 세 가지 추론 형식에 주목하여 이념을 설명한 『순수이성비판』과, 이념의 사용에서 직관이 불필요다는 점에 주목하는 『실천이성비판』의 논의에 비추어 볼 때, 이성 이념의 객관적 실재성을 사유하는 데 결정적인 역할을 하는 범주는 **역학적 범주** 안에서도 특히 "**관계**"의 범주라 여겨진다.

376) V 57.

377) 『판단력비판』 V 175 참조.

해" 가정하거나 "순수한 이론이성을 초감성적인 것에 적용"하는 일도 실천적인 의도에서는 충분히 정당화되는 일로 묘사한다. 유추란 경험할 수 없고 따라서 인식할 수 없는 것을 인식할 수 있는 다른 것을 통해 사유하는 것을 뜻한다. 나는 내가 전혀 알지 못하는 사물들 사이의 관계 개념을 내가 아는 사물들 사이의 관계 개념을 통해 생각할 수 있다.[378] 그러므로 예지계와 감성계의 관계도 현상으로 주어지는 후자의 사물들의 관계와의 유추를 통해 생각할 수 있을 것이다. 마찬가지로 신적 의지나 이성을 인간의 그것과의 유추를 통해 생각해 볼 수 있다. 칸트가 『판단력비판』에서 "상징"(Symbol) 개념으로 의도하는 것도 이와 연장선에서 이해할 수 있을 것이다. 상징은 "유추에 의한" 표상이기 때문이다. 이념은 그것에 상응하는 경험적 표상이 주어질 수 없는 이성 개념이며, 상징은 그 이념을 유추로 표상하는 것이다.[379]

"제2장 순수실천이성의 대상 개념"은, 앞에서 칸트 자신이 언급한 것처럼 『실천이성비판』의 순서가 제1비판의 그것과 역순이어야 한다고 했기 때문에 "순수실천이성의 원칙들의 연역" 뒤에 위치한 것으로 보인다. 문제는 그것이 다루는 내용이다. 베크는 이 장이 과연 이제까지의 논의에 새로운 내용을 보태고 있는지, 또는 칸트가 그저 자신의 악명 높은 "건축술"적 체계를 적용하는 데 몰두한 것뿐인지에 대해 다분히 회의적인 견해를 밝힌다.[380] 특히 선·악 개념의 적용을 설명하기 위해 소위 "자유의 범주들"을 도입하는 부분은 대단

378) V 57. "철학에서의 유추" 개념에 관한 『순수이성비판』 B 222의 예시 참고.
379) 『판단력비판』 V 351-354 참조.
380) 베크, 같은 책, 126 이하, 136. 참조.

히 자의적이고 모호해서 "가장 자비로운 해석조차" 칸트 자신의 변덕의 산물에 불과하다는 박한 평가가 불가피하다고 본다.[381] 그러나 이 장의 전체를 들여다 보면 곳곳에서 그가 아직 명쾌히 표현하지 못했던 사고가 정돈되는 인상을 받는다. 특히 실천이성의 대상으로의 "선"과, "도덕원칙" 그리고 "의무" 등의 관계에 대한 언급이 그러하다.

칸트가 자주 지적한 바에 따르면, 실천이성이 성취해야 할 어떤 것[대상, 객체]으로서의 선에 대한 개념은 직관이나 도덕감각을 통해 주어지지 않는다. 일단 도덕적 사안에 대한 우리의 관심은 도덕법칙과 그 명령에 의해 표현되는 구속성을 통해 발생한다. 물론 우리는 '어떤 것을 행하는 것이 선하다'고 생각해야만 그것을 '행해야 한다'는 의무를 떠올릴 수 있다. 이런 점에서 선 개념은 의무에 기초적이라고 할 수 있다. 의무란, "반드시 선을 욕구하는 것은 아니지만 그것을 추구하도록 구속되어 있는 이성적 존재자인 인간에게 그 선이 나타나는 형식"이라고 할 수 있고 이러한 점에서는 선이 의무의 기초가 된다고 할 수 있다. 하지만 그 선은 다시 원칙, 즉 도덕법칙에 의존한다. 의무는 선과 도덕법칙 중 어느 것으로부터나 도출 가능하다. 그런데 만일 "선 개념이 그에 앞서는 실천법칙에서 도출되지 않고 오히려 실천법칙의 근거 역할을 한다면, "선"의 실질[예컨대 "쾌"]이 어떤 식으로든 우리에게 주어질 수 있어야 하며, 이는 도덕성에 관한 타율적 원리를 세우는 결과를 초래한다는 것이 칸트의 입장이다.[382]

381) V 65-67. 이 부분에 대한 베크의 해석은 흥미로우나 그 자체도 그다지 체계적이지는 못하다(베크, 같은 책, 136-144 참조).

382) V 58; 베크, 같은 책, 128.

칸트가 스토아 학파에 동의하며 "선"과 "복"(Wohl), "악"과 "화"(禍, Übel) 또는 "고"(苦, Weh)를 구분하는 부분도(V 59-63) 자신의 기존 입장을 명료하게 보강, 발전시키는 논의라 여겨진다. 그는 다시 한 번 "어떤 것이 단적으로 … 선하거나 악하려면, 혹은 그렇게 간주되려면, 그것은 오직 선하거나 악하다고 일컬어질 수 있는 행위방식, 의지의 준칙이며, 따라서 선하거나 악한 인간으로서 행위하는 인격체 자신이지 어떤 사물이 아니다"라는 점을 분명히 한다. 그리고 "모든 이성적 존재자가 욕구능력의 대상으로 판단하는" 선이나 그들이 "혐오하는 대상"인 악은 쾌나 고통 같은 감각의 능력이 아니라 이성을 필요로 한다고 한다. 그러나 복이나 화는 "감성의 쾌, 불쾌의 감정"에만 관련할 뿐, 그 자체로 "순수이성"과 무관하며 기껏해야 "상태적 가치"(Zustandswert)에만 해당하므로 도덕 판단의 기초에 놓일 수 없다는 것이다.[383] 예컨대 "외과 수술"은 당사자에게 화로 느껴질 수 있지만, "이성에 따른다면" 누구나 선하다고 판단할 것이다. 그러나 안타깝게도 철학자를 포함해 대다수 사람들이 아무런 "선행하는 법칙 없이 그저 경험적으로 사유될" 수 있는 "어떤 대상을 선·악의 개념에 따라 모든 실천법칙의 근거"로 삼는 오류를 범했다는 것이 칸트의 판단이다. 칸트는 자신이 "실천이성비판의 방법[처리 순서]에 관한 역설"이라 부른 것을 통해 그 같은 잘못을 바로잡고자 한다. 그 역설이란, *"선·악 개념이 도덕법칙에 앞서서 규정되는 것이 아니라 (외관상으로는 그 개념이 도덕법칙의 기초에 놓여야만 하는 듯 보이지만) 오로지 (여기서 드러난 바와 같이) 도덕법칙 이*

383) August Messer, *Kommentar zu Kants ethischen und religions-philosophischen Hauptschriften: Grundlegung zur Metaphysik der Sitten, Kritik der praktischen Vernunft, Religion innerhalb der Grenzen der blossen Vernunft*, Leipzig 1929, 72.

후에 그리고 도덕법칙에 따라서 규정되어야만 한다"[384]는 것이다.

"순수한 실천적 판단력의 전형"(V 67 이하)에서 칸트는 감성계 안에서 자연의 법칙에 따라 일어나는 어떤 행위가 동시에 자유의 법칙에 따라서도 가능한 행위로서 판정될 수 있는가 하는 문제를 다룬다. 그는 이 문제를 자신이 제1비판의 도식론에서 다루었던 과제, 즉 지성의 개념이나 규칙이 그것과 다른 원천, 즉 감성에서 주어지는 직관과 어떻게 관계를 맺을 수 있는가 하는 문제와 대조해 가며 해결하고자 한다. 도덕법칙, 도덕적 선과 같은 실천이성의 원리나 이념의 경우, 그것에 상응하는 직관이 주어질 수 없기 때문에 도식론에서처럼 양쪽 능력[지성과 감성] 모두에 "동종적"(gleichartig)인 요소—즉 지성이 행하는 개념적 종합과 상상력이 행하는 직관에서의 종합[통일]—에 호소하는 방식을 취하기가 불가능하다.[385] 이론적 인식의 범주 하에서 일어나는 경험의 한 사례에서 도덕법칙의 적용 사례, 즉 도덕적 선의 구체 사례를 확인할 수 있으리라는 발상은 칸트 자신도 인정하듯 별로 설득력이 없어 보인다.[386] 그럼에도 칸트는 도식론에서 상상력이 행한다고 보았던 역할과 유사한 것을 지성이 해줄 수 있다고 생각한다. 지성은 "도덕법칙을 자연의 대상에 적용하는 일을 매개하는 인식능력"으로 간주될 수 있으며, "이성 이념에 감성의 도식"은 아니지만 "법칙을 둘 수 있는데", 이 법칙은 "감관의 대상들에게서 구체적으로 현시될 수 있는 … 자연법칙의 형식"

384) V 62 이하.
385) 『순수이성비판』 B 176 참조.
386) "자연법칙 아래에 있으면서도 자유의 법칙이 자신에게 적용되는 것을 허용하는 사례를 감성계에서 발견하려는 것은 불합리한(widersinnsch) 것처럼 보인다"(V 68).

으로서 실천적 판단력이 자연세계에서 행해지는 어떠한 행위를, 즉 자연법칙에 따른 어떠한 행위를 자유법칙에 따른 행위로도 간주할 수 있을지를 판단하는 데 도움을 줄 수 있다는 것이다. 이는 표현만 놓고 보면 적잖이 대담한 주장처럼 들린다.

> "보편적 자연법칙은 준칙을 도덕원리에 따라 판정하[게 해주]는 하나의 *유형*(ein *Typus*, *형태*)이다. 만약 행위의 준칙이 자연법칙 **일반의 형식**에서 검사 받을 수 있는 성질의 것이 아니라면, 그 준칙은 도덕적으로 불가능하다. 지극히 평범한 지성[상식]조차 그렇게 판단한다. 자연법칙은 언제나 평범한 지성이 하는 아주 일상적인 모든 판단의 근거에 놓여 있고, 나아가 경험 판단의 근거에도 놓여 있기 때문이다. 그래서 평범한 지성은 언제나 이 자연법칙을 지니고 있다. 이 지성은 자유에서 비롯한 원인성이 판정되어야 할 사례들에서 *자연법칙을 자유의 법칙*의 유형으로 삼을 뿐인데, 왜냐하면 이 지성은 경험의 사례에서 본보기로 삼을 수 있는 어떤 것을 가지지 않을 경우 순수실천이성의 법칙을 적용해 사용할 수 없을 것이기 때문이다."[387]

자연법칙 개념이 내포하는 보편타당성의 의미—그는 여기서도 자연법칙 "일반의 형식"이라는 표현을 사용함으로써 그 법칙이 특정 자연 현상에 관한 법칙임과 무관하게 가지는 보편타당성에 대한 요구만을 고려할 것을 주문한다—는 "지극히 평범한 지성"조차 쉽게 이해할 수 있기 때문에, 누구든 자신이 의도하는 행위를 실제로 자연법칙에 따라 일어나는 행위로 상상해 보고 그 행위를 온전히 자기

387) V 69 이하. "Typus"는 "전형", "범형" 등으로 옮기는 것이 일반적이지만, 이는 마치 칸트가 자연의 인과성을 자유의 인과성보다 더 근본적인 것으로 여긴다는 인상을 줄 수도 있다.

의지에 의해 수용할 수 있을지를 자문해 본다면, 그 도덕성 여부를 수월하게 판단할 수 있으리라는 것이 칸트의 취지라 여겨진다. 물론 이는 전적으로 새로운 주장이라기보다 정언명령의 이른바 "자연법칙의 정식"이 함축하고 있는 관점이라고 할 수도 있다. 다만 여기서 칸트는 특정한 준칙이 보편화가 가능한가, 즉 도덕성의 기준에 부합하는가라는 문제 의식보다는, 서로 전혀 다른 두 질서—감성계의 질서와 예지계의 질서—에 따라 일어나는 행위가 하나의 동일한 행위로 귀착할 수 있다는, 언뜻 부조리하게 보일 수도 있는 주장을 정당화하는 데 초점을 맞추고 있는 것처럼 보인다. 그래서 인식 판단에서 지성 개념과 원칙의 적용 문제—지성의 산물과 감성적 직관 사이의 매개 문제—를 해결하기 위해 도식 개념이 수행한 것과 유비적인 역할을, 실천적 판단에서는 지성이 이성 이념과 결부시키는 자연법칙이 수행할 수 있다고 본 것이다. 그는 누구에게나 분명한 자연법칙의 보편적인 적용 가능성과 자연현상이 보여주는 합법칙성은, 실천적 판단력이 "자연법칙을 자유의 법칙의 유형[한 형태]"으로 그리고 "감성계의 자연을 예지적 자연의 유형[한 형태]"로 사용할 것을 허용한다고 한다. 그러니까 자연법칙에게서는 그것이 법칙으로서 가지는 보편 타당성에 대한 요구를 그리고 자연에서는 그 합법칙적 질서 상태를, 각각 자유의 법칙과 예지계와 공유하는 "동종적인" 특성으로 볼 수 있다는 것이다.

나아가 그는 판단력이 자연법칙과 자연을 자유법칙과 예지계의 한 유형으로 삼을 경우, 실천이성이 빠져들기 쉬운 "경험주의"와 "신비주의"의 오류를 피할 수 있는 "이성주의"의 길이 열린다고 주장한다. 경험주의는 도덕적 선 같은 실천이성의 개념을 "순전히 경험의 결과에 (이른바 행복에)" 위치시키고, 신비주의는 "보이지 않는 신의 나라" 같은 "비감성적" 내지 "초감성적인 직관"을 도덕 개념을 적용하는 기초로 삼음으로써 타율의 윤리에 귀착한다. 칸트의 논리에 따르면, 이성주의는 순수이성이 스스로 사고할 수 있는 것, 즉 자연법칙에서는 보편적 적용 가능성을 그리고 자연에서는 합법칙성만을 자유법칙과 예지계의 특성을 추론하게 해줄 수 있는 기초로 사용함으로써 실천적 판단력이 행위 준칙을 도덕원리에 따라 판정할 수 있게 해줄 뿐만 아니라, 또 실제로도 우리는 누구나 그런 방식으로 감성계 내에서 이뤄지는 어떤 "행위가 도덕적으로 선한지 악한지를 판단"하고 있다는 것이다.[388]

이상과 같은 칸트의 논의가 지니는 의미를 어떻게 판단할 것인가는 해석자의 몫이라 여겨진다. 다만 공정한 독자는, 도덕원칙이나 개념의 자연계 안에서의 적용 가능성에 관한 물음을 최대한 경험과 무관한 방식으로 처리하려는 칸트의 욕심이 자신의 강박적인 체계논리를 과도하게 동원한 것 아닌가라는 의문을 제기할 수 있을 것이다. 판단력은 경험을 통해서만 조련될 수 있다는 칸트 자신의 주장에 비추어봐도 도덕법칙과 개념을 구체적 사례에 적용하는 문제는 순수이성의 사고에만 의존하는 이성주의의 틀 안에서는 결코 완전히 해결될 수 없다고 봐야할 것이다. 그가 자신의 도덕철학 관련 마지막 저서인 『덕론』에서 "결의론적 물음들"을 도입한 것도 결국 도덕철학의 순수주의가 지닌 한계를 보완하려는 시도로 여겨진다.[389]

---

388) V 69-71 참조.

389) 이에 대해서는 김수배, 「칸트의 도덕형이상학과 형식주의」, 『칸트연구』(한국칸트학회) 2집(1996), 37-66; 「칸트의 '덕론'은 타율의 윤리인가?—'덕의무' 개념에 관한 발전사적 연구를 중심으로」, 『칸트연구』(한국칸트학회) 38집(2016), 61-90; 「덕론의 형이상학적 기초원리(해제)」, 441-465 등 참조.

참고문헌

김수배: 「칸트의 도덕형이상학과 형식주의」, 『칸트연구』(한국칸트학회) 2(1996), 37-66.

______: 「볼프와 칸트의 철학적 방법론—볼프의 처녀작에서 칸트의 교수취임논문까지—」, 『철학연구』(철학연구회), 53(2001), 159-181.

______: 「칸트철학 연구에서 체계성과 역사성」, 『철학연구』(대한철학회) 86(2003), 1-22.

______: 「칸트철학 연구에 나타난 칸트철학에 대한 이해와 오해」, 『철학연구』(철학연구회), 70(2005), 1-18.

______: 「로크와 칸트의 소유 이론—자연의 법으로부터 자유의 법으로」, 『칸트연구』(한국칸트학회) 32(2013), 61-92.

______: 「칸트의 '덕론'은 타율의 윤리인가?—'덕의무' 개념에 관한 발전사적 연구를 중심으로」, 『칸트연구』(한국칸트학회) 38(2016), 61-90.

______: 「덕론의 형이상학적 기초원리(해제)」, 『도덕형이상학—덕론의 형이상학적 기초원리』(김수배 옮김), 한길사 2018, 441-465.

김시형: 「칸트에게 베이컨 철학의 의미—『순수이성비판』을 중심으로—」, 『칸트연구』 20(2007), 61-100.

김재호: 「칸트 『유작』(Opus postumum)에 대한 이해와 오해—칸트의 마지막 작품을 위한 예비 작업들의 편집 역사를 중심으로」, 『철학연구』(철학연구회) 75(2006), 315-348.

김종국: 「옮긴이 주」, 『실천이성비판』(김종국 옮김), 한길사, 2019, 450-460.

딜스, 헤르만(김인곤 외 옮김): 『소크라테스 이전 철학자들의 단편 선집』, 아카넷 2005.

백종현: "윤리형이상학 정초 해제", 『윤리형이상학 정초』, 아카넷, 2005, 41-60.

오은택: 「순수이성의 이전 비판이 모든 새로운 비판을 불필요하게 만든다는

발견」, 『임마누엘 칸트. 비판기 저작 I(1784~1794)』(한국칸트학회 기획), 한길사 2019, 389-401.

유잉, A. C.(김상봉 역): 『칸트 순수이성비판 입문』, 한겨레 1980.

이엽: 「칸트철학 연구를 위한 방법론적 물음: 발전사적 연구 방법을 중심으로」, 『철학연구』(철학연구회), 47(1999), 265-284.

____: 「마이어와 칸트」, 『칸트와 그의 시대. 칸트 연구 5』, 철학과 현실사 1999, 125-157.

임승필: 「형이상학의 꿈으로 해명한 영을 보는 사람의 꿈」, 『임마누엘 칸트. 비판기 이전 저작 III(1763~1777)』(한국칸트학회 기획), 한길사 2021, 425-434.

채정현: 「칸트의 『순수이성비판』에서 'die Erkenntnis'와 'das Erkenntnis'」, 부산대 대학원 석사학위논문, 2013.

최소인: 「칸트와 크루지우스. 인식의 한계와 물 자체 개념의 형성」, 『칸트와 그의 시대. 칸트 연구 5』, 철학과 현실사 1999, 41-84.

카울바하, F.(백종현 옮김): 『칸트 비판철학의 형성과정과 체계』, 서광사 1992.

칸트, 임마누엘: 『임마누엘 칸트(칸트전집)』(한국칸트학회 기획), 한길사 2018ff.

페이튼, H. J.(김성호 역): 『칸트의 도덕철학』, 1988.

힌스케, 노르베르트: 『현대에 도전하는 칸트』(이엽, 김수배 옮김), 이학사, 2004.

Adickes, Erich: *Kant als Naturforscher*, Bd. 1, Berlin 1924.

Aristoteles: *Nicomachean Ethics*, tranl. by H. Rackham, Cambridge, MA: Harvard Univ. Press, 1999.

Atkinson, Ronald F.: "Hume on Mathematics", *The Philosophical Quarterly*, vol. 10, no. 39, 1960, 127-137.

Baumeister, Friedrich Christian: *Philosophia definitiva, Mit einem Vorwort von Hans Werner Arndt*, Hildesheim/New York: Olms, 1978 (^{15}1775, ^{1}1735).

Beck, Lewis White: A *Commentary on Kant's Critique of Practical*

Reason, Chicago/London: Chicago Univ. Press 1960.

_______________: "From Leibniz to Kant" in *Routledge History of Philosophy*, London/New York: Routledge, 1993, vol. 6, 5-39.

Berkeley, George: *A Treatise Concerning the Principles of Human Knowledge, wherein the Chief Causes of Error and Difficulty in the Sciences, with Grounds of Scepticism, Atheism and Irreligion, Are Inquired into*, Dublin 1710.

Bird, Graham(ed.): *A Companion to Kant*, Oxford: Blackwell 2006.

Blosser, Philip: *Scheler's Critique of Kant's Ethics*, Athens: Ohio Univ. Press 1995.

Böhringer, Hannes: "Monade, Monas", in Joachim Ritter/Karlfried Gründer/Gottfried Gabriel (Hg.), *Historisches Wörterbuch der Philosophie*, Bd. 6, Basel/Stuttgart 1984, 114-125.

Buhr, Manfred/Irrlitz, Gerd: *Der Anspruch der Vernunft: Die klassisch bürgerliche deutsche Philosophie als theoretische Quelle des Marxismus, Teil I: Kant, Fichte, Schelling, Lessing, Herder, Goethe, Schiller*, Berlin 1968.

Carboncini, Sonia: *Transzendentale Wahrheit und Traum. Christian Wolffs Antwort auf die Herausforderung durch den Cartesianischen Zweifel*, Stuttgart-Bad Cannstatt 1991.

Carl, Wolfgang: *Die transzendentale Deduktion der Kategorien in der ersten Auflage der Kritik der reinen Vernunft. Ein Kommentar*, Frankfurt a. M. 1992.

Carson, Emily: "Locke and Kant on Mathematical Knowledge", in Emily Carson and Renate Huber(eds.) *Intuition and the Axiomatic Method*, Dordrecht: Springer 2006, 3-19.

Ciafardone, Raffaele: "Über das Primat der praktischen Vernunft vor der theoretischen bei Thomasius und Crusius mit Beziehung auf Kant", in *Studia Leibnitiana* 14(1982), 127-135.

Cohen, Hermann: *Kants Theorie der Erfahrung*, Berlin [2]1885([1]1871).

_______________: *Das Prinzip der Infinitesimal-Methode und seine*

Geschichte, Berlin 1883.

Copleston, Frederick: *A History of Philosophy*, vol. 6, London: Search Press 1960.

Cranefield, Paul F.: "Notes and Events: On the Origin of the Phrase 'Nihil est in intellectu quod non prius fuerit in sensu'" in *Journal of the History of Medicine and Allied Sciences*, vol. 25.1(1970), 77-80.

Descartes, René: *Les Météores, in Œuvres de Descartes*, publiées par Charles Adam et Paul Tannery, tome 6, Paris: Léopold Cerf 1902, 229-366.

Feder, Johann Georg Heinrich: *Über Raum und Kausalität zur Prüfung der Kantischen Philosophie*, Göttingen 1787.

Fischer, Kuno: *Geschichte der neuern Philosophie* 6 Bde., Stuttgart/Mannheim/Heidelberg 1854-77.

____________: *System der Logik und Metaphysik oder Wissenschaftslehre*, Heidelberg 1865.

Flatt, Johann Friedrich: "Rezension zu Kants *Grundlegung zur Metaphisik der Sitten*", in *Tübingische gelehrte Anzeigen*, 14. Stück vom 16. Feb. 1766, 105-111.

Gardner, Sebastian: *Routledge Philosophy Guidebook to Kant and the Critique of Pure Reason*, London: Routledge 2003.

Habermas, Jürgen: *Erkenntnis und Interesse*, Frankfurt a. M. 1968.

Heidegger, Martin: *Kant und das Problem der Metaphysik*, in Friedrich-Wilhelm von Herrmann(Hg.), *Martin Heidegger. Gesamtausgabe*, I.3, Frankfurt a. M. 1991.

____________: *Was heisst Denken?*, in Friedrich-Wilhelm von Herrmann(Hg.), *Martin Heidegger. Gesamtausgabe*, I.8, Frankfurt a. M. 2002.

Heimsoeth, Heinz: "Zur Akademieausgabe von Kants gesammelten Schriften. Abschluss und Aufgaben", in *Kant-Studien* 49(1957-58), 351-363.

Heinrichs, Bert: "Kants angewandte Ethik. Zur Architektonik der Moralphilosophie Kants ind ihrer Bedeutung für die zeitgenössische angewandte Ethik", in *Philosophisches Jahrbuch* 119.2(2012), 260-282.

Henrich, Dieter: "Die Deduktion des Sittengesetzes. Über die Gründe der Dunkelheit des letzten Abschnittes von Kants *Grundlegung zur Metaphysik der Sitten*", in *Denken im Schatten des Nihilismus. Festschrift für Wilhelm Weischedel zum 70. Geburtstag*, hg. v. Alexander Schwan, Darmstadt 1975, 55-112.

Hinske, Norbert: "Probleme der Kantedition. Erwiderung auf Gerhard Lehmann und Burkhard Tuschling", in *Zeitschrift für philosophische Forschung*, Bd. 22(1968), 408-423.

______________: *Kants Weg zur Transzendentalphilosophie. Der dreißigjährige Kant*, Stuttgart/Berlin/Köln/Mainz 1970.

______________: "Antinomie", in *Historisches Wörterbuch der Philosophie*, Bd. 1, Basel/Sttutgart 1971, 393-396.

______________: "Kant, Immanuel, Philosoph", in *Neue Deutsche Biographie*, Bd. 11, hg. v. der historischen Kommission bei der Bayerischen Akademie der Wissenschaften, Berlin 1977.

______________: "Die Kantausgabe der Preußischen Akademie der Wissenschaften und ihre Probleme", in *Il cannocchiale* Bd. 3(1990), 229-254.

______________: "Kantianismus, Kantforschung, Kantphilologie. Überlegungen zur Rezeptionsgeschichte des Kantischen Denkens", in *Neukantianismus. Perspektiven und Probleme*, hrsg. v. E. W. Orth u. H. Holzhey (*Studien und Materialien zum Neukantianismus*, Bd. 1), Würzburg 1994, 31-43.

Hollmann, Georg: *Prolegomena zur Genesis der Religionsphilosophie Kants*, Halle 1899.

Hoppe, Hansgeorg: "Die transzendentale Deduktion in der ersten Auflage (A 84/B 116-A 95/B 129; A 95-130)", in Georg Mohr und Markus Willaschek(Hg.), *Immanuel Kant. Kritik der reinen Vernunft*, Berlin 1998, 159-188.

Hume, David: *A Treatise of Human Nature*, Oxford/New York: Oxford University Press, 2007 (London [1]1739-40).

______: *An Enquiry Concerning Human Understanding*, Oxford: Oxford Univ. Press 2007 (London [1]1748).

Kant, Immanuel: *Immanuelis Kantii opera ad philosophiam criticam*, latine vertit Fredericus Gottlob Born, 4 Bde., Leipzig 1796-1798 (Neudr. Frankfurt a. M. 1965).

______: *Immanuel Kant's Werke*, sorgfältig revidirte Gesammtausgabe in zehn Bänden, hg. v. Gustav Hartenstein, Leipzig 1838-1839.

______: *Immanuel Kant's sämmtliche Werke*, hg. v. Karl Rosenkranz u. Friedrich Wilhelm Schubert, 12 Tle., Leipzig 1838-1842.

______: *Immanuel Kant's sämmtliche Werke, In chronologischer Reihenfolge* hg. v. Gustav Hartenstein, Leipzig 1867-1868.

______: *Immanuel Kant. Kritik der praktischen Vernunft*, hg. v. Karl Vorländer, Hamburg: Felix Meiner 1928.

______: *Immanuel Kant. Werkausgabe*, hg. v. Wilhelm Weischedel. 12 Bände, Berlin 1977.

______: *Briefwechsel. Immanuel Kant. Auswahl und Anmerkungen von Otto Schöndörffer*, Hamburg 1986.

______: *Immanuel Kant. Eine Vorlesung über Ethik*, hg. v. Gerd Gerhardt, Frankfurt a. M. 1991.

______: *Groundwork of the Metaphysics of Morals (1785)*, in M. Gregor (Ed.), *Practical Philosophy* (The Cambridge Edition of the Works of Immanuel Kant), Cambridge: Cambridge Univ. Press 1996, 37-108.

______: *Immanuel Kant, Kritik der reinen Vernunft*, hg. v. Georg Mohr u. Marcus Willaschek, Berlin 1998.

______: *Immanuel Kant. Grundlegung zur Metaphysik der Sitten*, hg. v. Bernd Kraft u. Dieter Schönecker, Hamburg 1999.

______________: *Groundwork for the Metaphysics of Morals/Immanuel Kant*, ed. and transl. by Allen W. Wood, New Haven/London: Yale Univ. Press 2002

______________: *Immanuel Kant. Vorlesungen zur Moralphilosophie*, hg. v. Werner Stark, Berlin 2004.

______________: *Immanuel Kant. Werke in sechs Bänden*, hg. v. Wilhelm Weischedel, Darmstadt [8]2016([1]1956-1964).

Kim, Soo Bae: *Die Entstehung der Kantischen Anthropologie und ihre Beziehung zur empirischen Psychologie der Wolffschen Schule*, Frankfurt a. M./Berlin/ Bern/New York/Paris/Wien 1994.

Lehmann, Gerhard: "Zur Geschichte der Kantausgabe 1896-1955", in *Deutsche Akademie der Wissenschaften zu Berlin* 1946-1956, Berlin 1956, 422-434.

________________: *Beiträge zur Geschichte und Interpretation der Philosophie Kants*, Berlin 1969.

Leibniz, Gottfried Wilhelm: *Nouveaux essais sur l'entendement humain, in Gottfried Wilhelm Leibniz, Philosophischen Schriften*, Bd. III.1, hg. u. übers. v. Wolf von Engelhardt u. Hans Heinz Holz, Darmstadt 1985.

________________________: *Monadologie und andere metaphysische Schriften. Discourse de métaphysique: La monadologie; Principes de la nature et de la grâce fondés en raison*, hg. u. übers. v. Ulrich Johannes Schneider, Hamburg 2002.

Locke, John: *An Essay Concerning Human Understanding*, London: Thomas Basset 1689-90.

MacKinnon, Barbara/Fiala, Andrew: *Ethics. Theory and Contemporary Issues*, Belmont: Thomson Wadsworth 2018.

Mellin, Georg Samuel Albert: *Encyclopädisches Wörterbuch der kritischen Philosophie, oder Versuch einer fasslichen und vollständigen Erklärung der in Kants kritischen und dogmatischen Schriften enthaltenen Begriffe und Sätze*, 6 Bde., Züllichau/Leipzig 1797-1804(Neudr. Brüssel 1970).

Mendelssohn, Moses: *Morgenstunden oder Vorlesungen über das Daseyn Gottes*, in ders., *Gesammelte Schriften. Jubiläumsausgabe*, Bd. 3.2, Berlin 1785(Neudruck Stuttgart/Bad Cannstatt 1974), 1-175.

Menzer, Paul: "Die Kant-Ausgabe der Berliner Akademie der Wissenschaften", in *Kant-Studien* 49(1957-58), 337-350.

Messer, August: *Kommentar zu Kants ethischen und religions-philosophischen Hauptschriften: Grundlegung zur Metaphysik der Sitten, Kritik der praktischen Vernunft, Religion innerhalb der Grenzen der blossen Vernunft*, Leipzig 1929.

Popper, Karl R.: *Conjectures and Refutations. The Growth of Scientific Knowledge*, London: Routledge 1963.

Rink, Friedrich Theodor: *Ansichten aus Immanuel Kant's Leben*, Königsberg 1805.

Rosenberg, Alex: *Philosopphy of Science. A Contemporary Introduction*, New York: Routledge 2005.

Scheler, Max: *Der Formalismus in der Ethik und die materiale Wertethik*, in: ders., *Gesammelte Werke*, Bd. 2, hg. v. Maria Scheler, Bern ^{4}1954(^{1}1916).

Schmid, Carl Christian Erhard: *Carl Christian Erhard Schmid. Wörterbuch zum leichtern Gebrauch der Kantischen Schriften*, neu hg., eingl. v. Norbert Hinske, Darmstadt 1976(Neudr. der Ausgabe v. Jena ^{4}1798(^{1}1786).

Shimomissé, Eiichi: *Die Phänomenologie und das Problem der Grundlegung der Ethik. An Hand des Versuchs von Max Scheler*, Den Haag 1971.

Schönecker, Dieter: "Grundlegung zur Metaphysik der Sitten", in *Kant-Lexikon*, hg. v. Marcus Willaschek, Jürgen Stolzenberg, Georg Mohr and Stefano Bacin, Berlin/Boston: De Gruyter 2015, Bd. 1, 947-955.

Schwaiger, Clemens: *Kategorische und andere Imperative. Zur Entwicklung von Kants praktischer Philosophie bis 1785*, Stuttgart-Bad Cannstatt 1999.

Smith, Norman Kemp: *A Commentary to Kant's 'Critique of Pure Reason'*, London: Macmillan 1918.

Specht, Andrew F.: *Kant and the Neglected Alternative*, Syracuse University Diss. 2014.

Sturm, Thomas: "Immanuel Kants Gesammelten Schriften. Thomas Sturm über Zustand und Zukunft der Akademie-Ausgabe", in *Information Philosophie*, März 1999, 48-53.

Timmermann, Jens: *Kant's Groundwork of the Metaphysics of Morals: A Commentary*, Cambridge: Cambridge Univ. Press, 2007.

Tittel, Gottlob August: *Über Herrn Kants Moralreform*, Frankfurt a. M./Leipzig 1786.

Tonelli, Giorgio: "Der Streit über die mathematische Methode in der Philosophie in der ersten Hälfte des 18. Jahrhunderts und die Entstehung von Kants Schrift über die 'Deutlichkeit'", in *Archiv für Philosophie* 9(1959), 37-66.

______________: "Kant's Critique of Pure Reason within the Tradition of Modern Logic", in *Akten des 4. Internationalen Kant-Kongresses*, Teil III, hg. v. Gerhard Funke, Berlin/New York 1974, 186-191.

Trendelenburg, Friedrich Adolf: *Logische Untersuchungen*, 2 Bde., Leipzig ²1862(¹1840).

Tugendhat, Ernst: *Probleme der Ethik*, Stuttgart 1984.

Vaihinger, Hans: *Kommentar zu Kants Kritik der reinen Vernunft*, 2. Bd. Stuttgart/Berlin/Leipzig ¹1881-1892(²1922 Neudr. 1970).

Voltaire, François-Marie Arouet: "De La Chine" *Dictionnaire philosophique*. Los Gallardos 2005 (https://www.lechasseurabstrait.com/revue/IMG/pdf/Voltaire_-_Dictionnaire_philosophique.pdf).

Wasianski, Ehregott Andreas Christoph: *Immanuel Kant in seinen letzten*

Lebensjahren, Königberg 1804, in *Immanuel Kant. Sein Leben in Darstellungen von Zeitgenossen. Die Biographien von L. E. Borowski, R. B. Jachmann und E. A. Ch. Wasianski*, hg. v. Felix Gross, Darmstadt 1993, 189-271.

Wolff, Christian: *Christian Wolff. Gesammelte Werke*, hg. v. Jean École, Hans Werner Arndt, Charles A. Corr, Joseph Ehrenfried Hofmann, Marcel Thomann, Hildesheim 1962ff.

______________: *Oratio de Sinarum philosophia practica/Rede über die praktische Philosophie der Chinesen*, übers. u. hg. v. Michael Albrecht, Hamburg 1985.

Wundt, Max: *Kant als Metaphysiker. Ein Beitrag zur Geschichte der deutschen Philosophie im 18 Jahrhundert*, Stuttgart 1924.

찾아보기

(ㄱ)

가드너(S. Gardner) 194
가르베(Ch. Garve) 107, 205, 206, 208, 250
가상 87, 222, 297, 311
가상체 163
가언명령/가언명법 258, 314
가언적 255, 303, 344
각지 195
갈릴레이(G. Galilei) 26, 93
감성계 69, 97, 131, 279, 280, 290, 337, 338, 344, 345, 351
감성론 90, 91, 143~177
감성화 141
강요 254, 324
개연성의 논리 311
개연적(problematisch) 명법 256
객관의 실존 343
객관적 실재성 297, 338, 341, 342, 343
객관적 연역 193
객관적 타당성 128
객체 314
객체의 현존과 쾌, 불쾌의 관계 315
거짓 약속 242, 243, 261
거짓말 243, 263
건축술 132, 345
건축술적 303
결과주의 211, 302
결의론 351
경건주의 251
경외[감] 239
경향성 105, 223, 232~235, 237, 239, 240, 245, 252, 254, 255, 265, 266, 271, 288, 339
경험심리학 59, 85
경험의 유추 94, 322
경험적 사고 일반의 요청 94, 322
경험적 실재성 159, 160, 176
경험적 연역 178
경험적 인식 114
경험적 일반화 246
경험주의 308, 350
공간 70, 71, 77, 91, 96, 121, 145, 146, 149, 151~153, 158, 161, 163, 164, 169, 172, 181, 184, 185, 187, 192, 201
공간 개념의 선험적 해명 146

공간 개념의 형이상학적 해명 146, 154, 170
공간 표상의 절대적 필연성 168
공리주의 319
관객 108
관계의 범주 94, 344
관념들의 연합 31
관념론 165
관념성 161
관심 254
관찰의 학 59
교수론 89
권리의 문제 113, 119, 177, 248
근거지움의 계열 101
긍정판단 134
기계주의 332
기술적 257
기하학 77, 78
김수배 30
김시형 26
김재호 21
김종국 335

(ㄴ)

나트로프(P. Natrop) 84
내감 144
내재적 310
내재적 사용 341
내적 완전성 334
내포량 343
논리적 보편타당성 122
논리적 사용 70, 72
논리적인 결합 289
논리적인 대립 61
뉴턴 94, 96
뉴튼 252
능력심리학 201

(ㄷ)

단적으로 선한 의지 278
당위 254
대상 일반 192
대상성 198
덕 289
덕 윤리설 211
덕의무 319
데카르트 22, 23, 52~54, 86, 90, 199, 200, 303
도덕명령 284
도덕법칙 225, 246, 252, 253, 277, 279, 284, 293, 294, 324, 338, 339, 341, 346, 348, 351
도덕법칙의 연역 340
도덕법칙의 전형 273
도덕성 78, 246
도덕성의 명령 258
도덕성의 명법[법칙] 257
도덕성의 원리 249
도덕성의 원리에 대한 실질적 규정근거 333

도덕원리 275, 276
도덕의 습관화 325
도덕적 257
도덕적 감정 312
도덕적 사례 250
도덕적 인간학 210
도식 95, 140, 141, 273
도식론 348
도용된 공리 71
독단론 102~104, 131
독단론자 110
독단적 131
독단주의 47, 108
독일 관념론 19, 162
동기 267
동기주의 211
동시성 167, 168
동질성 297
딜스(H. Diels) 186
딜타이(W. Dilthey) 17, 38

(ㄹ)

라에티오스(D. Laetios) 214
라이제강(H. Leisegang) 84
라이프니츠(W. Leibniz) 13, 22~24, 34, 35, 52~54, 86, 87, 147, 166~168, 178, 191, 199, 200, 208, 274
람베르트(J. Lambert) 73, 82, 188, 190~192
레만(G. Lehmann) 21, 39
로젠크란츠-슈베르트(Rosenkranz-Schubert) 37
로크(J. Locke) 22, 25, 27~30, 63, 67, 85, 86, 141, 146, 178, 183, 184, 187, 188, 190, 197
루소(J. Rousseau) 14, 45, 230, 244, 255
리세(W. Risse) 84

(ㅁ)

마르크스(K. Marx) 15
마음씀/마음씨/심정 211, 303
마이어(G. Meier) 22, 318
말터(R. Malter) 45
맥락적 선 227
메서(A. Messer) 347
멘델스존(M. Mendelssohn) 82, 107, 251, 318
멘처(P. Menzer) 38
멜린(G. Mellin) 120
명령 254, 314, 324
명목론 88
명법 254, 255, 309
모나드 24, 199
모방적 지성 74
모사적 자연 338
모순율 168, 176, 189
목적 [자체]의 정식 267, 268, 273
목적론 229, 261, 263

목적의 나라/목적의 왕국 271, 273
무관심 261, 264
무한대 72
무한소 72
물자체 48, 155, 161~166, 279, 288
물체학 184
미적 판단 123

(ㅂ)

바우마이스터(F. Baumeister) 318
바움가르텐(A. Baumgarten) 22, 87, 208, 318
반 헬몬트(J./F. van Helmont) 24
반-볼프주의 188, 189
방법론 86, 89, 303, 304, 311
백종현 276
버클리(G. Berkeley) 22, 30, 31, 146
범주 76, 80, 92, 95, 96, 130, 140, 182~184, 186, 193, 288, 296
범주의 선험적 연역 192
범형 349
법칙의 형식 321, 323
법칙주의 211
베이컨(F. Bacon) 22, 25, 26, 93
베크(L. Beck) 190, 282, 284, 285, 312, 345, 346
벤담(J. Bentham) 319
벨르(P. Bayle) 207
변증론 85, 87, 88, 143, 223, 289, 290, 295, 301, 311
변증성 220, 243, 245, 283, 287
변증술 311
보른(F. Born) 36, 206
보편타당성 120, 121
본유관념 25, 26, 29
본질 존재 88
본체 163
본체계/지성계/예지계 48, 69, 279, 290, 292, 337, 339, 344, 345
볼테르(F. Voltaire) 207
볼프(Ch. Wolff) 22, 25, 64, 66, 87, 179, 191, 192, 200, 201, 207, 208, 218, 220, 251, 274, 300, 305, 318, 333
볼프학파 48, 56, 64, 108, 188, 189, 191, 318
봐지안스키(E. Wasianski) 83
부정량 60, 62
부정판단 134
분량의 범주 94
분석 56, 58~60, 62, 63, 90, 303
분석론 85, 87~88, 149, 311~313
분석적 258~259
분석적 방법 224, 284
분석판단 134~137, 139
분트(M. Wundt) 84
불가침입성 201

불완전한 의무 263
브루노(G. Bruno) 24
비판이론 19
비판주의 48

(ㅅ)

사고방식 106
사고방식의 혁명 93, 235
사물 자체 342
사법적 처벌 332
사실의 문제 113, 119, 177, 248
상대적 필연성 168
상상력 33, 94, 95, 141, 196, 348
상징 345
상태적 가치 347
생래적 66, 67, 114, 147, 185
생래적 관념 63
생래적 법칙 70
샤프츠베리(A. Shaftesbury) 251
선 346
선언적 344
선언지 긍정의 오류 158
선의지 225, 226, 228, 230, 232, 289
선험적 객관 163
선험적 관념론 279
선험적 관념성 159, 160, 177
선험적 실재론 160
선험적 연역 178, 179, 188
선험적 이념 166
선험적 자유 285, 290, 321
선험적 통각 96, 195~197, 200
선험적 해명 185
성격 234
성격론 89
성질의 범주 94
성향 222, 223, 245, 265, 288
세계 개념 306
셸러(M. Scheler) 315
셸링(F. Schelling) 89
소질 255, 265
소크라테스 247
쇠네커(D. Schönecker) 206, 278, 279
쇼펜하우어(A. Schopenhauer) 148
수학 77, 78
수학적 명제 139
수학적 범주 343
수학적 인식 55, 58
숙련[기량]의 규칙 256, 258
숙련성 334
순수 개념 132
순수 이성의 이상 311
순수 직관 69, 132, 144
순수 직관 속에서의 개념 구성 140
순수 통각 144
순수주의 351
순수지성계 281
순수직관 78

순수직관에서의 개념들의 구성 78
순환논증 167, 284, 293
숭고 240, 241, 265, 272
슈미트(C. Schumid) 113, 116
슈바이거(C. Schwaiger) 257
슈탈(G. Stahl) 93
스미스(N. Smith) 20, 46, 103, 104, 116, 147~149, 151, 286
스베덴보리(E. Swedenborg) 55
스콜라철학 178
스토아 289, 290
스토아 학파 213, 274, 333, 347
스피노자(B. Spinoza) 22, 23, 25, 57, 166
스피노자주의 23
시간 70, 71, 77, 91, 96, 145, 149, 163, 164, 167, 169, 172, 177, 181, 184, 185, 187, 192
시간 개념의 선험적 해명 172, 175
시간 개념의 형이상학적 해명 166, 170, 172
시간 계기 173
시간 공리 170
시간론 143, 172, 175
시간의 연속성 174
시장가격 272
신 292~295, 311, 344
신비주의 350
신앙 기반의 윤리설 332
신칸트학파 19, 84, 291
실러(F. Schiller) 233
실연적(assertorisch) 명법 256
실용적 257
실재 존재 88
실재론 88
실재성 161, 266, 310
실재적 사용 70
실재적인 결합 289
실재적인 대립 61
실존주의 89, 337
실질 윤리학 315
실천 논리학 86
실천법칙 286, 312, 314, 318, 321, 325, 326, 335, 338, 339, 346, 347
실천이성비판의 방법에 관한 역설 347
실천적 관심 255
실천적 규칙 309
실천적 보편타당성 122
실천적 실재성 341, 343
실천적 인간학 209
실천적 지혜 247
실천적 판단력 349
심리학 184
심리학적 317
심리학적 도출 184
심리학적 이기주의 338

(ㅇ)

아디케스(E. Adickes) 17, 49
아리스토텔레스 15, 76, 100, 152, 186, 204, 211, 247, 311
아리스토텔리즘 88, 311
아크라시아 247
아트킨슨(R. Atkinson) 34
아포스테리오리 65, 94, 96, 113
아프리오리 65, 76, 77, 91, 92, 95, 96, 105, 113, 114, 116, 119
아프리오리한 종합판단 136, 138, 142, 143, 155
압트(Th. Abbt) 107
애호가격 272
양상 범주 306
어거스틴 23
엄숙주의 212
에르트만(B. Erdmann) 47, 48, 150, 291
에버하르트(J. Eberhard) 67
에피쿠로스 289, 290
엠페도클레스 186
역진적 [논증] 방법 224
역학적 범주 343, 344
연속성 297
연역 124, 181, 182, 248, 340, 341
영리함 243
영리함의 준칙 329
영리함의 충고 256, 258, 259
영혼 294, 311, 344
영혼 불멸 72, 100, 292~295
예비 작업 65
예비학 220
예지적 존재 281, 324, 337
예지적 질서 336
오류추리 99, 202, 311
오류추리론 200
완전선 223, 228, 289
완전성 208, 274, 291, 333, 334
완전한 의무 261
외감 144
외감의 형식 144, 155
외연량 343
요소론 312
요청 166, 267, 293, 295, 306, 307, 331
욕구능력 317, 318
원리론 86, 89, 303, 304, 311
원소재 118
원인성 개념 297, 298, 342~344
원천적 획득 67
원형적 자연 338
원형적 지성 74
위(僞) 디오니시오스 아레오파기테스 24
유용성 228
유잉(A. Ewing) 164, 174, 194
유추 344, 345
의무 105, 230, 233, 237, 246, 333, 346

의지 253, 315, 325
이론 논리학 86
이상 99
이성과 경험의 결합 64, 179
이성불신 229, 293
이성심리학 85, 145, 202
이성의 변증적 속성 102
이성주의 350, 351
이엽 21, 80
이율배반 48, 52, 99, 223, 285, 288, 290, 292, 299, 308, 311
이중의 진리관 53
이중적 존재 211
인간 영혼 200
인간본성의 취약함 247
인간학 253, 330
인간학적 317
인간학적·심리학적 315
인격 267
인과법칙 31, 292, 321, 337
인과성의 범주 296
인성교육 250
인식능력 318
인식론 84, 85
입법적 318

(ㅈ)

자기 조형성 337
자기애 247, 262, 316
자기애의 원리 331
자기애의 준칙 329
자기의식 199
자살 261
자신의 완전성 327
자연 지리학 330
자연계 351
자연법칙 261, 262, 264, 273, 291, 349, 350
자연법칙의 정식 273, 350
자연의 의도 228, 229
자연적 변증론 222, 245, 288
자연적 인과성 299
자연필연성 280
자유 280, 292~294, 311, 336, 337
자유 개념 322, 339, 343
자유 의지 277, 321, 337
자유법칙 349
자유의 범주 345
자유의 원인성 299, 311, 341, 342
자유의 인과성 291, 294
자유의 인식근거 298
자유의 자율 326
자율 210
자율의 정식 270
자의 315
자의의 자율 329
자의의 타율 325, 329
재능 계발 261
재생 195
재인식 195

전원배 179
전제 분석 53
전진적인 [논증] 방법 224
전형 349
절대적 필연성 168
절충주의 319
정념적 326
정념적 관심 255
정념적 사랑 236
정서주의 240
정식 255, 305, 306
정언명령/정언명법 15, 225, 257~259, 261, 264~266, 276~278, 284, 330, 350
정언적 255, 314, 344
제논 213, 214
조각보(patch-work) 이론 20, 282
존경[심]/존중[심] 239, 284
존엄성 272
존엄함 272
존재근거 339, 340
존재론 59
존재윤리적 원칙 279
종합 55, 56, 58, 62, 90, 303
종합명제 139, 275, 277, 278
종합적 135, 224, 259
종합판단 134~136
주관적 보편타당성 123
주관적 연역 193
준칙 211, 237, 238, 242, 261, 323, 324, 330, 339
준칙의 실질 327
준칙의 윤리 320
줄처(J. Sulzer) 252
지각 199
지각의 다발 31
지각의 예료 94, 322
지성 개념 80, 140
지성 개념과 이성 개념의 구분 81
지성 개념의 연역 80
지성의 원칙들의 연역 340
지성화 141
지성화된 현상 71
직관 77, 140
직관의 공리 94, 322
직관의 형식 77, 144
질료 69, 70, 80
질료적 원칙 189

(ㅊ)

채정현 120
처벌 331
철학적 인식 55, 58, 114
초감성계 339
초감성적 자연 337, 338
초감성적[예지적] 본성 339
초자연학 251
초험적 97, 131, 160, 162, 181, 301, 341, 344
총체적 오류 269, 270

최고선 223, 228, 288, 289, 295
최상선 223, 288
최소인 189
최재희 179, 180
출판문화 109
충동 267
충족이유율 189, 191
치아파도네(R. Ciafardone) 243

(ㅋ)

카를(W. Carl) 194
칸트 전집 36, 37
칸트주의 17
코페르니쿠스적 전회 26, 92
코플스톤(F. Copleston) 96, 98
코헨(H. Cohen) 84, 146, 150
쾌, 불쾌 감정 315
크라우제(A. Krause) 21
크라프트(B. Kraft) 206, 278, 279
크루지우스(Ch. Crusius) 188, 189, 191, 192, 243
키르케고어(S. Kierkegaad) 89
키케로 205

(ㅌ)

타율의 윤리 332
타율적 원리 275, 334, 335, 346
타인의 행복 327
타협주의 108
탈레스 93
토넬리(G. Tonelli) 84, 86~88
토리첼리(E. Torricelli) 93
토마지우스(Ch. Thomasius) 243
통각 93, 94, 196, 199
통속성 108, 127, 128, 250, 251, 285
통속적 105, 107, 265
통속철학 107
통속철학자 107, 205
통제적 180
통제적 원리 297, 343
투겐트하트(E. Tugendhat) 208
트렌델렌부르크(F. Trendelenburg) 134, 156~160
티텔(G. Tittel) 305
팀머만(J. Timmermann) 233, 237

(ㅍ)

파라셀수스(Paracelsus) 24
파울젠(F. Paulsen) 37
파이힝어(H. Vaihinger) 18, 20, 46, 111~113, 116, 120, 129, 132, 134, 144, 145, 148~151, 154, 168, 172, 174, 176
페더(J. Feder) 307, 308
페이튼(H. Paton) 260, 262
포어랜더(K. Vorländer) 41, 150, 161, 285, 286
포퍼(K. Popper) 20
표상의 판명성 318

프로클로스(Proklos) 24
플라톤 15, 24, 100, 228
플라트(J. Flatt) 293
플로티노스 24
피셔(K. Fischer) 21, 38, 47, 48, 156, 157, 159
피스토리우스(H. Pistorius) 296, 302, 342
필연성 120, 121

(ㅎ)

하르텐슈타인(G. Hartenstein) 37, 38
하르트만(N. Hartmann) 84
하르트크노흐(J. Hartknock) 115
하버마스(J. Habermas) 19
하이데거(M. Heidegger) 16, 194
하인리히스(B. Heinrichs) 326
하임조에트(H. Heimsosth) 39, 84
합법성 217
행복 227, 229, 235, 256, 259, 289, 295, 307, 316, 317, 320, 330, 331, 335, 350
행복을 누릴만한 가치/자격 289, 307
행복의 원리 273, 316, 319, 327, 328, 329, 331
행복주의 302
행복주의 윤리설 211
행운 229
행위의 실질 302
헤겔(G. Hegel) 15, 88
헤라클레스의 노역 110
헤르츠(M. Herz) 21, 73, 78, 177
헨리히(D. Henrich) 248, 249
현상 162, 163, 279
현상계 48, 69, 70, 291, 292
현상체 298
현실적 의도 256
형벌의 목적 332
형식 69
형식적 직관 144
형식주의 212
형이상학적 해명 185
호페(H. Hoppe) 194
혼합주의 318, 319
홉스(Th. Hobbes) 22, 26, 28, 29
회의론 103, 104, 287, 310
회의론자 110
회의주의 108, 292, 308
흄(D. Hume) 22, 31, 34, 35, 63, 96, 124, 125, 126, 128, 187, 197, 210, 308, 309, 342
힌스케(N. Hinske) 17, 18, 39, 50, 80, 113, 291